Rainer Maria Rilke: Die Kunst zu schreiben und zu leben

Dieter Lamping

Rainer Maria Rilke: Die Kunst zu schreiben und zu leben

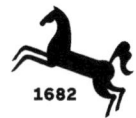 J.B. METZLER

Dieter Lamping
Johannes-Gutenberg-Universität Mainz
Mainz, Deutschland

ISBN 978-3-662-70655-8   ISBN 978-3-662-70656-5 (eBook)
https://doi.org/10.1007/978-3-662-70656-5

Die Deutsche Nationalbibliothek verzeichnet diese Publikation in der Deutschen Nationalbibliografie; detaillierte bibliografische Daten sind im Internet über https://portal.dnb.de abrufbar.

© Der/die Herausgeber bzw. der/die Autor(en), exklusiv lizenziert an Springer-Verlag GmbH, DE, ein Teil von Springer Nature 2025

Das Werk einschließlich aller seiner Teile ist urheberrechtlich geschützt. Jede Verwertung, die nicht ausdrücklich vom Urheberrechtsgesetz zugelassen ist, bedarf der vorherigen Zustimmung des Verlags. Das gilt insbesondere für Vervielfältigungen, Bearbeitungen, Übersetzungen, Mikroverfilmungen und die Einspeicherung und Verarbeitung in elektronischen Systemen.
Die Wiedergabe von allgemein beschreibenden Bezeichnungen, Marken, Unternehmensnamen etc. in diesem Werk bedeutet nicht, dass diese frei durch jede Person benutzt werden dürfen. Die Berechtigung zur Benutzung unterliegt, auch ohne gesonderten Hinweis hierzu, den Regeln des Markenrechts. Die Rechte des/der jeweiligen Zeicheninhaber*in sind zu beachten.
Der Verlag, die Autor*innen und die Herausgeber*innen gehen davon aus, dass die Angaben und Informationen in diesem Werk zum Zeitpunkt der Veröffentlichung vollständig und korrekt sind. Weder der Verlag noch die Autor*innen oder die Herausgeber*innen übernehmen, ausdrücklich oder implizit, Gewähr für den Inhalt des Werkes, etwaige Fehler oder Äußerungen. Der Verlag bleibt im Hinblick auf geografische Zuordnungen und Gebietsbezeichnungen in veröffentlichten Karten und Institutionsadressen neutral.

Einbandabbildung: Rainer Maria Rilke auf der Terrasse des Hotels Bellevue in Sierre (Ende August 1924). Deutsches Literaturarchiv Marbach (Inventarnr. B 2022. X1.001.0058)

J.B. Metzler ist ein Imprint der eingetragenen Gesellschaft Springer-Verlag GmbH, DE und ist ein Teil von Springer Nature.
Die Anschrift der Gesellschaft ist: Heidelberger Platz 3, 14197 Berlin, Germany

Wenn Sie dieses Produkt entsorgen, geben Sie das Papier bitte zum Recycling.

Der Künstlerin

ich will Kunst und Leben nicht voneinanderreißen; ich weiß, daß sie irgendwann und irgendwo eines Sinnes sind.

Rilke am 11. August 1903 an Lou Andreas-Salomé

Inhaltsverzeichnis

1	Der „Dichter". Rilkes Werk und Existenz	1

Teil I Die frühen Jahre: Von Prag nach Worpswede

2	**Begegnungen und Gedanken**	9
	Künstler-Sein	9
	Lou Andreas-Salomé	13
	Der Beginn des Nachdenkens über Kunst und Künstlertum	16
	Der Lyrik-Verächter: Die Begegnung mit Leo Tolstoi	20
3	**Worpswede und Worpsweder: Begegnungen mit Künstlern**	25
	Heinrich Vogeler	25
	Worpswede: eine Annäherung	27
	Worpswede: eine Lebensweise	28
	Rätsel einer Ehe	31
	Bedrängnisse	34
	Worpswede: ein Buch	35
	Der Auszug	38

Teil II Die Pariser Jahre

4	**Die erste Pariser Zeit**	43
5	**Rilke und Rodin: In der Lehre bei einem Künstler**	49
	Der Schüler	49
	Der Meister	50
	Die Monographie	51
	Der Erfolg des Buchs	54
	Wie man leben soll oder: Eine neue Künstler-Ethik	56
	Bruch, Versöhnung, Bruch	59
6	**Der Arme und der Heilige. Kunst und Künstler im** ***Stunden-Buch*** **und im** *Buch der Bilder*	63
	Das *Stunden-Buch*	63
	Zum ersten Mal Inspiration	71

	Das Buch der Bilder	72
	Die ‚wunderbare Stadt'	74
	Auseinanderleben	76
	Maxim Gorki oder Die Bestätigung durch das Gegenteil	77
7	**Erste Meisterschaft: Die *Neuen Gedichte* und *Der Neuen Gedichte anderer Teil***	**81**
	Die *Neuen Gedichte*	81
	Der Neuen Gedichte anderer Teil	90
	„Wieder ein Armer": Cézanne und *Der Neuen Gedichte anderer Teil*	94
8	**Das *Requiem***	**101**
	Zwei Künstler-Gedichte	101
	Die „blonde Malerin"	101
	Das *Requiem* für Paula Modersohn-Becker	104
	Das *Requiem* für Wolf Graf von Kalckreuth	107
9	**Der Künstler-Roman: *Die Aufzeichnungen des Malte Laurids Brigge***	**113**
	Das „Prosabuch"	113
	Der „gewissensgeizige Greis": Noch einmal Tolstoi	123

Teil III   Die späten Jahre: Von Paris nach Muzot

10	**Krisenjahre eines Künstlers: 1910 bis 1922**	**129**
	Die Depression	129
	Reisen	133
	Kontakte	135
	Die Duse	139
	Das Ende einer Ehe	141
	Geliebte	143
	Das Ende der Armut	144
11	**Werke der Krise**	**147**
	Gedichte	147
	Korrespondenzen	153
	Lektüren und Entdeckungen	154
12	**Der Unzeitgenosse: Die Jahre des Ersten Weltkriegs**	**157**
	Der Krieg	157
	Fünf Gesänge	159
	Eine Welt „aus den Fugen"	162
	Die unerwünschte Wiederauferstehung des *Cornet*	163
	Ausgesetzt: Gedichte aus dem Krieg	165
	Rilke, Revolution und Reaktion	169
	Noch einmal Heinrich Vogeler	172

13 Der poeta vates: Die *Duineser Elegien* und die *Sonette an Orpheus* 175
In der Schweiz. 175
Das Testament oder Der letzte Künstler-Konflikt 178
Muzot 180
„Überm Berg": Das Erlebnis der Inspiration 182
Die *Duineser Elegien* 185
Die *Sonette an Orpheus* 196
Der Brief des jungen Arbeiters 206

14 Die letzten Jahre: 1922–1926 209
Eine kleine Feier des Gelingens 209
Paul Valéry: Eine letzte Künstler-Begegnung 210
Die französischen Gedichte 212
Die Jahre 1922–1926 214
Noch einmal Poetologisches................................... 214
Gedichte der letzten Jahre..................................... 220
Die Krankheit 224
Hofmannsthal 227
Das letzte Jahr... 230
Eine letzte Ehre.. 231
Das letzte Gedicht.. 232
Das Ende 234

Literatur.. 237

Der „Dichter". Rilkes Werk und Existenz 1

Rilke ist oft porträtiert und modelliert worden. Dabei war er kein im üblichen Sinn gut aussehender Mann, auch keine imposante Erscheinung, auffällig allenfalls durch seine ausgesuchte Kleidung und seinen an den Enden herabhängenden Schnurrbart, der viele an einen Chinesen erinnert hat. Dennoch hat er viele Künstler fasziniert. Dargestellt wird er von ihnen meist in Gedanken versunken, sinnend, den Kopf gesenkt oder den Blick am Betrachter vorbei auf etwas Fernes gerichtet (vgl. Nalewski, Rilke, 8, 12, 62, 59, 91, 110, 175, 183, 190, 210, 234, 241). So wollten sie ihn als den entrückten Künstler zeigen, als der er schon seinen Zeitgenossen galt. „Dichter, dies war er", schrieb Stefan Zweig in seinem Nachruf (Zweig, in: Insel-Almanach, 77), und das sollte heißen: Er war mehr als nur ein Schriftsteller, mehr auch als bloß ein Lyriker.

Berühmt geworden ist Rilke für den schon in seiner Zeit seltenen Versuch, mit den Mitteln der Dichtung noch einmal die Dinge und die Menschen, die Liebe und das Leben, schließlich auch den Tod zu erkunden, und zwar so, als ob das alles noch nicht richtig verstanden worden sei. Dabei gelang ihm, was der Traum jedes Dichters ist: etwas sagen zu können, was vor ihm noch nicht gesagt worden war. Er wusste insbesondere Gefühle und Empfindungen, deren Existenz viele nicht einmal geahnt hatten, poetisch zur Sprache zu bringen. Menschliches Fühlen hat er, der vielen, zu Unrecht, als eine Art Philosoph galt, wie wenige erforscht. Nicht nur unter seinen Verehrern und Verehrerinnen trug ihm das den Ruf ein, „schlechthin: der Dichter" zu sein (Singer, 171).

Der Teil seines Werks, der als dichterisch angesehen wird, ist tatsächlich unverwechselbar: durch eine feine, mitunter auch übersteigerte Sensibilität, die kunstvolle freie Handhabung gebundner Formen und die Originalität einer an einprägsamen Formulierungen und anschaulichen Bildern reichen poetischen Sprache. Keines seiner großen Bücher gleicht den anderen, jedes stellt etwas Neues dar, keines ist leicht zu verstehen. Von Band zu Band wechselt nicht nur die Schreibweise, sondern auch die dichterische Rolle, die Rilke einnimmt. Das hat zu manchen Fehlschlüssen geführt. Noch für ihn gilt, was er ähnlich von Rodin behauptet hat: dass der Ruhm auch „der Inbegriff" der „Mißverständnisse" ist, die sich um einen Namen „sammeln" (KA, IV, 405).

Das dichterische Werk Rilkes ist vergleichsweise schmal (einen gut fasslichen Überblick über Leben, Denken und Werk gibt: Hoffmann, Rilke), auch weil er gut zehn Jahre lang kein Buch veröffentlichte. Dass er so lange als Autor schwieg, schien seinem hohen Anspruch zu entsprechen. Mit seinen letzten, gleichzeitig entstandenen Gedichtbänden, den *Duineser Elegien* und den *Sonetten an Orpheus*, löste er ihn dann endgültig ein. Durch sie wurde schließlich auch deutlich, was für ein Dichter er sein wollte: nicht ein poeta faber, der das Handwerk des Schreibens kultiviert, sondern ein poeta vates: ein Dichter-Seher, der auf die Inspiration warten muss, um etwas sagen zu können, was gültig, ja letztgültig ist und alle angeht. Kaum lagen die beiden Gedichtbände vor, starb er, mit gerade 51 Jahren, als wäre er nur für sein Werk da gewesen.

Durch den frühen Tod erschien Rilkes Leben in einem neuen Licht. Stefan Zweig deutete es rückblickend als eine „rein dichterische Existenz", die allein der Kunst gewidmet war. Durch seine angeblich „vollkommene Lebensführung" (Zweig, Europäisches Erbe, 259) avancierte Rilke zu einer heiligenähnlichen Figur, seine Dichtung zu einer Ersatzreligion. So entstand ein Kult, der lange anhielt und bis in die Gegenwart seine Spuren hinterlassen hat.

Werk und Existenz gehören bei Rilke eng zusammen. Das Verhältnis ist jedoch nicht leicht zu bestimmen. Zwar ist Rilkes Bemühung nicht zu übersehen, das eigene Leben ganz nach der Arbeit auszurichten, wofür er früh den Ausdruck „künstlerisch leben" (KA, IV, 521) fand. Doch die Formel, dass er der „reine Dichter" (Zweig, Europäisches Erbe, 259), „Dichter und nur Dichter" (Singer, 169) gewesen sei, gilt allenfalls für seine letzten Jahre, als er bloß noch Gedichte veröffentlichte.

Als junger Autor hat er eine erheblich umfangreichere schriftstellerische Tätigkeit entfaltet: nicht allein als Lyriker, auch als Erzähler und Dramatiker, Feuilletonist und Essayist, Kritiker und Kunstschriftsteller. Das meiste, was er damals veröffentlichte, verwarf er später. Doch selbst in seinen letzten Jahren war Rilke nicht ausschließlich Dichter. Er übersetzte weiterhin, zeitweise mehr als zuvor, und er schrieb fortlaufend Briefe, mit großer Sorgfalt und unübersehbarem Kunstanspruch. Seine umfangreiche Korrespondenz, ein Werk neben dem Werk, stellt den nichterzählenden Teil seiner Prosa dar, der erst das Bild der künstlerischen Persönlichkeit vervollständigt.

Wie Rilke insgesamt kaum ein ‚reiner Dichter' war, führte er auch eine ‚dichterische Existenz' nur zeitweise. Mal um Mal entschlüpfte, ja entfloh er ihr. Höchst produktive Jahre wechselten mit ungewöhnlich unproduktiven ab, Jahre des Schreibens mit Jahren der Schreibhemmung, in denen er vor allem reiste. Zwar versuchte er sich immer wieder Bedingungen zu schaffen, unter denen seine Arbeit gelingen konnte. Doch es fiel ihm zunehmend schwer, sie herzustellen, besonders unter den Umständen des Ersten Weltkriegs, der ihn in eine lähmende Depression drückte.

Hemmend wirkten sich auch sein hoher Anspruch aus, nicht nur einzelne Gedichte, sondern gleich ganze Werke zu schaffen, ebenso wie seine Neigung, schnell, möglichst in einem Zug, zu schreiben und das als inspiriert zu erleben. Nur wenn das gelang, trat Rilke mit dem Ergebnis an die Öffentlichkeit. Alles andere – und zeitweise war es das meiste, was er zu Papier brachte – hielt er zurück, wodurch nach außen hin der Eindruck zunehmender künstlerischer Unfruchtbarkeit entstehen konnte. So erwiesen sich sowohl das Dichten wie das Leben als Dichter für ihn bald als Problem.

Rilkes Versuch, Dichter zu sein, entspricht tatsächlich weder den heroischen Deutungen seiner Verehrer noch den klischeehaften Vorstellungen von einem sorglos-heiter der Kunst hingegebenen Leben, die das naive Bild vom Künstler heute noch bestimmen. Unübersehbar sind die materiellen, sozialen, kreativen und psychischen Krisen, in die er bei seinem Versuch, ‚künstlerisch zu leben', geriet. Stefan Zweigs Wort von der „Harmonie des Schaffens und des Lebens" (Zweig, Europäisches Erbe, 259), die er erreicht habe, ist mehr Dichtung als Wahrheit. Rilkes Künstler-Existenz entwickelte sich ganz aus seinem individuellen Leben und Erleben heraus. Für sie gab es kein Vorbild. Sie war ein großes Experiment, vor allem eine Suche, im fortlaufenden Wechsel verschiedener Versuche; zu ihr gehörten Verzicht und Verweigerung, Verzweiflung und Versagen.

‚Künstlerisch leben' hieß für Rilke nicht zuletzt: unbürgerlich leben. „Von Deutschlands bedeutenden Dichtern war keiner unbürgerlicher als er", sagte sein Freund Rudolf Kassner über ihn (Kassner, 7). Allerdings war Rilke kein Bohemien, auch kein Bürgerschreck, wohl aber ein distinguierter Außenseiter, der sich keiner gesellschaftlichen Gruppe zugehörig fühlte. Auf Konventionen und Traditionen gab er nicht viel, er behielt sich vor, sie im Hinblick auf seinen großen Zweck zu prüfen. Zwar heiratete er früh, trennte sich aber schon nach einem Jahr von seiner Familie. Er war kein treuer Ehemann, auch kein fürsorglicher Vater.

Noch vor seinem dreißigsten Geburtstag beschloss er, ausschließlich als Dichter zu leben. Nur so glaubte er, den „unerbittlichen Anforderungen des Künstlertums" (BaM, 79) gerecht werden zu können, für das er seine ganze Kraft und Konzentration meinte aufbringen zu müssen. Lange lebte er in Einsamkeit und Armut. Anders als fast alle anderen Schriftsteller schon seiner Zeit richtete er sein Schreiben nicht auf den Erwerb von Besitz und sozialer Stellung aus. Er weigerte sich, für einen Markt zu schreiben, und setzte zunehmend auf ebenso großzügige wie diskrete Mäzene und Mäzeninnen. Die meisten von ihnen waren gebildete und kultivierte Adelige, die noch einmal, oft nur für ihn, die traditionelle Rolle der Gönner und Förderer übernahmen, bevor ihre Klasse selbst an Besitz und Bedeutung verlor.

Was man schon in seiner Zeit von einem Autor als öffentlicher Person erwartete, verweigerte er stillschweigend. Er hielt sich fern vom Literaturbetrieb. Er griff nicht in Debatten ein, gab keine Stellungnahmen ab, hielt keine großen Reden, nahm keine Auszeichnungen an und wollte kein Amt haben. Jahrelang las er auch nicht vor größerem Publikum. Er lebte im Verborgenen, an wechselnden Orten. Ein unruhiges Wanderleben führte ihn von Ost nach West, von Süd nach Nord durch Europa, zeitweise sogar nach Nordafrika: ein Kosmopolit eigener Art. Seine Leser erfuhren nicht viel über ihn. Er wollte ganz durch seine Dichtungen sprechen.

Die Erfüllung seiner Existenz waren für Rilke die Werke, die er mit zunehmender Meisterschaft schuf. Was ihm in ungefähr 20 Jahren Arbeit gelang, von den *Neuen Gedichten* bis zu den *Sonetten an Orpheus*, hat ihn zu einem Begründer der modernen deutschsprachigen Literatur gemacht. Leser, zunächst nur wenige, mit der Zeit immer mehr, fand er bald auch in Russland und in Frankreich, in England und den USA. Längst ist er ein Autor der Weltliteratur, ein moderner Klassiker, der hinter berühmten Zeitgenossen wie T.S. Eliot oder Paul Valéry nicht zurücksteht.

Jean Rudolf von Salis hat bemerkt, dass Rilkes zunehmende „Sicherheit in der Kunst nicht auch die Tüchtigkeit in der Lebensführung förderte" (Salis, in: Schnack, 30). Bis zum Schluss brauchte er den Rat und die Hilfe von anderen, zumal von Frauen, die in den Dingen des Lebens klüger und geschickter waren als er. Immer wieder geriet er in finanzielle Schieflagen. Seine Liebesgeschichten endeten alle in Enttäuschungen und Trennungen. Er schwankte zwischen dem Wunsch nach Geselligkeit und dem Drang nach Alleinsein. Die „äußeren Anforderungen des Lebens", für andere selbstverständlich, nahm er vor allem als „Störung" wahr (ebd., 30–31), die er abzuwehren versuchte. Seiner Existenz fehlte im Letzten die Balance. Die Kunst, zu schreiben *und* zu leben, auf eine ihm angemessene Art, hat er nicht ausbilden können. Auch deshalb war er, der gern lachte, immer wieder ein unglücklicher Mensch.

Werk und Existenz sind bei Rilke miteinander verknüpft durch sein Verständnis von Kunst und Künstlertum. Seine Ansichten darüber hat er nach und nach entwickelt. Er gewann sie, außer durch Lektüren, vor allem durch Begegnungen mit anderen Künstlern: Malern, Bildhauern, Autoren, männlichen wie weiblichen. Ihre Nähe suchte er sein Leben lang. Aus seinen Erfahrungen wie aus seinen Lektüren leitete er für sich Grundsätze einer Kunst-Theorie und einer Künstler-Ethik ab.

Poetologische Reflexionen finden sich nicht nur in seinen Essays und Briefen; sie sind auch in sein literarisches Werk eingegangen, in die Prosa wie in die Lyrik, ja, Kunst und Künstlertum stellen ein geheimes, nicht immer richtig gewürdigtes Hauptthema seines Werks dar. Auch andere Ansichten und Gedanken, etwa über die Liebe oder den Tod entwickelte er aus seinem Denken und Erleben als Künstler heraus. Manche dieser Einsichten wechselten. Andere blieben bis zuletzt bestehen. Unverrückbar war vor allem seine durch den Umgang mit Rodin gewonnene Überzeugung, „daß, Kunst hervorzubringen, ein schlichtester und härtester Beruf, aber zugleich ein Schicksal sei, und, als solches, größer als jeder von uns, gewaltiger und bis zuletzt unermeßbar" (BaM, 156).

Über Rilke als Dichter zu sprechen, heißt nicht nur, dieses eine Künstler-Individuum zu beschreiben. Er selbst zählte sich zu den Dichtern, die durch höhere Eingebung zum Seherischen befähigt sind. Ein solches Verständnis von Dichten, das seine Ursprünge im Mythos hat, führt auf Grundfragen der Literaturwissenschaft: was ein Werk nicht bloß einmalig, sondern auch gültig macht, über seine Zeit hinaus; ob sich Dichtung als eine Art des Weltverständnisses neben Wissenschaft und Philosophie behaupten kann; und nicht zuletzt: wie sich der Anspruch eines im emphatischen Sinn verstandenen Dichtens in der Moderne begründen lässt. Dabei ist vielleicht nicht alles, aber doch vieles über Literatur zu erfahren, zumal über das Verhältnis von Autor, Text und Existenz. Der Versuch, Rilke zu verstehen, ist auch ein Versuch, sich dessen zu vergewissern.

Eine Dichter-Existenz wie seine erschließt sich am ehesten in einer vergleichenden Perspektive: durch Blickwechsel vom gelebten Leben zum kunstvoll gestalteten, von der poetischen Praxis zu ihrer Reflexion, vom Vorhaben zur Verwirklichung. Dabei lassen sich allerdings Werk und Leben nicht kurzschließen. Rilkes Œuvre ist nicht wesentlich autobiographisch, sein Leben nicht einfach gelebte Literatur. So kann dieses Buch weder bloß biographische Skizze noch ausschließlich Analyse seiner wichtigsten Werke sein, sondern nur das eine zusammen mit dem anderen und im Licht des anderen. Wo es interpretiert, verzichtet es auch nicht auf Kritik; wo es erzählt, nicht auf Theorie.

Rilkes nicht geringste Leistung ist es, dass er der – durch die Abhängigkeit vom Markt und vielfache, nicht zuletzt politische Inanspruchnahme entzauberten – Figur des Autors noch einmal den Nimbus erhabenen Ernstes verlieh. Sein Versuch, die Kunst des Schreibens mit der Kunst des Lebens zu verbinden, macht die Komplexität seiner Existenz aus, die noch immer außergewöhnlich und zugleich, wie fast von Anfang an, auch fremd wirkt. In der Berufung auf ein emphatisches Verständnis von Dichtersein entfernt sie sich denkbar weit von allem, was heute den Schriftsteller-Beruf ausmacht. Ihr verdankt sich ein poetisches Werk, das, intensiv und fein, nicht nur sensibel, sondern sensitiv, formal und sprachlich außergewöhnlich, ganz von der Einbildungskraft geleitet ist. In seinem Gelingen und in seinem Scheitern ist es einzigartig: nach einem Jahrhundert zwar entrückt, aber nicht erledigt.

Teil I

Die frühen Jahre: Von Prag nach Worpswede

Begegnungen und Gedanken

Künstler-Sein

René Rilke war ein unglückliches Kind: So hat er es später dargestellt, und so hat er es wohl auch erlebt (vgl. dazu Blume, 44–48). Die Verhältnisse, in die er geboren wurde, waren beengt und freudlos, die Eltern trennten sich, als er neun war. Er fühlte sich von ihnen unverstanden in seiner Eigenart. Doch schon früh ist er mit Literatur in Berührung gekommen. Das verdankte er seiner ungeliebten Mutter, Sophie, geborene Entz, einer frömmelnden Frau mit einem Hang zu Höherem, die, wie später der Sohn, fest an die – nicht nachweisbare – adelige Herkunft der Familie geglaubt hat. Sie hat ihn bereits als Kind angehalten, Gedichte abzuschreiben und auswendig zu lernen. So galt seine Neigung bald der Literatur, zumal sie ihm half, für seine „Vereinsamung und Verzweiflung" schon früh einen „Ausgleich zu finden, indem er viel mehr im eigenen Inneren, in der Einbildungskraft, lebte, als in der äußeren Welt" (Mason, 13).

Sein Leben (vgl. dazu auch die eher unkritische Biographie von Sieber) nahm aber erst einmal einen für ihn falschen Verlauf. Die Eltern sahen ihn für die Offizierslaufbahn vor, die dem Vater nicht gelungen war. Doch auch der Sohn scheiterte: Mit 15 Jahren musste er wegen Kränklichkeit die Internats-Militärschule in Mährisch-Weißkirchen verlassen (vgl. Schnack, I, 19). Die Zeit hat er als „gewaltige Heimsuchung" (B, II, 92) in Erinnerung behalten, wie er einen früheren Lehrer später wissen ließ. Anschließend besuchte er kurz die Handelsakademie in Linz. Auch diese Ausbildung musste er abbrechen, als seine Affäre mit einem Kindermädchen aufflog.

Spätestens mit 12 hat der junge René angefangen, selbst Gedichte zu schreiben. Er war knapp 16, als er 1891 begann, seine Verse auch zu veröffentlichen. Dass er sich entschloss, Autor zu werden, muss „im Hochsommer oder Herbst 1892" (Zinn, in: SW, VI, 861) gewesen sein, also vor dem 17. Geburtstag. Rilkes erster Gedichtband erschien im November 1894, als er noch nicht ganz 19 war. In rascher Folge publizierte er weiter: außer Gedichten bald auch Dramen, Erzählungen und allerlei journalistische Arbeiten. Von 1894 bis 1900 brachte er u. a. fünf Gedichtbände heraus und schrieb 14 Stücke.

Rilke ist nicht der einzige Autor, der in jungen Jahren, noch als Schüler, debütierte; bei Hugo von Hofmannsthal, Stefan Zweig oder Franz Werfel war es ebenso. Doch anders als etwa im Fall Hofmannsthals zählt sein frühes Werk nicht. Nur wenig von dem, was er in dieser Zeit produzierte, ist ästhetisch noch beachtenswert. Der junge Rilke war ein Vielschreiber, dabei ein Epigone vieler Stile – mal dem Naturalismus nahe, mal dem Symbolismus, mal dem Jugendstil. Er war auch seines Talents nicht sicher: Zum Theater etwa pflegte er eine unglückliche Liebe.

„René", schreibt Peter Demetz etwas provokant, „begann als armer Dichter" (Demetz, 114). ‚Arm' ist dabei nicht in dem Sinn zu verstehen, in dem Rilke das Wort später, etwa für Franz von Assisi, gebrauchte. Ihm fehlte nach Demetz „Inspiration" und „Übung" (ebd.). Durch seine wechselhafte schulische Erziehung verfügte er auch über wenig literarische Bildung. Er war wesentlich Autodidakt. Seine Lektüren verordnete er sich nach eigenem Gutdünken, seinen Interessen entsprechend. In einem Brief vom 26. Februar 1924 hat er Alfred Schaer mit einigen Namen seine Bildungsgeschichte der „f r ü h e s t e n Zeit, vor fünfundzwanzig" (BaM, 245, vgl. dazu ausführlicher Singer, 5–13), zumindest angedeutet: Jens Peter Jacobsen, Hermann Bang, Detlev von Liliencron, Richard Dehmel, Hugo von Hofmannsthal, Stefan George, weiter „die Russen", „Turgeniew zuerst" (ebd.), ferner Jakob Wassermann, Gerhart Hauptmann, schließlich nach den beiden russischen Reisen Puschkin und Lermontow. Der „Bereich der frühesten Bildungsschicht" (Singer, 6) ist übersichtlich: ausgewählte deutsche, dänische und russische Literatur der Zeit. Was fehlte, ist ebenso deutlich: Klassiker, griechische wie deutsche. Es sollte noch viel Zeit vergehen, ehe Rilke ein Goethe-Leser wurde.

Renés Hausgötter wechselten, mitunter sprunghaft schnell (zu seiner Verehrung Liliencrons etwa vgl. Demetz, 75–86); Spuren der Lektüren sind aber nicht schwer zu entdecken. Schreiben hieß für ihn anfangs vor allem: Nachahmen. Er reimte im Stil der Zeit oder besser: in den Stilen der Zeit. Die gewandten, oft einschmeichlerischen Verse, die er in großer Zahl zu Papier brachte, sind bis heute bei manchen Lesern ebenso beliebt wie bei Kritikern berüchtigt.

Rilke wurde später nicht müde, seine Ablehnung der frühen Arbeiten zu betonen. Nachdem der Insel Verlag 1909 *Die frühen Gedichte* und 1913 *Erste Gedichte* herausgebracht hatte, ließ er 1919 den Lektor, Friedrich Hünich, wissen, was er von dem halte, „was leider innerhalb meiner Produktion die zeitigste Jugend darzustellen hätte": Er habe damals „weder redlich bemüht, noch eigentlich *wahr* zu sein" vermocht. In den „Belanglosigkeiten" seiner alten Gedichtbände finde er „beschämend viele Spuren" einer „kindischen Unredlichkeit" (B 14–21, 235). Ende 1921 verriet er dem Germanisten Robert Heygrodt, der ein Buch über seine Lyrik publiziert hatte: „Mir fiel der Vorwurf ein, den mir Stefan G e o r g e (etwa 1899, bei unserer einzigen Begegnung, in Florenz) so ausdrücklich vorzuhalten für gut fand: daß ich zu früh veröffentlicht habe. Wie sehr, wie sehr recht hatte er damit!" (BaM, 62)

Dieses Verdikt liegt bis heute auf dem Frühwerk Rilkes. Weder in der Kritik noch in der Forschung hat es viel Anerkennung gefunden. „Glätte und Geschicklichkeit", so Ernst Zinn (Zinn, in: SW, VI, 860), kennzeichnen nicht bloß die ersten Versuche, zusammen mit einer „Unbedenklichkeit in der Anwendung" technischer Fertigkeiten (ebd., 861). Rilkes frühe Gedichte sind nicht nur traditionell, sondern konventionell: zeittypische subjektive Lyrik, Gefühlsaussprache – „ganz persönliche Geständnisse", wie er sie 1898 nannte (KA, IV, 65). Bei aller formalen Gewandtheit gleiten sie oft in Banalität und Kitsch ab. *Zauber*, eine Art Stuben-Stillleben einer kleinen Familie beim Abendgebet aus *Larenopfer*, endet mit den Zeilen:

> Da deucht mich, es wird wohl das Auge naß
> sogar der Madonne im Rahmen.
> Ich lausche: – Laut von des Vaters Baß
> ertönt das versöhnende: „Amen". (SW, I, 16)

Solche unfreiwillig komischen Verse würde man bei einem anderen Autor weniger erste Talentproben als Proben der Talentlosigkeit nennen. Von der späteren Meisterschaft des Verfassers lassen sie nichts ahnen. Der junge Rilke schrieb zu viel und zu schnell. Wichtiger als das Werk war ihm das Schreiben und Veröffentlichen.

Was hinter seiner hektischen Produktivität stand, hat er am Ende seines Lebens, im Juli 1926, Emilie Loose verraten:

> Ich selber bin durch die Umstände gedrängt worden, in meiner Jugend, sehr zeitig zu veröffentlichen; es schien keinen anderen Ausweg zu geben damals, meiner Familie, die mich hindern wollte, diesen höchst absurden Beruf zu ergreifen, zu erweisen, daß mir keine Wahl bliebe, daß ich, sozusagen, von ihm schon, über alle Widerstände fort, ergriffen sei. (BaM, 391)

Auch das dürfte noch nicht die ganze Wahrheit sein. Das Werk, als künstlerische Leistung, war bis zum Schluss, bis zu den erst spät vollendeten *Duineser Elegien*, für Rilke die größte Selbstbestätigung.

Mit dem Frühwerk beginnt zwar seine Autorentätigkeit, aber in seinem Verständnis noch nicht seine Dichtung. Es ist bloß Literatur, die, als Nachweis literarischer Befähigung für andere, letztlich nicht für künstlerische Zwecke geschaffen wurde. Dennoch muss man Rilkes Frühwerk nicht so behandeln, als ob es nicht existierte. Es gehört vielmehr zum Porträt dieses Künstlers als eines jungen Mannes, in mehr als einem Sinn. Er schrieb nicht nur schnell, er lernte auch schnell. Für manche hat er mit *Traumgekrönt* 1896 seine „Laufbahn als großer Dichter eigentlich schon angetreten" (Mason, 17); darüber ließe sich streiten. Ganz sicher aber hat er mit dem ersten Teil des *Stunden-Buchs*, das er im September und Oktober 1899, mit nicht ganz 24 Jahren, zu Papier brachte, eine neue Qualität seines Schreibens erreicht. Der unbedeutendere Teil des Rilke'schen Frühwerks ist der trübe Hintergrund, vor dem sich die rasche und „unvergleichbare Entfaltung seines Talents" (Zinn, in: SW, II, 778) nach 1900 umso deutlicher abzeichnet.

Peter Demetz hat *René Rilkes Prager Jahre* allerdings schon als eine Zeit anfänglichen – auch anfängerhaften – Ausprobierens beschrieben, in der der junge Autor „darauf angewiesen" war, „sein imitatives Talent zu steigern" und „die Mittel der zeitgenössischen Literatur, wie sie sich vor seiner Wißbegierde ausbreiteten, zu erproben" (Demetz, 113). Manches habe bereits seine „außerordentlich musikalische Begabung" erkennen (ebd., 117) lassen, nicht zuletzt seine Versuche, „mit dem

Reim zu experimentieren" (ebd., 128). Auch sonst habe er immer wieder „seinem Drang, neue sprachliche Mittel zu erproben" (ebd., 133), nachgegeben. In seinem „Hunger nach Selbstbestätigung" (ebd., 75) sei der junge Rilke aber vor allem „ein literarischer Hans-Dampf-in-allen-Gassen" gewesen, „der sich vom Operettenlibretto bis zum Feuilleton in allen Formen und Inhalten versucht und vielfältige Beziehungen mit einer Reihe von Schriftstellern und Malern angeknüpft hatte" (ebd., 73–74). Dabei sei er in Prag „durchaus kein verkanntes Talent" (ebd., 73) gewesen.

Dennoch waren die „Jahre 1892–1896" Eudo C. Mason zufolge „die Jahre von Rilkes großer Auflehnung", „in denen er, auffällig gekleidet, in selig-versunkener Betrachtung einer langstieligen Iris durch das Gewühl der Menschen auf dem Wenzelsplatz oder dem Graben ,mit einem verlorenen Lächeln in die Ferne' dahinschritt" (Mason, 16). Die ‚Auflehnung' war allerdings mehr ein Versuch, Aufmerksamkeit zu erringen. Der junge Rilke wollte, anders als der alte, auffallen.

Das Bild des Künstlers als junger Mann bleibt gleichwohl literarisch etwas grau. Als Rilke anfing, sich als Autor darzustellen, hatte er kaum einen Begriff, geschweige denn ein Konzept von künstlerischer Arbeit. Viel war bei ihm noch Pose, nicht nur wenn er sich in Szene setzte (oder stellte), um gesehen oder fotografiert zu werden. Er wollte ein Dichter sein, ohne viel mehr darüber zu wissen, als dass man dafür veröffentlichen musste. Mit der Zeit begriff er, dass das allein nicht reichte.

Rilke traf allerdings schon bald zwei existenzielle Entscheidungen, die grundlegend für sein weiteres Dichter-Leben waren: Er verließ Prag und mit Prag das Milieu seiner Herkunft, und er gab seine Sesshaftigkeit auf. Von Prag aus ging er 1896 zuerst nach München. Dort blieb er nicht lange, im folgenden Jahr siedelte er nach Berlin um, von da 1901 nach Westerwede, schließlich 1902 nach Paris – die großen Reisen in der Zwischenzeit, etwa nach Italien oder nach Russland, nicht zu erwähnen. So begann seine unbürgerliche Existenz – ohne schon eine dichterische zu sein.

Die Initiation seines Künstlerlebens, zumindest äußerlich, war dieser „Auszug", wie Rilke ihn später mit dem Motiv des verlorenem Sohnes verband. In den *Neuen Gedichten* und am Ende der *Aufzeichnungen des Malte Laurids Brigge* hat er ihn poetisch dargestellt: als Abkehr vom Herkommen und als Weg in die Fremde aus dem Bewusstsein der eigenen Fremdheit heraus. Im Rückblick auf sein Leben schrieb Rilke 1921 an Xaver von Moos: „ich mußte mich, um überhaupt nur anzufangen, ganz aus den Bedingungen der Familie und der Heimat auslösen; zu denen gehörend, die erst später, in Wahlheimaten, Stärke und Tragkraft ihres Blutes erproben konnten" (BaM, 78–79).

‚Wahlheimaten' ist in diesem Fall allerdings ein Euphemismus. Zwar wählte Rilke sich die meisten Aufenthaltsorte selbst aus, mit Ausnahme etwa Münchens während des Ersten Weltkriegs. Heimaten wurden sie dadurch aber nicht unbedingt. Heimatliche Gefühle hatte er in Russland. Doch selbst in Paris fühlte er sich anfangs fremd, ebenso in der Schweiz. In Österreich und in Deutschland kamen Gefühle des Heimischseins kaum auf, allenfalls zeitweise in Worpswede. Italien besuchte er eher, um sich von Paris zu erholen. Wo Rilke letztlich zu Hause war, lässt sich nicht sagen. Er hat seinen Ort nicht gefunden.

Das ist die andere Seite seines Kosmopolitismus, dessen Anfänge gleichfalls in die Prager Jahre fallen. Demetz hat Rilke in die Reihe der böhmischen Autoren seit 1848 gestellt, für die „der europäische Glaube" (Demetz, 106) leitend war. Bei Rilke zeigte er sich zuerst in seinem slawophilen Interesse an tschechischen Motiven und Themen, die seine „frühe Abkehr von der nationalen Beschränkung beschleunigten und seinen Geist öffneten für die europäischen Abenteuer mit Tolstoi und Rodin, Droschin und Valéry" (ebd., 140).

Lou Andreas-Salomé

Nachdem er als Externer 1895 die Abiturprüfung glänzend bestanden hatte, begann Rilke ein Studium in Prag, das er im folgenden Jahr in München fortsetzte. Die Übersiedelung zog keine Veränderung in seiner Art zu schreiben nach sich. Er machte erst einmal so weiter wie bisher. Scharfe Trennlinien sind bei ihm ohnehin schwer zu ziehen. Entwicklungen setzen meist nicht plötzlich ein, führen auch nicht zu einer radikalen Abwendung von Früherem. Das gilt bis zuletzt. Zutreffend hat Ernst Zinn von einem „Ineinander von Wandel und Beharrung" (Zinn, in: SW, VI, 863) bei Rilke gesprochen.

Eine Wendung brachte die Münchner Zeit allerdings, wenngleich sie erst einmal nur eine Änderung in seinem Leben darstellte. 1897 lernte Rilke Lou Andreas-Salomé kennen, die bald seine Geliebte wurde. Sie folgte seiner ersten Prager Liebe Valerie David-Rhonfeld. Für sein Leben wurde sie, alles in allem, nach der Mutter auch wohl die wichtigste Person.

In Russland geboren, als jüngstes Kind einer vom Zaren geadelten hugenottischen Familie, war sie fast 15 Jahre älter als Rilke. Mit 17 war die begabte Louise von Salomé, wie ihr Geburtsname lautete, mit ihrer Mutter nach Zürich gezogen, um als Gasthörerin an der Universität studieren zu können. Das war ihr in Deutschland verwehrt: In Preußen wurden Frauen als Gasthörerinnen offiziell erst 1898 zugelassen. Später hatte Louise von Salomé Friedrich Nietzsche kennengelernt, der ihr ebenso einen Heiratsantrag gemacht hat wie sein Freund Paul Rée. Beide wurden von ihr jedoch abgewiesen. Inzwischen lebte sie in Berlin, in einer problematischen, von seiner Seite erzwungenen Ehe mit dem Orientalisten Friedrich Carl Andreas.

Rilke lernte Lou Andreas-Salomé im Mai 1897 in München kennen. Jakob Wassermann, einer seiner neuen Münchner Bekannten, stellte sie einander vor. Am 13. Mai, wohl einen Tag nach ihrer Begegnung (zur Datierung vgl. auch Pfeiffer, in: BwmLAS, 489), wandte sich Rilke mit einem Brief an sie: Er brachte sich in Erinnerung – wenn das denn nötig gewesen ist. Er berichtete ihr von seiner Lektüre ihres Essays *Jesus der Jude*. Er hatte damals seine *Christus-Visionen* schon geschrieben (die er ihr wenig später vorlas) und nannte ihren Text nun eine „Offenbarung" (BwmLAS, 7). Am Ende schlug er ihr ein weiteres Treffen am nächsten Tag im „*Gärtner*theater" vor (ebd., 8). Zum Dank für diese Begegnung widmete er ihr das erste Gedicht.

Schon Anfang Juni duzte er sie und sandte ihr Verse, die man als Liebeserklärungen deuten kann. Ungefähr zehn kamen allein während der zweieinhalb Monate hinzu, die sie dann, mit kürzeren Unterbrechungen, zusammen in Wolfratshausen verbrachten. Insgesamt schrieb er für sie ungefähr 100 Gedichte; das bekannteste ist – das oft überschätzte – *Lösch mir die Augen aus*, das er dann noch anderweitig verwendete. Er stellte diese Gedichte zu dem Band *Dir zur Feier* zusammen. Veröffentlicht wurde er zu seinen Lebzeiten nicht: Lou Andreas-Salomé erhob Einspruch dagegen.

Nach dem Ende der Wolfratshausener Zeit folgte Rilke ihr nach Berlin, wo er sich zuerst in Wilmersdorf, dann in Schmargendorf Zimmer mietete. Er reiste 1899 und 1900 mit ihr nach Russland, bevor ihre Wege sich trennten. Ihr Liebesverhältnis dauerte etwas weniger als vier Jahre. Die Trennung ging von ihr aus.

Lou Andreas-Salomé wurde Rilkes überdrüssig. Durch seine „Überschwenglichkeit" in seinen „tagtäglich" ihr „folgenden Briefen" (Andreas-Salomé, Lebensrückblick, 140) fühlte sie sich bedrängt. Sie rechnete sie zu dem psychisch Problematischem in ihm: „in Rainer ist viel Krankhaftes", schrieb sie Anfang 1901 ihrer Freundin Frieda von Bülow (zit. n. BwmLAS, 508–509). Am 26. Februar 1901 beendete sie das Verhältnis mit einem Abschieds- und Scheidebrief, den sie, etwas pathetisch, „Letzter Zuruf" überschrieb. In ihm zeigte sie sich fast panisch besorgt über das „Seelisch krankhafte" in ihm, das „zu Rückenmarkserkrankung oder in's Geisteskranke" führen könne (BwmLAS, 54). Sie berief sich dabei auf einen „Zemek", der niemand anderer war als der Arzt und Psychoanalytiker Friedrich Pineles, ihr neuer Liebhaber.

So zweifelhaft die zeittypische Ferndiagnose sein mag – nicht zu bezweifeln ist, dass Lou Andreas-Salomé etwas Richtiges erkannt hatte: das Moment der Übertreibung in Rilke, das ihn bis zuletzt nicht verließ. Es ist in seinem Leben, mit seinen manchmal scharfen Wendungen und Wechseln, ebenso wie in seinem Schreiben, stilistisch als Hypertrophie und Manierismus.

Lou Andreas-Salomé war die erste bedeutende Frau und Intellektuelle in Rilkes Leben. Als sie sich kennenlernten, war sie bereits eine bekannte Schriftstellerin, die Beachtung mit Büchern über Ibsen und über Nietzsche gefunden hatte. Sie hatte auch Geschichten veröffentlicht, darunter die Erzählung *Ruth*, der Rilkes Tochter ihren Namen zu verdanken haben dürfte. Später wurde sie Psychoanalytikerin, die seit 1912 in enger Verbindung mit Freud stand.

Rilkes Jahre mit Lou Andreas-Salomé gelten allgemein als eine Zeit der Erziehung seiner Gefühle wie seines Geistes. An ihrer Seite, so Jean Rudolf von Salis, hat er „viel Äußerliches, Sentimentales, Naives, Verwöhntes abgelegt" (Salis, in: Schnack, 28). Zweifellos hat sie seinen Horizont in mehr als einer Hinsicht erweitert. Sie ermöglichte ihm die Begegnung mit Russland, die eines der großen Erlebnisse in seinem Leben wurde. Darüber hinaus stellte sie aber auch manche Verbindung her, etwa zu Gerhart Hauptmann, mit dem sie und ihr Mann befreundet waren; zu der schwedischen Schriftstellerin Ellen Key, die Rilkes Freundin wurde, bis er sich, ernüchtert von ihrer Nüchternheit, zeitweise zurückzog; oder zu Sigmund Freud, den er durch ihre Vermittlung ein Mal traf, ohne sich aber zu einer Analyse entschließen zu können. Gleichwohl blieb Rilke an der Psychoanalyse interessiert. Ohne Lou Andreas-Salomé wären auch die russischen Kontakte nicht zustande gekommen, vor allem zu Leonid Pasternak und zu Leo Tolstoi, die lange nachwirkten, wenngleich auf unterschiedliche Weise.

Lou Andreas-Salomé war für Rilke vieles: zuerst eine verehrte Schriftstellerin, dann seine Geliebte, schließlich für den Rest seines Lebens Freundin und Vertraute. Sie selbst nannte sich mal seine „Mutter" (so im „Letzten Zuruf", vgl. BwmLAS, 54), mal seine zeitweilige „Frau", schließlich auch seine Schwester (vgl. Andreas-Salomé, Lebensrückblick, 138). Sie übernahm tatsächlich mehr als eine Rolle in seinem Leben.

Rilke war ein Muttersohn. Doch während er dazu neigte, den Vater zu verklären, lehnte er als erwachsener Mann seine Mutter ab, zeitweise sogar vehement, ohne allerdings ganz mit ihr zu brechen: Er schrieb ihr bis zuletzt Briefe (vgl. dazu BadM). Lou Andreas-Salomé war die erste Frau, die er adorieren und an Mutters Statt adoptieren konnte. Sie hat ihn, wie eine Mutter, auch gewissermaßen neu getauft, indem sie ihn dazu brachte, seinen Namen zu ändern: aus René Maria wurde Rainer Maria. Unter diesem Namen wurde er berühmt, ohne dass er ihn seiner Mutter zumutete, der er durchweg weiter als René schrieb.

Lou Andreas-Salomé war von Anfang an aber auch Rilkes Mentorin, und sie wurde seine inoffizielle Psychotherapeutin. Sie versicherte ihm noch in der Trennung 1901, dass er sich immer an sie wenden dürfe, „in schweren wie in guten Stunden" (BwmLAS, 57). Von dieser Erlaubnis machte er, nach einer Zeit des gegenseitigen Schweigens, ab 1903 Gebrauch. In der Folge wurde sie seine wichtigste Ratgeberin, von der er sich tief verstanden fühlte, mehr wohl als von jeder anderen Frau. Ihr gegenüber war er offen und aufrichtig. Sein Vertrauen in sie war allerdings, zumindest zeitweise, größer als ihres in ihn. Der umfangreiche Briefwechsel zwischen ihnen ist allerdings geprägt von seiner Selbstbezogenheit: Sein großes Thema ist Rainer Maria Rilke. Das macht ihn als Briefwechsel etwas einseitig, aber äußerst ergiebig für seine Leser.

An Lou Andreas-Salomé wandte sich Rilke nicht nur in psychologischen und physischen Krisen, die ihn immer häufiger heimsuchten, sondern auch in künstlerischen. Nachdem sie die Veröffentlichung von *Dir zur Feier* abgelehnt hatte, widmete er ihr das *Stunden-Buch*, dessen erster Teil noch während ihrer Beziehung entstand. Allerdings hat sie in ihrer Autobiographie bekannt, dass sie seiner „frühen Lyrik, trotz ihrer Musikalität, kein Verständnis entgegenbrachte" (Andreas-Salomé, Lebensrückblick, 139): Auch an ihr störte sie die „Überschwenglichkeit" (ebd., 140). Eine „einzige Ausnahme" bildete *Lösch mir die Augen aus*. Sie meinte, sie hätte, „freilich sonder Vers und Rhythmus", ihm „das gleiche sagen können" (ebd., 139). Erst in den *Neuen Gedichten* erkannte sie, ganz zu Recht, eine „Meisterschaft", erreicht „durch das Abrücken vom Übersensitiven und Zuständlichen" (ebd., 130).

Rilke und Lou Andreas-Salomé tauschten nach der Trennung weiter ihre Arbeiten aus und kommentierten sie wechselseitig. Er teilte ihr auch immer wieder mit, an welchem Punkt seiner künstlerischen Entwicklung und seines Nachdenkens über Künstlertum, zumal sein eigenes, er sich angekommen sah. Sie ging auf seine Briefe ein, mal zustimmend, mal ihn zurechtrückend, doch um Verständnis bemüht, ohne es immer zu gewinnen. Noch in ihrem Buch über ihn, ein Jahr nach seinem Tod erschienen, hat dieser Diskurs Spuren hinterlassen: Lou Andreas-Salomé versuchte in ihm nicht zuletzt Rilkes Tragik als Künstler zu analysieren (vgl. Andreas-Salomé, Rilke).

Was sie ihm insgesamt bedeutete, hat er selbst am Schluss eines seiner langen Briefe an sie vom 28. Dezember 1911 ausgedrückt, anschaulich auf seine Weise, zwei Bilder in eines zusammenziehend:

> Adieu, liebe Lou; Gott weiß, Dein Wesen war so recht die Thür, durch die ich zuerst ins Freie kam; nun komm ich immer noch von Zeit zu Zeit und stell mich grade an den Thürpfosten, auf dem wir damals mein Wachsen verzeichnet haben. Laß mir diese liebe Gewohnheit und hab mich lieb. (BwmLAS, 242)

Das ist eine schön-bescheidene Selbst-Beschreibung, die aber letztlich zu bescheiden ist, auch etwas zu schmeichelhaft für die Adressatin. Bezeichnend ist ihr Schluss: Der Wunsch: „hab mich lieb" verrät den Narziss, der Rilke war und blieb.

Das Verhältnis zwischen ihnen ist unterschiedlich eingeschätzt worden. Ernst Zinn etwa schreibt darüber: In Lou Andreas-Salomés „Zeichen nimmt Rilkes Lebensführung und -haltung fast mit einem Schlage ihre endgültige Form an; die Veränderung des Taufnamens *René* in *Rainer* und die Wandlung der Handschrift bezeugen die Umkehr" (Zinn, in: SW, VI, 862) – wenn es denn nur eine Umkehr war und nicht vielmehr ein Fortschritt in der Entwicklung.

Kritischer im Ganzen hat Bernhard Blume Lou Andreas-Salomé gesehen. Sie, schreibt er,

> begriff nie, dass Rilke über sie hinauswuchs; er übertraf sie Schritt für Schritt an Tiefe, Weite, Einsicht, auch an menschlicher Güte. Doch obwohl Lou Rilke nicht mehr liebte, fuhr sie fort zu glauben, dass sie ihn verstünde, und so erklärte sie ihn, ihm selber und auch anderen, mit den Begriffen ihrer psychologischen und psychoanalytischen Theorien. Dies führte zu einer seltsamen Mischung von glänzenden Einsichten und erstaunlichen Fehlschlüssen. (Blume, 20)

Der Beginn des Nachdenkens über Kunst und Künstlertum

In der Zeit, in der Rilke mit Lou Andreas-Salomé zusammen war, zeigte er bald eine neue Nachdenklichkeit: Er begann ernsthafter über Kunst und Künstlertum zu reflektieren. Sein Schreiben wurde fortan begleitet, auch befördert vom Nachdenken über das Schreiben, das immer wieder auch zum Nachdenken über Kunst und Künstlertum wurde. Selbst wenn diese Vorträge, Aufzeichnungen, Aphorismen und Essays ins Allgemeine gingen, dienten sie doch in erster Linie der Selbstverständigung. Sie gehören zu Rilkes Versuch, sich im Künstlertum zurechtzufinden.

Von einer ‚Ästhetik' (vgl. Stephens, Ästhetik) kann dabei allerdings kaum die Rede sein. Rilke hat nie eine zusammenhängende, in sich geschlossene und widerspruchsfreie Theorie entwickelt. Ein solcher Anspruch lag ihm denkbar fern. Er war kein philosophischer Kopf, auch wenn sich viele Philosophen den Kopf über ihn zerbrochen haben. Er hat lediglich zu verschiedenen Zeiten verschiedene Gedanken und Ideen über sein Metier formuliert. Manche änderten sich wieder, andere blieben bis zum Schluss mehr oder weniger unverändert. Nicht die geringste Schwierigkeit stellt seine Begrifflichkeit dar, die oft ungenau ist, auch schwankend. Manche Ausdrücke wie etwa ‚Ding' oder ‚Verwandlung' gebrauchte Rilke schon früh, aber in wechselnden Bedeutungen: Das war seine Art der allerdings poetischen Arbeit am Begriff.

Die poetologischen und ästhetischen Reflexionen setzten 1898 ein: mit dem Vortrag über *Moderne Lyrik* und dem *Florenzer Tagebuch*, und sie schließen noch die Essays *Über Kunst* von 1898 und 1899 ein. Ihnen gemeinsam ist ein gewisser Gestus des Bescheidwissens, der mitunter schwer von Anmaßung zu unterscheiden ist. Dem jungen Rilke scheint es selbstverständlich gewesen zu sein, die Öffentlichkeit über letzte Fragen von Kunst und Literatur aufzuklären.

Den Vortrag über *Moderne Lyrik* hat er Anfang 1898, mit 23 Jahren, in Prag gehalten, vor großem Publikum. Veröffentlicht hat er ihn nicht. Den gedanklichen Höhepunkt stellt auch schon der Anfang dar. Rilke beginnt den Vortrag selbstbewusst mit seiner „Definition der Kunst" (KA, IV, 64):

> Kunst erscheint mir als das Bestreben eines Einzelnen, über das Enge und Dunkle hin, eine Verständigung zu finden mit allen Dingen, mit den kleinsten wie mit den größten, und in solchen beständigen Zwiegesprächen näher zu kommen zu den letzten leisen Quellen alles Lebens. Die Geheimnisse der Dinge verschmelzen in seinem Innern mit seinen eigenen tiefsten Empfindungen und werden ihm, so als ob es eigene Sehnsüchte wären, laut. Die reiche Sprache dieser intimen Geständnisse ist die Schönheit. (ebd., 65)

Schon der junge Rilke denkt die Kunst vom Künstler her. Einen Leser hat er nicht im Blick – und hatte es auch später nicht. Kunst ist ihm Ausdruck eines Ichs und zugleich Mittel seiner Orientierung in der Welt: ein Versuch, das „Leben" zu verstehen. Schon diese erste nennenswerte poetologische Reflexion zielt auf Existenzielles. Die Kunst soll, auch als ästhetische, eine „bewegtere – ich möchte sagen unbescheidenere Lebensform" (ebd.) sein. Worin genau diese künstlerische Lebensform besteht oder bestehen könnte, blieb aber einstweilen noch offen.

Etwas mehr lässt Rilke dagegen über die ‚Dinge' verlauten, auf die sich der Künstler bezieht: Sie sind „Stoff" oder „Gefühlsstoff" (ebd.), der „nur der Vorwand für noch feinere, ganz persönliche Geständnisse" (ebd.) ist (vgl. dazu auch Stephens, Ästhetik, 104–106), also Anlass für eine Gefühlsaussprache. Das ist nicht unbedingt ein modernes Verständnis von Kunst und, trotz der begrifflichen Überschneidung, von Rilkes späterem Konzept einer Dingdichtung weit entfernt. Es lässt aber seinen gedanklichen Ausgangspunkt deutlich werden, der letztlich weniger originell als eklektisch ist: ein Versuch, seinerzeit gängige Konzepte von subjektiver und ästhetischer Lyrik miteinander zu verbinden.

Seine Überlegungen zur Kunst setzte Rilke wenig später im *Florenzer Tagebuch* fort. Es ist, dem Namen zum Trotz, zum größten Teil gar nicht in Florenz entstanden, es handelt auch nicht nur von der Stadt, und es ist ein Tagebuch bloß partienweise. Zwar ist es entstanden aus Anlass seiner von Lou Andreas-Salomé angeregten Bildungsreise nach Italien im Frühjahr 1898, die ihm die Begegnung mit italienischer Renaissance-Kunst ermöglichte. Das *Tagebuch* enthält Aufzeichnungen von dieser Reise, aber auch von der anschließenden an die Ostsee, nach Zoppot, wo Rilke Lou Andreas-Salomé wieder traf. Für sie ist das Tagebuch geschrieben, zu seiner Enttäuschung nahm sie es aber ohne Begeisterung auf. In manchen Aufzeichnungen wird sie unmittelbar angesprochen, wie in Briefen oder adressierten Tagebuchnotaten. Daneben finden sich zahlreiche Aphorismen – zumeist, wenn sich Rilke über Kunst und Künstlertum äußert.

Manche Leser hat die Wahl dieser Form irritiert, weil sie, angeblich, schlecht zu einem Lyriker passe, auch für Rilke zu bestimmt, ja geradezu autoritativ klingt. Sie verdankt sich jedoch seinem Versuch, einzelne Gedanken festzuhalten, die zu verbinden ihm damals noch nicht recht gelang, und sie half ihm, sie einstweilen einprägsam zugespitzt zu formulieren.

Der zentrale Gedanke auch des *Florenzer Tagebuchs* ist, dass die Kunst nur für den Künstler da ist: Rilke nennt sie „das Mittel Einzelner, Einsamer sich selbst zu erfüllen" (FT, 27) und zu befreien. Mit der Geste der Verkündigung schreibt er:

> Wisset denn, daß die Kunst ist: ein Weg zur Freiheit. Wir sind alle in Ketten geboren. Der und jener vergißt seine Ketten: er läßt sie versilbern oder vergolden. Wir aber wollen sie zerreißen. Nicht mit häßlicher und wilder Gewalt; herauswachsen wollen wir aus ihnen. (ebd., 27)

Wie in *Moderne Lyrik* gibt Rilke der poetologischen Reflexion mit dem Gedanken der Freiheit eine existenzielle Richtung. Dass Kunst frei mache, hat er später mehr als einmal in seinem Leben demonstriert.

Über den Künstler lässt Rilke nur wenig verlauten – kaum mehr, als dass er eben ein Einzelner und Einsamer ist, und er scheint das in seiner Sicht zu sein, weil er ein zunächst existenziell „Fremder" ist: „jeder Künstler wird eigentlich in der Fremde geboren; er hat nirgends eine Heimat außer bei sich" (ebd., 38). Die Kunst ist für ihn „der einsame Weg zu sich selbst" (ebd., 34). 1898 ist das vor allem ein Satz der Selbstermunterung – mehr Grundsatz als Erfahrungssatz. Das sollte sich jedoch bald ändern: Spätestens in Paris begann Rilke nach diesem Satz zu leben.

Manche Formulierungen des Tagebuchs wirken so, als hätte ihr Verfasser zeitgenössischen elitären Ideen, zumal der des Übermenschen, angehangen. So heißt es etwa: „Der Schaffende ist der weitere Mensch, der, über welchen hinaus die Zukunft liegt" (ebd., 29), oder auch: „daß unsere Kunst nur dem Künstler selbst Erlösung werden kann und daß nur ganz wenige Eingeweihte, welche in diese Mysterien sehen, daran mit ihrer Freude teilnehmen können" (ebd., 98).

Dabei erinnert einiges nicht von ungefähr an Friedrich Nietzsche (vgl. auch Heller, Nirgends, 73–120), über den Rilke schon 1896 eine Erzählung geschrieben hatte: *Der Apostel*. Erich Heller hat von ihr, und ein paar anderen aus der Zeit, sarkastisch bemerkt, dass sie „vom Gehämmer und Gespränge Nietzsches" widerhalle, „ohne indessen auch nur eine Spur der Tiefe und Kompliziertheit von Nietzsches Denken und Fühlen zu verraten" (Heller, 76). Rilke wurde tatsächlich auch dadurch noch kein philosophischer Kopf, dass er Verschiedenes von Nietzsche las (erhalten haben sich etwa seine späteren Marginalien zur *Geburt der Tragödie*). Auch Lou Andreas-Salomés Buch *Friedrich Nietzsche in seinen Werken* hat er gekannt: Es war wohl ein Teil der Erziehung durch sie. Rilke las Nietzsche aber auf seine Weise. Eudo Mason hat das auf den Punkt gebracht: „Was der Übermensch für Nietzsche ist, das ist der Künstler für Rilke" (Mason, 27). Rilke war darin ein Kind seiner Zeit: Er folgte, bis zuletzt, dem Kult des Künstlers, wie er um 1900 aufkam (vgl. Kassner, Buch der Erinnerung, 123–124).

Rilkes elitäres Kunstverständnis geht notwendigerweise mit Abgrenzungen einher. Zu den ‚wenigen Eingeweihten', für die Kunst da sei, gehörten „Volk" und „Menge" ebenso wenig wie die „Fürsten": „Die Fürsten und das unterste Volk haben im Grunde das richtigste Gefühl gegen die Kunst: Gleichgültigkeit" (ebd., 34). Sie sind im Gegensatz zum Künstler die Kunstfremden.

Solche Abgrenzungen mögen die soziale Fremdheit des Künstlers betonen. Sie werfen aber auch ein tiefer gehendes Problem auf, das mit Rilkes „Existenzdeutung" (Mason, 27) verbunden ist. „Es fragt sich immer", so Mason über die Reflexionen Rilkes, „wieweit seine Aussagen für die ganze Menschheit, wieweit sie nur für den Künstler gelten sollen, der in fast allem das genaue Gegenteil des eigentlichen Menschen ist" (ebd.). Diese Frage stellt sich immer wieder bei der Lektüre von Rilkes Werken, bis hin zu den *Duineser Elegien*, die oftmals dezidiert philosophisch oder anthropologisch ausgelegt wurden, auch da noch, wo sie ästhetisch oder poetologisch gedacht sind.

In einem Punkt gehen die Aufzeichnungen des Tagebuchs über *Moderne Lyrik* hinaus. Rilke entwickelte nun eine Kunstauffassung, die sich bereits vom Ästhetizismus löst. Dass er Schönheit nicht über alles stellt, weder im Leben noch in der Kunst, bezeugt vor allem die Aufzeichnung: „Darauf kommt es schließlich an: alles, eines des anderen wert, *im* Leben zu sehen; auch das Mystische, auch den Tod. Keines darf über das zweite hinausragen, ein jedes das nachbarliche bezähmen" (FT, 68). Das Leben auch in all seinen schrecklichen Aspekten hinzunehmen, gehört schon früh zu Rilkes Verständnis von Kunst; in den *Neuen Gedichten* und in den *Aufzeichnungen des Malte Laurids Brigge* erreicht es dann seine gültigste Umsetzung.

Schwerer zu fassen ist sein Verständnis von Gott in den Florentiner Aufzeichnungen. Da heißt es etwa: „Die Religion ist die Kunst der Nichtschaffenden" (ebd., 32), die sich einen Gott erschaffen, indem sie zu ihm beten. Dass Rilke dieser ‚Kunst', die nur Wiederholung von bereits Formuliertem ist, nicht viel abgewinnen konnte, spricht sein auch stilistisch an Nietzsche anklingender Aphorismus aus: „Gott ist das älteste Kunstwerk. Er ist sehr schlecht erhalten, und viele Teile sind später ungefähr ergänzt. Aber es gehört natürlich zur Bildung, über ihn reden zu können und die Reste gesehen zu haben" (ebd., 41). Der Akzent liegt in dieser Aufzeichnung allerdings auf dem Gedanken, dass Gott von Menschen, nämlich von Künstlern, geschaffen werde. Auch ihn verdankt Rilke Nietzsche, auch ihn hat er aber nach und nach poetisch fruchtbar gemacht, zuerst im *Stunden-Buch*.

Wieweit Rilkes Nachdenken über Kunst bis 1900 gedieh, geben vor allem die beiden Essays wieder, die er 1898 und 1899 unter dem Titel *Über Kunst* veröffentlichte. Er plante, sie zu einem Buch auszuarbeiten, setzte diesen Plan aber nicht um. Die kurzen Texte gehören zwar durch das gemeinsame Thema zusammen, entwickeln aber, ebenso wenig wie das *Florenzer Tagebuch*, eine zusammenhängende

Theorie. Sie variieren eher verschiedene Überlegungen, auch schon zuvor gedachte, deren Darstellung meist metaphorisch bleibt. Gleichwohl sind auch in ihnen einige Gedanken oder Ideen auszumachen, auf die Rilke später zurückgekommen ist.

Da ist zum einen die schon in *Moderne Lyrik* geäußerte Annahme, die Kunst sei „eine Lebensauffassung, wie etwa die Religion und die Wissenschaft und der Sozialismus" (KA, IV, 114). Lebensanschauung sei sie „in dem Sinne: Art zu sein" (ebd., 116). Die künstlerische „Art zu sein" bringt Rilke dabei mit der kindlichen in Verbindung: „Man erkennt: diese Art zu sein hat etwas Naives und Unwillkürliches und ähnelt jener Zeit des Unbewußten an, deren bestes Merkmal ein freudiges Vertrauen ist: der Kindheit" (ebd.). Das Kind, das Künstler wird, „reift einfach ruhig weiter von tiefinnen, aus seinem eigensten Kindsein heraus, und das bedeutet, es wird Mensch im Geiste *aller* Zeiten: Künstler" (ebd., 117). Auf diese Verbindung zwischen der künstlerischen und der kindlichen Existenz ist Rilke später des Öfteren zurückgekommen. Noch sein Buch über Rodin beginnt er mit dessen Kindheit (vgl. KA, 405–407).

Auch das Verhältnis, dass der Künstler – wohl vor allem: der Künstler Rilke – zu Gott hat, wird neu akzentuiert. So heißt es von seinem Glauben, er sei

> mehr als Glauben; denn er selbst baut an diesem Gott. Mit jedem Schauen, mit jedem Erkennen, in jeder seiner leisen Freuden fügt er ihm eine Macht und einen Namen zu, damit der Gott endlich in einem späten Urenkel sich vollende, mit allen Mächten und allen Namen geschmückt. (ebd., 115)

Auch diese Bemerkung wirkt wie ein Vorgriff auf das *Stunden-Buch*, in dem die Metapher vom Bauen an Gott wiederkehrt.

Doch wie in den Florentiner Aufzeichnungen ist auch in den Essays *Über Kunst* nicht die Rede von einem Gott, der den Dichter inspiriert und ihm heilige Worte eingibt. Rilkes Gottesbegriff in dieser Zeit, soweit er kenntlich wird, gibt das nicht her. Gott dichtend zu erschaffen erklärt Rilke vielmehr zur „Pflicht des Künstlers" (ebd.): Es ist das, was er für die Menschheit leistet.

Der Lyrik-Verächter: Die Begegnung mit Leo Tolstoi

In seinen jungen Jahren, hat Rilke gegen Ende seines Lebens gesagt, habe er gehofft, „in der Öffentlichkeit solche zu finden, die mir helfen könnten, Anschluß an jene geistigen Bewegungen zu gewinnen, von denen ich mich in Prag, selbst unter besseren Umständen, als die meinigen waren, ziemlich ausgeschlossen glaubte" (B, II, 339). Dass er sich mit seinen ersten Arbeiten nach außen hin, durch die Tatsache ihrer Veröffentlichung, als Künstler kenntlich machen wollte, war allerdings nur die eine Seite seiner Kunstbemühung. Die andere war es, Kontakt zu Schriftstellern aufzunehmen, die sich schon einen Namen gemacht hatten. Rilke wollte sich mit ihnen verbinden, von ihnen erkannt und anerkannt werden, auch mit ihnen in ein Gespräch über Kunst treten. Er wollte von ihnen lernen, aber sich auch an ihnen messen. Damit begann er schon in seiner Prager Zeit (vgl. Demetz, 52–88), und er setzte es in München ebenso wie in Berlin fort. Die Nähe zu anderen Künstlern suchte er bis zum Schluss.

An die unterschiedlichsten Autoren wandte sich der junge Rilke. Aus seinen ersten Jahren sind Briefe u. a. an Theodor Fontane, Stefan George, Detlev von Liliencron, Wilhelm von Scholz, Richard Dehmel, Jakob Wassermann, Gerhart Hauptmann und Hugo von Hofmannsthal erhalten – eine Sammlung damaliger literarischer Prominenz, unter der sich auch einige finden, die er tatsächlich verehrt zu haben scheint. Nicht in allen Begegnungen mit anderen Künstlern kam ein wesentlicher Austausch zustande, mitunter blieb er auch in den Anfängen stecken. Doch selbst diese Kontakte schärften Rilkes Vorstellungen vom Künstler-Sein. Mal gelang ihm das schnell, mal dauerte es länger.

Eine Rechtfertigung für solche Kontakte hat er schon im *Florenzer Tagebuch* – trotz seiner Mahnung, Künstler sollten ihresgleichen „meiden" – formuliert:

> Es soll keiner tasten an des anderen Kunst. Denn nimmt er von einem Größeren, so verliert er sich; und neigt er zu der Art eines Engeren hin, so entweiht er sich und nimmt seinem Gemüt die Keuschheit; aber von des anderen Kultur darf der Künstler gerne und dankbar empfangen. So bilde jeder den zweiten zu höherer Menschlichkeit und also zu reinerer Kunst. (FT, 33)

Das war etwas altklug-aphoristisch formuliert, auch, weil es eine substanzielle Beziehung zu einem „Größeren" in Rilkes Leben noch nicht gegeben hatte. Aus den zahlreichen frühen Begegnungen mit Autoren ragt, neben der mit Lou Andreas-Salomé, allerdings eine heraus: die mit Leo Tolstoi. Doch ob sie ihn „zu reinerer Kunst" gebildet habe, darf man bezweifeln.

Die beiden Russland-Reisen, die Rilke und Lou Andreas-Salomé 1899 und 1900 unternahmen, bedeuteten ihm fast so viel wie die Begegnung mit ihr. Auf ihnen glaubte er, der Ortlose, seine Heimat gefunden zu haben: in der weiten russischen Landschaft an der Wolga und in der großen russischen Stadt Moskau. In Russland gewann er, der Glaubenslose auch einen neuen Glauben, zumindest eine Vorstellung von Gott jenseits aller Konfessionen und Dogmen.

Was die Reisen nach Russland ihm bedeuteten, legte Rilke am 19. April 1902 Eugène-Melchior de Vogüé dar:

> Als Mensch war ich heimatlos, heimatlos in der Familie, heimatlos im Vaterlande, aber auf zwei großen Reisen, die ich 1899 und 1900 unternahm, wurde mir eine Heimat, eine große, unvergleichliche Heimat gegeben, aus der heraus ich nun lebe: Russland. (RuR, 265)

Rilke erwähnte auch seine große „Wolgafahrt" – „wo die Welt plötzlich in den Maßen Gott-Vaters sich aufbaut, überlebensgroß und unvergeßlich ... das alles war Heimat" (ebd.).

Auf ihren Russland-Reisen (vgl. dazu RuR, außerdem ausführlicher Prater, 101–125) lernten Rilke und Lou Andreas-Salomé auch Künstler kennen, etwa Leonid Pasternak, einen der bedeutendsten impressionistischen Maler des Landes, und Ilja Repin, den großen russischen Realisten, und sie suchten zwei Schriftsteller auf: den Bauerndichter Droshin und den Grafen Leo Tolstoi. Tolstoi ist der berühmteste

Schriftsteller, dem Rilke in seinem Leben begegnet ist, auch wenn er mit den Jahren noch die Bekanntschaft weiterer Berühmtheiten machte.

Tolstoi war um die Jahrhundertwende nicht mehr auf dem Gipfel des Ruhms, aber doch der Bekanntheit. Journalisten aus aller Welt suchten ihn auf seinem Gut Jasnaja Poljana auf, belagerten es zeitweise regelrecht, um Äußerungen von ihm aufzuschnappen. Tolstoi gab ihnen bereitwillig Auskünfte, die in die internationale Presse gelangten und mitunter viel Aufsehen erregten. In seinen letzten Jahren war er eine öffentliche Person, die international beachtet wurde, allerdings durch seine ungewöhnlichen Ansichten, die nicht unbedingt auf der Höhe der Zeit waren, umstritten wie nie zuvor.

Die Veröffentlichung seiner großen Romane, *Krieg und Frieden* (1867) und *Anna Karenina* (1877), lag mehr als 20 Jahre zurück. Danach war seine Produktion abgefallen. Große Erzählungen wie *Der Tod des Iwan Iljitsch* blieben eine Ausnahme. Mit der *Kreuzersonate*, 14 Jahre nach *Anna Karenina* erschienen, hatte er dann als Autor seinen Zenit überschritten. Er widmete sich volkspädagogischen Schriften, seine im weitesten Sinn politischen und weltanschaulichen Meinungsäußerungen, die ihn zunehmend Ansehen kosteten, vor allem bei seinem Publikum außerhalb Russlands, nahmen überhand.

Rilke suchte mit Lou Andreas-Salomé Tolstoi gleich zweimal auf: am Karfreitag 1899 in Moskau und Anfang Juni 1900 in Jasnaja Poljana. Rilke hat den beiden Russland-Reisen größte Bedeutung für sich und seine geistige Entwicklung beigemessen. Doch die Besuche gerade bei Tolstoi können für ihn nicht sehr erfreulich, auch nicht besonders ergiebig gewesen sein. Das hat er allerdings lange für sich behalten.

Beim ersten Mal widmete Tolstoi ihm kaum Aufmerksamkeit, er interessierte sich mehr für Lou Andreas-Salomés Ehemann. Als Tolstoi erfuhr, dass die drei die Osternacht im Kreml feiern wollten, für ihn ein abergläubisches Ritual, kam es fast zum Eklat. Ein Jahr später, am 1. Juni 1900, besuchten Lou und Rilke Tolstoi auf seinem Gut südlich von Moskau, in der Nähe von Tula. Auch dieses Mal erhielt Rilke einen Dämpfer, von dem sie berichtet hat: „Nach einer Frage an Rainer: ‚Womit befassen Sie sich?' und dessen etwas schüchterner Antwort: ‚Mit Lyrik', war eine temperamentvolle Entwürdigung jeglicher Lyrik auf ihn niedergeprasselt" (RuR, 155). Rilke hat das nicht erwähnt.

Er zeigte sich vielmehr beeindruckt. An die russische Schriftstellerin Sofia Schill, eine Freundin Lou Andreas-Salomés, berichtete er aus Tula, dass Tolstoi die Besucher aus Deutschland zu einem Gang durch seinen Park eingeladen hatte:

> Wir gehen langsam die engumwachsenen langen Wege entlang in reichem Gespräch, das, wie damals, vom Grafen Wärme und Bewegung empfängt. Er spricht russisch, und wo der Wind mir nicht die Worte verdeckt, verstehe ich jede Silbe. Er hat die linke Hand unter seiner Wolljacke in den Gürtel geschoben, die rechte ruht auf der Krücke des Stockes, ohne sich schwer aufzustützen, und er bückt sich von Zeit zu Zeit, um mit einer Bewegung, als wollte er eine Blume mit dem um sie stehenden Duft einfangen, ein Kraut zu pflücken, aus der hohlen Hand trinkt er das Arom und läßt dann im Sprechen die leere Blume achtlos fallen in den vielen Überfluß des wilden Frühlings, der dadurch nicht ärmer geworden ist. (RuR, 153–154)

Worüber sie sprachen, hat Rilke bezeichnenderweise nicht erwähnt – nur, *wie* Tolstoi sprach:

> Das Gespräch geht über viele Dinge. Aber alle Worte gehen nicht *vorn* an ihnen vorüber, an den Äußerlichkeiten, sie drängen sich hinter den Dingen im Dunkel durch. Und der tiefe Wert von jedem ist nicht seine Farbe im Licht, sondern das Gefühl, daß es aus den Dunkelheiten und Geheimnissen kommt, aus denen wir alle leben. Und jedesmal wenn in dem Klang des Gesprächs das Nichtgemeinsame bemerkbar wurde, ging irgendwo ein Ausblick auf auf helle Hintergründe tiefer Einigkeit. (ebd., 154)

Am Ende empfand Rilke den gemeinsamen Gang als geglückt: „Und so war der Weg ein guter Weg. Manchmal im Wind wuchs die Gestalt des Grafen; der große Bart wehte, aber das ernste, von der Einsamkeit gezeichnete Gesicht blieb ruhig, wie unberührt vom Sturm" (ebd.).

Aus Rilkes Bericht spricht eine gespaltene Wahrnehmung: Er erzählt von einem Gespräch, dessen Inhalt unerwähnt bleibt. Tolstoi wird in ihm ganz zur „Gestalt": ein Redner, dem man einfach nur lauscht, ohne genau auf das zu achten, was er sagt.

Rilkes Bild von Tolstoi war schon nach der ersten Begegnung fertig gewesen – vielleicht sogar schon vorher. Hugo Salus erklärte er im Mai 1899, der Graf sei für ihn „der erste Mensch im neuen Lande und der rührendste Mensch, der *ewige Russe*" (ebd., 52). Was ein Russe sei, hat Rilke nach der ersten Reise Jelena Woronina dargelegt:

> Bei Ihnen ist jeder ein Philosoph, ein Denker, ein Deuter, ein Dichter, wenn Sie wollen. Denn er hat seine Meinung über die Dinge, und die nahen und fernen, die sogenannten Großen und Kleinen sind gleich vor seiner sanften Gerechtigkeit. Aber er verlangt nicht, daß einer oder zehn oder hundert auf seine Seite treten und seine Ansicht bestätigen und theilen. (ebd., 67)

So deutete Rilke der Russin, die Tolstoi wie er verehrte, zumindest an, dass er nicht immer „auf seine Seite" treten könne.

Dass der Graf seiner ‚Beschäftigung' eine Abfuhr erteilte, muss Rilke getroffen haben. Überrascht hat es ihn wohl nicht. 1898 war auf Deutsch Tolstois buchlanger Essay *Was ist Kunst?* auszugsweise erschienen. In seinem eigenen Essay *Über Kunst* erwähnt Rilke ihn eingangs und charakterisiert ihn als einen Versuch, der „nicht so sehr das Wesen der Kunst betrachtet", sondern eher bemüht sei, „sie aus ihren Wirkungen zu erklären": „Es ist, als ob man sagte: Die Sonne ist das, welches Früchte reift, Wiesen wärmt und Wäsche trocknet. Man vergißt, daß dieses letztere jeder Ofen vermag" (KA, IV, 114). Rilke hatte allen Grund, sich so spöttisch zu distanzieren.

Tolstois Kunstverständnis, wie er es in seinem Essay entfaltet, stellt tatsächlich einen Gegenpol zu seinem dar. Gute Kunst definierte Tolstoi als christliche Kunst, die entweder „die Gefühle vermittelt, welche dem religiösen Bewußtsein des Menschen von seiner Stellung in der Welt, zu Gott und zu seinem Nächsten entspringen" oder „die die allereinfachsten irdischen Gefühle vermittelt, wie sie den Menschen der ganzen Welt verständlich sind" (Tolstoi, 197). Tolstoi war diesen zweiten Weg in den 80er-Jahren mit seinen Volkserzählungen gegangen, die zu seiner pädagogischen Arbeit gehören. So wollte er nun die Kunst haben: einfach und verständlich für das Volk. Sie sollte vor allem Förderung des „Fortschritts der Menschheit auf dem Wege zur Vollkommenheit" (ebd., 187) sein, und das hieß für ihn: ein Weg zu einem christlichen Leben.

Rilke dachte so wenig in den ästhetischen Kategorien Tolstois wie der in seinen. Den Tolstoi, dem er begegnete, konnte er deshalb nicht mehr recht als Künstler rühmen, nur als russischen Weisen. Es dauerte ein ganzes Jahrzehnt, bis er auf das „Nichtgemeinsame" des Gesprächs in aller Offenheit, wenn auch nicht öffentlich, zurückkam: ihrer beider denkbar verschiedene Auffassung vom Künstlertum.

Das Russland-Erlebnis ist schnell produktiv geworden. Zwischen den beiden Reisen entstanden im September und Oktober 1899 in weniger als vier Wochen die Gedichte, die den ersten Teil des *Stunden-Buchs* bilden, dann in zwei Wochen im November 1899 die *Geschichten vom lieben Gott*. Sie gehörten schon bald zu den beliebtesten und am besten verkauften Erzählungen Rilkes, die allerdings nie vom Kitschverdacht befreit werden konnten. *Die Gebete*, wie das Buch *Vom mönchischen Leben* zuerst hieß, hat dagegen einige kundige Fürsprecher gefunden (vgl. Mason, 32), auch wenn es vor einige Probleme stellt. Lou Andreas-Salomé ihrerseits führte auf der zweiten Reise ein Tagebuch, das erst lange nach ihrem Tod veröffentlicht wurde (vgl. Lou Andreas-Salomé, „Russland mit Rilke"). Von Tolstoi sprach Rilke noch lange.

Worpswede und Worpsweder: Begegnungen mit Künstlern

Heinrich Vogeler

Als Lou Andreas-Salomé Ende Februar 1901 ihr Verhältnis mit Rilke aufkündigte, waren schon andere Menschen, auch andere Frauen in sein Leben getreten. Es waren alles Maler, darunter auch eine Malerin und eine Bildhauerin. Mit bildender Kunst hatte sich Rilke, neben seinem Studium der Kunstgeschichte, schon in Berlin als Kritiker beschäftigt und 1898 etwa verschiedene Ausstellungen besprochen. Aber nun kam er einer Gruppe von Künstlern nahe, und das gab seinem Versuch, ‚künstlerisch zu leben', eine neue andere Wendung. Der Ort ihrer Begegnung wurde ein Dorf südlich von Bremen im Teufelsmoor.

Worpswede hat Rilke durch Heinrich Vogeler kennengelernt. Ihm ist er zuerst 1898 bei seinem Aufenthalt in Florenz begegnet, Rudolf Borchardt brachte ihn eines Abends mit in sein Quartier. Vogeler besuchte ihn danach in Berlin und lud ihn nach Bremen ein. Rilke verbrachte anschließend die Weihnachtstage bei der Familie Vogeler, fuhr auch mit seinem Gastgeber nach Worpswede, wo der ein altes Bauernhaus, den Barkenhoff, gekauft hatte und nun renovieren ließ. Ende August 1900 war er, eben zurück von seiner zweiten Russland-Reise, wieder in Worpswede und wohnte bei Vogeler auf dem nun fertig gestellten Barkenhoff, im Giebelzimmer.

Heinrich Vogeler war nicht der erste Maler, den Rilke näher kennenlernte, aber er war sein erster Künstler*freund* – einer der wenigen, den man überhaupt in einem mehr als oberflächlichen Sinn als seinen Freund bezeichnen kann, auch wenn sie nie über das „Sie" hinauskamen und ihre Wege sich bald wieder trennten. Beide waren, so Heinrich Wigand Petzet, „Schwärmer", „im Grunde scheue, ja fast schüchterne Menschen" (Petzet, Von Worpswede, 80). Ihre Freundschaft bestand auf Abstand. Nur wenige Male haben sie einander getroffen, und nur für kurze Zeit lebten sie in derselben Region. Worpswede war der Ort ihrer Freundschaft. Aber während Vogeler lange dort auf dem Barkenhoff wohnen blieb, begab sich Rilke schon bald wieder auf Wanderschaft.

Am engsten scheint die Beziehung im Spätsommer 1900 gewesen zu sein, als Rilke bei Vogeler wohnte. Anfang September porträtierte er ihn in seinem Tagebuch: „Vogeler ist da ... seine Gestalt leicht und ruhig. Die Augen dunkel, glanzlos. Der hochgeknöpfte Hals mit der feinen Kamee, die hohe Sammetweste ... ein Bild" (TadF, 240). Diese wenigen Zeilen verraten, was Rilke an Vogeler anzog: die Verbindung von Kunst und Leben. Vogeler, der Ästhet, versuchte die Kunst ins Leben hineinzunehmen, nicht zuletzt in seiner Erscheinung. Sorgfältig und elegant gekleidet, trat er Rilke entgegen: ein tableau vivant, ein lebendes Bild.

Vogelers ästhetische Gestaltung des eigenen Lebens teilte sich überall auf dem Barkenhoff mit, im Haus wie im Garten, in Bildern, Möbeln und allerlei Gebrauchsgegenständen, die er selbst entworfen hatte, und so hat er sie auch selbst auf seinem wohl berühmtesten Gemälde, dem großformatigen *Sommerabend (Das Konzert)* von 1905, darzustellen versucht. Es zeigt eine der musikalischen Sonntagsgesellschaften im sorgsam gestalteten Vorgarten des Barkenhoffs, die Vogeler damals für seine Freunde ausrichtete: auch das ein tableau vivant. Mitglieder der Malerkolonie sind unschwer zu erkennen, außer dem Gastgeber selbst Paula Becker und Clara Westhoff, auch Otto Modersohn. Rilke fehlt: Er lebte längst in Paris.

Was Vogeler und Rilke am Anfang verband, war ihre gemeinsame Anziehung durch das, was man damals ‚Art Nouveau' oder ‚Stilkunst' nannte und was heute Jugendstil heißt. Der junge Vogeler brillierte in dieser dekorativen Kunst und erlangte früh internationale Bekanntheit. Als sie sich kennenlernten, trafen sie sich in der Präferenz für eine solche ästhetische Kunst. Schnell kam es zu verschiedenen Kooperationen. Rilke hatte schon früher Maler kennengelernt, außer Emil Orlik etwa Leonid Pasternak und Ilja Repin. In Heinrich Vogeler aber fand er für eine Zeit den Künstler, mit dem er zusammenarbeiten konnte.

Vogeler war eher Zeichner als Maler, er hatte Erfolg mit seinen Radierungen und besonders mit seinen Buchillustrationen, die er zu Werken etwa Hugo von Hofmannsthals, Gerhart Hauptmanns, Ricarda Huchs, Jens Peter Jacobsens und vor allem Oscar Wildes anfertigte. Er und Rilke dürften schnell die künstlerischen Möglichkeiten erkannt haben, die ihre Freundschaft jedem von ihnen bot.

Rilke schrieb Ende 1898 für den Barkenhoff einen Spruch, den Vogeler als Haussegen über der Eingangstür seines Hauses einkerben ließ. Da ist er heute noch zu lesen. Im Jahr darauf erschien Rilkes Gedichtband *Mir zur Feier*, den Vogeler gestaltete. Er illustrierte Hefte der Zeitschrift *Die Insel* (aus der dann der Verlag hervorging), darunter auch 1899 eines mit Versen des Freundes. Im September 1900 schrieb Rilke in Worpswede eine Reihe von Gedichten, die er unter dem Arbeitstitel „In und nach Worpswede" sammelte und dem „lieben Heinrich Vogeler" widmete. Sie wurden erst lange nach beider Tod als Buch veröffentlicht, mit den Bildern, die Vogeler zu ihnen geschaffen hatte (vgl. *In und nach Worpswede*). Die erste Ausgabe vom *Buch der Bilder* versah er 1902 noch mit einer Titelvignette. Nachdem Rilke nach Paris gezogen waren, lockerte sich der Kontakt. Eine neuerliche Zusammenarbeit kam nicht zustande.

Zwischen Rilke und Vogeler setzte nach der Worpsweder Zeit Schritt für Schritt eine Entfremdung ein. Bis 1906 kam Rilke noch gelegentlich nach Worpswede zurück, doch die Freundschaft erneuerte sich nicht.

Über dem, was sie beide zeitweise verband, ist nicht zu übersehen, was sie bald trennte, neben der äußeren Entfernung. Rilke entwickelte sich schneller als Vogeler. Der hielt an seinem Jugend-Stil noch fest, als er längst in die Krise geraten war. Seine künstlerische Wandlung ließ länger auf sich warten als die des Freundes. Doch Rilke würde sie wahrscheinlich noch weniger gefallen haben, hätte er sie erlebt.

Sein Verhältnis zu Vogeler ist ein Beispiel dafür, was er bei anderen Künstlern, seines eigenen Künstlertums noch nicht sicher, suchte und was er von ihnen lernte, auch wenn er nicht fand, was er erhofft hatte. Er scheint aus der geringen Entwicklung des Freundes vor allem die eine Schlussfolgerung gezogen haben: dass künstlerischer Stillstand unbedingt zu vermeiden, ja das Ende der Kunst sei. Als Rilke im August 1903 von Paris nach Bremen zu Frau und Kind für einen Sommeraufenthalt zurückkehrte, schrieb er Lou Andreas-Salomé auch über Vogelers Leben. Der war gerade wieder Vater geworden, „es wird immer kleiner um Heinrich Vogeler, sein Haus zieht sich um ihn zusammen" (BwmLAS, 91). Seine Kunst werde „unsicher", „ganz auf den Zufall einer spielerischen Einbildung gestellt die sich von den Dingen entfernt" (ebd.). Auch die Kinder brächten „kein Wachsthum" mit sich, immer wieder stelle sich „Vergangenheit" ein: „Und es kann keine Kunst kommen daraus, denn die Kunst kann sich nicht wiederholen" (ebd.). Von Vogelers Lebenskrise scheint er nichts wahrgenommen zu haben. Er sah nur den Stillstand des Künstlers.

Worpswede: eine Annäherung

Rilke hatte mehrere Gründe, nach dem ersten Besuch bei Vogeler nach Worpswede zurückzukehren. Die Landschaft war einer, die Menschen ein anderer. Worpswede mag für ihn nicht so ein tieferer Eindruck wie Russland gewesen sein, aber er war nach einer Zeit gleichwohl von der Landschaft beeindruckt, für deren karge Weite er nach seiner russischen Reise empfänglich war. Anfangs war sie ihm fremd, allmählich aber erschloss sie sich ihm, und das begann im September 1900. Auch daran hatte Vogeler seinen Anteil.

Am 7. September notierte sich Rilke, wovon ihm Vogeler „in diesen Tagen so viel erzählt" habe (TadF, 244):

> Von tanzenden Bauern aus dem Moor und von sonderbaren unter ihnen, die voll Aberglauben und Ahnung sind. Von reichen Vätern und überflüssigen Söhnen, die nicht beginnen können zu leben, von merkwürdigen Fremden, welche vorüberkommen, von Gästen, von Briefen und Bildern, von Adiek und von dem eigenen Land. Von seinen vielen Schönheiten, von ich denen ich nur einen kleinen Teil werde gesehen haben, von seinen Sonnenaufgängen und Herbstabenden, von dem Sonnenglanz auf dem Schnee und dem Dunkel über dem tiefen Land im November. (ebd., 245)

Die Erzählungen müssen auf Rilke gewirkt haben. Die Aufzeichnungen aus diesem September lassen erkennen, wie er, einmal für sie aufmerksam geworden, die Landschaft nach und nach erkundete:

> Ich beginne allmählich dieses Leben zu verstehen, das durch große Augen eingeht in ewig wartende Seelen. Diese tägliche Aufmerksamkeit, Wachheit und Bereitwilligkeit der nach außen gewendeten Sinne, dieses tausendfach Sehen und immer von sich Fortsehen. Dieses Nicht-uns-Begleiten der wechselnden Landschaft mit den Blicken, dieses nur Augesein, ohne sich Rechenschaft zu geben, über wem. – Diese Reinheit des Lebens, dieses immer Frohsein, weil immer etwas geschieht, nicht weil es Beziehung hat zur eigenen Persönlichkeit, sondern weil Bewegung ist und Wandel. Wie groß hier die Augen werden! Sie wollen immer den ganzen Himmel haben. Ein Land für Lehrjahre. Wie Kenntnisse und Weisheiten nimmt man die Schönheit auf. (ebd., 266)

Irgendwann entschloss sich Rilke, dieses „Land für Lehrjahre" zu nutzen: als eine Schule des ‚Schauens' und als Schule einer anderen Art zu leben, einer weniger selbstbezogenen. Er versuchte, zumindest in der Reflexion, von sich abzusehen und aufmerksam und wach für Bewegung und Veränderung in der Landschaft zu werden. Das hatte einen großen Reiz für ihn: sich nicht zuletzt durch neue Weisen der Wahrnehmung weiterzuentwickeln. Das „tausendfach Sehen und immer von sich Fortsehen", von dem er begeistert spricht, sollte er in Paris zur Grundlage einer neuen Art zu schreiben machen. In Worpswede scheint er es entdeckt zu haben.

Von der Landschaft war er, im Spätsommer 1900, angetan, zeitweise begeistert. Nach und nach lernte er auch die ansässigen Künstler und ihre Besucher kennen, zuerst bei den sonntäglichen Feiern auf dem Barkenhoff: Otto Modersohn, Vogelers Verlobte Martha Schröder, Paula Becker und Clara Westhoff, auch Ottilie Reylander, außerdem Fritz Overbeck und Fritz Mackensen. Zeitweise stellte sich noch Carl Hauptmann, der Bruder Gerharts, ein, mit dem er sich nicht recht verstand. Aber er wird wahrgenommen haben, dass nach Worpswede auch Schriftsteller von weither kamen. Er war in einer Künstlerkolonie angekommen.

Worpswede: eine Lebensweise

Worpswede war für Rilke nicht nur ein Ort, sondern stand eine Zeitlang auch für eine Lebensweise. Er traf dort auf Menschen wie die Bremer Vogeler und Overbeck, die sich in ihrer Heimat, und Norddeutsche wie Mackensen und Modersohn, die sich dort zumindest heimisch fühlten. Die auf unterschiedliche Weise miteinander befreundeten Maler lebten, zumindest anfangs, in einer gewissen künstlerischen und sozialen Gemeinschaft – ein Gegenmodell zu seiner Einsamkeit. Rilke sah auch, wie sich die Paare fanden: Heinrich Vogeler und Martha Schröder, Otto Modersohn und Paula Becker. Zumindest eine Zeitlang muss es ihm möglich erschienen sein, sich in der weiten Moorlandschaft niederzulassen und in Verbindung mit den Malern und wie sie zu leben.

Neben Vogeler waren es vor allem Paula Becker und Clara Westhoff, die ihn anzogen. In seinem Buch hat er beide nicht erwähnt, wohl weil sie noch in der Ausbildung waren, sich selber auch so verstanden. Ironischerweise gilt inzwischen die eine von ihnen, Paula Becker, verheiratete Modersohn, als das bedeutendste Mitglied der Künstlerkolonie. Rilke erlebte sie und Clara Westhoff vor allem als begabte junge Frauen – ‚Mädchen', wie er sie nannte. Als er sie im September 1900 kennenlernte, gaben sie ihm das Gefühl, willkommen zu sein. Er führte lange Gespräche mit ihnen und las ihnen seine Gedichte vor, schrieb auch einige für sie, ähnlich wie er es für Lou Andreas-Salomé getan hatte.

Rilke hat Paula Becker bei seinem ersten Aufenthalt auf Vogelers Barkenhoff kennengelernt, gleich an seinem erstem Sonntag dort, dem 2. September. Sie kam in Begleitung Carl Hauptmanns zu einer der sonntäglichen Feiern, als eine von „zwei Schwestern", wie er annahm, „einer blonden und einer dunklen" (TadF, 235). Sie war die ‚blonde', die andere ‚dunkle' war Clara Westhoff, ihre Freundin.

Im Tagebuch erwähnt er nur gelegentlich Paula Beckers Namen, meist nennt er sie bloß die ‚blonde Malerin' (vgl. ebd., 249). Von ihrer Malerei erfährt man allerdings nicht viel, umso mehr von seinen Gesprächen mit ihr, die sich um vieles drehten, nur nicht um ihre Arbeit. Am 16. September war er wieder in ihrem Atelier: „Es wurde wundersam Abend" (ebd., 282), schrieb er dazu. Sie sprachen lange miteinander: „von Tolstoi, vom Tode, von Georges Rodenbach und Hauptmanns ‚Friedensfest', vom Leben und von der Schönheit in allem Erleben, vom Sterbenkönnen und Sterbenwollen, von der Ewigkeit und warum wir uns Ewigem verwandt fühlen" (ebd., 282–283). Rilke war mehr als nur beeindruckt: „Ich sah sie nie so zart und schlank in ihrer weißen Mädchenhaftigkeit" (ebd., 283).

Jedes Mal, wenn er von ihr kam, schrieb er ein Gedicht, dieses Mal war es *Er ging noch als ein Kind von zu Hause fort*. Und er fügte in seinem Tagebuch hinzu: „Wieviel lerne ich im Schauen dieser beiden Mädchen, besonders der blonden Malerin, die so braune schauende Augen hat! Wieviel näher fühle ich mich jetzt wieder allem Unbewußten und Wunderbaren" (ebd., 284). Am nächsten Sonntag gestand er Paula Becker: „Ich habe alles hier weit unterschätzt (ich meine alles, Menschen und Himmel und Land)" (ebd., 286). In dieses Geständnis war wohl auch sie eingeschlossen.

Als die Worpsweder am 23. September nach Bremen fuhren, saß er in der Kutsche ihr gegenüber:

> Gerade bei der blonden Malerin empfinde ich wieder, wie ihre Augen, deren dunkler Kern so glatt und hart war, sich entfalten, wie sie, gleich gefüllten Rosen, im Aufgehen weich und warm werden und sanfte Schatten halten und zarte Lichter wie auf dem Bug und der Brust von kleinen sich zurücklehnenden Blütenschalen. (ebd., 298)

Als er Paula Becker Ende September wieder in ihrem Atelier besuchte, fiel ihm auf, dass sie „mich wie einen alten Freund empfing" (ebd., 329). Sie sprachen über Clara Westhoff, und wie Paula Becker die Freundin charakterisierte, löste ihm dann, im Tagebuch, die Zunge:

> Du liebes Mädchen, solche Dinge siehst du an deiner Freundin und siehst und sagst sie schön. Und weißt gar nicht, was für Glück und Größe das ist, an dem Leben eines anderen demütig zu werden und dienend. Ich bin dein Lauschender, dein Lehrling, wenn du so sprichst, und werde dein Lehrender, jetzt da ich dich lehre, daß du gut und heilig bist. Verstehst du mich? (ebd., 329–330)

Es war das einzige Mal, das Rilke Paula Becker zu Lebzeiten duzte, und auch das nur auf dem Papier.

Mehr als einer seiner Biografen hat vermutet, dass er in sie verliebt gewesen ist. Seine Wortwahl bestätigt diese Vermutung nicht. Er nennt sie, wie Clara Westhoff, „Mädchen", nicht Frau, er stilisiert sie zur Heiligen, als deren „Freund" er sich sieht. Er glaubte, dass er von ihr und sie von ihm lernen könne. Dieses wechselseitige Von-einander-Lernen war ihm offenbar am wichtigsten. Ihre „Güte" (ebd., 333) war ihm unzweifelhaft, und das sagte er ihr auch, die das Kompliment aber etwas anzweifelte.

Am 4. Oktober las Rilke ein letztes Mal seine Gedichte in Paula Beckers Atelier vor, „ein reicher Abend" (ebd., 351), wie er vermerkte. Am 5. verließ er Worpswede. Im langen Eintrag vom 27. September hatte er noch, nach der Rückkehr aus Hamburg am Abend, festgehalten: „Da entschloß ich mich, in Worpswede zu bleiben" (ebd., 324). Was am Abend des 4. seinen Umschwung bewirkt hat, ist nicht klar: Aus dem Tagebuch ist die Seite herausgerissen. Heinrich Wigand Petzet hat vermutet, dass Rilke in Paula Becker verliebt war und an diesem Abend von ihrer Verlobung mit Otto Modersohn erfahren hat (vgl. Petzet, Bildnis, 34–35).

Ob es eine Liebesgeschichte zwischen Rilke und Paula Becker tatsächlich gab, ist fraglich. Am Abend vor seiner Abreise suchte er sie noch einmal auf, um sich zu verabschieden, traf sie aber nicht mehr an. Ein enttäuschter Verliebter hätte das vermutlich nicht getan. Er schrieb ihr dann einen freundschaftlich-verbindlichen Brief und legte das „kleine Skizzenbuch" (BwmPMB, 7) zur Aufbewahrung bei.

Erst am 12. November teilte Paula Becker Rilke mit, dass sie sich mit Modersohn verlobt habe. „Ich habe Ihnen nicht davon gesprochen. Ich dachte, Sie wüßten. Sie wissen ja immer und das ist so schön" (ebd., 26). Sie bat ihn, „Pathe" für die Verbindung zu stehen. Als Antwort sandte er ihr am 14. das Gedicht: *Es ist so seltsam: jung sein und zu segnen.* Otto Modersohn schickte ihm dann „drei wunderschöne Abendblätter" (ebd., 28). Das alles sieht nicht nach einem Eifersuchtsdrama aus.

Die nächsten Briefe, die zwischen ihnen hin und her gingen, sind von der gleichen freundschaftlichen Art. Am 18. Oktober erklärte Rilke Paula Becker, warum er nach Berlin zurückgereist war, und setzte hinzu: „Ich darf noch kein Häuschen haben, darf noch nicht wohnen. Wandern und warten ist meines" (ebd., 9). Ende Oktober schrieb er ihr: „Sie können Briefe ebenso schön machen wie Abendstunden" (ebd., 16) und sandte ein neues Gedicht: *Ich bin bei euch, ihr Sonntagabendlichen.*

Doch nicht Paula Becker, sondern Clara Westhoff gestand er am 18. Oktober 1900, welches Gefühl Worpswede – das Worpswede der Künstler, das Malerdorf – in ihm geweckt hatte:

> Eure Heimat war mir, vom ersten Augenblick, mehr als nur eine gütige Fremde. War eben Heimat, d i e e r s t e H e i m a t, i n d e r i c h M e n s c h e n l e b e n s a h (sonst leben alle in der Fremde, alle Heimaten aber stehen leer …) Das ergriff mich so. Ich wollte erst ein Bruder sein neben Euch, und Euere Heimat ist reich genug, um auch mich mitzulieben und zu erhalten, und Ihr seid so lieb und nehmt mich als ein echtes Geschwister und weiht mich in die Vielheit Euerer Werkwochen und Festtage voll Vertrauen ein. Und ich bin

ganz der großen Schönheit zugewendet, an der ich doch nur (ich habe nicht mit an dem Schauen dieser Schönheit gearbeitet) Genießer bin ... (B 99-02, 49)

Rilke hat nach dem Besuch in Worpswede den Ort offenbar als eine neue Wahlheimat ausersehen, Clara Westhoff aber, wie auch Paula Becker, erst einmal nur als „Geschwister".

Im Januar besuchte ihn Paula Becker in Berlin, wo sie, zur Vorbereitung auf ihre Ehe mit Otto Modersohn, Kochkurse besuchte. In der Zeit lieh sie ihm ihr Tagebuch aus. Freudig überrascht, aber eben doch überrascht schrieb er ihr: „Und zu Ihnen, der Künstlerin, bin ich auch gekommen" (BwmPMB, 41). Er entschuldigte sich dafür, dass das nicht früher geschehen war. In Worpswede sei er immer im Dunkeln am Abend zu ihr gekommen, und er habe ihre Worte „*auch* sehen" wollen: „So sah ich fast nichts von Ihnen; denn Sie selbst haben mir niemals etwas gezeigt" (ebd.). Nun könne es aber sein, dass er „künftig im Leben, bitten werde um Manches, in Angst, es könnte mir vorübergehen ohne zu mir gesprochen zu haben" (ebd.).

Etwas später gesellte sich auch Clara Westhoff zu ihnen. Die beiden wurden nun schnell ein Paar. Schriftliche Zeugnisse dieser Liebesgeschichte sind nicht bekannt geworden, wenn es welche gegeben hat. Mitte März schon fuhr Rilke nach Bremen, um sich Claras Eltern als künftigen Schwiegersohn vorzustellen, erkrankte vor Ort aber an Scharlach. Am 28. April fand die Hochzeit statt. Das übliche Foto verbreitet eine gewisse norddeutsche Kühle. Die von der Großmutter der Braut geschenkte Hochzeitsreise führte nach Dresden, wo der Rekonvaleszent sich erholen konnte.

Rätsel einer Ehe

Clara Westhoff ist manchen ein Rätsel. Man weiß über sie sehr viel weniger als über ihren Mann (zu ihrem Leben vgl. Sauer sowie Bohlmann-Modersohn); sie lebte zurückgezogen, ihre Briefe sind größtenteils nicht veröffentlicht (vgl. dazu Sauer, 9–10). Man ist, wenn es um sie geht, weitgehend angewiesen auf das, was Rilke über sie geschrieben hat, im Worpsweder Tagebuch und in seinen Briefen, auch auf das, was Freunde wie Heinrich Vogeler oder Rudolf Kassner über sie geäußert haben (vgl. RuK, 179).

Aber nicht nur Clara, auch ihre Ehe mit Rilke ist manchen ein Rätsel. Sie waren ein ungleiches Paar, wurden so zumindest auch von Freunden und Verwandten wahrgenommen, und die Unterschiede zwischen ihnen wuchsen mit den Jahren. Von ihrer Ehe drang wenig nach außen. Beide waren zurückhaltend mit Mitteilungen über sie. Clara hat wenig von sich hergemacht, und über ihren Mann nicht viel verlauten lassen. Auch deshalb hat die Rilke-Forschung sich nicht besonders für sie interessiert, zumal sie als Künstlerin nicht die Bekanntheit ihrer Freundin erlangt hat.

Als Rilke im September 1900 auf dem Barkenhoff wohnte, kam Clara zusammen mit Paula Becker zu den sonntäglichen Festen. Am zweiten Sonntag, dem 9. September, erregte ihre Erscheinung offenbar schon seine Aufmerksamkeit: „Sie trug ein Kleid aus weißem Batist ohne Mieder im Empirestil". Wenn man ihm glauben will, gefiel sie auch den anderen: „Das ganze Haus schmeichelte ihr". Für sich fügte er hinzu: „Ich sah sie an diesem Abend wiederholt schön" (TadF, 254).

Während dieses Aufenthalts in Worpswede traf Rilke sich mal mit ihr, mal mit Paula Becker. Zurück in Berlin, schrieb er Clara Westhoff Brief auf Brief. Am bemerkenswertesten ist der vom 23. Oktober, in dem er ihr ausmalt, wie er für sie ein Essen kochen würde: „ein schönes Gemüse oder Grütze" (B 99-02, 56). Er ließ sie wissen, dass er ihr schon „ein kleines Paket einer sehr trefflichen Hafergrütze" (ebd., 57) geschickt habe. Das konnte man auch als Werbung lesen, und sie wird das wohl getan haben.

Anfangs scheint Rilke die „Bildhauerin" Clara Westhoff mehr als die „Malerin" Paula Becker als eine angehende Künstlerin wahrgenommen zu haben. Dazu mag beigetragen haben, dass sie Unterricht bei Max Klinger genommen und Auguste Rodin kennengelernt hatte. Offensichtlich schwebte ihm bald eine Künstlerehe vor, die für ihn einen großen Reiz gehabt haben muss. Das dürfte, neben der körperlichen Anziehung, ein anderer Grund für die schnell geschlossene Ehe gewesen sein.

Zurück von der Hochzeitsreise nach Dresden, zog Rilke Ende Mai 1901 mit Clara nach Westerwede, dem Nachbardorf von Worpswede, in ein kleines Haus. Dessen Giebelzimmer reservierte er für sich. Sie richtete im Anbau ihr Atelier ein. Am 12. Dezember wurde die Tochter Ruth geboren. Rilkes private Existenz hatte sich damit innerhalb kurzer Zeit grundlegend verändert. In Westerwede versuchte er nun, das erste und einzige Mal in seinem Leben, die Existenz des Künstlers mit der des Ehemanns, des Vaters, auch des Freundes zu verbinden, also sein künstlerisches und sein soziales Leben miteinander in Einklang zu bringen.

Er arbeitete unermüdlich in dieser Zeit. Aus Russland war er mit allerlei Plänen zurückgekehrt. Er wollte u. a. einen großen Essay über russische Kunst schreiben und ein Stück von Anton Tschechow übersetzen. Beide Projekte zerschlugen sich. 1900 erschienen die *Geschichten vom lieben Gott*, 1901 sein Novellenband *Die Letzten*. Im selben Jahr wurde sein Drama *Das tägliche Leben* in Berlin uraufgeführt, fiel aber durch. 1902 kam *Das Buch der Bilder* in der ersten Ausgabe heraus, im Mai schrieb er sein Buch über die Malerkolonie. Auch Clara nahm, wie er am 22. Juli der Mutter mitteilte, bald die Arbeit auf.

Anfangs empfingen sie in Westerwede Gäste, Schriftsteller wie Friedrich Huch und Rudolf Alexander Schröder, den Breslauer Kunsthistoriker und Kunstschriftsteller Richard Muther, schließlich Rilkes Vater. Den Dresdner Maler Oskar Zwintscher beauftragte Rilke, seine Frau und ihn zu porträtieren, was im März 1902 auch geschah. Doch der Umgang mit den Worpsweder Malern gestaltete sich nicht so wie erwartet.

„Lieber Reiner [!] Maria Rilke", schrieb Paula Modersohn-Becker ihm am 10. Februar 1902, „ich hetze gegen Sie. Und ich glaube, es ist nötig daß ich gegen sie hetze" (BwmPMB, 48). Clara Rilke stellte Paula Modersohn die für sie entscheidende Frage: „Muß Liebe knausern. Muß sie *Einem* alles geben und andern nehmen. Darf Liebe nehmen. Ist sie nicht viel zu hold, zu groß, zu allumfassend" (ebd.). Clara, fuhr sie fort, habe sich zu sehr ihrem Mann angepaßt: „Aus Ihren Worten spricht Rilke zu stark und zu flammend. Fordert das denn die Liebe, daß man werde wie der andere?" (ebd.)

Wenn Paula Modersohn-Becker ‚hetzte', dann tat sie es erkennbar aus Liebe. Sie wollte die Freundin nicht verlieren, auch deren Ehemann nicht. Aber sie wollte, dass die beiden anders leben, sich Freunden nicht verschließen sollten. Sie mag vermutet haben, dass Rilke seine Frau ganz für sich wollte, und sie erkannte zugleich, dass sie sich ihm zu sehr anpasste. Das sollte noch lange so bleiben.

Rilke antwortete zwei Tage später der „Frau Modersohn" – nur er, wie um Paulas Vorwurf zu bestätigen. Es wurde keiner seiner großen Briefe. Er tat, was er selten tat: Er wies eine Briefpartnerin zurecht. „Alles soll sein, wie es war", fasste er ihr Schreiben, wie er es verstanden hatte, zusammen, „und doch ist alles anders als es gewesen ist" (ebd., 49). Paula habe versäumt, Claras Entwicklung zu begleiten. Sie habe anfangs die Freundin um ihrer „Andersheit und Einsamkeit" wegen geliebt und nun verkannt, dass sie „in eine neue Einsamkeit" (ebd., 50) eingetreten sei.

Am Ende spitzte Rilke seine Argumentation noch weiter zu, indem er seine Theorie der Ehe entwickelte. Sie läuft darauf hinaus, dass er „für die höchste Aufgabe einer Verbindung zweier Menschen dieses halte: Daß einer dem anderen seine Einsamkeit bewache" (ebd.). Das war zweifellos eine eigenwillige Vorstellung von der Ehe, die auf Rilkes Verständnis des Künstlers als eines Einsamen beruhte, und es war, deutlich genug, eine Absage an freundschaftliche Geselligkeit. Da er in diesen Jahren auch anderen so, fast wörtlich, seine Sicht der Ehe entwickelte, etwa Emanuel von Bodman oder Franz Xaver Kappus, darf man ihn bei seinem Wort nehmen.

Was Paula Modersohn-Becker allerdings nicht wusste, ist, welche Einsamkeit Rilke meinte: nicht die der Ehefrau, die dem Mann ganz zu Diensten ist, sondern die des Künstlers. Rilke wollte seine Frau als Künstlerin sehen, und deshalb sollte auch sie, wie er, in kreativer Einsamkeit leben. Selbst wenn er Paula Modersohn-Becker als Ehemann antwortete, sprach er doch vor allem als Künstler. Wie selbstverständlich übertrug er seine Ansicht von der notwendigen Einsamkeit des Künstlers auf seine Frau. Was er nicht bedachte, war, dass sie ungleich lebensfroher als er war und dass sie inzwischen Mutter geworden war.

Wann die Entfremdung zwischen Rilke und den Worpswedern begann, ist im Nachhinein nicht genau zu bestimmen. Während des Jahres 1901 erhielten die Rilkes einigen Besuch. Aber von Gästen aus Worpswede ist weniger zu lesen. Der letzte Besuch des Ehepaars Modersohn fand vor Weihnachten 1901 statt. Wenn Paula Modersohn-Becker von „sechs Menschen" schrieb, die „sich lieb haben" (BwmPMB, 48), schloss sie offenbar das Ehepaar Vogeler ein. Doch auch von denen hatte sich das junge Paar langsam zurückgezogen.

Rilke scheint in Worpswede schon früh auf Vorbehalte gestoßen zu sein. Nicht nur als einziger Schriftsteller unter den Malern blieb er letztlich ein Fremder, wohl auch als Prager, der sich mit seinen Russenhemden und -stiefeln, die er im Dorf spazieren führte, als Slawen stilisierte und nicht zu erwähnen vergaß, dass er Tolstoi kennengelernt hatte. Sein Hang zur Selbststilisierung trug insgesamt dazu bei, dass sich die Maler nach und nach von ihm innerlich distanzierten. Bezeichnend ist Otto Modersohns Bericht vom vorweihnachtlichen Besuch bei der jungen Familie 1901, um die kleine Ruth zu begrüßen.

Die beiden Besucher mussten vor der Tür warten. Als sie eintreten durften, erkannte Modersohn, warum sie nicht gleich eingelassen worden waren:

> Da fanden wir in der Stube Frau Clara feierlich auf dem Stuhle sitzend, ihr Kindchen im Arm – anzusehen wie Maria mit dem Christkinde – und neben ihr zu Häupten stand Rainer Maria Rilke wie der alte Joseph, auf einen langen Stab gestützt, und beide schauten still und selig auf ihr Kind. Jetzt wußten wir, warum man uns nicht gleich hereinließ. In solch feierlicher Darstellung zeigte uns Rilke sein Glück. (zit. n. Pettit, 100)

Die junge Familie Rilke als lebendes Krippenbild: Das Malerehepaar Modersohn-Becker war zumindest überrascht, vielleicht sogar befremdet, dass ihr Freund sein Familienleben vor ihnen als lebendes Bild stellte. Die Inszenierung, die nicht frei von unfreiwilliger Komik gewesen sein mag, gehörte zu Rilkes Versuch, ‚künstlerisch zu leben': indem er sich nämlich bemühte, die Kunst in sein Leben hineinzunehmen und es nach ihr auszurichten.

Heinrich Vogeler, dem ein solcher Versuch nicht fremd war, erkannte die Problematik, die in ihm lag: für die Frau. Der „feierliche Aufbau eines madonnenhaften Wesens von Seiten Rainer Marias", „diese ewige festliche Feierlichkeit, mit der die natürlichen Dinge von dem Geliebten umkleidet wurden", sei Clara „im Grunde zuwider gewesen" (Vogeler, Werden, 139). Doch „die liebende Frau fiel unter den Zwang der eigentümlichen Kraft dieses Dichters, dessen Charakter weich und biegsam schien, aber im Endergebnis gradlinig und stoßkräftig wie die Klinge eines Floretts" (ebd.) gewesen sei. Lou Andreas-Salomé hat in ihren Lebenserinnerungen Rilkes „zarte Herrenhaftigkeit" (Andreas-Salomé, 114) gelobt. Heinrich Vogeler hat in ihr etwas Herrisches entdeckt.

Bedrängnisse

Das Jahr 1902 fing mit einer schlechten Nachricht an: Rilkes Kusinen kündigten das Stipendium, das er aus dem Legat seines väterlichen Onkels Jaroslav erhalten hatte. Mit ihm hatte sein Studium finanziert werden sollen, das die Kusinen nun aber, wo er verheiratet war, als beendet ansahen. Damit entfiel auf einmal der größte Teil von Rilkes Einkommen.

Finanzielle Bedrängnisse stellten sich schnell ein. Hatte die Einrichtung des Hauses schon einiges gekostet, so fehlte nun auch noch das Geld für das tägliche Leben. Rilke überlegte gleich, wie er es verdienen könne, und dachte etwa an „Arbeit in einer Redaktion oder in einem Verlag, in einem Kunstsalon oder in einer Sammlung, an eine dramaturgische Tätigkeit und dergleichen" (B 99-02, 137), wie er Carl Mönckeberg schrieb, dem Mitherausgeber der Hamburger Zeitschrift *Der Lotse*. Er versandte Artikel an zahlreiche Zeitschriften, und er bewarb sich auf allerlei Stellen, die gar nicht frei waren, selbst auf die eines Vorlesers für den Landgrafen von Hessen. Er wurde sogar bei seinem Verleger Axel Juncker vorstellig, ob er ihn als Hilfskraft beschäftigen könne. Keine dieser Bewerbungen hatte Erfolg: „ich warte ganz umsonst" (ebd.), schrieb er Mönckeberg.

Rilke vermochte nicht, das für den Unterhalt seiner kleinen Familie nötige Geld zu verdienen: 250 Mark im Monat, wie er Gustav Pauli, dem ihm wohlgesinnten Direktor der Bremer Kunsthalle, vorrechnete (vgl. ebd., 145). Wie nie zuvor bemühte er sich zwar, schrieb Rezensionen über Ausstellungen und Aufführungen, Maler und Bücher, darunter Thomas Manns *Buddenbrooks*. Doch am Ende half das alles nicht.

Carl Mönckeberg gestand er, dass er von seinen „Arbeiten doch nicht leben" könne (ebd., 136). Seine Bücher brachten ihm kaum etwas ein. Auch als Journalist war er wenig erfolgreich. Die Lohnschreiberei stieß ihn zudem ab. „Wenn ich im ‚Bremer Tageblatt' schreibe", gestand er am 25. Juni 1902 Otto Modersohn, „dann schreibe ich immer so in meinen Bart hinein und halte dabei noch die linke Hand vor den Mund: dann wird es journalistischer" (ebd., 194–195).

In dieser Zeit wurde sich Rilke vollends klar darüber, dass er das Schreiben nicht als Beruf betreiben, geschweige denn einen Markt beliefern wollte. „Ich bin so wenig dazu gemacht, um Geld zu schreiben", vertraute er am 6. Juli 1902 Friedrich Huch an. Ellen Key ließ er Anfang 1903 wissen, „daß für meine Art nichts schwerer und gefährlicher ist als mit dem Schreiben Geld verdienen wollen. Ich kann mich sogarnicht zum Schreiben zwingen" (BwmEK, 12). Gustav Pauli bekannte er sogar seine „Abneigung" dagegen, „aus dem, was ich bisher getan, praktische Konsequenzen zu ziehen, einer dichterischen Kunst ein schriftstellerisches Kunstgewerbe zu schaffen, das seinen Mann ernährt" (B 99-02, 143–144). Weder wollte Rilke das Dichten aufgeben noch Journalist werden. Er sagte es noch nicht in aller Deutlichkeit, wusste aber schon, dass er kein Berufsschriftsteller werden wollte. Nicht einmal in der größten Krise konnte er dem Gedanken etwas abgewinnen.

Worpswede: ein Buch

Das Ende seiner Zeit im Teufelsmoor war schon abzusehen, als Rilke im Mai 1902 sein Buch über die Worpsweder Künstler-Kolonie schrieb. Über Gustav Pauli hatte er vom Verlag Velhagen und Klasing den Auftrag dafür erhalten. Er brauchte ungefähr einen Monat, um es zu fertigzustellen. Er ist nicht unschuldig daran, dass das Buch es schwer hat bei seinen Verehrern. Als er gerade erst damit anfing, es zu Papier zu bringen, nannte er es schon, Arthur Holitscher gegenüber, „zur Hälfte" eine „Fron", von der er sich schnell zu befreien gedachte (B 99-02, 182). Es sei, schrieb er dann ein Jahr nach der Fertigstellung, für ihn eine Auftragsarbeit geblieben (vgl. BwmLAS, 86), eine mäßig bezahlte dazu.

Die kritische Sicht auf das Buch haben manche Rilke-Biographen übernommen: Sie erwähnen es kaum oder gar nicht. Auch in manchen Werkausgaben ist es nicht vertreten. Den Anfang damit machten die noch mit Rilke abgestimmten *Gesammelten Werke* von 1927. Solche Missachtung wird dem Buch jedoch ebenso wenig gerecht wie die große Verehrung, die es unter manchen Anhängern der Worpsweder Maler-Kolonie genießt.

Es verdient schon deshalb Aufmerksamkeit, weil es Rilkes erste größere Prosa-Arbeit war. Nicht zufällig galt es Künstlern und nicht zufällig einer Gruppe von Malern, nicht etwa Schriftstellern. Auch wenn es passagenweise journalistischem Schreiben nahe ist, gehört es doch in die Literatur, weil es den Schriftsteller – weniger den Dichter – Rilke zeigt. Immer wieder glänzt er mit erzählenden und beschreibenden Passagen, mit Berichten ebenso wie mit Bildbeschreibungen. Dem kundigen Leser bedeutet er auch, mit einigen Zitaten, seine literarischen Vorbilder: den späteren norwegischen Literaturnobelpreisträger Bjørnsterne Bjørnson, den dänischen Erzähler Jens Peter Jacobsen und den Russen Iwan Turgenjew. Schließlich ist das Buch auch Teil der Beschäftigung des jungen Rilke mit Kunst und Künstlern und seiner Suche einer nach ihm angemessenen Künstler-Existenz.

Worpswede ist zunächst, wenn man der Beschreibung Rilkes folgt, eine Sammlung von fünf Malermonographien: zu Fritz Mackensen, Otto Modersohn, Fritz Overbeck, Hans am Ende und Heinrich Vogeler. Ein sechster Künstler, der Bremer Carl Vinnen, wollte nicht berücksichtigt werden. Das Leben der fünf jungen Maler, die in Düsseldorf oder München studiert, sich aber von der Akademie abgewandt hatten, berührt Rilke nur, wo es ihm aussagekräftig für ihre künstlerischen Persönlichkeiten erscheint, etwa bei der Schilderung der Kindheit. Ansonsten konzentriert er sich auf Werke, die in der Worpsweder Zeit entstanden sind, teils typische, teils herausragende Gemälde. Diesen fünf unterschiedlich umfangreichen Porträts vorangestellt ist ein einleitender Essay über Landschaftsmalerei, der auch deren Geschichte seit der Renaissance skizziert.

Rilke hat die fünf Maler in seiner Vorbemerkung „Werdende" (KA, IV, 306) genannt. Dass er sie auch so darstellt, ist zugleich der Wert und die Begrenztheit seines Buchs: Es kann nur einen kurzen Abschnitt in der Entwicklung der fünf wiedergeben. Die ursprüngliche Malerkolonie zeigte schon erste Auflösungserscheinungen und hatte nicht mehr lange Bestand. Seit 1902 stellte man nicht mehr als Gruppe aus. Fritz Overbeck verließ Worpswede 1905, Modersohn und Mackensen 1908.

Über die unterschiedlichen weiteren Wege der fünf Maler, deren nicht nur politische Extreme der spätere Nationalsozialist Mackensen und der spätere Kommunist Vogeler markieren, hätte das Buch nur Auskunft geben können, wenn Rilke es neu bearbeitet hätte. Aber sein Interesse an ihm erlosch schnell. Allerdings hätte er zu Lebzeiten die Entwicklungen der fünf Maler auch noch nicht ganz überschauen können. Overbeck starb zwar früh, 1909, mit nicht einmal 40 Jahren, und am Ende fiel 1918. Mackensen und Vogeler jedoch überlebten Rilke. Mackensen wurde Leiter der Nordischen Kunsthochschule in Bremen, Vogeler emigrierte in die Sowjetunion.

Es ist nicht schwer zu sehen, dass die fünf Porträts nicht alle eng miteinander zusammenhängen – am ehesten noch die ersten beiden. Die Kapitel zu Overbeck und am Ende haben weniger Gewicht im Ganzen, das zu Vogeler, dem ein Essay vorausgegangen war, ist aus guten Gründen ans Ende gestellt. Rilke kennzeichnet ihn treffend als von Präraffeliten wie Dante Gabriel Rosetti geprägt. Landschaftsmaler wie Mackensen und Modersohn war er kaum, zu Recht beschreibt Rilke den Garten als seinen Raum. *Sommerabend* (*Konzert*) ist auch sein bekanntestes Gartenbild.

Das literarisch interessanteste Porträt ist das Modersohns. Offenbar konnte Rilke mit den Auskünften, die er bei den Malern einholte, in seinem Fall mehr anfangen als mit denen Overbecks oder am Endes. Das Porträt gerät ihm zu einer knappgedrängten Erzählung von der Entwicklung eines Künstlers, einer éducation artistique. Am Beispiel Modersohns demonstriert Rilke, seinen Gedanken aus *Über Kunst* aufgreifend, wie sich ein Kind zum Künstler entwickelt. Die Erzählung betont „Persönlichkeit und Landschaft" des Jungen (ebd., 352), in seinem Fall die westfälische um Soest und Münster. Mit sentenzartig-generalisierenden Sätzen kommentiert Rilke dabei die Entwicklung des jungen Modersohn:

> Immer ist der Künstler derjenige, der etwas Tiefeigenes, Einsames, etwas, was er mit niemandem teilt, sagen will, sagen muß und immer versucht er das mit dem Fremdesten, Fernsten, das er noch überschauen kann, auszusprechen. (ebd., 350–351)

Oder: „Der Künstler von heute empfängt von der Landschaft die Sprache für seine Geständnisse und nicht der Maler allein. (ebd., 351)

Bezeichnenderweise bemüht Rilke auch für einen Maler das Modell von ‚Stoff' oder ‚Vorwand' und ‚Geständnis'. Die Natur wird dabei zu dem großen ‚Vorwand'. Sie ist „dem Menschen gegenüber, das Andere, das Fremde, das nichteinmal Feindliche, das Teilnahmslose" (ebd., 349): „Nur weil sie uns so sehr verschieden, so ganz entgegengesetzt ist, sind wir imstande, uns durch sie auszudrücken. Gleiches mit Gleichem zu sagen ist kein Fortschritt" (ebd., 350).

Auffällig ist, wie Rilke den Weg Modersohns als Erlernen einer Sprache – einer eigenen Sprache – beschreibt: Die Natur ist ihm ein „Wortschatz" (ebd., 360), doch die Sprache, zu der er gehört, ist erst „zu erlernen, still und nüchtern zu erlernen mit dem Buche in der Hand", nach der „Grammatik" schließlich auch die „Syntax" (ebd.). Denn: „Alles Eigene erfordert [...], wenn es nicht schweigen will, eine eigene Sprache. Es *ist* nicht ohne sie" (ebd., 349).

Diesen Gedanken hatte er offenbar bei Delacroix gefunden (vgl. TadF, 269), weitete ihn aber aus. Am Ende erfährt Modersohn, wie Rilke ihn zeichnet, „ein gewissenhaftes Diktat nach der Natur, das doch (man kann nicht sagen weshalb) wie ein Gedicht anmutet" (ebd., 361). An dieser Stelle dürfte zum ersten Mal in Rilkes Gedanken zum Künstlertum das Wort vom „Diktat" fallen, allerdings noch nicht das eines göttlichen.

Dass ein Maler Künstler wird, wenn er die ‚eigene Sprache' erlernt, ist mehr als eine anschauliche Metapher, in der Rilke das alte Bild vom Buch der Natur weiterführt. Er weist mit ihm auf den Dichter im Maler hin und macht ihn zum Paradigma des Künstlers. Den Malern, die er porträtierte, wird vielleicht nicht verborgen geblieben sein, dass er sein Metier dadurch zur höheren, ja höchsten Instanz in Fragen der Kunst erhob. Schreibend vermochte er, dem eigenen Anspruch nach, nicht nur seine Kunst auszuüben, er konnte in ihr auch die der anderen reflektieren. Das *Worpswede*-Buch ist deshalb mehr als eine Auftragsarbeit; es markiert einen bestimmten Punkt in Rilkes Nachdenken über Kunst und Künstler. Zugleich stellt es nach dem ein Jahr später entstandenen Rodin-Buch seine wichtigste Leistung als Kunstschriftsteller dar.

In der Vorbemerkung betont er zwar, er vermeide es, „zu richten" (KA, 306). Dennoch ist es nicht schwer, gelegentlich Urteile auszumachen. Das beginnt schon mit dem Hinweis, dass die fünf Maler „Werdende" seien, also noch keine Meister. Das ist, mehr als zehn Jahre nach der Entstehung der Malerkolonie, eine etwas bedenkliche Feststellung, erst recht, wenn man die letzten Sätze hinzuzieht:

> Es ist so vieles nicht gemalt worden, vielleicht Alles. Und die Landschaft liegt unverbraucht da wie am ersten Tag. Liegt da, als wartete sie auf einen, der größer ist, mächtiger, einsamer. Auf einen, dessen Zeit noch nicht gekommen ist. (ebd., 400)

Rilke hatte tatsächlich von den Worpsweder Malern schließlich keine hohe Meinung. Lou Andreas-Salomé gegenüber nannte er sie 1903 „als Künstler einseitig und als Menschen klein und Nebensächlichem geneigt. Über sie zu richten war mir unwürdig erschienen und da ich sie zu lieben versuchte, zerrannen sie mir unter den Händen" (BwmLAS, 86).

Für norddeutsche Leser mag Rilkes Buch dennoch einen eigenen Reiz haben. Er spürte, wie wenige, eine Anziehung nicht nur durch den Süden und den Osten, sondern auch durch den Norden. Neben Russland scheint sich Worpswede, zumindest anfangs, in seiner Wahrnehmung durchaus behauptet zu haben. Norddeutschland und den Norddeutschen versuchte sich der Prager Rilke anzunähern, und er tat das mit dem ihm eigenen Blick. Der letzte Abschnitt der Einleitung ist der Worpsweder Landschaft gewidmet („Es ist ein seltsames Land", KA, IV, 320), und im Kapitel über Fritz Overbeck gibt Rilke zu Beginn eine kleine Charakteristik der „Leute" (ebd., 367) dieses Landes, mit Anleihen bei Bjørnson.

Doch zwei Jahre später, als er Lou Andreas-Salomé aus Worpswede schrieb, war er nicht nur der Menschen, sondern auch des Landes überdrüssig: „Ich wußte damals es groß zu sehen und das half mir; (heute, bei dieser Wiederkehr, fand ich es klein, deutsch und voll von Ansiedelungen)" (BwmLAS, 86). Der Reiz war verflogen.

Der Auszug

Im Mai 1902 teilte Rilke Arthur Holitscher mit, er und seine Frau wollten „im Herbst nach Paris" (B 99-02, 182) übersiedeln. Sie hofften auf ein Bremer Stipendium für Clara, doch das blieb aus, und so zerschlug sich auch dieser Plan. Clara zog mit Ruth zurück zu ihren Eltern, Rilke zunächst allein nach Paris. Damit endete sein Familienleben nach einem Jahr, mit ihm sein Versuch, eine bürgerliche mit einer künstlerischen Existenz zu verbinden. Das Modell hatte sich für den Rest seines Lebens erledigt.

Über die Zeit, die er mit Clara zusammen in Westerwede lebte, hat Rilke sich später, am 29. Januar 1903, gegenüber Paula Modersohn-Becker geäußert, allerdings eher allgemein. Er habe seine junge Frau „mit Sorgen und mit vielem Druck" beladen. Für sie beide hätten „mit unserer Gemeinsamkeit" gleich „große Sorgen" begonnen, „die wir mit niemandem theilen *konnten*" (BwmPMB, 52). Am 17. September 1902 schrieb er Vogeler, schon aus Paris, bedauerte, dass er ihn vor dem Umzug „nicht einmal mehr gesehen" habe, und dankte dafür, dass der Freund ihre Möbel bei sich auf dem Barkenhoff untergestellt habe. Über seine Ehe fasste er sich kurz:

> Gott, Sie wissen ja, was das mit uns geworden ist, Sie sehen, wie alles, was wir versucht haben, mißlungen ist. Sie haben es nahe an uns, fast mit uns erlebt, und so muß ich Ihnen gar nichts sagen. (B, I, 138)

Das Ende des Familienlebens wird nicht jeden überrascht haben. Für manche, selbst Freunde, war die Ehe von vornherein zum Scheitern verurteilt. Otto Modersohn schilderte sie schon Ende November 1901, noch vor der Geburt der Tochter, als unglücklich. Rilke, schrieb er in seinem Tagebuch, sei ein „Pedant, Tyrann, Starrkopf u. fanatischer Slave, Russe, jedes russische Bild, Religion, Bauern etc. verehrt er. Er müßte nach Rußland gehen. – Und sie ist eine kräftige, derbe Niederdeutsche" (BwPMBuOM, 162); „nie redet er sie an mit Vornamen, sie leben nebeneinander, innerlich fremd, nie ineinander" (ebd.,1 63). „Keiner ist glücklich" (ebd., 162), fasste er seinen Eindruck zusammen. Modersohn zufolge hätten sie erst gar nicht heiraten sollen: „Sie haben sich im Rausch geheirathet sich gegenseitig idealisiert u. nachher kam die Reue, die Ernüchterung" (ebd., 162). Er sah für ihre Ehe keine Zukunft: „Ich glaube, sie werden sich trennen" (ebd.).

Doch bevor Rilke und seine Frau endgültig auseinander gingen, dauerte es noch Jahre. Erst einmal mussten sie dem Zusammenbruch ihres bürgerlichen Lebens zusehen. Rilke hatte nicht einmal Oskar Zwintscher für die Porträts, die er von ihnen gemalt hatte, bezahlen können; Heinrich Vogeler übernahm das diskret. Zwintscher berichtete Rilke am 18. Oktober, schon aus Paris, von der Auflösung ihres Haushalts: „In Westerwede war große Auktion, alles ist unter den Hammer gekommen. Wir haben alles verkauft, nur unsere liebsten Sachen (Bilder, Bücher, Möbel) behalten" (zit. n. Schnack I, 153). Diese „Trümmer einer Vergangenheit" seien „hoffentlich auch: Bausteine einer Zukunft. Wir werden nicht sobald ein Heim haben wieder" (ebd.). Tatsächlich hatten Rilke und seine Frau gar kein gemeinsames „Heim" mehr.

Teil II
Die Pariser Jahre

Die erste Pariser Zeit 4

Der Umzug nach Paris war der tiefste Einschnitt in Rilkes Leben: ein Wechsel vom Land in die Stadt, von einem norddeutschen Dorf in eine der großen europäischen Metropolen, es war der Wechsel von Deutschland nach Frankreich und vom deutschen in den französischen Sprachraum. Mit ihm begann, was Rilke später sein „ständiges Wohnen im Ausland" (BaGS, 29) nannte – der sinnfälligste Zug seines gelebten Weltbürgertums.

Dass Rilke den Wohnort und mit ihm seinen Sprach- und Kulturraum aufgab, dürfte tiefere Gründe gehabt haben als eine Auftragsarbeit, die er schließlich schnell erledigte. Auch in Norddeutschland war er nicht heimisch geworden: Es war nur eine Wahlheimat auf Zeit geworden. Wahrscheinlich wollte er auch das Leben beenden, das er dort führen musste, als Ehemann und Vater, als Schwiegersohn ihm fremder Menschen, über die er nicht viel Gutes zu sagen wusste (vgl. BwmLAS, etwa 83), und als sich innerlich langsam entfernender Freund. Er mag immer mehr gespürt haben, dass bürgerliche Sesshaftigkeit ihm nicht angemessen war. Möglicherweise wollte er auch, einmal mehr, neu anfangen. Das Französische dürfte dabei für ihn einen besonderen Reiz gehabt haben. Er hatte auf Betreiben seiner Mutter früh die Sprache erlernt: seine „erste (und wohl auch die einzig solide erlernte) Fremdsprache" (Engel, in: KA, S, 385).

Von nun an war seine Umgangssprache nicht mehr seine Literatursprache. Rilke hat das am Ende als einen Gewinn für seine Arbeit verbucht. 1920 schrieb er Anton Kippenberg, schon aus der Schweiz, er sehne sich „in fremdsprachige Gegenden", „wo mir die Sprache, die eigene, wieder in steter Abhebung aufglänzt als Material meiner Arbeit" (BadV, 306). Zwei Jahre später legte er, im Rückblick auf seine Pariser Zeit, der Gräfin Sizzo dar, dass er „arbeitend, kein Deutsch (das meistens so widerwärtig schlecht und faul gesprochene!)" um sich herum hören könne, sondern es vorziehe, „dann von einer anderen, mir als Umgangsmittel vertrauten und sympathischen Sprache umgeben zu sein"; durch „solche Isolierung" nähme „das Deutsch *in mir* eine eigentümliche Sammlung und Klarheit an" (BaGS, 30). Deutsch war für Rilke bis 1914 oft nur noch die Sprache seiner Dichtungen.

Am 28. August 1902 kam Rilke in Paris an. Seine erste Adresse in der Stadt ist berühmt geworden: Rue Toullier Nr. 11. Es ist Malte Laurids Brigges Anschrift, wie sie der Anfang der *Aufzeichnungen* ausweist (und es war auch einmal die Adresse Rudolf Kassners gewesen). Das Zimmer in der Rue Toullier ist nur die erste von einem halben Dutzend Unterkünften, die Rilke in der französischen Hauptstadt mietete. Schon Anfang Oktober zog er das erste Mal um: in die Rue de l'Abbé de l'Épée, im fünften Arrondissement, unweit des Jardin du Luxembourg. Es waren zumeist bescheidene Quartiere, die er mietete – Hotelzimmer oder möblierte Zimmer, die nicht viel kosten durften. Selbst seine Räume im Hôtel Biron in der Rue de Varenne, in denen er von September 1908 bis Dezember 1909 wohnte, sehen auf dem berühmt gewordenen Foto, das Rilke sinnend am Schreibtisch zeigt, großartiger aus, als sie wohl waren: Das Haus, ein zuletzt von Nonnen bewohntes, inzwischen aufgegebenes Kloster, sollte abgerissen werden. Clara, die es ihm empfahl, hatte früher dort gewohnt. Auch in der Rue Cassette Nr. 29, in die Rilke im Sommer 1907 zog, hatte er eine ihm bekannte Vormieterin: In der Etage unter ihm hatte Paula Modersohn-Becker logiert.

So wenig wie Rilke in Paris die eine Wohnung fand, wurde die Stadt auf die Dauer sein fester Wohnsitz. Mehrmals unterbrach er seinen Aufenthalt in ihr, um meist größere Reisen zu unternehmen. Den März und den April 1903 verbrachte er in Viareggio zwischen Lucca und Pisa, um sich von Paris zu erholen. Der Wechsel von der Stadt aufs Land blieb ein Muster in seinem Leben (vgl. Blume, 43–86). Im Juli kehrte er zu Frau und Tochter nach Worpswede und Oberneuland bei Bremen zurück, wo seine Schwiegereltern lebten. Dort blieb es bis August. Anschließend zog es ihn nach Rom, wo er von November bis Mai 1904 logierte. Mitte 1904 machte er sich auf nach Dänemark und Schweden. Von Februar bis September 1905 hielt er sich in Deutschland auf, bevor er zu seinem zweiten Aufenthalt nach Paris zurückkehrte. Doch nicht für lange: Er nahm Rodins Angebot an, zu ihm nach Meudon zu ziehen, südwestlich von Paris. Die zweite Jahreshälfte 1906 verlebte er dann in Belgien und Deutschland, anschließend mehr als fünf Monate bis 1907 auf Capri.

Rilkes Reisetätigkeit verrät eine Unrast, die er nie verlor. Immer neugierig auf Neues, genoss er Aufbrüche. Er nannte das seine „Reise-Sehnsucht" (BaKuEH, 69) oder seine „Fernlust" (B 07–14, 125). „Seßhaftigkeit, die ein Ausdruck für ein Zuhausesein im Dasein überhaupt ist" (Blume, 43), wurde ihm zunehmend fremd. Viele Reisen unternahm er auch, um Geld sparen zu können. Immer wieder konnte er für längere Zeit gastfrei bei reichen Bekannten wohnen, bald in ganz Europa, in großen wie in kleinen Städten, auf Schlössern und Gütern. Dort lernte er andere Verhältnisse als die ihm gewohnten kennen und konnte kostengünstig über seine Verhältnisse leben.

Die Pariser Jahre waren lange von Armut geprägt. Rilkes Einkünfte waren anfangs spärlich. Er blieb auf Zuwendungen angewiesen, auf regelmäßige wie etwa die 80 Kronen, die seine Mutter ihm jeden Monat zukommen ließ und die er später an Clara für den Unterhalt ihrer gemeinsamen Tochter weiterreichte, weiter auf einmalige wie eine großzügige von Samuel Fischer 1908, gelegentliche, etwa von Karl von der Heydt. Mit seinen früheren Büchern verdiente er noch immer kaum etwas. Das änderte sich erst allmählich ab 1908, nachdem er einen neuen, fähigen Verleger gefunden hatte: Anton Kippenberg, der als erstes von Rilkes Büchern 1905 *Das Stunden-Buch* herausbrachte und, ebenfalls als erstes, zu einem Erfolg machte. Doch noch 1907 belief sich am Jahresende das Honorar, das Anton Kippenberg ihm überwies, auf nur 547,80 Mark.

Zu der Armut der ersten Pariser Jahre kam Einsamkeit hinzu, die er als selbstgewählte beschrieb. „Ich möchte auf irgendeinem einsamen Weg zur Arbeit kommen, zum täglichen Arbeiten und Arbeitenkönnen", teilte er am 17. Oktober 1902 Arthur Holitscher mit (B 02–06, 53). Als er zu dem Zweck im März 1903 nach Viareggio reiste, ließ er Clara wissen: „Ich fühle schon wieder ein wenig ... meine Einsamkeit und ahne, daß sie mir nichts versagen wird, wenn ich auf sie mit neuen Kräften hören werde ..." (ebd., 74–75). Wenn Rilke von Einsamkeit sprach, meinte er mehr als: ohne Gesellschaft sein. Alleinsein war ihm ein Synonym für Konzentration auf sich und seine Arbeit, zugleich Unerreichbarkeit und Ungestörtsein. Lou Andreas-Salomé schrieb er am 13. Mai 1903: „wenn irgend jemand der Verborgenheit bedarf, so bin ich es" (ebd., 165). Paris bot sie ihm, in sicherem Abstand von Prag, Wien, München und Berlin.

Rilke fuhr noch lange fort, die Einsamkeit als unverzichtbare Bedingung jeder künstlerischen Arbeit, erst recht seiner anzusehen und sie dafür sogar zu preisen. Er nannte sie später „die natürliche Isolierung (: ach und welche Versorgung zugleich!) meines inneren Bereichs" (BaM, 47). Sie war, nicht zuletzt, ein Bedürfnis des Narziss.

Er brauchte allerdings Zeit, sich in Paris einzuleben. Schon der Anfang war schwer – nicht nur weil es heftig regnete, als er in der Stadt eintraf. In Paris kannte er niemanden, vor ihm lag ein Leben in weitgehend unpersönlichen Zimmern. Sein Französisch war nicht perfekt, er hatte es vor der Abreise in der Berlitz School in Bremen aufgefrischt, doch das genügte nicht. So, wie er es sprach, war er als Ausländer gleich erkennbar. Auch das hemmte ihn. „Mir fehlt fast immer, was ich gerade sagen will" (B 02–06, 25), schrieb er seiner Frau am 31. August.

Die Stadt überwältigte ihn. „Paris", erklärte er ihr, sei „wirklich eine große fremde Stadt", „mir sehr, sehr fremd" (ebd., 24). Anfangs wohnte er in der Nähe der großen Krankenhäuser, was bestimmend für seine ersten Eindrücke von Paris war: „Mich ängstigen die vielen Hospitäler, die hier überall sind. [...] Man fühlt auf einmal, dass es in dieser weiten Stadt Heere von Kranken gibt, Armeen von Sterbenden, Völker von Toten" (ebd.). Paris sei „so nahe am Tod. Es ist eine fremde, fremde Stadt" (ebd., 25).

Im September 1902 schrieb er, nicht weniger deutlich, nur andere Bilder benutzend, Heinrich Vogeler:

> Paris? Paris ist schwer. Eine Galeere. Ich kann nicht sagen, wie unsympathisch mir alles hier ist, nicht beschreiben, mit welcher instinktiven Ablehnung ich hier herumgehe! Diese Leute haben (das ist wahr) einen Ausweg gefunden, eine Art das Leben zu nehmen und auszunützen. Aber dieses Leben ist ein niedlich eingerahmter Spiegel, in dem nichts drin ist als der, der jeweilig hineinschaut. Und – wie Spiegel sind – im Grunde, streng genommen, ist auch der nicht drin, niemand, nichts; – und der, dem es einfällt, dahinterzulangen, ist ein Affe, der die anderen amüsiert ... (B, I, 139)

Die ersten vier Monate seines ersten Aufenthaltes in Paris bilanzierte Rilke für Otto Modersohn an Silvester 1902. Auch ihm zeichnete er ein düsteres Bild der Stadt:

> Lieber Otto Modersohn, halten Sie an Ihrem Lande! Paris (wir sagen es uns täglich) ist eine schwere, schwere, bange Stadt. Und die schönen Dinge, die da sind, machen mit ihrer strahlenden Ewigkeit doch nicht ganz gut, was man durch die Grausamkeit und Wirrheit ihrer Gassen und die Unnatur der Gärten, Menschen und Dinge leiden muß. Paris hat für mein geängstigtes Gefühl etwas Unsäglich-Banges. Es hat sich ganz verloren, es rast wie ein bahnverirrter Stern auf irgendeinen schrecklichen Zusammenstoß zu. So müssen die Städte gewesen sein, von denen die Bibel erzählt, daß der Zorn Gottes hinter ihnen emporstieg, um sie zu überschütten und zu erschüttern. (B, I, 141–142)

Paris als neues Babylon und Ninive, als eine apokalyptische Stadt, die Angst macht, „bange" – Rilke ebenso wie dann auch Malte Laurids Brigge. Bemerkenswert ist, dass in den wenigen Zeilen gleich dreimal von Angst die Rede ist. So deutlich hat Rilke von seinen Pariser Bedrängnissen nur wenigen gesprochen oder geschrieben.

Einige Reflexe dieser ersten Erfahrungen finden sich im dritten Teil des *Stunden-Buchs*, des *Buchs von der Armut und vom Tode*, das er in Viareggio im Frühjahr 1903 schrieb – Verse wie:

> Denn, Herr, die großen Städte sind
> verlorene und aufgelöste; (KA, I, 234)

oder

> Die großen Städte sind nicht wahr; sie täuschen
> den Tag, die Nacht, die Tiere und das Kind;
> ihr Schweigen lügt, sie lügen mit Geräuschen
> und mit den Dingen, welche willig sind. (ebd., 240)

Lou Andreas-Salomé gestand Rilke sogar, „daß Paris eine ähnliche Erfahrung für mich war wie die Militärschule; wie damals ein großes banges Erstaunen mich ergriff, so griff mich jetzt wieder das Entsetzen an vor alledem was, wie in einer unsäglichen Verwirrung, Leben heißt" (BwmLAS, 65).

Eindringlich schilderte Rilke der Freundin seine ersten Tage in Paris:

> Im August vorigen Jahres traf ich dort ein [...] Da ging ich an den langen Hospitälern hin, deren Thore weit offen standen mit einer Gebärde ungeduldiger und gieriger Barmherzigkeit. Als ich zum ersten Mal am *Hotel Dieu* vorbeikam fuhr gerade eine offene Droschke ein, in der ein Mensch hing, schwankend bei jeder Bewegung, wie eine zerbrochene Marionette schief, und mit einem schweren Geschwür auf dem langen, grauen, hängenden Halse. (ebd., 66–67)

Der Anfang der *Aufzeichnungen des Malte Laurids Brigge* geht offensichtlich, wie einiges andere mehr, auf solche Erfahrungen zurück.

Rilke hat seine ihn beängstigenden und verstörenden Erlebnisse in seinen Briefen gleich unnachahmlich zu schildern gewusst, so dass er sie später in sein ‚Prosabuch' aufnehmen konnte. An den „furchtbaren und meisterhaften Schilderungen der Ärmsten der Armen, ihrer Krankheiten, Schrecken, Obdachlosigkeiten" erkannte die Freundin scharfblickend den „*Fortschritt* des *Künstlers*" – „hindurch durch die damit anhebenden menschlichen Kämpfe und Hindernisse der geängstigten Seele: diese Seele wird *dennoch schaffend daran*" (Andreas-Salomé, Rilke, 39). So kam es. Rilke zerbrach nicht über den Pariser Eindrücken und Erfahrungen, die ihn bedrängten. Auf seine Weise tapfer, hielt er ihnen stand. Aus der zeitweisen Verzweiflung konnte er sich befreien: indem er schrieb.

Rilke und Rodin: In der Lehre bei einem Künstler

Der Schüler

Rilke kam nach Paris, um ein Buch über Rodin zu schreiben, der ihm bereits ein Begriff war (vgl. Mason, 53–55). Für die Monographie brauchte er, wie für das Buch über Worpswede, vier Wochen, wie das damals seine Art war. Sie war am 16. Dezember 1902 fertig. Das Kapitel Rodin war damit aber keineswegs abgeschlossen. Er beschäftigte Rilke noch länger, als Person wie als Künstler.

Nicht nur das Werk zog ihn an. Vom Meister war er nicht weniger angetan als von seinen Arbeiten. Das Werk eröffnete ihm einen neuen Zugang zur Bildhauerei – mehr als die Worpsweder Maler ihn auf die Landschaftsmalerei gewiesen hatten –, und der Bildhauer lebte ihm ein Künstlersein vor, wie er es so noch nicht kennengelernt hatte. Seine Entwicklung wurde dadurch entscheidend vorangetrieben. „Innerhalb seines Künstlertums", stellte Lou Andreas-Salomé später fest, kam Rilke „durch Rodin zu unverlierbarer Vollendung seines Könnens" (Andreas-Salomé, Lebensrückblick, 130).

Dass Rilke eine Weile der Sekretär Rodins gewesen ist, war dabei noch nicht der wichtigste Umstand. Später wollte er dem auch nicht viel Bedeutung beimessen. Ende Februar 1924 antwortete er Alfred Schaer ausführlich, wenn auch etwas reserviert, auf dessen Fragen nach Einflüssen – Rilke setzte das Wort gleich in Anführungszeichen – und kam dabei auch auf Rodin zu sprechen:

> Daß ich Rodins Sekretär gewesen sei, ist nicht viel mehr als eine hartnäckige Legende, erwachsen aus dem Umstande, daß ich ihm einmal, vorübergehend, während fünf Monaten (!), in seiner Korrespondenz behilflich war … Aber sein S c h ü l e r bin ich viel besser und viel länger gewesen: denn auf dem Grunde aller Künste wirkte die eine, gleiche Forderung, die ich nie so rein übernommen habe, wie durch die Gespräche mit dem gewaltigen Meister, der, damals noch, obwohl im höchsten Alter, voll von lebendiger Erfahrung war. (BaM, 246–247)

Rilke erwähnt in diesem Brief mehrere bekannte Schriftsteller, denen er das eine oder andere verdankte, Emile Verhaeren, Richard Dehmel, Hugo von Hofmannsthal, Stefan George, Jakob Wassermann und Gerhart Hauptmann. Aber keinen nennt er seinen Meister, und offensichtlich fühlte er sich auch keinem von ihnen gegenüber als Schüler. Das war allein Rodin vorbehalten. Durch ihn wurde die erste Pariser Zeit zu Rilkes zweiten, seinen wahren ‚Lehrjahren'.

Der Meister

Das Verhältnis zu Auguste Rodin ist das wichtigste von allen, die Rilke zu lebenden Künstlern unterhalten hat. Es war tiefer und von längerer Dauer als das zu Tolstoi, und es war auch folgenreicher für seine eigene Arbeit. Von Rodin ist mehr als von Tolstoi in Rilkes Werk eingegangen: zuerst durch die Monographie, dann auch durch die zahlreichen Briefe an ihn und über ihn (vgl. RRB). Vor allem aber sah Rilke in Rodin den großen Künstler, der ihn bescheiden werden ließ. Ende November 1905 schrieb er an Karl von der Heydt aus Meudon:

> Nur die ganz Großen *sind* Künstler in jenem strengen aber einzig wahren Sinn, daß die Kunst eine Art zu leben für sie geworden ist –: alle anderen, wir alle, die wir uns erst nur noch mit Kunst beschäftigen, begegnen uns auf denselben weiten Wegen und grüßen uns in derselben stillen Hoffnung und sehnen uns nach derselben fernen Meisterschaft. (BaKuEH, 36)

Zweifellos war es das, was sich Rilke für seine Lehrjahre von Rodin erhoffte: durch ihn zu seiner Meisterschaft zu gelangen.

Gut ein Jahrzehnt hatte die Beziehung Bestand. Sie begann 1902 und endete, noch vor dem Tod Rodins, 1913. Ihr Rhythmus war wechselhaft: geprägt durch eine erste Annäherung, der eine erste Entfremdung folgte, der eine zweite Annäherung und der schließlich ein neuerliches Zerwürfnis, das endgültig war. Das Verhältnis war vielschichtig und verschlungen: wenigstens für eine Zeit ein Schüler-Meister-Verhältnis, dann ein Arbeitsverhältnis und schließlich, zumindest aus Rilkes Sicht, eine Beziehung zwischen zwei Künstlern. Eine Freundschaft war es nicht, auch wenn beide gelegentlich mit einem gewissen rhetorischen Überschwang den anderen als Freund anredeten.

Als Rilke, vermittelt durch Richard Muther, im Sommer 1902 den Auftrag erhielt, nach dem Buch über Worpswede ein zweites über Rodin, den schon damals berühmtesten Bildhauer der Zeit, zu schreiben, nahm er sofort an. Möglicherweise hatte er Muther selbst den Vorschlag gemacht, denn der Bildhauer war ihm längst ein Begriff. Clara Westhoff hatte, als sie 1900 in Paris an der Académie Julian Kurse besuchte, auch Unterricht bei Rodin genommen; sie und Rilke trafen sich in ihrer Verehrung für ihn.

Rilke setzte sich mit dem Meister in Verbindung, als der auf Claras Brief nicht antwortete. Rodin gab zu dem Projekt seine Einwilligung und stellte Unterstützung in Aussicht. Drei Tage nach seiner Ankunft in Paris begab sich Rilke am 1. September

1902 zu Rodin, der sein Atelier in der Rue de l'Université hatte. Clara berichtete er am nächsten Tag darüber: Rodin, schrieb er,

> ließ die Arbeit im Stich, bot mir einen Sessel an, und wir sprachen. Er war gut und mild. Und mir war, als kennte ich ihn immer schon. Als sähe ich ihn nur wieder; ich fand ihn kleiner und doch mächtiger, gütiger und erhabener. (B 02–06, 26)

Dass Rilke Rodin arbeitend antraf, wird ihm im Nachhinein vielleicht bezeichnend erschienen sein. Nachdem sie eine Weile miteinander gesprochen hatten, nahm Rodin seine Arbeit wieder auf und ermunterte Rilke, sich umzusehen. Die Skulpturen, die er vorfand, beschrieb er seiner Frau eindringlich: Er vertiefte sich gleich in sie.

Am nächsten Vormittag suchte Rilke Rodin in seinem Haus in Meudon auf, südwestlich von Paris. Auch diesen Besuch schilderte er Clara ausführlich, die Spannungen eingeschlossen, die zwischen Rodin und seiner Lebensgefährtin, die Rilke für die Ehefrau hielt, bei Tisch zutage traten. Das Gespräch mit dem Meister litt, nicht nur darunter, dass er ungeduldig auf das Essen wartete. Rodin sprach nicht Deutsch, und Rilke war im Französischen noch nicht zu Hause:

> Die Grenze der Sprache ist zu groß. [...] Und da stehn nun diese dummen Sprachen hilflos wie zwei Brücken, die nebeneinander über denselben Fluß gehen, aber durch einen Abgrund voneinander getrennt sind. Es ist nur eine Bagatelle, ein Zufall, und es trennt doch ... (ebd., 30)

Trotz aller Begeisterung, die Rilke lange erhalten blieb, führten ihm schon die ersten beiden Begegnungen mit Rodin vor Augen, dass ihn mit dem verehrten Künstler etwas verband und ihn etwas von ihm trennte, das er allerdings noch nicht scharf sah. Dass es keine Bagatelle war, lernte er erst später. Die Szene, die er miterlebte, erschien ihm einstweilen noch „n i c h t peinlich, n u r t r a u r i g" (ebd., 31).

Die Monographie

Rilkes Monographie über Rodin, in der ersten Ausgabe ein schmales Werk von 73 Seiten, ist ein Künstler-Buch in mehr als einem Sinn: ein Buch über einen Künstler und ein Buch von einem Künstler, das einer Künstlerin, „Einer jungen Bildhauerin" (KA, IV, 403), gewidmet ist. Auch wenn es der Absicht nach wie ein groß angelegtes Gespräch über Kunst erscheint, war es doch nicht zuletzt ein Mittel der Selbstverständigung, die sein Verfasser suchte.

Rilke wollte keine kunstgeschichtliche Abhandlung schreiben, sondern mit seinen literarischen Mitteln den Bildhauer Rodin und dessen Kunst darstellen, ähnlich wie er es auch mit den norddeutschen Landschaftsmalern in *Worpswede* versucht hatte. Eine Schwierigkeit, die sich dabei ergab, folgte aus dem Unterschied der Künste. Als Autor wollte Rilke bildende Kunst sprachlich vermitteln, jenseits kunsthistorischer Schriftstellerei. Er entwickelte dafür, in der Verbindung von Erzählung und Beschreibung, eine eigene Prosa. Sie ermöglichte ihm sowohl eine Art von Ekphrasis wie auch kunsttheoretische Reflexion, ohne dass sie dabei aufhörte, literarisch, ja künstlerisch zu sein.

Bezeichnend ist, wie Rilke die für Rodins Kunst zentrale Kategorie der Fläche oder Oberfläche entwickelt: nicht durch eine gedankliche Herleitung, sondern durch Erzählung:

> Rodin wußte, daß es zunächst auf eine unfehlbare Kenntnis des menschlichen Körpers ankam. Langsam, forschend war er bis zu seiner Oberfläche vorgeschritten, und nun streckte sich von Außen eine Hand entgegen, welche diese Oberfläche von der anderen Seite ebenso genau bestimmte und begrenzte, wie sie es von Innen war. […] Und schließlich war es diese Oberfläche, auf die seine Forschung sich wandte. Sie bestand aus unendlich vielen Begegnungen des Lichtes mit dem Dinge, und es zeigte sich, daß jede dieser Begegnungen anders war und jede merkwürdig. (ebd., 411)

Damit ist der Punkt erreicht, auf den die Erzählung zuläuft. „In diesem Augenblick", fährt Rilke fort,

> hatte Rodin das Grundelement seiner Kunst entdeckt, gleichsam die Zelle seiner Welt. Das war die Fläche, diese verschieden große, verschieden betonte, genau bestimmte Fläche, aus der alles gemacht sein mußte. Von da ab war sie der Stoff seiner Kunst, das, worum er sich mühte, wofür er wachte und litt. (ebd.)

Die Erzählung endet mit einer Art fabula – oder tabula – docet: „Seine Kunst baute sich nicht auf eine große Idee auf, sondern auf eine kleine gewissenhafte Verwirklichung, auf das Erreichbare, auf ein Können. Es war kein Hochmut in ihm" (ebd.). Auf den Gedanken der Kunst als „Verwirklichung" sollte Rilke später noch einmal bei Cézanne zurückkommen.

Die Erzählung ist allerdings nicht Rilkes einziges Darstellungsmittel. Die Grenzen ihrer Anwendbarkeit hat er sehr wohl erkannt, auch da, wo man es nicht erwarten würde. Schon zu Beginn bemerkt er, Rodins Leben sei „eines von denen, die sich nicht erzählen lassen" (ebd., 405). Tatsächlich entwickelt er es zunächst nicht in der Art eines herkömmlichen Lebenslaufes. Im zweiten Teil, dem ursprünglichen Vortrag, nähert er sich erst einem schulmäßigen curriculum vitae an – nicht ohne festzuhalten, ihm scheine, „als ob alle Daten, die man kennt (und es sind nur sehr vereinzelte), wenig persönlich und recht allgemein wären im Vergleich zu dem, was dieser Mann aus ihnen gemacht hat" (ebd., 469).

Nicht das äußere Leben, das leichter wiederzugeben wäre, interessierte Rilke, sondern das, was Rodin aus ihm „gemacht" hat. Auch das ist nicht im Sinn einer äußerlich sichtbaren Erfolgsgeschichte gemeint. Rilke erzählt Rodins Leben als eines, das in der Arbeit aufgegangen ist. Seine Biografie ist Werk-Biografie. Deshalb heißt es gegen Ende auch: „Sein Leben geht wie ein einziger Arbeitstag" (ebd., 448). Das ist gewissermaßen das Motto der erzählenden Passagen des Buches. Als Rodins großes Projekt schildert Rilke schließlich das „*Denkmal der Arbeit*" (ebd.), nicht zuletzt, um zu betonen, „daß Rodin auch mit diesem Werke nichts gewollt hat über seine Kunst hinaus. Der arbeitende Körper hat sich ihm gezeigt, wie früher der liebende. Es war eine neue Offenbarung des Lebens" (ebd.).

Rilkes Buch ist aber nicht nur Erzählung eines Künstlerlebens aus seinem Innersten heraus. Es ist auch Beschreibung: der Werke, die Rodin geschaffen hat, einzelner Werke wie ganzer Werkgruppen. Rilke kennzeichnet sie etwa durch die Behandlung derselben Motive, zumal Gebärden und Hände (vgl. etwa ebd., 420). Mit formalen Details hält er sich dabei jedoch nicht lange auf. Die Kunst Rodins ist ihm „eine gewissenhafte und gläubige Auslegung des Lebens" (ebd., 417). Um sie aufzuweisen, muss die Werk-Beschreibung unter die Oberfläche zum Wesen des Gegenstandes vordringen.

Ein Beispiel dafür ist die umstrittene, Rodin zurückgegebene und erst lange nach seinem Tod gegossene Balzac-Statue. Rilke hat sie nicht unkritisch gesehen:

> Rodin hat ihm eine Größe gegeben, die vielleicht die Gestalt dieses Schriftstellers überragt. Er hat ihn im Grunde seines Wesens erfaßt, aber er hat an den Grenzen dieses Wesens nicht Halt gemacht; um seine äußersten und fernsten Möglichkeiten, um sein Unerreichtes hat er diesen mächtigen Kontur gezogen, der in den Grabsteinen fernvergangener Völker vorgebildet scheint. (ebd., 444–445)

Für Rodin, so Rilke, war Balzacs Wesen Größe. Die überlebensgroße Statue sollte deshalb vor allem ein Denkmal der Größe sein – wenn auch, wie er andeutet, einer überschätzten. Fassung für Fassung arbeitete Rodin an der Verwirklichung dieser Absicht:

> Aber langsam wuchs Rodin's Vision von Form zu Form. Und endlich sah er ihn. Er sah eine breite, ausschreitende Gestalt, die an des Mantels Fall alle ihre Schwere verlor. Auf den starken Nacken stemmte sich das Haar, und in das Haar zurückgelehnt lag ein Gesicht, schauend, im Rausche des Schauens, schäumend von Schaffen: das Gesicht eines Elementes. Das war Balzac in der Fruchtbarkeit seines Überflusses, der Gründer von Generationen, der Verschwender von Schicksalen. Das war der Mann, dessen Augen keiner Dinge bedurften; wäre die Welt leer gewesen: seine Blicke hätten sie eingerichtet. (ebd., 446)

Rodin habe seinen Balzac geschaffen als Verkörperung des Schöpferischen: „Das war das Schaffen selbst, das sich der Form Balzac's bediente, um zu erscheinen; des Schaffens Überhebung, Hochmut, Taumel und Trunkenheit" (ebd.).

Rilkes Beschreibung der Statue als eines Kunstwerks, das ein Bildhauer von einem Schriftsteller geschaffen hat, ist Kunst über Kunst über Kunst. Es ist aber nicht der Unterschied der Künste, der dabei gezeigt wird. Es ist ihre Gemeinsamkeit: das, was sie alle zu Kunst macht. Der eine Künstler, Rodin, sieht in dem anderen, Balzac, den Inbegriff des Schaffens – zu dem er selbst durch seine Arbeit auch wird: in den Augen eines anderen Schriftstellers. So erkennt ein Künstler im anderen das Künstlertum.

Die einlässliche Beschreibung führt Rilke dabei an den Punkt, an dem sie das Wesentliche des Dargestellten preisgibt. Es erschließt sich so einem Künstler, der nicht nur das Wesen eines anderen Künstlers, sondern in ihm auch das Wesen des Schöpferischen erkennt – das für Rilke wenigstens zweideutig ist: groß, aber auch gefährdet.

Solche Beschreibungen sind Vermittlungen. Rilke begreift seine Aufgabe darin, die künstlerische Absicht Rodins, die „Auslegung des Lebens", in Sprache umzusetzen. Indem er das tut, setzt er sie zugleich fort: Kunst regt neue Kunst an. Die ‚Auslegung des Lebens' erschließt dabei aber auch das Leben. Über das Kunstding gelangt man zum Wesen des dargestellten Dings. So zeigt es Rilkes bei einer kleinen Tierskulptur, die ihn nachhaltig beschäftigt hat:

> Es giebt in Rodins Atelier den Abguß eines kaum handgroßen Panthers griechischer Arbeit (das Original befindet sich im Medaillen-Kabinett der Pariser National-Bibliothek); wenn man unter seinem Leibe durch von vorn in den Raum blickt, der von den vier geschmeidigstarken Tatzen gebildet wird, kann man glauben, in die Tiefe eines indischen Felsentempels zu sehen; so wächst dieses Werk und weitet sich zur Größe seiner Maße. Ähnlich ist es bei den kleinen Plastiken Rodins. (ebd., 428–429)

Es ist eine doppelte Verwandtschaft, die Rilke herstellt: zum einen zwischen der griechischen Plastik und der Rodins; und zum andern, für einen Leser der ersten Ausgabe noch nicht erkennbar, zwischen dieser Plastik und einem seiner Gedichte. Die Formulierung von den „geschmeidigstarken" Tatzen hat er seinem Panther-Gedicht entnommen, das wohl schon 1902, spätestens aber 1903 entstanden ist. Das eine Werk setzt so das andere fort, die eine Kunst das, was die andere erreicht hat.

In der Sache hätte Rilke später vermutlich manche seiner Urteile über den Künstler Rodin revidiert, zumindest differenziert. Unbestreitbar wird ihm etwa „Rodins tiefe Übereinstimmung mit der Natur" geblieben sein, seine „Macht, Vergangenes zum Unvergänglichen zu erheben" (ebd., 439), die „dunkle Geduld" (ebd., 409) dieses Künstlers, der zum „unumschränkten Beherrscher seiner eigenen Mittel" wurde (ebd., 414). Zweifelhaft aber wurde ihm vermutlich, ob Einsamkeit und Arbeit, „ohne die sein Leben nicht denkbar wäre", tatsächlich zu Rodins Existenz gehörten (ebd., 469).

Was Rilke jedoch unumstößlich an ihm verehrte, hat er im letzten Absatz des ersten Teils seines Buchs prägnant formuliert:

> Man wird einmal erkennen, was diesen großen Künstler so groß gemacht hat: Daß er ein Arbeiter war, der nichts ersehnte, als ganz, mit allen seinen Kräften, in das niedrige und harte Dasein seines Werkzeugs einzugehen. Darin lag eine Art von Verzicht auf das Leben; aber gerade mit dieser Geduld gewann er es: denn zu seinem Werkzeug kam die Welt. (ebd., 449)

Der Künstler als unermüdlicher Arbeiter, der auf ein Leben außerhalb der Kunst verzichtet: Das war nicht das letzte Wort Rilkes über Rodin, wohl aber, alles in allem, das sachlich abschließende. Er selbst mag sich nicht nur damals gewünscht haben, dass man am Ende etwas Ähnliches auch über ihn sagen würde – obgleich er sich noch nicht sicher war, was sein Handwerk und was sein Werkzeug war.

Der Erfolg des Buchs

Rilkes *Rodin*, lange Zeit die wichtigste deutschsprachige Monographie über ihn, war ein Publikumserfolg. Sie erschien ursprünglich 1903 „Mit zwei Photogravüren und sechs Vollbildern in Tonätzung" im Berliner Verlag Julius Bard. Schon im nächsten Jahr kam eine unveränderte zweite Auflage heraus, 1907 eine dritte, erweiterte, nun im Berliner Verlag Marquardt & Co. Erweitert war nicht nur der Bildteil, der auf „28 Vollbilder in Tonätzung" angewachsen war. Erweitert war auch der Text – nämlich um einen ‚zweiten Teil': den Vortrag, den Rilke 1905 und 1906 mit großem Erfolg im deutschsprachigen Raum gehalten hatte.

Im folgenden Jahr übernahm der gleichfalls in Berlin ansässige Brandus'sche Verlag das Buch, bevor es dann 1913 im Insel Verlag herauskam. Die Neuausgabe umfasste 120 Seiten Text und 96 Seiten Abbildungen – und hatte damit den ursprünglichen Umfang mehr als verdoppelt, weitgehend ohne Zutun des Verfassers. Anton Kippenberg machte das Buch zum Erfolg. Bis 1926 verkaufte sich die Neuausgabe 45.000 Mal.

Rilke versagte für sie seine Unterstützung nicht, zeigte sich aber wenig begeistert. Für ihn kam die Neuausgabe zu spät: Seine Texte waren ihm historisch geworden – und zugleich kam sie zu früh: Er hatte keine neuen Arbeiten, die seinem veränderten Verhältnis zu Rodin entsprachen. Er sollte sie auch nicht mehr schreiben.

Inzwischen ist Rilkes Rodin-Buch auch ein Gegenstand kunsthistorischer Forschung. Vor allem Gottfried Boehm hat die Monographie fachkundig gewürdigt: als „Versuch, die plastische Arbeit ernst und wörtlich zu nehmen auch für das eigene Tun" (Boehm, 9). Mit seiner Bestimmung der Bildhauerei als Oberflächenkunst dringe Rilke „vor in das Zentrum plastischen Tuns" (ebd., 15). „Die Deutung der Skulptur als einer Flächen-, d. h. als einer *Oberflächen*kunst ist deswegen so bemerkenswert" nach Boehm, „weil sie eine gründlichere Weise des Sehens erlaubt" (ebd.). „Die Pointe" der „Einsicht" Rilkes bestehe „im Grunde darin, daß die Oberfläche der Plastik eine Grenzfläche zwischen Innen und Außen darstellt" (ebd.) – zwischen dem Material und dem Licht.

Diese Theorie war wohl ein produktiver Irrtum. Rilke stützte sie wesentlich auf das, was Rodin ihm im Gespräch über „le modelé" entwickelte. Offenbar hat er die Ausführungen jedoch „mißverstanden" (Mason, 55). Rodin ging es, Mason zufolge, nicht um die Fläche, sondern um die „Tiefe" der Skulptur: ihre Räumlichkeit. Mason hat darin „ein besonders handgreifliches Beispiel" dafür erkannt, „wie Rilke und Rodin überhaupt aneinander vorbei geredet und gelebt haben" (ebd.). Das war nicht nur in Rilkes noch ungeübtem Französisch begründet, sondern auch in der „vorgefaßten Idee" (ebd., 56), die er vom Meister und seiner Kunst hatte.

Rilkes Rodin-Buch kann, vor allem im zweiten Teil, gelegentlich stilistisch maniriert wirken, in den Anreden an das Publikum auch rhetorisch überanstrengt. Das – zusammen mit der Ich-Form – mag zu dem gehören, was Rilke später selbst als überholt empfunden hat: durch seine eigene schriftstellerische Entwicklung überholt. Gleichwohl hat auch das Rodin-Buch eine Bedeutung für seine künstlerische Entwicklung. Lou Andreas-Salomé urteilte 1903 geradezu enthusiastisch, der „künstlerische und sachliche Werth" der Monographie schien ihr offensichtlich. Sie lobte die „schöpferische Hingabe" Rilkes, die nicht nur „sachlicher und künstlerischer Art" gewesen sei: Er habe sich vielmehr seinem „Gegensatz" (BwmLAS, 89) hingegeben, bereit, „nachzugestalten was ein Anderer schuf" (ebd., 87).

Rilke hat diese Einschätzung nicht geteilt. „O Lou", schrieb er ihr am 8. August zurück, „in einem Gedicht, das mir gelingt, ist viel mehr Wirklichkeit als in jeder

Beziehung oder Zuneigung, die ich fühle; wo ich schaffe bin ich wahr". Nach seiner Zeit mit Rodin wisse er nun, „daß ich auch keine anderen Verwirklichungen verlangen und suchen dürfte, als die meines Werkes" (ebd., 97). Das waren gewichtige Worte; sie verleihen einer Einsicht Ausdruck, der Rilke fortan zu folgen versuchte.

Das Rodin-Buch markiert in seinem Werk ein Ende. Abgesehen von einigen kleineren Arbeiten, die noch folgten, beendete er mit ihm im Wesentlichen sein „Schreiben ,über'" (zit. n. Schnack, I, 191). Er wollte nun zu sich kommen: zu seinem Werk. Dafür hatte er von Rodin einiges gelernt, vor allem, dass „Kunst hervorzubringen" Arbeit ist. Durch ihn hat er aber auch sein Schreiben weiterentwickelt: Durch das Vorbild des Rodin'schen Werks hat er nach Bernhard Blume „eine härtere, sozusagen gemeißelte Diktion" ausgebildet: „Rilke strebte weg von dem gleichsam liquiden Stil, den er so spielend beherrschte, der alles ergriff, alles umfaßte, sich allem widerstandslos anpassen konnte" (Blume, 22). In seinen besten Passagen ist das Buch tatsächlich dichte Prosa, die sich liest, als wäre sie schon auf dem Weg zu den *Aufzeichnungen des Malte Laurids Brigge*.

Wie man leben soll oder: Eine neue Künstler-Ethik

Rilke hat sein Buch für ein Publikum geschrieben. Was Rodin *ihm* bedeutete, kann man an manchen Stellen erschließen. Ausgesprochen hat er es kaum. Das hat er in den Briefen dieser Zeit getan, naheliegenderweise vor allem an seine Frau Clara und, mehr noch, an Lou Andreas-Salomé.

Rilke trat Rodin nicht als Kunsthistoriker oder Journalist gegenüber, sondern als Autor. Er kam mit einer Frage zu ihm: der, wie man leben solle – einer wie er, der ein Künstler sein wollte. „Mon cher Maître" hat er am 11. September 1902 daran erinnert, warum er letztlich zu ihm gekommen sei: „c'était pour vous demander: comment faut-il-vivre?" (B 02–06, 41). Das war die Frage, die, nicht nur damals, die entscheidende seiner Künstler-Existenz war. Rodin hatte eine Antwort für ihn: „Et vous m'avez répondu: en travaillant. Et je le comprends bien. Je sens que travailler c'est vivre sans mourir" (ebd.).

Zu allen, teils praktischen, teils psychologischen Gründen, die Rilke hatte, nach Paris zu übersiedeln, kommt ein existenzieller hinzu. Er hatte für sich die Möglichkeit verworfen, als Journalist oder auch als Berufsschriftsteller, als ‚Literat', wie es damals hieß, zu arbeiten (vgl. BaKuEH, 187). Er war entschlossen, ein Künstler werden, und er erhoffte sich von Rodin Hinweise, vielleicht eine Anleitung dafür, ‚künstlerisch zu leben'. So war der Umzug nach Paris mehr als ein Wechsel des Wohnsitzes; er sollte in eine neue Existenz führen.

Rodin legte ihm schon bald einige Grundzüge künstlerischer Arbeit dar, die Rilke begierig aufnahm. Clara berichtete er gleich am 5. September davon: „Er sprach von der Kunst, von den Händlern mit Kunst, von seiner einsamen Stellung und sagte sehr viel Schönes, das ich mehr empfand als verstand, weil er oft sehr undeutlich sprach und sehr rasch" (B 02–06, 33). Das Wichtigste entging ihm aber nicht:

> Er schwieg eine Weile und sagte dann, wunderbar ernst sagte er das: ... il faut travailler, rien que travailler. Et il faut avoir patience. Man soll nicht daran denken, etwas machen zu wollen, man soll nur suchen, das eigene Ausdrucksmittel auszubauen und alles sagen. Man soll arbeiten und Geduld haben. Nicht rechts, nicht links schauen. Das ganze Leben in diesen Kreis hineinziehen, n i c h t s haben außerhalb dieses Lebens. (ebd., 36)

Diese Maximen: immer zu arbeiten, dabei geduldig sein und warten zu können, das ganze Leben der Arbeit unterzuordnen, haben Rilke geprägt. Auch wenn er sie später einschränkte, gab er sie doch nicht mehr auf. Sie sind der Teil seiner Ethik künstlerischer Arbeit, den er Rodin verdankte.

Auch eine andere Maxime beherzigte Rilke – oder hatte sie schon beherzigt. Als er bemerkte, „es käme doch nur bei einsamem Streben was heraus", pflichtete Rodin ihm bei: „il est mieux d'être seul." Allerdings fügte Rodin noch eine Bemerkung an: „Peut-être avoir une femme – parce qu'il faut avoir une femme" (ebd.). Rilke schrieb das Clara, reichte also das Wort Rodins gewissermaßen an sie weiter. Wie sie die für eine Frau nicht schmeichelhafte Ehe-Weisheit Rodins aufgefasst hat, ist nicht überliefert. Rilke wird sich in einer Hinsicht bestätigt gefunden haben: dass Kunst nur in der Einsamkeit entstehen kann. Das hatte er schon Paula Modersohn-Becker aus Westerwede wissen lassen.

Dass ein Künstler einsam leben, schloss ein, dass er auch nur für die Kunst leben, nichts „außerhalb" ihrer haben solle:

> Der unerquickliche Hausstand Tolstois, die Unbehaglichkeit in den Zimmern Rodins: das deutet alles auf dasselbe hin: daß man sich entscheiden muß, entweder das oder jenes. Entweder Glück oder Kunst. On doit trouver le bonheur dans son art ... so ungefähr sagte Rodin auch. Und das ist ja alles so klar. Die großen Menschen alle haben ihr Leben zuwachsen lassen wie einen alten Weg und haben alles in ihre Kunst getragen. Ihr Leben ist verkümmert wie ein Organ, das sie nicht mehr brauchen ... (ebd., 36–37)

Dass ein Künstler sich für sein Werk entscheiden und sein Leben ganz im Dienst der Kunst stehen müsse, mag für eine jungverheiratete Frau keine gute Nachricht gewesen sein. Rilke aber hatte etwas gefunden, was ihm den Weg zu einem künstlerischen Leben zu weisen schien. Arbeiten, einsam sein (und allenfalls aus Konvention sich verheiraten), alles in der Arbeit finden und auf jedes andere Leben verzichten: Das sind für lange die Grundannahmen seiner Künstler-Existenz geworden.

Rilkes Nachdenken über das Leben als Künstler erhielt durch Rodin eine neue Triftigkeit. Was er bis dahin unter ‚künstlerisch leben' verstand, hatte er in seinem Brief vom 23. April 1903 an Franz Xaver Kappus definiert:

> Jeden Eindruck und jeden Keim eines Gefühls ganz in sich, im Dunkel, im Unsagbaren, Unbewußten, dem eigenen Verstande Unerreichbaren sich vollenden lassen und mit tiefer Demut und Geduld die Stunde der Niederkunft einer neuen Klarheit abwarten: das allein heißt künstlerisch leben: im Verstehen wie im Schaffen. (KA, IV, 521)

Rilke hatte aus diesem Grundsatz damals schon eine Künstler-Ethik abgeleitet: „Künstler sein heißt: nicht rechnen und zählen; reifen wie der Baum, der seine Säfte nicht drängt und getrost in den Stürmen des Frühlings steht ohne die Angst, dass dahinter kein Sommer kommen könnte" (ebd.). Das war schön und spruchreif formuliert, aber auch etwas wolkig. Dass es schwer ist, Geduld und Zuversicht immerfort aufzubringen, sollte Rilke erst noch erfahren. Von Rodin lernte er, dass es außer dem geduldigen Warten auf die Reife auch die Bewährung in der Arbeit gibt – ein Versuch, das Werk handwerklich vorzubereiten, wenn nicht so herzustellen.

Das konnte er auch an Rodin beobachten. Bei der Arbeit erschien er ihm „versenkt in sich selbst" (BwmLAS, 92), schrieb er am 8. August 1903 Lou Andreas-Salomé. Seine „Gedanken gehen in ihm umher und füllen ihn an mit Schwere und Süßigkeit" (ebd.). Er habe eine eigene „Art zu schauen" entwickelt (ebd., 93), und zwar als „Handwerker" (ebd.). „Da es ihm gegeben ward, Dinge zu sehen in allem, erwarb er die Möglichkeit: Dinge zu bauen" (ebd.): seine Werke.

Arbeiten sollte dazu dienen, etwas zu schaffen – eben „ein Kunstwerk". Das erkannte Rilke, den unermüdlichen Arbeiter Rodin vor Augen, als die „Aufgabe" des Künstlers (ebd.). Das war mehr als eine Banalität, denn sein Verständnis von einem Kunstwerk erhielt durch Rodin zumindest neue Konturen. Das „Kunst-Ding" müsse, so folgerte Rilke, „von allem Zufall fortgenommen, jeder Unklarheit entrückt, der Zeit enthoben" sein: „dauernd geworden" (ebd., 94). Es sei „die steigende Verwirklichung des Wunsches, zu sein, der von allem in der Natur ausgeht" (ebd.). Das „Aussehen" der Kunst-Dinge sei Rodin gleichgültig: „so sehr erlebt er ihr S e i n, ihre Wirklichkeit, ihre allseitige Loslösung vom Ungewissen, ihr Vollendet- und Gutsein, ihre Unabhängigkeit" (ebd., 95). Rilke sah in all dem das, was ein „großes Werk" (ebd.) ausmacht in seiner Vollkommenheit: „das Kunst-Ding i s t" (ebd., 94).

Seine Erkenntnis, dass das Werk Rodins erarbeitet sei, führte dazu, dass er die Bedeutung der Inspiration – von der er ohnehin noch keinen festen Begriff hatte – relativierte. Rodins Werk könne „nur von einem Arbeiter ausgehen, und der es gebaut hat, kann ruhig die Inspiration leugnen; sie kommt nicht über ihn, weil sie i n ihm ist, Tag und Nacht, verursacht von jedem Schauen, eine von jeder Bewegung seiner Hand erzeugte Wärme" (ebd., 95–96). Die Formulierung ist keine völlige Abkehr von dem Gedanken der Inspiration, deren Möglichkeit nicht bestritten wird. Aber sie stellt eine beträchtliche Entfernung von ihm dar: die weiteste, die Rilke bis dahin erreicht hatte. Aber er sollte auf das Problem wieder zurückkommen.

Die Künstler-Ethik und die Kunst-Theorie, die er Rodin verdankte, legte Rilke Lou Andreas-Salomé in seinem Brief vom 8. August 1903 dar. Scharfsinnig erkannte er, dass sie nicht vollständig auf ihn zu übertragen waren. Das war nicht nur ein psychologisches Problem, wie er es ihr auseinandersetzte:

> Aber mir fehlt immer noch die Disciplin, das Arbeitenkönnen und Arbeitenmüssen, nach dem ich mich seit Jahren sehne. Fehlt mir die Kraft? Ist mein Wille krank? Ist es der Traum in mir, der alles Handeln hemmt? Tage gehen hin und manchmal höre ich das Leben gehen. Und noch ist nichts geschehn, noch ist nichts Wirkliches um mich; und ich theile mich immer wieder und fließe auseinander. (ebd., 98)

Ein Unterschied des Metiers kam hinzu. Lou Andreas-Salomé berichtete Rilke am 10. August 1903 von einer weiteren Schwierigkeit, Rodins Wort „*Il faut toujours travailler – toujours*" (BwmLAS, 103) auf sich zu übertragen. Bücher als Arbeitsmittel seien ihm keine Hilfe, und die „Kleinigkeiten", „die nichtigen Unbehaglichkeiten und Zufälle", kurz: das Leben, wie es sich eigengesetzlich zur Geltung bringe, auf Kosten der Arbeit, könne er nicht abweisen (ebd., 104):

> Aber darum thut es mir so furchtbar noth, das Werkzeug meiner Kunst zu finden, den Hammer, meinen Hammer, daß er Herr werde und wachse über alle Geräusche. Es muß ein Handwerk stehen auch unter dieser Kunst, eine treue, tägliche Arbeit, die alles verwendet, muß doch auch hier möglich sein. (ebd., 105)

Allerdings: Was dieses Werkzeug und das ihm zugehörige Handwerk sei, wusste Rilke damals noch nicht. Er überlegte sogar immer wieder, noch einmal sein Studium wiederaufzugreifen und abzuschließen – gewissermaßen als Vorschule des Schreibens. Ein anderer Gedanke schien allerdings weiterzutragen, selbst wenn er auch noch nicht scharf gefasst war:

> Liegt das Handwerk vielleicht in der Sprache selbst, in einem besseren Erkennen ihres inneren Lebens und Wollens, ihrer Entwicklung und Vergangenheit? (Das große Grimm'sche Wörterbuch, welches ich einmal in Paris sah, brachte mich auf diese Möglichkeit.) (ebd., 106)

Bruch, Versöhnung, Bruch

Noch bevor das Rodin-Buch erschienen war, begab sich Rilke Ende März 1903 auf Reisen, zuerst nach Italien, dann nach Deutschland, von da wieder nach Italien, und zwar nach Rom, anschließend zurück nach Deutschland. Die Aufenthalte außerhalb Frankreichs dauerten bis Mitte 1905. Im September kehrte Rilke nach Paris zurück: Rodin lud ihn nach Meudon ein und bot ihm eine Tätigkeit als Privatsekretär an, für die er 200 Francs im Monat und freie Unterkunft in Rodins Haus erhielt. Rilke nahm erfreut an, auch mangels einer Alternative – und unterschätzte die Probleme, die sich rasch auftaten. Die Korrespondenz Rodins zu erledigen, kostete ihn viel Mühe und Zeit, bald mehr als ihm lieb war.

Mitte Oktober begab sich Rilke mit seinem Vortrag über den Meister auf Lesereise nach Dresden und Prag, im Februar und März auch nach Elberfeld, Hamburg und Berlin. Das Interesse des Publikums war groß: Allein in Dresden hatte er ca. 650 Zuhörer. Im April 1906 kehrte er nach Paris zurück und nahm die Arbeit bei Rodin wieder auf. Doch aus heiterem Himmel kündigte der ihm am 10. Mai wegen Eigenmächtigkeit: Rilke hatte zwei – an Rodin gerichtete – Schreiben beantwortet, ohne ihn konsultiert zu haben.

Dieser Kündigungsgrund war vermutlich vorgeschoben. Rilke fühlte sich „wie ein diebischer Diener aus dem [...] Haus" gejagt (RRB, 183), verwirrt und gekränkt. Aber er ließ die Anschuldigungen nicht stehen und rechtfertigte sich zwei Tage später in einem langen Schreiben. Danach wechselten er und Rodin für mehr als ein Jahr keine Briefe mehr miteinander.

Im Herbst 1907 lenkte Rodin ein. Er ermunterte Rilke, ihn zu besuchen, wenn er wieder in Paris sei: „Nous avons besoin de la vérité, de la poésie tous deux et d'amitié" (vgl. B 07–14, 23). Rilke antwortete ihm sogleich, erleichtert und erfreut:

„Mon cher et grand Rodin" (ebd., 24) sprach er ihn an. Im kommenden Jahr widmete er ihm, nach einigen Verhandlungen mit Kippenberg, *Der Neuen Gedichte anderer Teil* mit einer ähnlichen Formulierung: „A mon grand ami Auguste Rodin" (KA, I, 512).

Nachdem Rilke im Mai 1908 nach Paris zurückgekehrt war, nahm er, etwas zögerlich, den persönlichen Kontakt wieder auf. Doch er war bald aufs Neue irritiert – von den Auffassungen Rodins über Frauen, die er nun ausdrücklich abwies. „Daß die Frau das Verstellte ist, die Falle, die Fußangel, auf den Wegen, die die einsamsten und seligsten sind: das scheint ihm verhängt", erklärte Rilke Clara am 3. September: „die Frau bleibt abseits für ihn und u n t e r alledem. Sie löst sich nicht, wie die Dinge, im Anspruchsvolleren auf: sie will befriedigt sein und ist befriedigt" (B 07–14, 42).

Zu dieser etwas kruden Ansicht ist tatsächlich kaum ein größerer Widerspruch denkbar als der zu Rilkes Sicht der Liebenden, mit denen er sich gerade, aus Anlass seiner Lektüre der *Portugiesischen Briefe* Marianna Alcoforados, beschäftigte – einer Frau, „die die Liebe so ernst nahm" (KA, IV, 592), dass sie nicht „eine große Geliebte" werden wollte, sondern eine „große Liebende, die wir bewundern" (ebd.; vgl. zu Rilkes Verständnis der Liebenden Lamping, Die Freiheit des Übersetzers, 240–244). Rilke mag sich bei den Worten Rodins an das erste Frühstück in seinem Haus erinnert haben; vielleicht dachte er aber auch an „eine letzte erotische Verstrickung" (Nalewski, in: KA, IV, 935) Rodins: an dessen enge Beziehung zur Duchesse de Choiseul, die er entschieden missbilligte.

Das Verhältnis zu Rodin zerbrach endgültig 1913. Rilke war schon überrascht gewesen, als Rodin „eine Clara Rilke Ende 1912 gegebene Zusage für ein Porträt ohne Erklärung zurückzog" (Nalewski, ebd.). Endgültig kam es dann über der Neuausgabe seines Rodin-Buchs zum Bruch. Anton Kippenberg, der inzwischen die Rechte an ihm erworben hatte, plante eine Neuausgabe, der Rilke nur zögernd zustimmte. Das ursprüngliche Buch und den bei der zweiten Auflage hinzugefügten Vortrag nannte er nun die „beiden abgestandenen Texte" (BadV, 158), ließ den Verleger aber, wie so oft, gewähren. Neu an der Neuausgabe sollten die Abbildungen sein. Nach dem Vorbild des Rembrandt-Buchs von Emile Verhaeren, das Kippenberg gerade veröffentlicht hatte, sollte es einen eigenen stattlichen Abbildungsteil enthalten.

Rilke stellte eine Verbindung zu Rodin her, am 14. Mai 1913 suchten er und Kippenberg ihn auf und wählten zusammen 80 Fotografien aus. Zwei Wochen später musste Rilke jedoch seinem Verleger mitteilen, dass Rodin „uns die schönen Photographieen, die er uns anvertrauen wollte, bis auf das Apollonpostament wieder fortgenommen" habe. Im Klammern fügte er sein Urteil über Rodin hinzu: „es ist nicht mehr in nichts auf ihn zu rechnen" (BadV, 175). Die doppelte Verneinung war Ausdruck seiner Gefühlslage, in die sich Ärger und tiefe Enttäuschung mischten.

Die Neuausgabe kam dennoch zustande, weil Harry Graf Kessler sich, ungefähr gleichzeitig, für den Band mit Rodin auf 60 Abbildungen geeinigt hatte – am 25. Mai. Rilke hatte von der Parallelaktion erfahren und teilte das Ergebnis dem erfreuten Kippenberg mit. Er selbst war nicht erfreut. Die ganze Angelegenheit, ein Déjà-vu, nahm ihn mit. Kippenberg ließ er am 3. Juni wissen, es gebe „ein neues

Zerwürfnis mit Rodin, ebenso unerwartet wie jenes vor acht Jahren, aber, da es dazu kommen konnte, wohl endgültiger und nicht wieder gut zu machen" (BadV, 176–177). Rilke sah in diesem neuerlichen Affront einen Grund für den elenden „Zustand", in dem er sich befand: ein „Ausgegebensein physisch, materiell, ja dem ganzen Wesen nach, daß meine Lage einem kleinen Zusammenbruch nicht ganz unähnlich war" (ebd., 176).

Rilke hatte sich über die Jahre schon Schritt für Schritt von Rodin distanziert. Er verübelte ihm „seine Amerikaner" (B, I, 335): seine neuen reichen amerikanischen Kunden. Offenbar konnte er die Geschäftstüchtigkeit Rodins mit der Vorstellung vom großen Künstler als franziskanisch Armen nicht vereinbaren. Auch seine Abneigung gegen die „Marquise" (ebd.) wuchs offenbar beständig: die spätere Duchesse de Choiseul. Noch im März 1921 nannte Rilke sie, die 36 Jahre jünger als Rodin war, „ein Schicksal, weit unter seinem Niveau" (B, II, 145). Madame de Choiseul, Tochter eines New Yorkers Anwalts, war eine von den ‚Amerikanern', die Rilke als schlechte Gesellschaft für den Meister ansah. Sie hatte beherzt in sein Leben und seine Arbeit eingegriffen und den Kontakt zu einem amerikanischen Sammler hergestellt, der Rodins wichtigster Kunde wurde. Sie hatte ihn dabei einigen seiner alten Freunde und Bekannten entfremdet – offenbar auch Rilke. Es scheint, als hätten sich nach und nach einige Gründe für den Bruch mit Rodin angesammelt, für den es dann nur noch eines letzten bedurfte.

Obwohl Rilke und Rodin füreinander das Wort Freund bemühten, Rilke am emphatischsten nach der Versöhnung 1907, war ihr Verhältnis zueinander doch keine Freundschaft. Unübersehbar ist die eigentümliche Asymmetrie, von der es bestimmt war, bedingt durch Unterschiede des Alters, des Metiers, der Sprache. Rilke und Rodin waren zwei Künstler, die, bei allen Gemeinsamkeiten, kaum zueinander kommen konnten. Rodin war, als der 27-jährige Rilke ihn aufsuchte, schon ein Mann von 62 Jahren. Der lernwillige, ja lernbegierige, ansonsten nicht nur in Frankreich noch unbekannte junge Mann traf auf einen berühmten, selbstbewussten Alten, der sich auch als seinen Meister verstand. Rilke kam als sein Verehrer, und er blieb das, bis Rodin ihn zu seinem Angestellten machte und mit ihm umging, wie man das mit Lohnabhängigen mitunter macht.

Rodin war bekannt, dass er einen Autor vor sich hatte, aber was für einen, konnte er nicht wissen: Er sprach kein Deutsch. Hätte er Rilke lesen können – außer in Übersetzungen –, hätte er ihn vielleicht auch nicht verstanden. Seine literarischen Helden waren Dante, Balzac, Victor Hugo und Baudelaire. Für einen jungen deutschsprachigen Dichter war in diesem kleinen, etwas bunten Parnass vermutlich kein Platz mehr.

Es trennten sie auch gewisse Lebensauffassungen, die vor allem Frauen betrafen, und nicht weniger ihre Lebensweisen. Rodin war nicht der einsame Künstler, den Rilke in ihm sah, konnte das als Bildhauer mit eigenem Betrieb auch gar nicht sein. Er war zugleich ein Kunst-Unternehmer, dabei auch eine Figur des öffentlichen Lebens, allerdings eine meist umstrittene. Besucher, andere Künstler und Kritiker ebenso wie Kunden, machten ihm ständig ihre Aufwartung, er scharte einen Kreis um sich, und er führte ein nicht sehr privates Privatleben, das Rilke befremdete. Dass dieses Verhältnis lange Bestand hätte haben können, ist schwer vorstellbar.

Der Arme und der Heilige. Kunst und Künstler im *Stunden-Buch* und im *Buch der Bilder*

Das Stunden-Buch

Mit dem Buch über Rodin beendete Rilke im Wesentlichen, was er, in einem Brief vom 2. August 1904 an Richard Schaukal, das „Schreiben ‚über'" (zit. n. Schnack, I, 191) genannt hat. *Rodin* ist nach *Worpswede* Rilkes letzter bedeutender Beitrag dazu. Fortan schrieb er keine ‚Sachbücher' mehr. Zwar entwarf er noch das eine oder andere Vorhaben, etwa einen großen Essay über den spanischen Maler Ignacio Zuloaga, doch nichts davon führte er aus. Nachdem *Rodin* Anfang 1903 erschienen war, wandte er sich vollends wieder der eigenen Lyrik zu, im Jahr danach auch der Prosa. Er nahm sich, erneut, zwei Arbeiten vor, die er noch in Deutschland begonnen hatte: *Das Buch der Bilder* und *Das Stunden-Buch*. Das erste, 1902 gedruckt, noch während der Worpsweder Zeit, schien ihm irgendwann noch nicht fertig, das zweite hatte er nach der Russland-Reise begonnen, aber lange nicht vollenden können.

Am *Stunden-Buch* hat Rilke lange gearbeitet, allerdings mit Unterbrechungen. Entstanden ist es in drei Schüben: der erste Teil nach der ersten Russland-Reise von Ende September bis Mitte Oktober 1899 noch in Schmargendorf bei Berlin; der zweite dann Mitte September 1901 in Westerwede; der dritte schließlich im April 1903 in Viareggio, jeweils innerhalb kurzer Zeit. Für den Druck machte Rilke das Buch von Mitte April bis Mitte Mai 1905 bei seinem letzten Aufenthalt in Worpswede fertig. Im Dezember 1905 erschien es im Insel Verlag.

Das *Stunden-Buch* gehört zu den erfolgreichsten Büchern Rilkes, neben der ungefähr gleichzeitig entstandenen und später ebenfalls noch überarbeiteten *Weise von Leben und Tod des Cornets Christoph Rilke;* es ist bis heute sein meistgelesener Gedichtband. Schon zu Lebzeiten wurden 64.000 Exemplare verkauft, für einen Gedichtband noch immer – oder mehr denn je – eine stattliche Zahl. Die erste Auflage war schon nach gut einem Jahr vergriffen gewesen. Das *Stunden-Buch* hat auch Rilkes Dichter-Ruhm begründet. Es hat viele Verehrer gefunden, darunter so verschiedene wie Karl von der Heydt und Robert Musil.

Seine Beliebtheit gründet sich auf rhythmisch und metaphorisch eingängige Gedichte wie *Das waren Tage Michelangelo's*, *Du bist der Erbe* oder *O Herr, gieb jedem seinen eignen Tod*. Sie sind wesentlich von einem Ton einfacher Frömmigkeit geprägt, die in ihren Sentenzen und Metaphern mitunter an biblische Weisheit erinnert, teils Gott-, teils „Weltfrömmigkeit" (Engel, in: KA, I, 745) ausdrücken wie:

> Ich lebe mein Leben in wachsenden Ringen,
> die sich über die Dinge ziehn.
> Ich werde den letzten vielleicht nicht vollbringen,
> aber versuchen will ich ihn.
>
> Ich kreise um Gott, um den uralten Turm,
> und ich kreise jahrtausendelang;
> und ich weiß nicht: bin ich ein Falke, ein Sturm
> oder ein großer Gesang. (ebd., 157)

In den acht Versen wird, gleich zu Beginn, eine wesentliche Eigenschaft des dichtenden Maler-Mönchs gezeigt: seine Sensibilität. Sie kennzeichnet zugleich den Verfasser: Für sie ist er berühmt geworden. Im *Stunden-Buch* verrät sie, deutlicher als in anderen seiner Gedichtbände, ihre Herkunft aus christlicher Innerlichkeit.

Es ist allerdings ein gesteigertes und verfeinertes Gefühl, das sich in ansprechend gereimten Versen und anschaulichen poetischen Bildern zur Geltung bringt. Erkennbar ist das Bemühen, mit diesem Gefühls- zugleich das Ausdrucksvermögen weiterzuentwickeln. In dem Sprecher, der sich in den Versen vorstellt, werden zwei Idole des 19. Jahrhunderts (vgl. Kassner, *Das neunzehnte Jahrhundert*, 23–28) zusammengeführt: der Heilige, als Mönch und Pilger, und der Künstler, als Maler und Dichter.

Das Gedicht ist eines von Rilkes gelungenen Einleitungsgedichten: Einfach gebaut, spricht es in seinen unverbrauchten Metaphern ein anthropologisches und ein metaphysisches Problem an: Wer bin ich, und wer ist Gott? Das *Stunden-Buch* greift tatsächlich weit aus und berührt einige „Grundprobleme des Daseins" (Mason, 37). Es enthält lyrische Meditationen über die Menschen und ihre Verfehlungen wie *Du mußt nicht bangen, Gott. Sie sagen: mein* (ebd., 228) oder *Ich bin nur einer deiner Ganzgeringen* mit der prägnanten Halbzeile: „Keiner lebt sein Leben" (ebd., 210), auch Gedichte über das leidvolle Dasein in der Großstadt wie *Denn, Herr, die großen Städte sind* („verlorene und aufgelöste", ebd., 234) oder *Die großen Städte sind nicht wahr; sie täuschen* (ebd., 240). Sie sind alle weniger durch die gebundenen Formen als durch die Themen modern: Die Gedanken des Klosterbruders haben Rilkes Leser auf ihr eigenes Leben übertragen können.

Durch die Gedichte, die vor allem im ersten ‚Buch' *Vom mönchischen Leben* suggestiv, aber auch etwas rätselhaft von Gott sprechen, gilt das *Stunden-Buch* als religiöse Dichtung. Rilkes hat diese Deutung unterstützt, indem er das Buch gelegentlich als Ausdruck „tiefster Religionserfahrung" (B 06–07, 285) bezeichnet hat. Es sei der „Versuch, die unmittelbarste Gottesbeziehung herzustellen, ja sie, aller Überlieferung zum Trotz, dem Augenblick abzuringen" (B, II, 125). An dieser – erst später formulierten – Charakteristik sind Zweifel erlaubt.

Bezeichnenderweise spielt der Titel des *Stunden-Buchs* zwar auf das katholische Horarium nur an, seine Struktur übernimmt Rilke aber nicht. Er greift auch eine Figur des christlichen Lebens, den Mönch, heraus, ohne sich tiefer auf ihn und den christlichen Glauben einzulassen. Einige der religiösen Vorstellungen, die im *Stunden-Buch* aufscheinen, sind nicht christlich, ja sogar anti-christlich. Das ist oft verkannt worden; keine Zeilen des *Stunden-Buchs* sind von Christen so oft überlesen worden sein wie die beiden an Gott gerichteten Verse: „denn dir liegt nichts/ an den Christen" (KA, I, 213). Trotz der Figur des Klosterbruders ist das *Stunden-Buch* kein christlich-orthodoxes, auch kein orthodox christliches Werk. Das liegt wesentlich am Verhältnis des Künstler-Mönchs zu Gott.

Die drei Teile des *Stunden-Buchs*: *Vom mönchischen Leben*, *Von der Pilgerschaft* und *Von der Armut und vom Tode* werden zusammengehalten von der Sprecher-Fiktion dieses Mönchs, der in den ersten beiden ‚Büchern' vor dem Hintergrund von Rilkes Russland-Erlebnis gestaltet ist und zumindest mitunter als ein russischer Ikonen-Maler, dann im dritten Buch, das in Viareggio entstand, wie ein Mönch in der Nachfolge des Heiligen Franz von Assisi erscheint.

Der Arbeitstitel lautete lange *Die Gebete*, und das ist die Rede-Fiktion des Buchs: Der Mönch betet, er wendet sich an Gott. Er will ihn verstehen und sagt das auch in Sätzen wie: „Ich aber will dich begreifen" (KA, I, 213). Wenn er ihn anspricht, spricht er deshalb zugleich *über* ihn. Die ‚Gebete' sind auch ‚Geständnisse' im Sinn der frühen Poetik Rilkes.

Die Formel, die immer wieder die Sätze des Mönchs einleitet, ist: „Du bist …". Gott wird dabei auf vielerlei Weise beschrieben, ja beschworen – meist weit entfernt von christlicher Theologie. Da gibt es etwa die Anrede „Du, Nachbar Gott" (KA, I, 159), die schon Rudolf Kassner geradezu fassungslos gemacht hat (vgl. Kassner, 44–45), oder, nicht weniger ungewöhnlich, „Du Dunkelheit, aus der ich stamme" (KA, I, 161), „du Ängstlicher" (ebd., 166), „du sanftestes Gesetz" (ebd., 169), „Gott, der Baum" (ebd., 175), „Du bist der Tiefste" (ebd., 182), „Du bist der Rätselhafte" (ebd., 183) und „du Williger" (ebd., 196) – alles Zuschreibungen, die theologisch nicht eben fest gegründet sind. Das gilt vollends für den Gedanken, dass Gott nicht ist, sondern wird: „*Gott reift*" (ebd., 165). Er wird von Menschen geschaffen, in Rilkes Begrifflichkeit: gebaut: „es kommt ein Neuer an dir bauen" (ebd., 169).

Diese Metaphorik, die Rilke schon in seinen Essays *Über Kunst* gebraucht hat, entfaltet auch eines der einprägsamsten Gedichte des *Stunden-Buchs*:

> Werkleute sind wir: Knappen, Jünger, Meister,
> und bauen dich, du hohes Mittelschiff.
> Und manchmal kommt ein ernster Hergereister,
> geht wie ein Glanz durch unsre hundert Geister
> und zeigt uns zitternd einen neuen Griff.
>
> Wir steigen in die wiegenden Gerüste,
> in unsern Händen hängt der Hammer schwer,
> bis eine Stunde uns die Stirnen küßte,
> die strahlend und als ob sie Alles wüßte
> von dir kommt, wie der Wind vom Meer.

> Dann ist ein Hallen von dem vielen Hämmern
> und durch die Berge geht es Stoß um Stoß.
> Erst wenn es dunkelt lassen wir dich los:
> Und deine kommenden Konturen dämmern.
>
> Gott, du bist groß. (KA, I, 170)

Das hätte ein in seiner Anschaulichkeit überzeugendes Gedicht – ein frühes Dinggedicht – vom Bau einer Kathedrale werden können, ganz aus der Sicht der Handwerker. Doch im *Stunden-Buch* ist es als ein Gebet angelegt, das Gott am Ende preist. Offensichtlich dehnt es dabei aber sowohl den Begriff des Gebets, von dem kaum mehr als der kurze Schlussvers geblieben ist, als auch den Gottes. Die Vorstellung von Gott als einem Gebäude der Menschen – gelegentlich wird er auch ein „Turm" genannt (ebd., 157) – bewegt sich eher am Rand des Atheismus als am „Rande des Christentums" (KA, I, 192).

Die Kathedrale ist nicht einmal die kühnste Metapher für Gott im *Stunden-Buch*. Da heißt es etwa auch von ihm: „Du bist der raunende Verrußte/ auf allen Öfen schläfst du breit" (ebd., 177), ja sogar:

> und du: du bist aus dem Nest gefallen,
> bist ein junger Vogel mit gelben Krallen
> und großen Augen und tust mir leid. (ebd., 168)

Solche Bilder können befremden. Sie mögen verraten, wie sehr Rilke Gott als „ganz und gar immanent" (Manfred Engel, in: KA, I, 736) begreift, aber offenbar tut er das gedanklich schwankend: Nicht alle seine Bilder von Gott harmonieren miteinander. Man könnte seinen Vers: „Die Dichter haben dich verstreut" (ebd., 189) angesichts der zahlreichen Ausdrücke, die er für Gott findet, auch auf ihn selber anwenden. Zweifel wecken mag zudem, dass eines der vermeintlichen Gebete, das siebente des *Buchs von der Pilgerschaft*: *Lösch mir die Augen aus: ich kann dich sehn* (ebd., 207) tatsächlich ein – in seinen harten Bildern durchaus fragwürdiges – Liebesgedicht an Lou Andreas-Salomé war, bevor es in das *Stunden-Buch* eingereiht wurde.

Käte Hamburger hat von den vielen „Bildern", die Rilke findet, gesagt, sie

> passen nicht auf Gott, weil sie alle gegenständlich-dinglicher Art sind, sinnlich Wahrnehmbares bezeichnen. Ja, gerade weil diese aus allen denkbaren Dingbereichen gewählten Metaphern sich unaufhörlich ablösen, entschwindet die Vorstellung Gott. (Hamburger, 19)

Manfred Engel hat dagegen betont, Rilkes Konzept von Gott sei durchaus „plausibel": durch „die Gleichsetzung Gottes mit allem Seienden (aber auch mit der Geliebten), die Gleichsetzung Gottes mit jeder Form von Kreativität, auch der dunkelsten und leiblichsten" (Engel, in: KA I, 739). Allerdings fragt sich, was Gott denn ist, wenn er alles ist: „Entschwindet" er dann nicht doch und wird zu einer pantheistischen „Hohlformel" (King, 185)?

Man kann schließlich sogar noch einen Schritt weiter gehen und in dem Gott des *Stunden-Buchs* vor allem einen ‚Vorwand' im Sinn der frühen Poetik Rilkes sehen: einen Vorwand für ein unendliches Spiel der Einbildungskraft. Bert Herzog hat in der

Religiosität des *Stunden-Buchs* vor allem „eine Art und Weise des Fühlens" gesehen: „ihr Gegenstand ist imaginär und nur ein Vorwand, um den Aufschwung des Herzens zu erleben, um zum Fühlen zu kommen, um ergriffen zu sein" (Herzog, 379).

Rilkes Religion, wenn er eine hatte, ist Kunstreligion. Gott schaffen und erschaffen zu wollen ist das Vorhaben (und die Vorstellung) eines Künstlers. Marlise Gerding schrieb er am 14. Mai 1911: Alle „Frömmigkeit" sei ihm „unbegreiflich oder gleichgültig, die nicht erfindet, die nachspricht". Denn:

> Das Verhältnis zu Gott setzt, so wie ich es einsehe, Produktivität, ja irgend ein, ich möchte sagen wenigstens privates, die anderen nicht überzeugendes Genie der Erfindung voraus, das ich mir so weit getrieben denken kann, daß man auf einmal nicht begreift, was mit dem Namen Gott gemeint ist. (B, I, 355–356)

Rilke hat es mit der Religion gehalten wie mit der Philosophie, von der er schrieb, er habe jede, „wo sie mir begegnete, wie eine Dichtung behandelt, mit zu viel ästhetischem Bedürfnis und zu wenig Fan[a]tismus und Gewissenhaftigkeit" (ebd., 89). Auch die Religion hat er poetisch behandelt.

Wenn Rilke über Gott spricht, dann tut er das nicht als ein Gläubiger, schon gar nicht als gläubiger Christ, auch nicht als Theologe. Er erschafft ihn sich, und er erschafft ihn sich immer aufs Neue, ganz aus seiner Einbildungskraft heraus, der keine Grenzen gesetzt werden: „Ich *fühle* dich" (ebd., 165) könnte das Motto des Buches sein, verstanden als ein: „Ich stelle dich mir vor".

Von einer „Religionserfahrung" kann man dabei nur in einem sehr speziellen Sinn sprechen. Das Thema der Gebete des *Stunden-Buchs* mag religiös sein – seine Behandlung ist es nicht. Die Haltung, der sich das *Stunden-Buch* verdankt, entspricht zwar Rilkes Programm, alle menschliche Erfahrung dichterisch zu verhandeln. Gott wird dabei aber in einen Gegenstand der Einbildungskraft verwandelt, in einen unter vielen zwar und doch einen besonderen: Er eröffnet der poetischen Subjektivität unendliche Spielräume.

Eudo Mason hat sogar behauptet, dass „der Gott des *Stunden-Buchs* im Grunde: eine Wucherung von Rilkes Subjektivität" (Mason, 43) sei. In den ‚Gebeten' hat er tatsächlich zum ersten Mal erkennen lassen, dass seine poetische Subjektivität ihr eigener Souverän ist: Sie wird nicht beherrscht, sie herrscht – noch über den Glauben. Rudolf Kassner hat von Baudelaire gesagt, dass für ihn „die Einbildungskraft der Glaube des Künstlers" (Kassner, Essays, 122) sei. Das gilt auch für Rilke. Der Mönch im *Stunden-Buch* ist auch deshalb nicht viel mehr als eine Sprecher-Fiktion: eine Funktion der Einbildungskraft. Die ‚Gebete' sind ihr Anwendungsgebiet.

Ein solches Programm stellt eine Erhöhung, ja Überhöhung des Künstlers dar. Sie geht im *Stunden-Buch* so weit, dass er Gott gleich, ja ihm überlegen erscheint:

> Für dich nur schließen sich die Dichter ein
> und sammeln Bilder, rauschende und reiche,
> und gehn hinaus und reifen durch Vergleiche
> und sind ihr ganzes Leben so allein ...
> Und Maler malen ihre Bilder nur,
> damit du *unvergänglich* die Natur,
> die du vergänglich schufst, zurückempfängst:

> alles wird ewig. [...]
> Die, welche bilden, sind wie du.
> Sie wollen Ewigkeit. Sie sagen: Stein,
> sei ewig. Und das heißt: sei dein! (KA, I, 209)

Die Formulierung Masons, was für Nietzsche der Übermensch, sei für Rilke der Künstler, findet in solchen Gedichten ihre Bestätigung. Der Künstler schafft Gott und vollendet, auch damit, erst die Schöpfung.

Robert Musil hat von Rilke gesagt: „Er war in gewissem Sinn der religiöseste Dichter seit Novalis, aber ich bin nicht sicher, ob er überhaupt Religion hatte" (Musil, 1240). Rudolf Kassner hat, auch im Hinblick auf das *Stunden-Buch*, noch entschiedener geurteilt: „Namentlich über das Religiöse in ihm herrschen ganz falsche Ansichten" (Kassner, 9–10). Rilke sei „im entscheidenden Sinn" nicht „religiös" gewesen (ebd., 9). Rilke blieb ein Dichter, auch wenn er von Gott sprach.

Dem Sujet des betenden Mönchs hat er im Übrigen für sich eine metaphorische Bedeutung zugeschrieben. In seinem Vieles berührenden Brief vom 10. August 1903, fast zwei Jahre vor der Schlussredaktion des *Stunden-Buchs*, schrieb er Lou Andreas-Salomé:

> [...] ich möchte mich irgendwie tiefer zurückziehen in mich, in das Kloster in mir, in dem die großen Glocken hängen. Ich möchte alle vergessen, meine Frau und mein Kind, und alle, alle Namen und Beziehungen und Gemeinsamkeiten und Hoffnungen, die sich mit anderen verbinden. (BwmLAS, 104)

Die Passage, geschrieben im Haus der Schwiegereltern in Oberneuland, lässt viel erkennen von Rilkes Einstellung zu Ehe und Familie. Es mag eine Ironie des Lebens sein, dass er, knapp zwei Jahre später, das Manuskript in Worpswede abschloss.

Zweifel hat nicht nur das erste ‚Buch' *Vom mönchischen Leben* mit seinen divergenten Gottesvorstellungen, sondern auch das dritte Buch *Von der Armut und vom Tod* hervorgerufen. Die Modernität, die man anderen Teilen des *Stunden-Buchs* zuspricht, hat man der Verherrlichung der Armut nicht zugestanden. Jedenfalls hat kein Vers Kritiker so aufgebracht wie „Denn Armut ist ein großer Glanz aus Innen ..." (KA, I, 244; vgl. dazu etwa Grimm, 5–6). Allerdings wurde dabei zumeist übersehen, dass Rilke sich nicht zu sozialen Problemen äußern, sondern einen Mystiker, eben Franz von Assisi, charakterisieren wollte.

Armut ist bei Rilke allerdings auch ein schillernder Begriff. Die Bedeutung, die er üblicherweise hat, erweitert er auf überraschende Weise, so dass er das, was meist beklagt wird, loben kann. Denn die Armen, um die es ihm geht, sind nicht einfach nur mittellos. Der Vers: „mach die Armen endlich wieder arm", im dritten ‚Buch' bedeutet: „Sie sind es nicht", nämlich arm in seinem Sinn: „Sie sind nur die Nicht-Reichen/ die ohne Willen sind und ohne Welt" (ebd., 243). Armut, so Lou Andreas-Salomé, war für Rilke eine Haltung: „das Sichfreihalten für das Wesentliche, die Nichtabhaltung durch das Nebensächliche, eine Haltung des Reichtums und kostbaren Besitzes, den allein es gilt" (Andreas-Salomé, Lebensrückblick, 126). Das Wort „Glanz" weist genau darauf hin.

Nur vordergründig scheint sich das ‚Buch' *Von der Armut und vom Tode* in der Gestalt Franz von Assisis der von Rilke ansonsten „abgelehnten christlichen Daseinsauffassung" (Mason, 38) zu nähern. Bei genauem Hinsehen zeichnet er jedoch im vorletzten Gedicht *O wo ist der, der aus Besitz und Zeit* (vgl. KA, I, 251–252) ein ganz eigenes Bild des Heiligen. Er ist nicht von Haus aus arm. Er ist ein Bürgersohn, der nicht bürgerlich nach Reichtum strebt: ein freiwillig Armer, „der aus Besitz und Zeit zu seiner großen Armut so erstarkte", weshalb er der „Innigste und Liebendste von allen" (ebd., 251) ist. Der „braune Bruder" der „Nachtigallen" war ein „Wundern und ein Wohlgefallen/ und ein Entzücken an der Erde" (ebd.). „Freude" und „Heiterkeit" (ebd.) zeichnen den „Makellosen" (ebd., 252) aus, „und seines hellen Herzens war kein Ende" (ebd.).

Rilkes Heiliger Franz ist ein ganz diesseitiger Mensch, geradezu das Gegenteil zur der von ihm immer wieder kritisierten Jenseitsbezogenheit des Christentums. Die Armut, die Rilke preist, ist das Attribut des Heiligen, ein Zeichen seiner Erwähltheit. Sie ist weniger eine soziale Tatsache als eine Metapher – paradoxerweise für geistigen und seelischen Reichtum.

Rudolf Kassner hat daran kritisiert, dass Rilke die Armen nicht in einem christlichen Sinn, „um des Sohnes willen", also im Sinn Jesu lobt, sondern weil er sie „aus dem Gewöhnlichen" herausstellen wollte: letztlich „weil sie unbürgerlich sind" (Kassner, 10). Eine Rolle mag auch gespielt haben, dass Rilke zu dieser Zeit selbst ein Armer war – der aber zwischen materieller und geistiger Armut sehr wohl zu unterscheiden wusste.

Dass er im dritten ‚Buch' das Motiv der Armut mit dem des Todes verbindet, und zwar des eigenen Todes, ist auf den ersten Blick nicht zwingend. Die Idee des eigenen Todes, die er wohl bei Jens Peter Jacobsen gefunden hat (vgl. Engel, in: KA, I, 781), war eine der Lieblingsvorstellungen Rilkes. Im *Stunden-Buch* hat er die für ihn lange, bis zu seinem eigenen Tod gültige Formel geprägt:

O Herr, gieb jedem seinen eignen Tod.
Das Sterben, das aus jenem Leben geht,
darin er Liebe hatte, Sinn und Not. (KA, I, 236)

Rilke hat für diese Art des Sterbens verschiedene Bilder gefunden; das spektakulärste ist das Tod-Gebären (vgl. ebd., 237). Kassner hat die Idee des Todes als der anderen Seite des Lebens kurzerhand zum „Grundirrtum Rilkes" (Kassner, 60) erklärt. Sie leitet auch die Verse über den Tod des Heiligen Franz, der, Orpheus gleich, sterbend „lag und sang" und dessen „Samen" „ausgeteilt" ist (KA, I, 252). Wolfgang Braungart hat, nicht als einziger, in diesen Versen „die Peinlichkeitsschwelle" (Braungart, *Das Stunden-Buch*, 223) überschritten gesehen.

Über den künstlerischen Wert des *Stunden-Buchs* gehen die Urteile nicht zufällig auseinander. Neben großen Verehrern hat es auch oft spöttische Kritiker gefunden, von Bertolt Brecht bis zu Peter Rühmkorf (vgl. Lamping, in: Rilke, Lyrik und Prosa, 834–836). Selbst Kassner konnte nicht viel an ihm finden (vgl. Kassner, 44). Die Philologen haben kaum weniger kontrovers geurteilt.

Wolfgang Braungart hat, mit Recht, darauf hingewiesen, dass das *Stunden-Buch* Rilkes „erstes wirklich bedeutendes *lyrisches* Werk" ist (Braungart, *Das Stunden-Buch*, 217), für Manfred Engel ist es sogar dessen erster „in sich geschlossene[r]

Zyklus" (Engel, in: KA, I, 741). Käte Hamburger hat das *Stunden-Buch* dagegen als „eine chaotische, ja in vieler Hinsicht sogar manierierte Dichtung" (Hamburger, 44) bezeichnet, „dahinflutend in sich reihenden, überstürzenden Bildern und Assoziationen" (ebd., 46). Der Band hat tatsächlich etwas von beidem: von Komposition und Chaos. Insofern mag eher Eudo Masons Urteil zutreffen, dass das *Stunden-Buch* „bei aller Genialität zu glatt, zu sehr eine irgendwie gerade noch geglückte Improvisation" (Mason, 42) ist.

Fraglich bleibt, ob das *Stunden-Buch* im Ganzen ästhetisch stimmig ist, jenseits zweifelhafter Ideen, überzogener Metaphern und eines anstrengenden Pathos. Schon die große Zahl von mehr als 130 Gedichten mag ein Problem sein. Eine solche Massenproduktion von ‚Gebeten', bei einem gelegentlichen Tagesausstoß von zehn, zeigt notwendig Abnutzungserscheinungen, ein Nachlassen sprachlicher und gedanklicher Spannung. Allein die häufige Anrufung Gottes kann für alle Beteiligten schon strapaziös sein; das fiel auch Rilke später auf. „Jetzt", schrieb er, gewissermaßen geläutert, 1915 Ilse Jahr, „würdest Du mich ihn kaum je nennen hören" (B, II, 291).

Nicht unproblematisch ist auch die Komposition des Buches insgesamt. Die Anordnung der Gedichte folgt im Wesentlichen ihrer Entstehung. Doch kann die chronologische Ordnung, die sich letztlich dem Produktionsprozess und damit einem Moment im Leben des Autors verdankt, dem fiktiven Mönch in seinem Klosterdasein angemessen sein? Eine über die chronologische Anordnung hinausgehende Komposition gibt es im *Stunden-Buch* nur im Großen: durch die Einteilung in drei Bücher. Dagegen fehlt, von gelegentlichen Motiventsprechungen abgesehen, immer wieder eine erkennbare Ordnung im Einzelnen, Gedicht für Gedicht, wie in traditionellen Horarien.

Die Gebetform wird spätestens im ‚Buch' *Von der Armut und vom Tode* nicht mehr durchgehalten, zumal in den Gedichten über die Armen und die großen Städte, deren nicht genanntes Vorbild Paris ist. Kaum zu übersehen ist auch, dass die Mönchs-Figur zunehmend an Konturen verliert. Die große Zahl der Gedichte geht schließlich fast notwendig mit einem Wechsel des stilistischen Registers einher. Nicht selten kommt dabei der Eindruck auf, dass der Sprecher weniger andächtig zu Gott betet – als mit ihm parliert.

Die Bedeutung des *Stunden-Buchs* in Rilke Œuvre besteht darin, dass er mit ihm endgültig über sein Frühwerk hinausgelangt ist. Zugleich weist es auf vieles voraus, was nach ihm kam. Das dritte ‚Buch' schrieb Rilke, als die ersten der *Neuen Gedichte*, allen voran *Der Panther*, schon entstanden waren. Im zweiten und dritten ‚Buch' finden sich bereits einige objektbezogene Gedichte, die keine Gebete sind und in denen sich auch der Sprecher nicht geltend macht – Erzählgedichte wie *Nachtwächter ist der Wahnsinn, Die Könige der Welt sind alt, Ein Pilgermorgen* oder *Des armen Haus ist wie ein Altarschrein*. Immer wieder begegnen Verse, die auch in späteren Gedichten stehen könnten – wie „Laß dir Alles geschehn: Schönheit und Schrecken (KA, I, 192)" oder „ich fühle: *alles Leben wird gelebt*" (ebd., 211).

Deutlich mögen die Verbindungen vor allem zu den *Duineser Elegien* sein: zu ihrem subjektiven Sprechen wie zu ihrem Sprecher, der gleichfalls ein Künstler ist, schließlich auch zu seinem Sprechen etwa über Gott und den Tod. Braungart hat eine „Linie" von der „Gotteskonzeption im *Stunden-Buch*" hin zum Engel der *Elegien* gezogen (Braungart, *Das Stunden-Buch*, 221). Rilke selbst hat sogar seinem Übersetzer Witold von Hulewicz im November 1925 erklärt, er halte die *Duineser Elegien* für „eine weitere Ausgestaltung jener wesentlichen Voraussetzungen, die schon im ‚Stundenbuch' gegeben waren" (BaM, 332). Insofern war das *Stunden-Buch* für Rilke eher ein Anfang als ein Ende.

Zum ersten Mal Inspiration

Das *Stunden-Buch* ist auch das erste Werk Rilkes, für das er eine Inspiration beansprucht hat, allerdings mehr als zehn Jahre, nachdem er die Arbeit an ihm begonnen hatte. 1911 hat er Marlise Gerding berichtet, er habe mit ihm noch in seiner Schmargendorfer Zeit begonnen, „mit anderen Arbeiten beschäftigt":

> Da stellten sich mir, seit einer ganzen Zeit schon, morgens beim Erwachen oder an den Abenden, da man die Stille hörte, Worte ein, die aus mir austraten und im Recht zu sein schienen, Gebete, wenn man will, – ich hielt sie dafür, ja nicht einmal: ich sprach sie hin und ordnete mich an ihnen für das Unbekannte des Schlafs oder des beginnenden Tags. Aber endlich fiel mir die Stärke und das Wiedereinsetzen dieser inneren Diktate doch auf, ich begann eines Tages, Zeilen davon aufzuschreiben, das Aufschreiben selbst bestärkte und lockte die Eingebung, zu der unwillkürlichen Freude der inneren Bewegtheit kam die Lust an dem, was nun schon Arbeit war, und über diesem Eingehen auf eine innere Akustik bildete sich in steten Fortschritten das heraus, was Sie als ‚Das Buch vom mönchischen Leben' kennen. (B, I, 355)

1911 hatte Rilkes Poetik schon begonnen, sich erneut zu verändern: erkennbar daran, dass er abwechselnd von „Eingebung" und „Arbeit" sprach. Beide Begriffe machte er erst lange nach der Fertigstellung des ersten ‚Buches' stark.

In der Erzählung von seiner Entstehung ordnete er sie noch verschiedenen Phasen der Produktion zu: der Eingebung die erste, der Arbeit die zweite.

> Die anderen Abschnitte sind später entstanden: da war es natürlich nicht mehr möglich, sich über die Entstehung zu täuschen, sie waren Arbeit vom ersten Augenblick an, aber diese Arbeit war niemals eine vorausgesehene oder beabsichtigte: sie brach aus unter der Not der inneren Verschiebungen, mitten aus ihnen, und war weder zu rufen noch zu unterdrücken. [...] Insofern ist dieses Buch ein im wirklichsten Sinn aufrichtiges, mit allen Anzeichen des Nicht-anders-könnens, wie der Schrei sie an sich hat [...] Andererseits, von der Arbeit aus gesehen, hat es die Lust aller Kunst an sich selbst und ist dadurch anders als das Gebet, hat eine Eitelkeit, die das Gebet nicht besitzt. (B, I, 355)

Die nachträgliche Beanspruchung einer Inspiration für das *Stunden-Buch* ist nicht recht überzeugend. Die Vorstellung von einem Gott, der einem Dichter seine Worte eingibt, ist mit Rilkes Idee von dessen Erfindung durch eben diesen Dichter nicht vereinbar.

Als ein Relikt mythischen Denkens hat die Berufung auf göttliche Eingebung ohnehin in der Moderne einen schweren Stand (vgl. dazu Hornig). Schon Hegel hat sie verabschiedet, ebenso wie nach ihm Autoren von Edgar Allen Poe über Charles Baudelaire bis zu dem von Rilke später verehrten Paul Valéry (vgl. Bargenda, 406). Die Berufung auf eine Inspiration, die nach 1910 zu einem Topos seiner Poetik wurde, ist denn auch mit guten Gründen bezweifelt worden. Eudo Mason zufolge hat sich Rilke im Nachhinein seine eigene Arbeit nicht selten verunklart. Das, „was er bewußt und mühevoll vorbereitet und erstrebt hatte", konnte ihm dann, „wenn es endlich erreicht war, wie ein unmittelbares, unerklärliches, von geheimnisvollen Mächten verliehenes Geschenk vorkommen" (Mason, 35) können: als etwas, das ihm ‚diktiert' wurde „von irgendeiner jenseits seines eigenen Ichs bestehenden Instanz" (ebd.).

Gegen eine höhere Eingebung spricht aber auch die keineswegs unergründliche Herkunft seiner angeblich inspirierten Äußerungen, wie Mason nachgewiesen hat:

> Es kommen [...] in Rilkes Dichtung keine Ideen über die Geheimnisse des Daseins vor, die sich nicht über frühere prosaischere Formulierungen in seinen Briefen, Aufzeichnungen und Gesprächen bis zu der fieberhaft-aggressiven intellektuellen Tätigkeit seiner Werdejahre 1893–1898 zurückverfolgen ließen. (ebd.)

Das gilt nicht zuletzt für das *Stunden-Buch* und seine „religiösen Lehren" (ebd.).

Nicht zu übersehen ist schließlich, dass Rilke mit der Berufung auf Inspiration dem jeweiligen Werk „eine einzigartige Gültigkeit und Autorität" verleihen konnte (ebd.).

Das Buch der Bilder

Als Rilke sich im Frühjahr 1906 das fast vier Jahre zuvor in erster Auflage erschienene *Buch der Bilder* wieder vornahm, wäre es denkbar gewesen, dass er ein weiteres Künstler-Buch in der Art des *Stunden-Buchs* versucht hätte – schon der Titel könnte das nahelegen. Doch von Bildern, etwa Hans Thomas, ist vor allem am Anfang die Rede; um für das ganze Buch zu gelten, müsste der Titel sehr weit ausgelegt werden. Er deutet eine thematische Einheit an, die dem Band fehlt.

Rilke suchte tatsächlich eher nach einer Möglichkeit, die Gedichte zu sammeln, die weder zum *Stunden-Buch* gehörten noch „zu den nächsten, dem Panther ebenbürtigen, gezählt werden können" (B 02–06, 297), also den vor dem Abschluss stehenden *Neuen Gedichten*. Es ist charakteristisch für ihn, dass er Altes, über das er hinausgelangt war, nicht einfach verwarf und dem Vergessen anheimgab. Nicht zuletzt das eher negative Auswahlprinzip macht das Buch aber zu seiner „heterogenste[n] Gedichtsammlung" (Engel, in: KA I, 797): verschiedenartig sowohl nach seinen Themen und seinen Motiven wie auch nach seinen Formen.

Nicht zufällig sind die Gedichte, die Eingang in den Band gefunden haben, über einen vergleichsweise langen Zeitraum entstanden: die ersten 1898, die letzten Mitte 1906 – ein work in progress, nach und nach verfertigt. Nicht wenige dieser Gedichte schrieb Rilke in Worpswede 1900 und 1901, die letzten in Paris. Der Band, der über einen Zeitraum von acht Jahren entstand, ist ein Buch des Übergangs.

Das Buch der Bilder

Das *Buch der Bilder* wirkt mitunter, als hätte Rilke vor dem Publikum und vor sich sein ganzes, seit der ersten Ausgabe noch einmal erweitertes Repertoire ausbreiten wollen. Es enthält formal unterschiedliche Gedichte, zwar durchweg gereimte, aber strophisch verschieden gegliederte, selbst ein in der Art eines Arno Holz mittig gesetztes. Manche Gedichte sind kurz, wie das erste und das letzte mit nur sechs Zeilen, andere ausgreifend lang wie das gut acht Seiten umfassende *Requiem*, das Clara Westhoff gewidmet ist. Manche sind subjektive Erlebnis- und Stimmungs-Lyrik in der Ich-Form, andere Erzähl-, wieder andere „Stimmen" genannte Rollengedichte. Hinzu kommen einige Bild-Gedichte, auch autobiographische wie *Abend in Skåne* oder *Der Letzte*, nämlich der Letzte eines alten Geschlechts, mit dem Rilke sich selber meint.

Allenthalben begegnen Motive, die typisch für sein ganzes Werk, auch das späte noch sind: Abend und Nacht, Engel, Liebe, Kindheit, Einsamkeit, Bettler und Fontänen, schließlich auch biblische Stoffe wie die Heiligen Drei Könige. Zwar hat Rilke das *Buch der Bilder* in der zweiten Ausgabe neu gegliedert, in einen ersten und einen zweiten Teil, doch von „einer strengen Durchkomponierung des Bandes" (Engel, in: KA I, 802) ist es noch entfernt.

Die konventionellsten Gedichte sind die Balladen. Einige der langen Gedichte leiden unter Reihungen, die einen Mangel an Konzentration verraten. Manchen fehlt es auch „an einem wirklich überzeugenden Anfang oder Abschluß" (Mason, 50). Konzentriert, ja konzise sind dagegen zumeist die später in Paris entstandenen. Am bekanntesten geworden sind, neben dem epigrammatisch knappen *Schluszstück*, die dem Herbst gewidmeten Gedichte. Unter ihnen ist eines der populärsten Rilkes: *Herbsttag*. Es ist 1902 entstanden, nach der Worpsweder und Westerweder Zeit, schon in Paris:

> Herr: es ist Zeit. Der Sommer war sehr groß.
> Leg deinen Schatten auf die Sonnenuhren,
> und auf den Fluren laß die Winde los.
>
> Befiehl den letzten Früchten voll zu sein;
> gieb ihnen noch zwei südlichere Tage,
> dränge sie zur Vollendung hin und jage
> die letzte Süße in den schweren Wein.
>
> Wer jetzt kein Haus hat, baut sich keines mehr.
> Wer jetzt allein ist, wird es lange bleiben,
> wird wachen, lesen, lange Briefe schreiben
> und wird in den Alleen hin und her
> unruhig wandern, wenn die Blätter treiben. (KA, I, 281)

Herbsttag ist ein Gedicht über den Wechsel der Jahreszeiten; manche haben es auch als eines über den Wechsel der Lebenszeiten gelesen. Auf den ersten Blick mag es wie ein Stimmungsgedicht erscheinen. Nicht nur die Reflexionen übersteigen jedoch das Stimmungshafte, auch die Betonung einer Unruhe, in der Natur wie im Sprecher. Von Bewegungen und Tätigkeiten ist mehr die Rede als von Gefühlen: von den Tätigkeiten, zu denen Gott geradezu aufgefordert wird, so als müsste der „Herr" des Weltgeschehens zu ihnen noch ermuntert werden, aber auch von den Tätigkeiten des Sprechers, die nun anstehen.

Die einen bringen dem Sommer die Vollendung, die anderen gehören zu einem neuen Zeitabschnitt, der gekennzeichnet ist durch Einsamkeit und Arbeit – und durch zeitweise Ruhe wie durch zeitweise Unruhe. Deutlich ist der Wechsel: von den Tätigkeiten der ersten beiden Strophen zu den Gedanken der dritten, die nicht nur eine zeitliche Folge anzeigt, sondern auch eine Reaktion: die innere Reaktion des Menschen auf den Wechsel in der Natur.

Vor allem die letzte Strophe ist biographisch gedeutet worden, im Hinblick auf Rilkes Umzug nach Paris. Das ganze Gedicht lässt sich jedoch auch allgemein verstehen: So, wie der Herbst beschrieben wird, ist er eine Zeit der Reife und des Übergangs, die dem Menschen ein anderes Leben nahelegt, von dem er noch nicht viel weiß.

Es ist der Wechsel, durch den das Gedicht einnimmt – und sein kunstvoller Bau. Der ungleiche Strophenbau ist kein Kunstfehler: Er verweist auf die Unruhe des Übergangs. Kunstvoll ist die Wiederkehr des Endreims der zweiten Zeile („Sonnenuhren") im Binnenreim der dritten („Fluren"). Die Zweiteilung des Ganzen wird durch die Wortwiederholung zu Beginn der dritten Strophe angezeigt. Die Aufzählungen vor allem dieser Strophe wirken, anders als die in anderen Gedichten des *Buchs der Bilder*, komprimiert.

Eine Dichte, wie sie *Herbsttag* aufweist, ähnlich beispielsweise auch *Eingang* und *Schlußstück*, ist nicht in allen Gedichten des Bandes zu finden. In manchen wie *Der Lesende*, einem unkonventionellen Erlebnis-Gedicht, kommt Rilke auch seiner Künstler-Existenz nahe, ohne sie jedoch durchdringen zu wollen. Er war mit dem *Buch der Bilder* auf dem Weg zu Größerem, aber eben dort noch nicht angekommen.

Die ‚wunderbare Stadt'

So schwer Rilkes Anfang in Paris war – mit der Zeit gewann er eine andere Einstellung zu der Stadt. Er gewöhnte sich an manches, und manches lernte er zu akzeptieren, ja zu schätzen. Er entdeckte das Großartige an Paris und das ihm Hilfreiche und Nützliche. Am 10. Juli 1906 berichtete er Karl von der Heydt von seinen neuen Arbeiten, nach dem *Stunden-Buch* und dem *Buch der Bilder*: „Es sind kleine Sachen vor allem, bestimmt, einmal dem ‚Panther' Gesellschaft zu leisten, zusammengefaßt wie er, knapp, gut gefügt" (BaKuEH, 78):

> Daß ich das alles machen kann (mit dem guten Gewissen und der frohen Sicherheit des Machen-*Könnens*) das verdanke ich nicht zum Geringsten dieser wunderbaren Stadt, die, wie keine andere, Künstler zu erziehen weiß. (Nicht die eben Anfangenden, aber die schon ein wenig Fortgeschritteneren, die selbständig auf Intentionen einzugehen wissen.) (ebd.)

Rilke hätte sich so 1902 oder 1903 noch nicht über Paris geäußert. Doch dass die Stadt „Künstler zu erziehen weiß", wie er anspielungsreich schrieb, hatte er inzwischen an sich erfahren, schon durch seine Begegnung mit Rodin, die zeitweise tatsächlich wie die Erziehung eines Künstlers durch einen anderen gewirkt hatte. Rilke hatte aber auch, mit der ihm eigenen Sensitivität, die Stadt auf sich wirken lassen:

> O es ist gar nicht zu sagen, was für Intentionen sie hat, diese alte seltsame, mit unvergänglichem Leben angefüllte Stadt; die in allen ihren Ausdrücken gleich aufrichtig und rückhaltlos (rücksichtslos), wie von sich selbst hingerissen ist, die fortwährend Essenz giebt, Äußerstes, und, wenn sie gegeben hat, jedesmal eine Einsamkeit um einen macht, eine Stille, einen Abschluß. (ebd., 78–79)

Was die Stadt ihm gegeben hatte, faßte Rilke knapp und emphatisch zusammen: „Das Louvre, der Jardin des Plantes, der Garten des Luxembourg: ich kann nicht sagen, wie ich daran hänge –" (ebd., 79). Doch in den Gebäuden und Parks spürte er noch mehr: eine eigene Atmosphäre.

Im Herbst des folgenden Jahres, als er „ganz wehleidig" war, „auch dem Wetter gegenüber" (B 07–14, 8), lobte er Clara dennoch die Stadt:

> Und doch, so sehr man friert und heimgesucht ist, es geht einem doch viel zu gut; wenn man (wie ich eben tat, seit lange, lange wieder einmal) durch den Luxembourg geht und in der dichten, nahen Luft den Aufstieg der Fontäne sieht (wie eine Frau in einem japanischen Blatt) und eine Georgine, die einem im Blick zergeht wie eine dunkele Beere, und Geraniumrot und Gelb an Begonien und Farben und Farben (die lichten wie flüssig geworden, die dunkeln auf schwarzem Grund), die alle auf Grau miteinander verkehren – so ist man doch entschädigt, über und über, und kann sich kaum trennen. (B 07–14, 8)

Die Pariser Jahre wurden Rilkes produktivste Zeit. Er vollendete einiges, was er schon begonnen hatte, und ging ganz Neues an. Er brachte die Bücher über *Worpswede* und *Rodin* zum Druck – beide erschienen in kurzem Abstand Anfang 1903 –, im folgenden Jahr kam *Die Weise von Liebe und Tod des Cornets Christoph Rilke* heraus, 1905 dann, in seinem dreißigsten Jahr, *Das Stunden-Buch*. Vor allem aber wurde Paris der Ort seines mittleren Werkes, zu dem das zweite *Buch der Bilder* und *Das Stunden-Buch* überleiten.

In Paris entstanden zwischen spätestens 1903 und 1907 die *Neuen Gedichte*, während eines Jahres von Ende Juli 1907 bis Anfang August 1908 auch *Der Neuen Gedichte anderer Teil*, bis 1910 der größte Teil der *Aufzeichnungen des Malte Laurids Brigge*, die 1904 in Rom begonnen und an weiteren Orten, u.a. in Schweden fortgesetzt worden waren. 1908 schließlich schrieb Rilke die beiden Gedichte des *Requiems*. Keine andere Stadt, kein anderer Wohnsitz ist in seinem Leben und für sein Werk so wichtig geworden wie Paris. In Paris erreichte er seine erste Meisterschaft – für manche überhaupt den Gipfel seiner Kunst.

Das verdankte Rilke auch der Stadt. In ihr erfuhr er ungezählte Anregungen, fand auch zahlreiche Motive seiner Prosa wie seiner Gedichte: Gestalten, hochmögende wie elende, Gegenstände, Gebäude und Parks. Insbesondere die *Aufzeichnungen des Malte Laurids Brigge* sind ohne den Ort ihrer Entstehung, der zugleich der Wohnort des Ich-Erzählers ist, nicht denkbar. Paris wurde aber auch der Ort der Begegnung mit Rodin und seinen Statuen und mit den Bildern Cézannes.

Am literarischen Leben der Stadt nahm Rilke dagegen kaum Teil. Die wichtigste Bekanntschaft der ersten Pariser Jahre, neben Emile Verhaeren, wurde Rudolf Kassner, dann André Gide, dem er aber erst 1910 begegnete. In Paris traf er Paula Modersohn-Becker wieder und empfing bis 1910 seine Frau Clara zu gelegentlichen Besuchen. Doch ein soziales Leben entwickelte sich erst nach und nach. Aus

Rom schrieb er noch am 11. April 1910 Manon zu Solms-Laubach, dass er „an ein abseitiges und einsames Leben" sich „immer mehr anschließe" (B, I, 341). Das galt lange für seine Pariser Zeit.

Doch während seiner Kur im Weißen Hirsch in Dresden 1905 hatte er die Gräfin Luise Schwerin kennengelernt, durch die er, so Wolfgang Leppmann, „mit einem ganzen Kreis einflußreicher Gönner" (Leppmann, 247) bekannt wurde, dem ersten in seinem Leben. Unter ihnen waren die Stiefmutter der Gräfin, die „Frau Nonna" genannte Freifrau von Nordeck, die Schwester Alice Faehndrich, bei der er ab 1906 zweimal auf Capri logierte, und die Tochter Gudrun von Uexküll, schließlich das Ehepaar Karl und Elisabeth von der Heydt. Mit den Jahren erhielt er Zutritt zu einem weiteren Kreis um die Fürstin von Thurn und Taxis, die Herrin von Schloss Duino, die Rilke Ende 1909 in Paris kennenlernte.

In den Besuchen bei diesen gebildeten und reichen Bekannten konnte er eine Seite seiner sozialen Existenz entfalten, die ihm in der französischen Hauptstadt fast vollständig verschlossen war: noble Geselligkeit in Villen, Gutshäusern und Schlössern. Paris war ihm dagegen bis 1910 vor allem der Ort für das „einsame Leben", das er, ganz der Arbeit hingegeben, „zu leben versuche", wie er Clara von Capri aus im Dezember 1906 schrieb (B 06–07, 134): Es war die Stadt seiner Arbeit. Seine künstlerische und seine soziale Existenz waren in ihr voneinander weitgehend getrennt.

Auseinanderleben

Paris wurde kein Ort für Rilkes junge Ehe. Nach gut einem Monat war Clara ihm 1902 gefolgt, nachdem sie die Tochter bei ihren Eltern untergebracht hatte. Rilkes Versuch eines Familienlebens war zwar mit dem Umzug nach Paris mehr oder weniger beendet, seine Ehe bestand aber noch fort, allerdings unter schwierigen Umständen. Er und seine Frau mieteten sich, wie zwei befreundete Junggesellen, getrennte Zimmer in der Rue de l'Abbé de l'Épée: So begann nach der kurzen Zeit des Zusammenlebens ihr Jahre dauerndes Auseinanderleben.

Den Umzug nach Paris stellte Rilke, etwa Gerhart Hauptmann gegenüber, als eine Notwendigkeit für beide dar: Er musste mit der Rodin-Monographie Geld verdienen, Clara brauche „Modelle, Akte und Anregungen und die Nähe eines Meisters", die sie im Moor nicht finden könne: „Sie wissen, daß sie Bildhauer ist und daß ich an ein großes Können glaube und an die Notwendigkeit ihrer Kunst" (B, I, 124). Zweifellos schwebte Rilke weiter eine Künstlerehe vor, ohne dass er viele Gedanken an sein Kind verschwendete. „Unser Plan ist", schrieb er Oskar Zwintscher am 18. Oktober 1902, „zu arbeiten, wie wir noch nie gearbeitet haben" (zit. n. Schnack, I, 153). Das taten sie auch, jeder auf seine Weise: Er schrieb, wie immer, sie modellierte, ließ sich dabei auch von Rodin belehren und beraten. Geldsorgen hatten sie weiter.

Wie in Paris 1902/1903 lebten sie, am selben Ort, in getrennten Wohnungen auch in Rom im Winter 1903/1904. Den Aufenthalt dort ermöglichte Clara ein Stipendium. Sie konnte in der Villa Strohl-Fern wohnen und arbeiten, Rilke bezog Ende

November das Gartenhäuschen. Allerdings brach sie den Aufenthalt ab, um nach Oberneuland zurückzukehren. Rilke kam im Sommer 1904 nach, fuhr dann allein weiter nach Kopenhagen, von da über Malmö nach Borgeby Gård, wo er, auf Vermittlung von Ellen Key, bei dem Ehepaar Larsson-Norlind den Sommer verbrachte, allerdings besorgt um seine erschöpft wirkende Frau.

Clara konnte zunächst wieder bei Vogeler auf dem Barkenhoff wohnen, folgte ihrem Mann dann nach Schweden. Eine Freundin bot ihr eine Unterkunft für den Winter in Oberneuland an, nicht weit von ihren Eltern entfernt. Das Frühjahr und den Sommer 1905 verlebte das Ehepaar zeitweise zusammen, wieder in Dresden kurend, später urlaubend auf dem hessischen Gut der Gräfin Schwerin. Dann trennten sie sich: Rilke kehrte Mitte September nach Paris zurück, Clara blieb mit der Tochter in Oberneuland. Die Mutter hatte einstweilen über die Ehefrau und Künstlerin gesiegt.

Fortan kam es gelegentlich noch zu gemeinsamen Reisen des Paars, auch besuchte Rilke Clara und Ruth in Oberneuland, wo sie weiter wohnten, und 1906 machten sie zusammen Sommerurlaub in Belgien. Aber seinen Weihnachtsbesuch sagte er dann ab: Er wollte allein sein. Ein gemeinsames Leben an einem Ort gab es nicht mehr, auch später nicht in München, wohin Clara mit Ruth 1911 umzog. Rilke führte fortan eine Existenz als Künstler, meist in Einsamkeit. Mit einem anderen Menschen lebte er dauerhaft nicht mehr zusammen. Der Künstler hatte über den Vater und Ehemann gesiegt.

Maxim Gorki oder Die Bestätigung durch das Gegenteil

Wie Rilkes Auffassung von Kunst und Künstlertum sich durch Rodin verändert und gefestigt hatte, verdeutlicht eine Begegnung, die im Frühjahr 1907 stattfand, nur wenige Monate vor der Fertigstellung der *Neuen Gedichte*. Ende 1906, einem seiner reisefreudigen Jahre, machte sich Rilke erneut auf nach Italien. Über Neapel gelangte er Anfang Dezember nach Capri. Dort blieb er bis Mai 1907, bevor er wieder über Neapel und Rom nach Paris zurückkehrte und die *Neuen Gedichte* zum Druck fertig machte. Auf Capri wohnte er in der Villa Discopoli, als Gast von Alice Faehndrich. Rilke hatte die jüngere Tochter des hessischen Juristen und Politikers Adalbert Nordeck zur Rabenau 1905 durch ihre Schwester, die Gräfin Luise Schwerin, auf dem Schloss der Familie in Friedelhausen kennengelernt.

Schon eine Woche nach seiner Ankunft erfuhr er, dass sich ein anderer, damals ungleich berühmterer Schriftsteller auch auf der Insel aufhielt. „Ich höre, dass *Gorki* hier lebt auf Capri" (B, I, 220), schrieb er am 10. Dezember seinem alten Moskauer Bekannten Leonid Pasternak. Der sieben Jahre ältere Maxim Gorki war um die Jahrhundertwende mit seinen Erzählungen und Theaterstücken rasch berühmt geworden. Nach der gescheiterten Russischen Revolution von 1905 ging er ins Ausland, zuerst nach Frankreich, dann in die USA, wo er seinen Roman *Die Mutter* schrieb – seinen bis dahin größten internationalen Erfolg. Da es schwierig für ihn als Anhänger Lenins war, nach Russland zurückzukehren, ließ er sich, für sechs Jahre, auf Capri nieder.

Rilke zögerte, sich an ihn zu wenden. Zwar wusste er, wer Gorki war, und er interessierte sich für ihn wie für fast jeden bekannten Russen. Aber er hatte kein intensives Verhältnis zu seinen Werken wie sein Freund Heinrich Vogeler, der sie, einige Jahre später, „zuerst mit innerem Widerstreben, dann mit erregter, aufwühlender Leidenschaft" (Vogeler, Werden, 152) las. Rilke fragte sich, schrieb er Pasternak, ob Gorki noch ein ‚russischer Mensch' oder nicht schon ein ‚Westler' geworden sei: „verdorben durch den westlichen Ruhm und den internationalen Sozialismus" (ebd.). Karl von der Heydt berichtete er, Gorki habe sich „hier niedergelassen, von den Sozialisten gefeiert und Geld um sich streuend" (BaKuEH, 107).

Rilke blickte auf die Existenz Gorkis mit Vorbehalten. Dem Maler Alexander Benoist, den er gleichfalls in Russland kennengelernt hatte, ließ er wissen, Gorki lebe im Reichtum wie ein Kapitalist, zugleich aber wie ein Sozialist und wie ein großer Künstler (vgl. RuR, 306) – was zutraf, so widersprüchlich es sich auch anhörte. Offensichtlich konnte Rilke sich weder vorstellen, selbst wie ein Kapitalist noch wie ein Sozialist zu leben.

Die Begegnung kam dann doch, nach einigem Zögern, zustande, am 12. April 1907. Karl von der Heydt berichtete Rilke ausführlich darüber:

> Eines abends hab ich oben bei ihm gesessen um einen runden Tisch herum. Die traurige Lampe beschien ganz gleichmäßig, ohne irgendjemanden hervorzuheben: ihn, seine jetzige Frau und ein paar verstimmte russische Männer, die von mir keine Notiz nahmen. Wir verständigten uns erst auf russisch, wovon mir im Zwange des Augenblicks einiges wiederkam, später sprach ich deutsch, und Madame Gorki übersetzte. (BaKuEH, 132)

„Madame Gorki" war die Schauspielerin Marija Andrejewa, die mit Gorki zusammenlebte, aber nicht verheiratet war. Auch sie war eine Anhängerin Lenins und machte nach der Oktoberrevolution in der jungen Sowjetunion eine Karriere als Kulturfunktionärin. Bekannt geworden war sie u.a. mit Rollen in Stücken Gerhart Hauptmanns. Doch Rilke interessierte sich nicht für sie, auch nicht für ihr Verhältnis zu Gorki. Ihn beschäftigte mehr dessen Verhältnis zur Politik: „Sie kennen meine Meinung", schrieb er von der Heydt,

> daß der Revolutionär dem Russen direkt entgegengesetzt ist: d.h. der Russe eignet sich vorzüglich dazu es zu sein, etwa wie ein Battisttaschentuch sehr nett ist zum Tinteaufwischen, allerdings unter vollkommenem Mißbrauch und rücksichtsloser Verkennung seiner eigentlichen Eigenschaften. Nehmen Sie dazu, daß ich auch den Künstler, als den Gehorchenden, Geduldigen, auf langsame Entwicklung eingestellten nicht und in keinem Punkte unter den Umstürzlern mir vorstellen kann, so werden Sie verstehen, daß die Vorbedingungen zu unserer Beziehung nicht gerade aussichtsvoll waren. (ebd., 132–133)

Das war zweifellos richtig: Einen größeren Unterschied als den zwischen dem sozialistischen Erzähler und Dramatiker Gorki und dem unpolitischen Lyriker Rilke ist schwer vorstellbar – ganz abgesehen von der Verbundenheit des einen mit Proletariat und Lumpenproletariat und der Neigung des anderen zu Adeligen.

So konnte Rilke gar nicht anders, als Anstoß an Gorkis literarischem Engagement zu nehmen:

> Er spricht als Demokrat auch von der Kunst, als Unzufriedener, eng und schnell Urteilender; mit Urtheilen, in denen die Irrthümer ganz aufgelöst sind, so daß man sie nicht herausfischen kann. Dabei ist er von einer großen rührenden Güte, (jener Güte, die es den großen Russen immer wieder unmöglich macht, Künstler zu bleiben) und es ist sehr rührend, auf einem völlig unvorbereiteten Gesicht die Spuren sehr großer Gedanken zu finden und ein seltenes Lächeln, das daraus hervorbricht, mühsam als hätte es eine harte unverständige Oberfläche von tief her zu durchdringen. (ebd., 133)

Kunst in politische Kategorien zu fassen lehnte Rilke in dem Maß ab, in dem es Gorki selbstverständlich war. Er wollte vor allem ‚künstlerisch leben', unbürgerlich, aber frei von ideologischen Bindungen. Zwar betrachtete er sich in einem ursprünglichen Sinn als ‚sozial': „ein Brüderliches" sei ihm „unwillkürlich" und in seinem „Wesen angelegt" (Briefe, 884), behauptete er gelegentlich. Doch noch 1924 bekannte er seine „völlige Unlust, ja Abneigung, irgend jemandes Lage zu verändern oder, wie man sich ausdrückt, zu verbessern" (ebd.). Sein Freund Rudolf Kassner sagte später sogar von ihm, er sei kein „Mensch des Mitleids oder überhaupt im Herzen sonderlich sozial eingestellt" (Kassner, 9) gewesen.

Wenn Rilke gleichwohl Gorki aufsuchte, folgte er nicht dem Bedürfnis, Nähe zu einem Berühmten herzustellen. Er beobachtete vielmehr auch diesen wie fast jeden Russen, er studierte ihn geradezu, distanziert, aber nicht völlig ablehnend, offenbar bemüht, ihn trotz aller Verschiedenartigkeit zu verstehen, und zwar als einen Künstler ganz anderer Art.

Tatsächlich scheint es zwischen ihnen nicht viel Verbindendes gegeben zu haben, nicht einmal die gemeinsame Verehrung für Tolstoi, den Gorki posthum mit Sympathie porträtierte, auch nicht die für Tschechow, den Gorki gleichfalls gut kannte. So blieb bei Rilke der Eindruck einer nicht überwindbaren Differenz beherrschend:

> Merkwürdig war die Athmosphäre namenloser, anonymer Egalité, in die man gerieth, sobald man an dem runden Tisch Platz nahm. Es war wie ein Jenseits, in diesem diese Verdammten verweilten, und ihre Augen schienen nach der Erde zurückgewendet, die Rußland ist und wohin zurückzukehren so ganz unmöglich scheint. – (BaKuEh, 133)

Der Vergleich erinnert sowohl an Dantes *Inferno* und seine düsteren Bewohner wie an den Dichter in Baudelaires *L'Albatros*, der ein Verbannter genannt wird: „Exilé sur le sol" (Baudelaire, Les Fleurs, 66). Auch Rilke kannte das Gefühl sozialer Fremdheit, das er an den politischen Exilanten bemerkte – allerdings war es bei ihm in seiner Existenz als Künstler begründet.

Seine Ablehnung des Revolutionärs Gorki betonte Rilke nicht, um dem kaisertreuen Bankier von der Heydt nach dem Mund zu reden. Auch der fortschrittlicher denkenden Ellen Key gegenüber, der er Grüße von Gorki ausrichtete, drückte er sich ähnlich aus, nur nüchterner, ohne poetische Vergleiche:

> [...] der „Demokrat", den er herauskehrt, steht doch arg zwischen uns. Das Hindernis ist umso größer in diesem Fall, als der Revolutionär mir sowohl ein Widerspruch gegen den Künstler wie gegen den Russen scheint; beide haben so sehr viel Grund *gegen* Revolutionen zu sein in ihrem Innersten, weil bei beiden nichts so wichtig ist wie die Geduld und nichts so natürlich für den einen wie für den Andern. (BwmEK, 194)

Die Passage verrät nicht nur, wie zäh Rilke an seinem Bild von den Russen und Russland festhielt, auch wenn es sich mit der Wirklichkeit nicht zur Deckung bringen ließ. Es war eine subjektive Realität, die er nicht objektiv bestätigt haben musste. Auffällig ist auch, dass er an Gorki als Künstler zweifelte. Es mangelte ihm offenbar an den Eigenschaften, die Rilke durch Rodin als Merkmale des Künstlers kennengelernt hatte. Augenscheinlich legte Gorki auf Einsamkeit keinen großen Wert, und ihm fehlte die Kardinaltugend der Geduld. Noch mehr Autodidakt als Rilke, hat er offenbar Armut vor allem als politisches Problem angesehen, das auch politisch zu lösen ist. Rilkes Verständnis von Armut, wie er es im *Stunden-Buch* entwickelt hatte, wäre ihm, hätte er es gekannt, ebenso fremd – wenn nicht: weltfremd – erschienen wie seines Rilke. Rilke beurteilte Gorki nicht von Gorki, sondern von Rodin und von seiner eigenen Dichter-Existenz her. Auch deshalb nahm er an, dass es Gorki, wie schon Tolstoi, unmöglich sein werde, „Künstler zu bleiben".

Bei Gorki scheint das Treffen keine tiefen Spuren hinterlassen zu haben. In seiner Rede *Über den Nutzen der Bildung* erwähnt er 1928 am Rande Rilke: als Beispiel für Schriftsteller, die „über ihre Kollegen befragt", keine „Charakterisierung ihres Schaffens", sondern „Einschätzungen" der Person geben (Gorki, 347). Er mag geahnt haben, dass er für Rilke keine überragende Bedeutung als Schriftsteller besaß: ein Antipode, durch den er sich nicht verunsichern ließ, ja in seinem Verständnis vom Künstlersein sogar bestätigt fühlte.

Über Neapel und Rom kehrte Rilke Ende Mai nach Paris zurück. Innerhalb von ungefähr zwei Monaten war sein nächstes Buch fertig: die *Neuen Gedichte*.

Erste Meisterschaft: Die *Neuen Gedichte* und *Der Neuen Gedichte anderer Teil* 7

Die *Neuen Gedichte*

Die *Neuen Gedichte,* wie sie im Dezember 1907 im Insel Verlag erschienen, sind ein äußerlich schlichtes Buch: ein Oktavformat, die Einbandpappe papierbezogen ohne Abbildung, der Lederrücken mit goldenen Buchstaben beschriftet, das Titelblatt zweifarbig – grün und schwarz – bedruckt. Die Ausstattung unterscheidet sich deutlich von den Erstausgaben des in Versalien gesetzten, mit einer Titelblattvignette von Heinrich Vogeler versehenen *Buchs der Bilder* und des ebenfalls in seiner Schrift noch von jugendstilartiger Ornamentik geprägten *Stunden-Buchs* mit seinem zweifarbigen Fraktur-Druck.

Mit dem neuen Werk wollte Rilke auch äußerlich einen Neuanfang setzen. Der Titel verweist zunächst darauf, dass der Verfasser neue Gedichte vorlegen wollte – für ihn neue. Nicht zu übersehen ist aber, dass sie auch innerhalb der deutschen Literatur neuartig waren. Im Œuvre Rilkes stellen die *Neuen Gedichte* die erste scharfe Wendung dar: eine unübersehbare Abkehr von seiner bisherigen Art, Gedichte zu schreiben, wie sie noch das *Buch der Bilder* und das *Stunden-Buch* bestimmt hatte. Die Neuerung ging allerdings über sein Werk hinaus: Sie bedeutete auch eine Abwendung von der traditionellen Stimmungs- und Erlebnislyrik des 19. Jahrhunderts. Rilke begründete mit den *Neuen Gedichten* die moderne deutsche Lyrik (vgl. ausführlicher Lamping, Das lyrische Gedicht, 155–161).

Das Neuartige seiner Gedichte teilt sich schon im ersten mit:

> Früher Apoll
> Wie manches Mal durch das noch unbelaubte
> Gezweig ein Morgen durchsieht, der schon ganz
> im Frühling ist: so ist in seinem Haupte
> nichts was verhindern könnte, daß der Glanz
>
> aller Gedichte uns fast tödlich träfe;
> denn noch kein Schatten ist in seinem Schaun,

> zu kühl für Lorbeer sind noch seine Schläfe
> und später erst wird aus den Augenbraun
>
> hochstämmig sich der Rosengarten heben,
> aus welchem Blätter, einzeln, ausgelöst
> hintreiben werden auf des Mundes Beben
>
> der jetzt noch still ist, niegebraucht und blinkend
> und nur mit seinem Lächeln etwas trinkend
> als würde ihm sein Singen eingeflößt. (KA, I, 449)

Sollte der schlichte Buch-Einband die Erwartung geweckt haben, dass die Gedichte einfach seien, so müsste sie gleich enttäuscht worden sein. *Früher Apoll* ist ein schwieriges Gedicht. Der eine lange, über vierzehn Sonettverse gespannte hypotaktische Satz, aus dem es besteht, ist beim ersten Lesen kaum ganz zu verstehen. Es hilft auch nicht viel, zu wissen, dass die Vorlage eine frühgriechische Statue ist, die Rilke im Louvre gesehen hat.

Das Gedicht beschreibt den Kopf des jünglingshaften Gottes: Augen, Schläfe, Mund. Die Negationen des zweiten Quartetts, beginnend mit „kein Schatten", deuten an, dass etwas fehlt oder aussteht. Erst das zweite Terzett spricht es aus. Der junge Gott hat den Mund noch nicht geöffnet: Er hat noch nicht gesungen. Das Gedicht zeigt ihn, bevor er das tut – bevor ihm nämlich „sein Singen eingeflößt" wird.

Die Beschreibung des Kopfes ist eingebettet in einen Vergleich, der allerdings unvollständig ist: Er benennt zwar die beiden Vergleichsglieder, die comparata, nicht aber den Vergleichsbezug, das tertium comparationis. Der Leser muss es selbst finden. Eine Deutung bietet sich an: Was den Morgen, der durch die noch blattlosen Zweige „durchsieht", mit dem Singen verbindet, das „eingeflößt" wird, ist die Ankündigung: Beide bereiten sich unsichtbar und doch spürbar vor.

Wie mit dem Vergleich das erste Quartett beginnt das erste Terzett mit der Metapher vom „Rosengarten", der zwischen Auge und Stirn emporwachsen wird. Es ist ein mythisches Bild der Metamorphose, ähnlich dem des Lorbeers, in den bei Ovid Daphne verwandelt wird, als Apollo sie bedrängt. Man kann es als „Bild der vollen Entfaltung des Lebens und der Kunst" (Engel, in: KA, I, 921) deuten, aber auch als Bild der Verwandlung, die das „Haupt" im „Singen" erfährt: der Dichter also durch seine Dichtung.

Der letzte Vers: „als würde ihm sein Singen eingeflößt" umschreibt eine Eingebung. Es ist ein Inspirierter, der zu singen beginnen wird, und er kann singen, weil er inspiriert ist. So suggestiv der Zusammenhang erscheint, so unklar ist er allerdings im Letzten. Denn von wem kann der Gott der Dichtkunst eine Inspiration empfangen? Ist es nicht, der sie spendet? Im Mythos sind es die Musen, die „auf die Lippen des Menschen, welchem sie günstig sind, den Tau der sanften Überredung" (Moritz, 237) ausgießen – aber eben des Menschen, nicht des Gottes. Auch wenn unscharf bleibt, was Rilke als Inspiration ins Spiel bringt, so ist doch eindeutig, was das „Singen" bewirkt. Dass es „uns fast tödlich träfe", ist eine Umschreibung für seine existenzielle Relevanz. Der Gott singt nicht zum Tanz oder zum Spiel auf. Sein Mund spricht eine Erkenntnis oder Wahrheit aus, die seine Hörer im Innersten berührt.

Ein Gedicht über den Gott der Dichtkunst, in dem sich sein ‚Singen' ankündigt: Ein Gedichtband kann kaum sinnfälliger beginnen, auch kaum kunstvoller als mit diesen Versen, die dem Mythos eine Poetik abgewinnen und sie zugleich poetisch umsetzen. Von der ersten Zeile an ist deutlich, dass der Gegenstand nicht einfach nur realistisch abgebildet werden soll. Er wird dichterisch gestaltet und gedeutet. Auch das ist Programm. „Die Dinge", so hat Manfred Engel für die *Neuen Gedichte* im Ganzen festgestellt, „geben sich nicht direkt und von sich aus als das, was sie sind, dem dichterischen Bewußtsein, sondern in jedem Gedicht ist die Subjektivität als schöpferisches Vermögen am Werk" (Engel, in: KA, I, 905).

In der Hinwendung zu seinem Gegenstand verbindet *Früher Apoll* Darstellung mit Deutung: Dem Objekt, das es beschreibt, versucht das Gedicht eine Bedeutsamkeit abzugewinnen. Es ist allerdings eine poetische Deutung. Sie verdankt sich der Einbildungskraft, die allein einen Garten aus einem Kopf wachsen lassen kann.

Den eigenen Kunstcharakter macht das Gedicht schon am Anfang stilistisch durch eine Inversion deutlich, indem das, was verglichen werden soll, das comparandum, dem nachgestellt wird, womit es verglichen wird, dem comparatum. Kunstvoll ist die Sprache im Ganzen, die, außer durch ein eigenes, gelegentlich preziöses Vokabular, bestimmt ist durch Vergleich und Metapher. Kunstvoll ist auch die frei gehandhabte Sonett-Form: Sie ist streng und beweglich zugleich. Vor allem mit den Enjambements zeigt sie eine Bewegung an: die Vorbereitung des ‚Singens'.

Anfang 1907, als er sich anschickte, die *Neuen Gedichte* fertigzustellen, schrieb Rilke Elisabeth von der Heydt: „etwas wie ein neues Stunden-Buch setzt ein" (Ba-KuEH, 111). Die Bemerkung scheint vor allem dem Geschmack des Ehepaars von der Heydt geschuldet zu sein, die große Verehrer des *Stunden-Buchs* waren und Rilke finanziell unterstützten, weil sie sich einen Nachfolge-Band erhofften. Tatsächlich stellen die *Neuen Gedichte* aber einen poetischen Bruch mit seinem früheren Werk dar. An das *Stunden-Buch* und seine subjektive Schreibweise sollten erst die *Duineser Elegien* wieder anknüpfen.

Was die *Neuen Gedichte* gerade vom *Stunden-Buch* unterscheidet, vor allem thematisch und formal, ist zunächst ein offensichtlicher Genrewechsel. Sie sind weder Gebete noch ‚Geständnisse', auch sonst keine Gefühlsaussprache mehr. Die erste Person Singular taucht nur selten auf, und wenn, spielt sie keine bestimmende Rolle. Grammatisch sind die *Neuen Gedichte* vielfältig: Mal spricht Rilke in der Wir-, mal in der Du-, mal auch in der Er- oder Sie-Form. Erkennbar vollzieht er einen Bruch mit der subjektiven Stimmungs- und Erlebnislyrik, dem lyrischen Paradigma des 19. Jahrhunderts. Die *Neuen Gedichte* sind so auch sein „Durchbruch zur Moderne" (vgl. Fülleborn, Rilke 1906–1910, 160).

Neuartig ist schon Rilkes Handhabung überkommener Formen. Die *Neuen Gedichte* sind zumeist gereimt, meist auch strophisch gegliedert, allerdings oft individuell, in Strophen ungleicher Länge: *Der Ölbaumgarten* etwa besteht aus Gruppen von fünf, vier, drei und einem Vers. Auffällig ist die große Zahl der Sonette. Sie geben durch ihre Gegliedertheit den Gedichten eine eigene Gedrängtheit und Gedanklichkeit. Rilke hat die Form allerdings so weit gelockert, dass sie ihm genügend Freiheiten ließ und die Sätze, wie in *Früher Apoll*, über die Vers- und Strophengrenzen fließen können. Auffällig sind auch die ungewöhnlichen Reimpaare, gleichfalls schon in *Früher Apoll* das Paar „ganz" und „Glanz". Es bereitet den Leser auf zahlreiche weitere vor wie „an" und „Mann" in *Sappho an Alkaios*, „erkenn" und „denn" in *Opfer*, „schlafen" und „Oktaven" in *David singt vor Saul*, „Verworrnen" und „Bornen" in *Der Auszug des verlorenen Sohnes*, „Zubehör" und „Akteur" in *Das Portal*, „schluckten" und „Aquädukten" in *Römische Sarkophage*. Sie alle verdanken sich dem Bemühen, bekannte und verbrauchte Reimverbindungen zu meiden und ganz neue und neuartige zu suchen, die etwa Substantive und Verben mit Adverbien oder deutsche Ausdrücke mit Fremdwörtern paaren.

Neuartig an den *Neuen Gedichten* sind auch die Gegenstände. Zwar gibt es unter ihnen Liebes- oder Landschaftsgedichte, wie sie herkömmlicherweise in der Lyrik zu finden sind, häufiger jedoch Gedichte auf Kunstwerke, etwa Statuen, Portale, Grabmäler, Sarkophage oder Treppen. Auf den ersten Blick könnte man deshalb annehmen, dass sich der Künstler Rilke vor allem in solchen Gedichten über Kunst und Künstler aussprechen wollte. Tatsächlich sind einige von ihnen, immer wieder interpretiert, auch berühmt geworden, allen voran das erste der *Neuen Gedichte anderer Teil*, *Archaïscher Torso Apollos*, aber auch die *Sappho*-Gedichte. Drei Gedichte sind ohne Namensnennung dem „Dichter" gewidmet: der *Gesang der Frauen an den Dichter, Der Tod des Dichters* und *Der Dichter*. Ohne ausführlich ausgebreitete Programmatik sind sie Versuche, auch die Gestalt des Künstlers noch nüchtern zu behandeln, in Versen wie:

> Ich habe keine Geliebte, kein Haus,
> keine Stelle, auf der ich lebe.
> Alle Dinge, an die ich mich gebe,
> werden reich und geben mich aus. (KA, I, 474)

Der Dichter als Person verschwindet ganz hinter seiner Aufgabe, sich den Dingen zu widmen und zu sagen, was es mit ihnen auf sich hat. Er ist wesentlich ein Wahrnehmender, kein Seher, sondern „Gesicht" (KA, I, 462) und nicht mehr als ihr Sprecher (zu diesem und anderen Analysebegriffen vgl. Lamping, Theorie des lyrischen Gedichts, 63–83). Er wird „du Mund" genannt, im *Gesang der Frauen an den Dichter*: „du Uns-Sagender" (KA, I, 461). So nehmen die Gedichte über den Dichter auch keinen großen Raum mehr ein. Nicht in Künstler-Gedichten – oder nicht in ihnen allein – zeigt sich der Künstler Rilke.

Seine Absage an Ästhetizismus und Artistik ist in den *Neuen Gedichten* deutlich. Erkennbar war ihm daran gelegen, sich neue Gegenstände zu erschließen. Neuartig ist schon ein Gedicht auf eine Fotografie wie *Jugend-Bildnis meines Vaters*, erst recht sind es Gedichte über Kranke und Krankheiten wie *Der Genesende* und *Die Erblindende* oder über Sterben wie *Todes-Erfahrung*, schließlich auch das über die *Morgue*. Offensichtlich wollte Rilke den traditionellen Bereich lyrischer Gegenstände erweitern – über das hinaus, was einmal als schön und poetisch galt.

Das war ein bewusster Akt, mit dem er sich in eine noch junge Tradition stellte. Am 19. Oktober 1907 erinnerte er seine Frau Clara an ein Gedicht Charles Baudelaires: „,Das Aas'" (B, I, 279), *Une Charogne*, das für ihn eine historische Wendung markierte. Das „künstlerische Anschauen" habe in diesem Gedicht sich „überwunden", „auch im Schrecklichen und scheinbar nur Widerwärtigen das Seiende zu sehen, das, mit allem anderen Seienden, *gilt*" (ebd., 280). Es ist diese Ästhetik des

Hässlichen, die Rilke – in den *Neuen Gedichten* wie in den *Aufzeichnungen des Malte Laurids Brigge* – Baudelaire verdankt (vgl. dazu auch Stephens, Rilke als Leser Baudelaires).

In den *Neuen Gedichten* wird das Hässliche vorzugsweise in der Strenge der traditionellen Sonett-Form präsentiert. So hatte es schon Baudelaire in den *Fleurs du Mal* gehalten, auch in *Une Charogne*. Die Einbeziehung des Hässlichen war Rilke wichtig, nicht nur weil sie eine Abkehr von der traditionellen Ästhetik des Schönen bedeutete. Den Gegenstandsbereich der Literatur – und mit ihr jeder Kunst – um das Abstoßende und Unansehnliche zu erweitern, hieß für ihn zugleich, ihn gar nicht mehr einzuschränken: Jeder Gegenstand war nun würdig, poetisch oder künstlerisch behandelt zu werden.

Als Rilke Anfang 1907 von Capri aus Karl von der Heydt darlegte, dass er nach Paris zurückkehren wolle – nicht zuletzt um ein „neues Buch Gedichte" (BaKuEH, 117) fertigzustellen –, da betonte er auch, worum es ihm nun gehe: um „das *ganze* Leben d. h. die ganze Welt" (ebd., 114). Das entsprach der Auffassung, die er durch Rodin gewonnen hatte, dass der Künstler ein „Suchender des Lebens" (KA, IV, 425) und die Kunst eine „gewissenhafte und gläubige Auslegung des Lebens" (ebd., 417) sei.

Das ‚ganze Leben' und die ‚ganze Welt' sind in die *Neuen Gedichte* nicht eingegangen; ihre Gegenstände gehören offensichtlich nur bestimmten Lebensbereichen an, zumal Museen, Zoos und Parks, insgesamt der Kunst und der Literatur im weitesten Sinn. Aber in der Wahl untereinander verschiedenster Gegenstände zeigt sich dennoch eine deutliche Erweiterung. Die Gedichte sprechen über Dinge von der *Spitze* über *Die Treppe der Orangerie* bis zur *Kathedrale*; über Tiere vom realen *Panther* und dem *Schwan* bis zum sagenhaften *Einhorn*; über Menschen, wiederum reale wie *Die Erwachsene* oder die *Dame vor dem Spiegel*, aber ebenso mythische, zumal biblische wie *Abisag* oder *David und Saul*; schließlich über menschliche Verhältnisse wie *Ein Frauenschicksal*, die *Kindheit* oder die *Todeserfahrung*. Manchen Gedichten ist auch eine Ortsangabe beigefügt wie Chartres, Paris, Borgeby-Gård, Versailles, Rom, Furnes, Brügge oder Gent. Weltorientierung und Existenzerhellung sind, mit den Begriffen von Karl Jaspers, die beiden Hauptanliegen der *Neuen Gedichte* (vgl. dazu Lamping, Theorie des lyrischen Gedichts, 107).

Rilke hat seine Poetik der *Neuen Gedichte* um zwei Ausdrücke zentriert: „Sachlichkeit und Ungefühlsmäßigkeit" (B 07–14, 74). Sie stehen für eine doppelte Objektbezogenheit, im Unterschied zunächst zur Subjektbezogenheit traditioneller Lyrik, dann auch im Unterschied zu deren Gefühlsbetontheit. Zum „sachlichen Sagen", wie er es in den Briefen über Cézanne nennt (B, I, 279), gehört weiter die zuerst von Baudelaire geübte vorbehaltlose Darstellung ‚alles Seienden': „Sowenig eine Auswahl zugelassen ist", erklärte Rilke, „ebensowenig ist eine Abwendung von irgendwelcher Existenz dem Schaffenden erlaubt" (ebd., 280). Die Sachlichkeit verbietet Auswahl und Wertung der Gegenstände: Rilke will nicht urteilen oder verurteilen, sondern grundsätzlich alles ergründen.

Von den Gegenständen spricht er, spätestens seit dem Rodin-Buch, zumeist als ‚Dingen'. Das ist, in der Verabschiedung subjektiver Dichtung, sein Gegenbegriff zum ‚lyrischen Ich'. Ding sein kann dabei alles, was Nicht-Ich ist – eben die Dinge der Welt, ob sie gemacht oder natürlich sind, wirklich oder nur vorgestellt. Um sie zu erkennen, reicht es allerdings nicht, sie nur ohne Wertung zu benennen.

Erfahrbar sind sie für uns aus der Außensicht. Das „Innere des Dinges" (KA, IV, 457), das selbst stumm ist, lässt sich allein an seinem Äußeren erkennen, aber nicht einfach als Ausdruck. Rilke verbindet mit dem Rodin'schen Konzept der Oberfläche als dem Außen eines Inneren das der Entsprechung, das er wiederum Baudelaire verdankt. Der hat es in dem Gedicht *Correspondances* entwickelt, das sich in der ersten Abteilung der *Fleurs du Mal* findet. Rilke weitet dieses synästhetische Konzept aus zu einem erkenntnistheoretischen. Sein Grundgedanke ist, dass der Mensch in den Dingen nur erkennen kann, was er von sich selber kennt, und er kann es nur erkennen, sofern er diese Entsprechung findet. Das Mittel dazu ist die Einbildungskraft.

Das Auffinden von Korrespondenzen oder Analogien hat Rilke seiner Frau am 8. März 1907, in der letzten Phase der Arbeit an den *Neuen Gedichten*, genau auseinandergesetzt. Dabei hat er die Bedeutung des Schauens betont. Im „Anschauen" der Dinge, schreibt er, seien wir

> ganz nach außen gekehrt, aber gerade wenn wirs am meisten sind, scheinen in uns Dinge vor sich zu gehen, die auf das Unbeobachtetsein sehnsüchtig gewartet haben, und während sie sich, intakt und seltsam anonym, in uns vollziehen, ohne uns, – wächst in dem Gegenstand draußen ihre Bedeutung heran, ein überzeugender, starker, – ihr einzig möglicher Name, in dem wir das Geschehnis in unserem Innern selig und ehrerbietig erkennen, ohne selbst daran heranzureichen, es nur ganz leise, ganz von fern, unter den Zeichen eines eben noch fremden und schon im nächsten Augenblick aufs neue entfremdeten Dinges begreifend –. (B, I, 247)

Der Akt des sehenden Wahrnehmens, den die Einbildungskraft gewährt, hebt für einen Moment die Trennung von Innen und Außen, von Subjekt und Objekt auf.

Die neue Art, zu ‚schauen' oder ‚anschauen', verlangt allerdings eine besondere Ausdrucksweise. Rilke hat in den *Neuen Gedichten* dafür eine neue Sprache gefunden. Was sie von der Lyrik der Zeit unterscheidet, ist, neben ihrem oft erlesenen Vokabular und ihrer komplexen Syntax, wesentlich die Dichte nicht mehr bloß beiläufig verwendeter rhetorischer Figuren wie Vergleich und Metapher. Sie werden zu seinen bevorzugten Mitteln, Korrespondenzen aufzuweisen, sei es implizit oder explizit. Die einen deuten Entsprechungen und Ähnlichkeiten an, die anderen sprechen sie aus. Beide besitzen ihre eigene Kunst.

Explizite Vergleiche kennzeichnen eines der schönsten Tiergedichte Rilkes:

> Der Schwan
> Diese Mühsal, durch noch Ungetanes
> schwer und wie gebunden hinzugehn,
> gleicht dem ungeschaffnen Gang des Schwanes.
>
> Und das Sterben, dieses Nichtmehrfassen
> jenes Grunds, auf dem wir täglich stehn,
> seinem ängstlichen Sich-Niederlassen –:
>
> in die Wasser, die ihn sanft empfangen
> und die sich, wie glücklich und vergangen,

unter ihm zurückziehn, Flut um Flut,
während er unendlich still und sicher
immer mündiger und königlicher
und gelassener zu ziehn geruht. (KA, I, 473)

Der Vergleich ist die beherrschende rhetorische Figur des Gedichts. Gleich zweimal findet er sich in diesem – die Reihenfolge von Terzetten und Quartetten umkehrenden – Sonett, und zwar jeweils in den Terzetten. Wie schon in *Früher Apoll* folgt eingangs das comparandum wieder auf das comparatum. Rilkes Aufmerksamkeit gilt den Bewegungen des Schwans, die er gewissermaßen zerlegt, indem er unterscheidet zwischen der Berührung des Wassers mit den Pfoten, dem „ungeschaffnen Gang" des Schwanes, und seinem „Sich-Niederlassen" im Wasser. Mit dem Ersten vergleicht er die „Mühsal, durch noch Ungetanes" „hinzugehen", das Zweite mit dem „Sterben" als „Nichtmehrfassen" unseres täglichen Grundes im wörtlichen wie im übertragenen Sinn. Der eine Vergleich ist so abstrakt wie der andere – während der verglichene Vorgang einfach und anschaulich ist. Was zuerst schwer erscheint, von Angst beherrscht, verwandelt sich, mit dem Einsinken des Schwans in „die Wasser, die ihn sanft empfangen", in eine zunehmend ruhige Sicherheit.

Solche Vergleiche stellen Verbindungen her – zwischen zwei Vorgängen im Dasein zweier Lebewesen, die miteinander wenig gemein zu haben scheinen. Dennoch findet der eine in dem anderen seine Entsprechung. Rilke will nicht das Ding – den Schwan – in seiner Dinglichkeit oder Dinghaftigkeit isoliert für sich darstellen. Er will seine Besonderheit erfassen, indem er im menschlichen Erleben nach etwas sucht, das ihm entspricht. Damit ermöglicht er es, den fremden Vorgang zum Gegenstand menschlichen Erlebens zu machen: Die Versenkung in ihn durch die genaue Wahrnehmung führt zu einem Verständnis, das allerdings immer eine Deutung einschließt.

Die Vergleiche verleihen dem Gedicht eine sachliche und gedankliche Genauigkeit. Das gilt sowohl für die beiden ausgeführten und die beiden nur angedeuteten Vergleiche („wie gebunden", „wie glücklich und vergangen") wie für die impliziten der Komparative („mündiger und königlicher"). Eine eigene Art der Genauigkeit verrät auch die Wortwahl: als Suche nach dem richtigen Wort für die Eigenart des Gegenstands. Dieser Versuch teilt sich, außer bei dem Neologismus ‚Ungetanes', bei dem Archaismus ‚ungeschaffen' mit.

Sinnfällig ist die Neuschöpfung ‚Ungetanes' als Wort für etwas noch nicht Vollbrachtes wie das Sterben. ‚Ungeschaffen' ist ein ursprünglich mittelhochdeutscher Ausdruck, der seit dem 18. Jahrhundert ungebräuchlich ist. Rilke hat ihn neu verwendet in der Bedeutung von ‚unförmig', ‚ungestalt' oder ‚ungeschlacht', aber wohl auch von: nicht geschaffen. Es ist der Anspruch auf Genauigkeit, der ihn dazu bringt, ein ungebräuchliches, aber treffendes Wort zu verwenden. Wenn Rilke später einer jungen Verehrerin schrieb, das Wichtigste sei ihm, „g e n a u zu sein" (BaM, 186), so war das nicht dahingesagt.

In einigen der *Neuen Gedichte* fehlen explizite Vergleiche; ihnen sind jedoch nicht selten Vergleiche impliziert. Auch das berühmteste der *Neuen Gedichte*, dem in seiner suggestiven Prägnanz sogar eine Schulbuchexistenz beschieden war, deutet einen Vergleich, neben einem ausdrücklichen, nur an:

Der Panther
Im Jardin des Plantes, Paris

Sein Blick ist vom Vorübergehn der Stäbe
so müd geworden, dass er nichts mehr hält.
Ihm ist, als ob es tausend Stäbe gäbe
und hinter tausend Stäben keine Welt.

Der weiche Gang geschmeidig starker Schritte,
der sich im allerkleinsten Kreise dreht,
ist wie ein Tanz von Kraft um eine Mitte,
in der betäubt ein großer Wille steht.

Nur manchmal schiebt der Vorhang der Pupille
sich lautlos auf –. Dann geht ein Bild hinein,
geht durch der Glieder angespannte Stille –
und hört im Herzen auf zu sein. (KA, I, 469)

Auch *Der Panther* ist großes Tiergedicht – dank seiner Mischung aus Musikalität der Sprache und Konzision des Gedankens, aus genauer Beobachtung des Sichtbaren und sicherem Schluss auf das Nicht-Sichtbare, aus Anschaulichkeit der Darstellung und Abstraktion der Deutung, aus getreuer Beschreibung und kühnem Vergleich.

Auch *Der Panther* ist eine „Bewegungsstudie" (Müller, *Neue Gedichte/Der Neuen Gedichte anderer Teil*, in: Rilke-Handbuch, 306), aber nicht – wie ein Tanz-Gedicht, etwa *Spanische Tänzerin* – eine Studie über die kunstvoll gelungene, sondern die gehemmte Bewegung. Sie ist eine Folge der Gefangenschaft im Käfig, die Bewegung nicht völlig unterdrückt, doch einschränkt und in der Begrenzung leer macht. Rilke stellt diese nervös wiederholte Bewegung, ein Tigern im umgangssprachlichen Sinn, in den beiden ersten Strophen ausführlich-anschaulich dar, um in der dritten den gelegentlichen Durchbruch zur Wahrnehmung der umgebenden Welt zu zeigen, in dem das Tier zu sich und zu Bewusstsein kommt.

Man kann dieses Gedicht als einlässlich-genaue Beschreibung eines Raubtiers unter den seiner Spezies unangemessenen Lebensbedingungen eines Zoos deuten, einer Art von Tierquälerei aus menschlichem Unterhaltungsbedürfnis. Der Objektbezug scheint Objektivität zu verbürgen, wie es typisch ist für manche der *Neuen Gedichte*. Dass der Leser die Beschreibungen einem Tier zuordnet, verdankt sich allein dem Titel. Alle sind tatsächlich übertragbar: auf einen Menschen in Gefangenschaft. Man kann das Gedicht aber auch insgesamt als Gleichnis deuten: des durch moderne Regelungen immer weiter eingeschränkten Menschen, der sein Menschsein nur noch augenblicksweise erfährt. Das Gedicht zeigt das Elend eines solchen eingeschränkten Daseins, sei es einem Tier oder einem Menschen aufgezwungen. Die Korrespondenz bleibt aber unausgesprochen. Doch ist es nicht schwer, auf das Gedicht anzuwenden, was Rilke seiner Frau über das ‚Anschauen' geschrieben hat: „ganz nach außen gekehrt", gehen im Betrachter „Dinge vor sich", deren „Bedeutung" sich „in dem Gegenstand draußen" heranbildet, ohne dass sie jedoch deutlich ausgesprochen wird. Einen solchen Vorgang kann auch *Der Panther* im Leser auslösen – wie er es offenbar schon im Autor getan hat.

Es ist das Kunststück, das Rilke mit diesem Gedicht vollbringt: sich ganz auf ein Objekt zu beziehen und dabei eine Korrespondenz anzudeuten, ohne sie auszusprechen. Das unterscheidet dieses neue Gedicht von einem herkömmlichen symbolischen oder symbolistischen. Sowohl *Der Panther* wie *Der Schwan* sind für Rilke beispielhafte ‚Dinggedichte': objektbezogen, darstellend und zugleich deutend, nicht zuletzt mit Hilfe von Vergleichen. Lediglich in den komparativen, mal impliziten, mal expliziten Verfahren unterscheiden sie sich voneinander.

Rilke hat dem *Panther* eine besondere Bedeutung für sein neues Schreiben beigemessen. Er war nicht nur das erste der *Neuen Gedichte*, das er vollendete. Es war für ihn auch ein Muster. Im März 1926 hat er das einer ungenannten Frau dargelegt:

> Unter dem großen Einfluß Rodins, der mir eine lyrische Oberflächlichkeit und ein billiges (aus lebhaft bewegtem, aber unentwickeltem Gefühl stammendes) Á peu près [Ungefähr] überwinden half, durch eine Verpflichtung, bis auf weiteres, wie ein Maler oder Bildhauer, *vor der Natur* zu arbeiten, unerbittlich begreifend und nachbildend. Das erste Ergebnis dieser strengen guten Schulung war das Gedicht Der Panther – im Jardin des Plantes in Paris –, dem man diese Herkunft ansehen mag. (B, II, 428)

Der Ausdruck Dinggedichte hat sich für Rilkes Lyrik dieser Jahre eingebürgert, obwohl er in seiner ursprünglichen, auf frühere Dichtung bezogenen Bedeutung auf sie kaum zutrifft (vgl. dazu Engel, in: KA, I, 913–917, auch Müller, *Neue Gedichte/ Der Neuen Gedichte anderer Teil*, in: Rilke-Handbuch, 298–302). Dennoch hat er sich durchgesetzt, vor allem weil Rilke eben selbst von ‚Dingen' gesprochen hat. Seine Dingdichtung gilt aber nicht nur Dingen aller Art, jedes Gedicht ist selbst eines. „Sehr frühe schon", schreibt Rilke in *Rodin*, „hat man Dinge geformt, mühsam, nach dem Vorbild der vorgefundenen natürlichen Dinge", „blindlings, in wilder Arbeit" (KA, IV, 456). Bei den „Kunst-Dingen" aber, zu denen er auch Gedichte rechnet, komme es darauf an, dass sie „*gut gemacht*" (ebd., 461) seien. Damit ist, sofern es um Bildhauerei wie im Fall Rodins geht, zunächst das Handwerkliche gemeint und darüber hinaus ein „gleichmäßige[r] Gehorsam" (ebd.): Angemessenheit in der Sache, die allerdings nicht im engeren Sinn als Mimesis zu verstehen ist.

‚Gut gemacht' müssen aber, im Fall von Gedichten, auch Form und Sprache sein: nicht nur künstlich, sondern auch kunstvoll. Lange Sätze in ungleich kürzere Verse zu drängen, über mehrere zu verteilen, durch Reime zu gliedern und dabei eine äußere Ordnung einzuhalten, ist eine solche Kunst, ebenso wie die ungewöhnliche Verwendung von Wörtern oder die Erfindung von neuen, die jeweils wie Versmaß und Reim Sinnakzente setzen.

Rilke bemühte sich zweifellos, die Dinge, die er zum Gegenstand seiner Gedichte machte, in ihrer Eigenart zu darzustellen. Käte Hamburger hat behauptet, dass er jedes Ding erfassen wollte „als eine besondere Seinsform überhaupt, als Seiendes, das an sich selbst verstanden, ‚eingesehen'" (Hamburger, 21) werden solle. Doch tatsächlich behandelt er sie so, als hätte man diese Eigenart noch gar nicht gesehen. Selbst für die bekannten biblischen Motive etwa gilt, was nach Norbert Fuerst der Grundsatz der *Neuen Gedichte* ist: „Alles wird umgedeutet" (Fuerst,

44). Auch wenn Rilke in seinen Gedichten nicht alles *um*gedeutet hat – etwas Alt-Bekanntes neu zu deuten ist aber als sein Anspruch durchgängig erkennbar.

Dabei versucht er aber seine Objekte nicht allein für sich zu betrachten, vielmehr in neue gedankliche oder seelische Zusammenhänge zu stellen, aus denen sie dann erst begriffen werden können. Das, nicht zuletzt, ist die Leistung der Einbildungskraft, die die Vergleiche hervorbringt. Das Bemühen um die Erkenntnis der Dinge und die Suche nach einer Entsprechung zwischen dem Ding und einer menschlichen Erfahrung weist die *Neuen Gedichte* auch als einen Versuch aus, die Entfremdung zwischen Welt und Mensch durch eine neue Verständnisbemühung immer wieder zumindest punktuell aufzuheben. Das ‚sachliche Sagen' ist immer auch ein domestizierendes Deuten der Welt.

Rilke hat das als eine Arbeit verstanden, die quer zu ihrer Zeit steht. Schon von Rodin hat er bemerkt, es sei seine „Tragik", dass er Plastiken geschaffen habe in einer Epoche, „die keine Dinge hat, keine Häuser, kein Äußeres. Denn das Innere, das diese Zeit ausmacht, ist ohne Form, unfaßbar: es fließt" (KA, IV, 478). Das führe zu einer „Obdachlosigkeit" (ebd., 480) der Kunst. Das wird er auch von seiner Zeit gedacht haben, und er mag auch geahnt haben; dass seine *Neuen Gedichte* manche seiner Leser, zumal die Liebhaber des *Stunden-Buchs*, ratlos gemacht haben. Mehr als einem musste er sie erklären (vgl. etwa B 07–14, 72–75). Sie dürften sich nicht zuletzt die Frage gestellt haben, die Eudo Mason, gewissermaßen stellvertretend für sie, formuliert hat:

> Wie kann ein religiöser Mystiker und Asket, der sich einem einsamen Dasein der Kontemplation, der Träumerei und der unfaßbaren, inneren, weltfernen Visionen ergeben hat, plötzlich zum wachsamen, neugierigen, sinnlichen aber distanzierten Zuschauer werden, der manchmal ironisch und sogar zynisch, aber kaum je mit einem Anflug von Mitgefühl die verschiedenen Phänomene des Lebens in den Neuen Gedichten überblickt, sie so lebhaft, so anschaulich, mit so subtiler Genauigkeit und doch mit so strenger Sparsamkeit des Ausdrucks festhält? (Mason, Exzentrische Bahnen, 187)

Dem wäre nicht nur zu entgegnen, dass die Subjektivität aus den *Neuen Gedichte* nicht vollkommen verschwunden, lediglich weniger, wenn überhaupt, in ‚Geständnissen', als in Deutungen und Analogieschlüssen zu finden ist, sondern auch, dass der ‚distanzierte und objektive' „Weltbeobachter" genauso eine der poetischen „Möglichkeiten" (ebd.) Rilkes darstellt wie der „Mönch und Pilger" (ebd.). Das wurde allerdings erst vollends deutlich, als Rilke im Spätwerk wieder andere Dichter-Rollen erprobte.

Der Neuen Gedichte anderer Teil

Vier Tage, nachdem Rilke die *Neuen Gedichte* abgeschlossen hatte, begann er am 31. Juli 1907 mit den Gedichten, die er zu ihrem ‚anderen Teil' zusammenstellte. Er arbeitete genau ein Jahr an ihnen, bis zum 2. August 1908, und gab sie Mitte des Monats zum Druck. Sie erschienen knapp ein Jahr nach den *Neuen Gedichten* im November 1908. Schon durch die zeitliche Nähe, erst recht durch den Titel kann man sie einfach als zweiten Teil der *Neuen Gedichte* nehmen. Rilke hatte eine solche Fortsetzung schon früh in Betracht gezogen (vgl. BaV, 27). 1918 brachte der Insel Verlag dann die erste Ausgabe in einem Band heraus (allerdings unter Hinzufügung von vier Gedichten, die zu derselben Zeit entstanden waren, von Rilke aber in die ursprünglichen Ausgaben nicht aufgenommen worden waren). Als eine Einheit werden die beiden Bände auch heute noch zumeist begriffen.

Die *Neuen Gedichte* und *Der Neuen Gedichte anderer Teil* bilden allerdings keinen Zyklus im strengen Sinn, weder jeweils für sich noch zusammen. Zwischen einzelnen Gedichten beider Bände gibt es durchaus Verweisungen und Entsprechungen, ebenso wie zwischen den beiden Büchern im Ganzen. Nur eine, die erste von ihnen, stellen die beiden Apollo-Gedichte dar, die jeweils am Anfang stehen. Dennoch sind beide Bücher vor allem thematisch – locker – geordnete Sammlungen von Gedichten (vgl. Engel, in: KA, I, 917–918), die jeweils auch für sich stehen können. Jedes von ihnen ist nicht nur individuell, sondern originell, oft thematisch, immer sprachlich überraschend. Indem die *Neuen Gedichte anderer Teil* sich an den *Neuen Gedichten* zum Teil im Aufbau anschließen, schaffen sie einen formalen Zusammenhalt, den man aber auch nicht überbewerten darf.

Das ist schon in den beiden einleitenden Apollo-Gedichten deutlich. Sie gelten nicht nur zwei verschiedenen, auch verschieden alten Statuen, die Rilke beide im Louvre sah. Der ‚frühe Apoll' ist der Gott des Gesangs und der Dichtung, dessen Inspiriertheit das Gedicht poetologisch betont. Von dem archaischen Torso Apollos geht dagegen ein existenzieller Appell aus, der für Rilke aller Kunst innewohnt: „Du mußt dein Leben ändern" (KA, I, 513). Dem Gott der Dichtung und mit ihm der Kunst gewinnt Rilke so jeweils eine andere Seite ab.

Auch in den *Neuen Gedichte anderer Teil* gibt es eine ganze Reihe von Dinggedichten, die durch objektbezogenes Sprechen und die Suche nach Äquivalenten bestimmt sind, etwa *Fremde Familie*, *Schwarze Katze*, *Römische Campagna*, *Die Parke*, zumal das erste, außerdem *Die Laute*, *Falken-Beize*, *Das Rosen-Innere* und *Die Flamingos*. Eines der kunstvollsten ist *Der Ball*, für viele das Musterbeispiel eines Dinggedichts:

> Der Ball
> Du Runder, der das Warme aus zwei Händen
> im Fliegen, oben, fortgiebt, sorglos wie
> sein Eigenes; was in den Gegenständen
> nicht bleiben kann, zu unbeschwert für sie,
>
> zu wenig Ding und doch noch Ding genug,
> um nicht aus allem draußen Aufgereihten
> unsichtbar plötzlich in uns einzuleiten:
> das glitt in dich, du zwischen Fall und Flug
>
> noch Unentschlossener: der, wenn er steigt,
> als hätte er ihn mit hinaufgehoben,
> den Wurf entführt und freiläßt –, und sich neigt
> und einhält und den Spielenden von oben
> auf einmal eine neue Stelle zeigt,
> sie ordnend wie zu einer Tanzfigur,

> um dann, erwartet und erwünscht von allen,
> rasch, einfach, kunstlos, ganz Natur,
> dem Becher hoher Hände zuzufallen. (KA, I, 583–584)

Das ist ein Gedicht von bezwingender Sensibilität und Genauigkeit, einer Genauigkeit weniger des Denkens als des Fühlens, die schon in einem Vers wie „zu wenig Ding und doch noch Ding genug" deutlich wird. Gleichwohl ist es nicht leicht zu durchdringen.

In einem langen, kunstvoll gegliederten Satz folgt es der Flugbahn eines Balles, seiner kreisförmigen, aufsteigenden und abfallenden Bewegung: Von zwei Händen geworfen, wird er von ihnen oder anderen am Ende wieder aufgefangen. „Flug und Fall" werden in ihren einzelnen, schnell vergehenden Phasen beschrieben: In der Luft gelangt der Ball „oben" in eine Höhe, die auch die des Himmels ist, beschreibt für einen Moment eine kunstvolle Figur, bevor er wieder, der Schwerkraft unterworfen, zurückfällt in die Ordnung der Erde.

Dieser fast alltägliche, scheinbar bedeutungslose Vorgang wäre kaum der Rede wert, wenn Rilke ihm nicht Bedeutung abgewonnen hätte. Der Wechsel der Bewegung, den der Wurf erfährt, wird zur fortlaufenden Verwandlung, die in verschiedenen Pronomen vom „du" zum „er" angezeigt wird. Im Flug wird der Ball selbst ein Subjekt wie der, der ihn warf. Er gibt „das Warme aus zwei Händen" fort, trennt sich vom „Wurf" und lässt ihn schließlich wie ein Handelnder frei. Seine eigene Bewegung ordnet er für einen Augenblick zu einer „Tanzfigur" für die „Spielenden". So wird das Ding selbst zum Künstler, der eine unsichtbare Kunst ausübt, die dem Menschen im Spiel für einen Augenblick etwas Neues zeigt, vielleicht auch Freiheit schenkt.

So greifbar konkret ein Ball ist, so abstrakt ist, was Rilke in ihn hineindeutet: Er beschreibt, was zu sehen und was nicht zu sehen, allenfalls zu ahnen ist: wie sich Ball und Wurf trennen, wie in den Ball gleitet, was zu „leicht" für einen Gegenstand ist, aus ihm wieder entlassen wird und eine ‚Figur' wird – ein steter Wechsel von Innen und Außen, eine Verwandlung von Sichtbarkeit in Unsichtbarkeit. Es ist offensichtlich auch in diesem Fall das Wechselspiel eines „Geschehnis[ses, D.L.] in unserem Innern", das wir „unter dem Zeichen eines eben noch fremden und schon im nächsten Augenblick aufs neue entfremdeten Dinges" begreifen: Weniger als auf ein bestimmtes Erlebnis als auf diese Erfahrung einer Korrespondenz scheint sich das Gedicht zu beziehen.

Nicht alle *Neuen Gedichte anderer Teil* sind Dinggedichte. Viele sind vor allem erzählend und beschreibend, einem Gegenstand oder einer Person gewidmet wie *Eine Sibylle, Der aussätzige König*. Andere erzählen alt-bekannte Begebenheiten auf neue Weise wie die Gedichte nach biblischen Motiven, etwa *Samuels Erscheinung vor Saul, Ein Prophet* und *Absaloms Abfall, Don Juans Kindheit* und *Sankt Georg*, die nicht zufällig die gedanklichere Sonettform aufgeben. Wieder andere entwickeln Situationen wie die Neapel-Gedichte *Vor-Ostern, Der Balkon* und *Auswanderer-Schiff*. Auch sie weisen Vergleiche und Metaphern auf, die aber nicht mehr im Ganzen bestimmend sind und punktuell bleiben.

In der Erkenntnis des Gegenstandes, das kein Ding im strengen Sinn mehr ist, das Entsprechungen eröffnet, gehen die Porträtgedichte auf: z. B. *Eine Welke, Dame auf einem Balkon, Die Schwestern, Damen-Bildnis aus den achtziger Jahren* oder *Die Greisin* – kleine meisterhafte psychologische Studien. Zu ihnen gehört auch *Der Fremde*, in dem sich Rilke später wiedererkannt hat (vgl. BwmLAS, 305). Mit diesen ‚Bildnissen' kehrt er aber nicht unbedingt zur traditionellen subjektiven Lyrik zurück; in ihrer ‚Sachlichkeit' lesen sich manche geradezu wie Vorläufer späterer Gedichte der Neuen Sachlichkeit, etwa des jungen Erich Kästner, der im Übrigen ein Rilke-Leser war.

Den meisten der *Neuen Gedichte anderer Teil* gemeinsam ist tatsächlich der Stil des sachlichen Sagens: die Suche nach Äquivalenten, die Dominanz der dritten Person, zumeist wiederum im Singular, als „Er" oder „Sie", die kühle Genauigkeit und ein zugleich genau zerlegender und verbindender Blick. Das sind alles Momente einer „harten Sachlichkeit" (B 07–14, 74), wie Rilke sie verstand, die aber nicht jedem seiner Leser willkommen war. An sprachlicher und gedanklicher Dichte stehen sie dabei den *Neuen Gedichten* in nichts nach. Sie mögen ihnen in einer Hinsicht sogar voraus sein: in ihrer durch Übung gewonnenen künstlerischen Souveränität.

Was in den *Neuen Gedichten* noch nicht ganz gesicherte Errungenschaft war, ist in den *Neuen Gedichten anderer Teil* eine sicher gehandhabte Methode. Nach Norbert Fuerst stellen sie eine „Bravourleistung" dar, die für Rilkes „Selbstbewußtsein als Arbeiter" (Fuerst, 51) wichtig war: „Er bewies, dass er nicht mehr auf Inspiration angewiesen war" (ebd.). Tatsächlich schrieb Rilke seiner Frau schon am 9. August 1907, als er die *Neuen Gedichte* in den Druck gegeben hatte: „Es ist ein Buch: A r b e i t, der Übergang von der kommenden Inspiration zur herbeigerufenen und festgehalten[en]" (B 06–07, 305).

Die Formulierung spielt auf den Topos des Musenanrufs an: als Bitte um Inspiration – und verwischt den Unterschied zwischen Arbeit und Inspiration, den Rilke herstellt, gleich wieder. Offenbar war ihm die Idee der Inspiration so lieb, dass er sich endgültig von ihr nicht verabschieden konnte, obwohl er offensichtlich bereits auf andere Weise schrieb. Es ist nicht zuletzt *Der Panther*, an dem das zu erkennen ist. Er ist Rilke nicht so schnell gelungen, wie er es gewohnt war; ihm ging sogar eine Prosafassung, *Der Löwenkäfig*, voraus (vgl. Mason, 58). Gerade durch solche Arbeit hat er aber eine Sicherheit in der Herstellung ‚neuer Gedichte' gewonnen, die er bis in seine letzten Jahre hinein hat schreiben können.

Von der mustergültigen Dinglyrik unterscheiden sich die Gedichte, in denen Rilke zu subjektiver Lyrik zurückkehrt, wie etwa

Lied vom Meer
Capri. Piccola Marina

Uraltes Wehn vom Meer,
Meerwind bei Nacht:
   du kommst zu keinem her;
wenn einer wacht,
so muß er sehn, wie er
dich übersteht:
   uraltes Wehn vom Meer,
welches weht

nur wie für Urgestein,
lauter Raum
reißend von weit herein ...

O wie fühlt dich ein
treibender Feigenbaum
oben im Mondschein. (KA, I, 550)

Dieses kleine, in seinem Bau vollkommene „Lied", das von seiner Zeilenzahl her an ein Sonett erinnert, ist einem Erlebnisgedicht näher als einem Dinggedicht: ein suggestiver Singsang, der durch Wiederholungen das Rauschen des Meers und durch kurze Verse das stoßweise Wehen des Windes beschwört. An die Stelle ‚harter Sachlichkeit' tritt weiche Stimmungshaftigkeit. Das *Lied vom Meer* verrät, dass Rilkes lyrisches Repertoire durch die Dinggedichte nicht ausgeschöpft wurde.

Die Souveränität der *Neuen Gedichte*, zumal der *Neuen Gedichte anderer Teil* verdankt sich einer mehr als nur technischen, nämlich konzeptionellen Sicherheit. Rilke hatte sein Verständnis von der Aufgabe des Künstlers weiter geklärt. Am deutlichsten wird das in dem Brief, den er am 18. Dezember 1907 an Sidonie Nádherný von Borutin schrieb, als er die Arbeit an den *Neuen Gedichte* abgeschlossen und die an *Der Neuen Gedichte anderer Teil* begonnen hatte. Er spricht in diesem Brief zwar von dem verehrten Jens Peter Jacobsen, den die Baronesse gerade las, doch er meinte auch sich, wenn er ihr zu zeigen versuchte, was „den Dichter" (BaSNvB, 56) ausmache:

> Den, in dem das Dichtersein zu einer so natürlichen Theilhabe an Allem, zu einem so inständigen Miterleben, zu einer so wirklichen Betheiligung geworden ist: zu etwas so herzlich Innigem und Innerlichem, zu dem Unentbehrlichen, das an jeder Stelle nöthig ist; nicht nur neben dem Großen und Denkwürdigen; nein, neben dem Kleinen, dem Geringen, dem Flüchtigen und Verächtlichen; neben dem was Keiner sagt und mitzählt, dem immer wieder Verleugneten und Verschmähten; neben dem, dem das längste Unrecht geschah: da muß der Dichter sein [...] damit ihm Gerechtigkeit widerfahre. (ebd.)

Das ist Rilkes Version der Ansicht Rodins von der Kunst als ‚Auslegung des Lebens', und zwar des ganzen Lebens, die er in den *Neuen Gedichten* praktiziert hatte und in *Der Neuen Gedichte anderer Teil* im Begriff war, fortzuführen: die Allzuständigkeit des Dichters für das Leben.

„Wieder ein Armer": Cézanne und *Der Neuen Gedichte anderer Teil*

Während die *Neuen Gedichte* im Druck waren, zogen zwei Maler Rilkes Aufmerksamkeit auf sich. Anfang Oktober 1907 lieh ihm Mathilde Vollmoeller, die spätere Frau Hans Purrmanns, eine Mappe mit 40 Reproduktionen von Bildern Vincent van Goghs, die sie „aus Amsterdam mitgebracht hatte" (B 06–07, 341). Rilke studierte sie eingehend und teilte am 3. Oktober seine Eindrücke Clara mit. Van Gogh male „ohne Vorwurf" und „ohne Voreingenommenheit" (ebd., 344), in ihm lebe „wieder etwas vom heiligen Franz" auf: In seinen Bildern sei „die Armut schon reich geworden: ein großer Glanz aus Innen". Er sehe alles „als Armer" und zeige es „wie für arme Leute" (ebd., 346).

Rilke hatte einen weiteren Künstler von der Art Rodins entdeckt, dieses Mal einen Maler. Durch Zufall konnte er wenig später einige Arbeiten der beiden gleichzeitig vergleichend betrachten, so als gäbe es eine geheime Verbindung zwischen ihnen. Als er am 17. Oktober die Galerie Bernheim-jeune aufsuchte, um Zeichnungen Rodins zu sehen, zeigte ihm der Galerist „im Magazin: Van Goghs" (ebd., 388), die Rilke seiner Frau sogleich beschrieb.

Vom 6. Oktober an besuchte er dann fast täglich im Salon d'Automne die Gedächtnisausstellung für den im vergangenen Jahr verstorbenen Paul Cézanne. Paula Modersohn-Becker hatte ihn im Vorfeld schon auf sie hingewiesen. Nun war er gleich gefesselt von den Bildern. Die Ausstellung war ein Erlebnis für ihn: das „Cézanne-Erlebnis", wie es Herman Meyer genannt hat (vgl. Meyer, 244).

Rilke entdeckte nicht nur einen Maler, von dem er vorher nicht viel gewusst hatte, und nicht nur eine neue Art von Malerei, die auch in Frankreich lange nicht viel gegolten hatte. Bilder von Cézanne hatte er schon 1900 in der Berliner Galerie Paul Cassirer gesehen, ohne dass er sich tiefer auf sie eingelassen hätte. Doch jetzt war die Zeit dafür reif. Denn Rilke fand bei Cézanne eine Auffassung von Kunst, die er zu einem guten Teil schon von Rodin her kannte. Dass der Maler ihr eigene Akzente verlieh, zog ihn immer wieder in die Ausstellung, über die er intensiv nachdachte. Fast täglich schrieb er darüber seiner Frau.

Rilke wusste den Maler gleich in einen größeren, nicht auf die Malerei, nicht einmal auf die bildende Kunst beschränkten Zusammenhang zu stellen. Am 19. Oktober legte er das seiner Frau dar:

Du erinnerst sicher ... aus den Aufzeichnungen des Malte Laurids, die Stelle, die von Baudelaire handelt und von seinem Gedichte: „Das Aas". Ich musste daran denken, dass ohne dieses Gedicht die ganze Entwicklung zum sachlichen Sagen, die wir jetzt in Cézanne zu erkennen glauben, nicht hätte anheben können; erst musste es da sein in seiner Unerbittlichkeit. Erst mußte das künstlerische Anschauen sich so weit überwunden haben, auch im Schrecklichen und scheinbar nur Widerwärtigen das Seiende zu sehen, das, mit allem anderen Seienden, *gilt*. (KA, IV, 624)

Cézanne stand Rilke, wie Baudelaire, wie Rodin, wie van Gogh und wie Flaubert, den er auch noch erwähnte, für eine Sachlichkeit, die er als gemeinsames Moment moderner Literatur und Kunst ansah. Am 18. Oktober lobte er in diesem Sinn, am Beispiel der Porträts Cézannes, seine „unbegrenzte, alle Einmischung in eine fremde Einheit ablehnende Sachlichkeit" (ebd., 623), fünf Tage später, am Beispiel eines Selbstporträts, Cézannes „sachliche Wachheit" (ebd., 632):

Und wie groß und unbestechlich diese Sachlichkeit seines Anschauens war, wird auf beinah rührende Weise durch den Umstand bestätigt, daß er sich selbst, ohne im entferntesten seinen Ausdruck auszulegen oder überlegen anzusehen, mit soviel demütiger Objektivität wiederholte, mit dem Glauben und der sachlich interessierten Teilnahme eines Hundes, der sich im Spiegel sieht und denkt: da ist noch ein Hund. (ebd., 632–633)

Als Prinzip der Arbeit Cézannes erkannte Rilke die „réalisation" (vgl. dazu ausführlicher Kurz, 19–25): „die durch sein eigenes Erlebnis an dem Gegenstand bis ins Unzerstörbare hinein gesteigerte Wirklichkeit" (KA, IV, 608). Er übersetzte das Wort, das im Französischen u. a. sowohl ‚Verwirklichung' wie ‚Herstellung' bedeuten kann, als „Dingwerdung" (ebd.) und meinte damit, Rodin folgend, die Schaffung eines Kunstdings, das in seinem Dasein wirklich ist wie ein Naturding. Jedes seiner ‚Dinge' habe Cézanne „unparteiisch" (ebd., 616) gestaltet und sich dabei in einen Gegensatz zur „Stimmungsmalerei" gestellt: „Man malte: ich liebe dieses hier; statt zu malen: hier ist es" (ebd.), „man *beurteilt* es, statt es zu *sagen*" (ebd.), wie Cézanne es tat.

Die „réalisation" stellt Rilke als schwere Arbeit dar. Cézanne lebte „in fortwährender Wut, im Zwiespalt mit jeder einzelnen seiner Arbeiten, deren keine ihm das zu erreichen schien, was er für das Unentbehrlichste hielt" (ebd., 608). Die „Arbeit" füllte Cézanne Lebens so aus, „daß er die späteren dreißig Jahre seines Lebens nur noch gearbeitet hat" (ebd., 608). An der Beerdigung seiner Mutter nahm er, wie Rilke Clara erzählte, nicht teil, um arbeiten zu können: „Er befand sich ‚sur le motif', wie er es nannte. Damals war die Arbeit schon so wichtig für ihn und vertrug keine Ausnahme, nicht einmal die, die seine Frömmigkeit und Schlichtheit ihm doch sicher anempfohlen haben mußte" (ebd., 610).

Genau hat Rilke Cézannes Tagesablauf geschildert:

> schon um sechs Uhr stand er auf jeden Morgen, ging durch die Stadt in sein Atelier und blieb dort bis zehn; dann kam er auf demselben Weg zurück zum Essen, aß und war wieder unterwegs, oft noch eine halbe Stunde über das Atelier hinaus, „sur le motif" in ein Tal, vor dem das Gebirge der Sainte Victoire sich mit allen seinen tausend Aufgaben unbeschreiblich erhob. Dort saß er dann stundenlang, damit beschäftigt, die „plans" (von denen er sehr merkwürdigerweise genau mit denselben Worten wie Rodin immer wieder spricht) zu finden und hereinzunehmen. (ebd., 610–611)

Ein Kunst-Arbeiter, der nur für seine Arbeit da ist: So sah Rilke den Maler Cézanne. In ihm begegnete ihm wieder das „Immer-arbeiten-Können" (ebd., 602), das er schon an Rodin bewundert hatte, auch an van Gogh.

Dieser Arbeitshaltung wegen galt Cézanne allerdings seiner Umgebung als „ein alter Sonderling" (ebd., 608): ein Einsamer auch er. Das erkannte Rilke noch in der Ausstellung der Bilder wieder: „Er ist in diesem Salon eigentlich so allein, wie er es im Leben gewesen ist" (ebd., 623). Auch Cézanne, „jedesmal auf dem Weg zu seinem Atelier verlacht, verspottet, mißhandelt" (ebd., 608), ist für Rilke ein Armer. „Wieder ein Armer" (KA, IV, 623), stellte er lapidar fest, und er meinte das auch im Fall des Bankierssohnes Cézanne im franziskanischen Sinn.

Seine Erfolglosigkeit zu Lebzeiten schien Rilke nur folgerichtig. Sie brachte ihn „wieder auf die Idee, wie sehr jede Anerkennung (mit ganz vereinzelten, unverkennbaren Ausnahmen) einen mißtrauisch machen muß gegen die eigene Arbeit" (ebd., 620). Ob Rilke mit den wenigen Ausnahmen Rodin meinte, kann man nur vermuten. Cézanne, wie er ihn zeichnete, war jedenfalls ein Künstler ganz nach seinem Maß, den er umstandslos in die Galerie seiner Vorbilder einreihen konnte.

Vom 6. bis zum 22. Oktober 1907 schrieb Rilke Clara seine ‚Briefe über Cézanne'. Er plante ein Buch über den Maler, setzte den Plan aber nicht um. Er müsse „vorsichtig" sein, über Cézanne zu schreiben, verriet er seiner Frau, es würde seinen Bildern „sicher am gerechtesten sein" (ebd., 623), „wer sie ruhig in ihrem Vorhandensein zu bestätigen wüßte" (ebd., 622). Rilke erklärte sich allerdings später einverstanden mit der Veröffentlichung der Briefe, die aber erst ein Vierjahrhundert nach seinem Tod 1952 erfolgte.

Die Briefe über Cézanne sind Kunstliteratur, mit großer Sorgfalt – und wachsender Sicherheit – formuliert, fast durchweg druckreif. Sie können, auch ohne dass Rilke letzte Hand an sie gelegt hat, als Literatur bestehen. Gedacht als Austausch eines Dichters mit einer Bildhauerin über einen Maler, gehören sie zu Rilkes fortgesetztem Gespräch mit anderen Künstlern über Kunst und über den Zusammenhang zwischen „Persönlichkeit und Werk" (Kurz, 224). Was sie bis heute lesenswert macht, ist nicht zuletzt die Kunst der dichten Beschreibung von Bildern. Rilke hat einige Gemälde Cézannes ausführlich beschrieben, etwa „die Frau im roten Fauteuil" (KA, IV, 629), wie er das Porträt der Madame Cézanne von 1877 nannte. „*Es ist, als wüßte jede Stelle von allen*" (ebd., 630), schreibt er über dieses Bild – eine Formulierung, die abgewandelt im *Archaïschen Torso Apollos* wiederkehrt, der im folgenden Sommer entstand.

So wichtig Cézanne für Rilke war, in *Der Neuen Gedichten anderer Teil* taucht sein Name nicht auf. Rilke hat eindringliche Beschreibungen seiner Bilder angefertigt – aber nur in seinen Briefen. Es gibt von ihm kein Gedicht auf ein Gemälde Cézannes, auch kein Gedicht über ihn. In den *Neuen Gedichten anderer Teil* findet sich eines über einen Maler und seinen Gegenstand, das man dafür ansehen könnte: *Der Berg*. Sein Thema, so Herman Meyer, „ist das verzweifelt-leidenschaftliche und erst zuallerletzt zum Gelingen führende Ringen des Künstlers um eine letztthinnige künstlerische Verwirklichung; eine Unzahl von vorläufigen Versuchen, die alle auf den einen Punkt hinzielen", den Gegenstand, hier den Berg, „in seiner ganzen Wesenheit zu erfassen" (Meyer, 274).

Die Worte, die Meyer wählt, mögen eine Verbindung zu Cézannes Konzept der réalisation andeuten. Doch der Berg, von dem die Rede ist, ist nicht die Montagne Sainte-Victoire, der Hausberg Cézannes, und er ist auch nicht der Maler. Es ist der japanische Holzschnitt-Künstler Hokusai. In sein Porträt sind, wie Meyer im Einzelnen nachzuweisen versucht hat, nicht nur Züge Rodins, sondern, vor der Bekanntschaft mit seinem Werk allerdings, auch Cézannes eingegangen, dessen „Künstlertum ahnend heraufbeschworen" (Meyer, 279) werde.

Bei einem anderen der *Neuen Gedichte* mag der Bezug zu Cézanne deutlicher sein, sofern man Rilkes Briefe über ihn kennt:

Der Hund
Da oben wird das Bild von einer Welt
aus Blicken immerfort erneut und gilt.
Nur manchmal, heimlich, kommt ein Ding und stellt
sich neben ihn, wenn er durch dieses Bild

> sich drängt, ganz unten, anders, wie er ist;
> nicht ausgestoßen und nicht eingereiht
> und wie im Zweifel seine Wirklichkeit
> weggebend an das Bild, das er vergißt,
>
> um dennoch immer wieder sein Gesicht
> hineinzuhalten, fast mit einem Flehen,
> beinah begreifend, nah am Einverstehen
> und doch verzichtend: denn er wäre nicht. (KA, I, 585)

Auch das ist kein Gedicht über Cézanne, schon weil es bereits im Juli 1907 entstanden ist. Aber es dürfte den Hintergrund bilden für Rilkes Vergleich des Malers mit einem Hund im Brief an Clara vom 23. Oktober 1907: Auch er ist für ihn ein Schauender, zumindest augenblicksweise; auch er einer, der den Dingen nahe ist, nicht den Vorstellungen, die man sich „oben", in der Menschenwelt, von ihnen macht; auch er einer, der nicht eigentlich intellektuell begreift.

Die Suche nach Spuren Cézannes in der Lyrik Rilkes fördert eher Ähnlichkeiten als Abhängigkeiten zu Tage, die allerdings aufschlussreich sind (vgl. ausführlicher etwa Kurz, 240–338). Die Beschäftigung mit Cézanne hat Rilkes Werk nicht grundstürzend verändert. Er begegnete in dessen Gemälden wohl Neues – vor allem ging ihm die Bedeutung der Farbe für die Malerei auf, so wie er durch Rodin die Bildhauerei als Oberflächenkunst begriffen hatte (vgl. etwa KA, IV, 627–629). Vieles, wohl das meiste, was Rilke an Cézanne erkannte, war ihm jedoch schon bekannt, oft allerdings mehr undeutlich als deutlich. Die Beschäftigung mit dem Maler verhalf ihm zu Klarheit, nicht zuletzt über seine eigene Arbeit, auf die er sich vergleichend beziehen konnte.

Am 13. Oktober 1907 schrieb er: „In den Gedichten", gemeint waren die gerade im Druck befindlichen *Neuen Gedichte*, „sind instinktive Ansätze zu ähnlicher Sachlichkeit" (KA, IV, 617). Die „unerwartete Berührung" mit dem Werk Cézannes, heißt es fünf Tage später, sei für ihn „voller Bestätigung und Bezug" (KA, IV, 623):

> Es ist gar nicht die Malerei, die ich studiere (denn ich bleibe trotz allem Bildern gegenüber ungewiß und lerne nur schlecht, gute von weniger guten unterscheiden, und verwechsle beständig frühe mit spät gemalten). Es ist die Wendung in dieser Malerei, die ich erkannte, weil ich sie selbst eben in meiner Arbeit erreicht hatte oder doch irgendwie nahe an sie herangekommen war, seit lange wahrscheinlich auf dieses Eine vorbereitet, von dem so vieles abhängt. (ebd., 622)

„Daran, wieviel Cézanne mir jetzt zu tun gibt", schrieb er am 13. Oktober seiner Frau, „merk ich, wie sehr ich anders geworden bin. Ich bin auf dem Wege, ein Arbeiter zu werden, auf einem weiten Wege vielleicht und wahrscheinlich erst bei dem ersten Meilenstein" (ebd., 616). Rilke fühlte sich in Einklang mit anderen – französischen – Künstlern seiner Zeit, als ihr Zeitgenosse auch im ästhetischen Sinn: für den einsam Arbeitenden eine große Bestätigung.

Rilkes „Bezug" auf sein eigenes Werk ist vielleicht der wichtigste Ertrag der Beschäftigung mit Cézanne gewesen: Selbstreflexion in der Reflexion eines anderen. „Bestätigung" hat Rilke durch Cézanne dabei in mehrerer Hinsicht erhalten. Bestätigt fühlte er sich nicht nur durch dessen Arbeitsethos, das dem Rodins glich, und durch seine Sachlichkeit. Cézannes „Werkbesessenheit" wurde Rilke auch „für sein eigenes Dasein vorbildlich" (Meyer, 252), das sachliche Sagen vor allem für die Zeit der *Neuen Gedichte* und *Der Neuen Gedichte anderer Teil* und für die *Aufzeichnungen des Malte Laurids Brigge*. Danach sagte Rilke sich von dieser Kunst-Auffassung wieder los. Gleichwohl gehört es zur Besonderheit seines Künstlertums, dass der Augenmensch die große Wendung in seinem Werk, die nicht zuletzt seine Modernität bedeutet, der Auseinandersetzung mit einem Bildhauer und einem Maler verdankt.

Das *Requiem*

Zwei Künstler-Gedichte

Nachdem Rilke im August 1908 der *Der Neuen Gedichte anderer Teil* fertiggestellt hatte, spürte er Ende Oktober eine „unerwartete starke Strömung von Arbeit" (BaSNvB, 89). Am 31. begann er ein neues langes Gedicht: das *Requiem. Für eine Freundin*. Ein äußerer Anlass dafür ist nicht zu erkennen – die Freundin war schon fast ein Jahr tot –, mit Ausnahme des Allerseelen-Tages am 2. November, des katholischen Feiertages, an dem die Gläubigen ihrer Verstorbenen gedenken, zumal der im Fegefeuer.

Kaum hatte Rilke das Gedicht nach drei Tagen fertiggestellt, als er sich an das nächste *Requiem* machte, für das er nur zwei Tage brauchte. Beide Gedichte schickte er gleich an seinen Verleger Anton Kippenberg, mit dem Wunsch, sie sollten möglichst zusammen in einem Band veröffentlicht werden. Auf die *Neuen Gedichte* von 1907 und *Der Neuen Gedichte anderer Teil* von 1908 folgte so 1909 rasch ein weiterer Gedichtband: das *Requiem*. Allerdings war es ein schmales Buch von gerade einmal 26 Seiten, auf Bütten gedruckt. Das eine Gedicht, *Für eine Freundin*, ist Paula Modersohn-Becker gewidmet, das andere Wolf Graf von Kalckreuth. Beide sind nicht nur Toten-, sondern auch Künstlergedichte: Gedichte an und über früh verstorbene Künstler, Malerin die eine, Lyriker und Übersetzer der andere.

Die „blonde Malerin"

Rilke und Paula Becker haben sich sieben Jahre gekannt. Es war keine beständige Verbindung, sie waren sich, nicht nur räumlich, mal näher und mal ferner. Es war eine eigentümliche Künstlerfreundschaft, die zunächst diesen Namen kaum verdiente, anfangs mehr eine Verbindung zwischen zwei Künstlern, die nicht ihre Künste zusammengeführt hat. Rilke wusste, dass Paula Becker Malerin war, als er sie 1900 in Worpswede kennenlernte. Auch wenn er sie des Öfteren in ihrem Atelier aufsuchte, schenkte er doch ihren Bildern in dieser Zeit kaum Beachtung. Er war zuerst von der Person angezogen. Ihre Beziehung scheint anfangs am einfachsten gewesen zu sein, in der Zeit der Annäherung. Später kamen Komplikationen auf, nicht zuletzt durch ihrer beider Ehen, die nicht glücklich waren.

Nach der Verstimmung des Jahres 1902 sahen sie sich ein Jahr lang nicht. Als Rilke und seine Frau erfuhren, dass Paula nach Paris kommen wolle, schrieb er ihr am 29. Januar 1903. Er bat sie, „allen Unwillen, alles Mißtrauen und alle Fremdheit gegen uns abzuthun" (BwmPMB, 51), das sei ein „Mißverstehen", unter dem sie beide litten, und an dem er „schuldig" sei (ebd.). Er legte ihr die Sorgen der Westerweder Zeit, ihre „Schwere" (ebd., 52) dar, durch die bei ihnen beiden das „Bedürfnis nach Alleinsein bis ins Unsagbare gewachsen" (ebd.) sei.

In Paris trafen sie sich wieder. Für Paula Modersohn-Becker war es vielleicht ein gutes Omen, dass das Wiedersehen an diesem Ort stattfand. Anfang 1900 hatte sie dort Clara Westhoff besucht und selbst Malunterricht genommen. Aber die alte Vertrautheit stellte sich nicht wieder ein. Paula Modersohn-Becker fand das Ehepaar nicht nur von seiner Arbeit besessen und „zu sehr mit sich selbst beschäftigt", sondern auch bedrückt (BwPMBuOM, 226).

Zu einer neuerlichen Verstimmung kam es, als Rilke ihr am 23. Februar *Worpswede* überreichte, mit der Widmung: „Paula Modersohn-Becker als Heimats-Nähe in gemeinsamer Fremde". Als sie das Buch las, musste sie feststellen, dass weder eine Paula Becker noch eine Clara Westhoff auch nur erwähnt werden. Ihr Urteil fiel erst gemischt, dann streng aus. Am 19. Februar fand sie in dem Buch „viel Gutes und Liebes und viel Künstlerisch Schiefes", zwei Wochen später „viele Frasen und schöne Sätze", wie sie ihren Mann wissen ließ:

> Ich sehe allmählich hinter diesem Schwung der Rede eine große Hohlheit. Ich werde Dir das alles mündlich noch besser auseinandersetzen können. In meiner Wertschätzung singt [!] Rilke doch allmählich zu einem ziemlich kleinen Lichtlein herab, das seinen Glanz erhellen will, durch Verbindung mit den Strahlen der großen Geister Europas. (BwPMBuOM, 227)

Als Rilke im März wieder eine Grippe hatte, ging sie noch einen Schritt weiter: „Er kann Paris nicht vertragen und sollte lieber abreisen, denn das wäre vielleicht seiner Frau viel besser" (ebd., 232). Sie könne ihn „nicht mehr leiden", er halte es „mit jedem". Auch Clara verlor in ihren Augen:

> Über sie kann man garnicht urteilen. Sie ist in einem Zustande, der nicht anhalten kann, da muß man einfach warten, was daraus wird. Nur setzt sich glaube ich ein Posten Selbstanbetung in ihrem Gemüte fest, der wohl drin bleiben wird. (ebd., 232)

Damit war der Tiefpunkt der Beziehung Paula Modersohn-Beckers zu den Rilkes erreicht, aber nicht das Ende. In den folgenden Jahren verringerte sich der Abstand zwischen ihnen wieder, zuerst äußerlich. Als Clara Rilke 1904 nach Bremen und Worpswede zurückkehrte, versuchte die Freundin an die alte Verbindung anzuknüpfen. Doch Clara Rilke, die zunächst auf dem Barkenhoff wohnen konnte, erschien ihr weiter bedrückt. Ende des Jahres begann Paula Modersohn-Becker an ihrem Porträt zu arbeiten, das die Freundin im weißen Kleid mit einer kleinen Blume in der Hand zeigt. „Das Bild", schrieb Heinrich Vogeler dazu, „ist wie ein schmerzlicher Abschied und wie ein Rückblick auf Verlorenes" (Vogeler, Werden, 116).

Rilke meldete sich gleichfalls und besuchte sie Ende Dezember. Dieses Mal hatte er Augen für ihre Bilder, eines erwarb er sogar: *Säugling mit der Hand der Mutter.* Es ist das erste Bild, das Paula Modersohn-Becker verkaufen konnte. Das zweite erwarb Heinrich Vogeler. Am 17. Februar bedankte sie sich noch einmal bei Rilke für den Kauf: „Man freut sich, wenn jemand einen gern leiden mag, hauptsächlich, wenn es nicht viele Concurrenten gibt, wie in diesem Falle" (BwmPMB, 57). Damit habe er ihr „das erste Stück Paris gebracht". Und: „Ich habe das Gefühl, ich bekäme ein neues Leben geschenkt" (ebd.). Mit dem Kauf des Bildes wurde die Beziehung zwischen Rilke und Paula Modersohn-Becker vollends eine Künstlerfreundschaft.

Das Geld, das der Verkauf einbrachte, legte sie zurück für eine weitere, ihre letzte Paris-Reise. Denn inzwischen hatte sie sich entschlossen, Modersohn zu verlassen und Worpswede aufzugeben. Nur das Ehepaar Rilke weihte sie ein. In der Nacht nach ihrem 30. Geburtstag verließ sie Worpswede.

Rilke verwandte sich für die Malerin und empfahl sie der Aufmerksamkeit Karl von der Heydts. Dessen Cousin August von der Heydt, einer der großen deutschen Kunstsammler seiner Zeit, war der erste, der, nach ihrem Tod, einen größeren Posten ihrer Bilder erwarb (vgl. Frieling, 54). Sie sei, schrieb Rilke ihm mit bis heute oft zitierten Worten, „in einer ganz eigenen Entwicklung ihrer Malerei zu finden, rücksichtslos und geradeaus malend" (BaKuEH, 46).

Rilke kümmerte sich um Paula Modersohn in Paris, ging mit ihr essen, machte Spaziergänge und Ausflüge und besuchte Ausstellungen mit ihr. Er führte sie bei Rodin ein – bei der Enthüllung seiner *Denker*-Statue lernte sie Aristide Maillol kennen – und stellte sie seiner schwedischen Freundin Ellen Key vor. Er schenkte ihr die Neuauflage seines *Buchs der Bilder,* sie wiederum porträtierte ihn 1906.

Es ist das bekannteste, wohl am meisten gedeutete und umstrittenste Porträt Rilkes: Die Augen weit auf, den Mund geöffnet zum Reden – ein wenig so, wie man sich den frühen Apollo vorstellen kann, von Cézanne gemalt. Heinrich Vogeler sah in dem Bildnis des gemeinsamen Freundes „mönchische Weltabgeschiedenheit und scheinbare Weichheit, hinter der sich eine fanatische und zielbewußte geistige Kraft verbirgt" (Vogeler, Werden, 116). Rilke selbst schwieg sich über das Porträt aus. Manche haben sein *Selbstbildnis aus dem Jahre 1906,* das er in die *Neuen Gedichten* aufnahm, als eine „Erwiderung" (Stamm, 199) darauf gedeutet.

In der Pariser Zeit haben sich Rilke und Paula Modersohn auch über Maler verständigt, besonders über Vincent van Gogh. Aus einem Brief vom 28. Juni 1907 kann man schließen, dass Paula Modersohn Rilke auf Cézanne aufmerksam gemacht hat. In seinem letzten Brief an sie vom 21. Oktober 1907 fasste er seinen Eindruck von der Gedächtnisausstellung zusammen: „Cézanne war ein Ereignis" (BwmPMB, 77).

Nachdem Otto Modersohn seine Frau in Paris aufgesucht hatte, um die Fortführung der Ehe zu erreichen, kehrte sie mit ihm im März 1908 nach Worpswede zurück. Am 6. November gratulierte Rilke, per Telegramm aus Breslau, dem Ehepaar zur Geburt der Tochter. Am 20. November starb Paula Modersohn-Becker in Worpswede im Kindbett an einer Embolie.

Rilke muss das Gefühl gehabt haben, dass in seiner Beziehung zu ihr etwas unabgegolten geblieben sei: ungelebtes Leben. Es dauerte noch ein Jahr, bis er wusste, was er über sie noch sagen wollte.

Das *Requiem* für Paula Modersohn-Becker

Rilkes *Requiem. Für eine Freundin* trägt die Gattungsbezeichnung nicht ganz zu Recht, die eine katholische Messe meint, die für den Toten am Tag seiner Beerdigung gefeiert wird. Es ist zwar auch ein Toten-Gedicht, aber nicht in der Art einer Fürbitte, sondern eines Gesprächs, und es fehlt ihm das für ein Requiem typische Motiv der ewigen Ruhe.

Wie aller überkommenen Formen bedient sich Rilke auch der des Requiems auf seine freie Weise.

Anlass des Gedichts ist die Wiederkehr der Toten, ihre Unruhe: „du, du kehrst/ zurück; du streifst mich, du gehst um" (KA, I, 414). Paula ist, wie eine Seele im Fegefeuer, eine unerlöste Tote, dazu eine Wiedergängerin, die umherirrt, den Sprecher erschreckend: „daß du von deiner Ewigkeit ein Stück/ verlierst und hier hereintrittst" – „dies weckt mich nachts oft wie ein Dieb, der einbricht" (KA, I, 415). Der Sprecher fragt, beschwörend, ob sie „irgendwo/ ein Ding zurückgelassen" habe, das sie suche, um es ins Jenseits mitzunehmen, und kommt auf „Früchte":

> Denn Das verstandest du: die vollen Früchte.
> Die legtest du auf Schalen vor dich hin
> und wogst mit Farben ihre Schwere auf.
> Und so wie Früchte sahst du auch die Fraun
> und sahst die Kinder so, von innen her
> getrieben in die Formen ihres Daseins.
> Und sahst dich selbst zuletzt wie eine Frucht,
> nahmst dich heraus aus deinen Kleidern, trugst
> dich vor den Spiegel, ließest dich hinein
> bis auf dein Schauen; das blieb groß davor
> und sagte nicht: das bin ich; nein: dies ist.
> So ohne Neugier war zuletzt dein Schaun
> und so besitzlos, von so wahrer Armut,
> daß es dich selbst nicht mehr begehrte: heilig. (ebd., 416)

Rilkes Würdigung der Malerin in den vierzehn gedrängten Versen lässt erkennen, wie hoch er sie schätzte. In wenigen Worten gelingt es ihm, ihre Malerei: die Stillleben die Frauenbildnisse und die Selbstporträts, konzise zu charakterisieren. Für ihre Kunst verwendet er dabei all die Ausdrücke, mit denen er ein Jahr zuvor schon Cézannes sachliches Sagen gerühmt hatte: „Schauen", „besitzlos", „Armut" und, als höchste Steigerung: „heilig". Paula Modersohn-Beckers Orientierung an Cézanne war dabei mitgedacht.

Mit dem Porträt der Toten wird das *Requiem* zur Elegie. „Laß uns zusammen klagen, daß dich einer/ aus deinem Spiegel nahm" (ebd., 417), wird die Tote aufgefordert. Die Klage gilt zunächst der Kürze ihres Lebens:

> Wie war dein Leben kurz, wenn du's vergleichst
> mit jenen Stunden, da du saßest und
> die vielen Kräfte deiner vielen Zukunft
> schweigend herabbogst zu dem neuen Kindkeim,
> der wieder Schicksal war. O wehe Arbeit.
> O Arbeit über alle Kraft. […] (ebd., 418)

Mit dem – psychologisch aufschlussreichen – Wort vom „Kindkeim", der „wieder Schicksal" war, suggeriert Rilke, Paula Modersohn-Becker hätte mit der Schwangerschaft bereits den Tod in sich gehabt:

> So starbst du, wie die Frauen früher starben,
> altmodisch starbst du in dem warmen Hause
> den Tod der Wöchnerinnen, welche wieder
> sich schließen wollen und es nicht mehr können,
> weil jenes Dunkel, das sie mitgebaren,
> noch einmal wiederkommt und drängt und eintritt. (ebd., 419)

Für Rilke ist der Tod der Malerin „altmodisch": er traf Frauen „früher". Das ist nicht nur medizinisch gemeint. Die Tote war für ihn der Rolle der Kinder gebärenden Frau schon entwachsen: Als Künstlerin war sie zu *sich* gekommen und dann durch die Schwangerschaft aus dieser Existenz wieder herausgeholt worden. Der „Tod der Wöchnerinnen" war ihr deshalb nicht angemessen: nicht ihr eigener Tod. Die Klage über ihn wird dann ausdrücklich zur Anklage:

> […] Doch jetzt klag ich an:
> den Einen nicht, der dich aus dir zurückzog
> (ich find ihn nicht heraus, er ist wie alle),
> doch alle klag ich in ihm an: den Mann. (ebd., 419)

Rilke greift den Gedanken auf, den er in den *Aufzeichnungen des Malte Laurids Brigge* eingehender entwickelt: dass der Mann – noch – nicht lieben könne, es nur falsch tue, wenn er es versuche:

> […] dieses Leiden dauert schon zu lang,
> und keiner kanns; es ist zu schwer für uns,
> das wirre Leiden von der falschen Liebe,
> die, bauend auf Verjährung wie Gewohnheit,
> ein Recht sich nennt und wuchert aus dem Unrecht.
> Wo ist ein Mann, der Recht hat auf Besitz?
> Wer kann besitzen, was sich selbst nicht hält,
> was sich von Zeit zu Zeit nur selig auffängt
> und wieder hinwirft wie ein Kind den Ball. (ebd., 419–420)

Rilke sieht in dieser falschen Liebe, die die Frau um ihr Eigenes bringt, Schuld: Schuld des zur richtigen Liebe unfähigen Mannes.

> Denn *das* ist Schuld, wenn irgendeines Schuld ist:
> die Freiheit eines Lebens nicht vermehren
> um alle Freiheit, die man in sich aufbringt.
> Wir haben, wo wir lieben, ja nur dies:
> einander lassen; denn daß wir uns halten,
> das fällt uns leicht und ist nicht erst zu lernen. (ebd., 420)

Bei Künstlern ist diese Schuld, den Geliebten ‚besitzen' zu wollen, jedoch noch größer:

> Die Frauen leiden: lieben heißt allein sein,
> und Künstler ahnen manchmal in der Arbeit,
> daß sie verwandeln müssen, wo sie lieben. (ebd.)

Das Resümee bringt den großen Konflikt der Künstler sentenzhaft auf den Punkt:

> Denn irgendwo ist eine alte Feindschaft
> zwischen dem Leben und der großen Arbeit. (ebd., 421)

Das sind noch nicht die Schlussverse, aber ihr Eindruck ist schwer zu verwischen. So wirkt das Ende fast rhetorisch:

> Komm nicht zurück. Wenn du's erträgst, so sei
> tot bei den Toten. Tote sind beschäftigt.
> Doch hilf mir so, daß es dich nicht zerstreut,
> wie mir das Fernste manchmal hilft: in mir. (ebd.)

Das *Requiem. Für ein Freundin* ist ein starkes Gedicht, zweifellos eines der stärksten der Pariser Zeit, nicht zuletzt durch die erstaunliche Sicherheit der Rede. Es ist die Beschwörung einer toten Künstlerin, die um ihr Leben und das ihr Wichtigste: „eine lange Arbeit" (ebd.) gebracht wurde, durch den Mann, der sie in die überkommene Rolle der Frau als Mutter zurückdrängte.

Das *Requiem* ist aber auch ein fragwürdiges Gedicht, in mehr als einer Hinsicht. Fragwürdig ist schon das Ausgangsmotiv der unerlöst zwischen Diesseits und Jenseits herumirrenden, in ihrer ewigen Ruhe gestörten Toten. Ist es mehr als Aberglaube? Trägt es als Anlass eines modernen Toten-Gedenkens? Das Gedicht hätte nicht verloren, wenn Rilke auf die Suche nach einer Korrespondenz dieses Mal verzichtet und sich auf sein subjektives Empfinden beschränkt hätte: Nicht die Tote kommt zurück, er kommt auf sie zurück.

Der Malerin, die, wie er sie verstand, der sachlichen Kunst verpflichtet war, widmet er ein Gedicht, das diesem Prinzip allerdings nur passagenweise folgt. Vor allem im zweiten Teil ist es eine Abrechnung: mit dem „Mann". Darin liegt ein starker Impetus, der für seine Zeit ungewöhnlich war: Rilke ergreift die Partei der Frau als Künstlerin und fordert für sie die richtige, die angemessene Liebe, die, die den anderen nicht besitzen, auch nicht über ihn verfügen will, sondern „lassen" kann: sein lassen, wie er – oder sie – ist. In seinem Verständnis: eine ‚besitzlose' Liebe.

Doch seine Sicht auf Leben und Sterben der Toten ist subjektiv, wesentlich Deutung, ja Meinung: seine Meinung über die wahre Liebe; die Unfähigkeit des Mannes, sie zu leben; über die Künstlerin, die nicht Mutter sein soll; und den angemessenen, den eigenen Tod, den er seit dem *Stunden-Buch* beschworen hat. Man kann diese Ansichten teilen, man kann an allen aber auch zweifeln, nicht zuletzt an der über die Liebe: Dass „lieben heißt allein sein", mag ein Satz über eine eigene Erfahrung sein, taugt darüber hinaus als allgemeine Maxime aber nicht viel.

Ansicht ist auch, was Rilke vom Mann der Toten sagt. Zwar betont er, er meine „den Einen nicht", doch ist das nicht leicht nachzuvollziehen. Denn die Schuld *des* Mannes muss auch die Schuld *dieses* Mannes sein – umso mehr, als er selbst ein Künstler ist. Es ist eben nicht ‚der Mann‘, der Paula Becker zur Mutter gemacht hatte. Es ist *ihr* Mann: Otto Modersohn. In der Anklage gegen ihn wird Rilke persönlich. Von diesem Mann zu sagen: „ich find ihn nicht heraus, er ist wie alle", ist eine Kränkung, weil Rilke ihn, seit ihrer gemeinsamen Worpsweder Zeit, sehr wohl herausfinden konnte.

Fraglich ist auch, ob er überhaupt zu recht von einer ‚Schuld‘ des Mannes ausgehen kann. Es spricht manches dafür, dass Paula Modersohn-Becker, die viele Kinder porträtiert hat, Mutter werden wollte. Abgesehen davon, dass auch damals eine Schwangerschaft nicht so schicksalhaft enden *musste* wie ihre, ist Rilkes Urteil über die Ehe der Modersohns und den Weg Paulas nicht frei von Anmaßung. So nannte er sie Sidonie Nádherný von Borutin gegenüber „eine Frau", „die aus den großen Anfängen eigener künstlerischer Arbeit zurückglitt in die Familie zunächst und von da ins Verhängnis und in den unpersönlichen, nicht selbst vorbereiteten Tod" (BaSNvB, 89).

In all dem ist Rilkes Befangenheit kaum zu übersehen. Was er ‚dem Mann‘ vorwirft: dass er die Künstlerin nicht Künstlerin sein ließ, sondern auch als Mutter wollte, wodurch sie in Familie und Ehe „zurückglitt" – das ist auch Teil seiner Lebensgeschichte: Auch Clara Rilke hat ein Kind bekommen, mit ihr hat auch er, wenngleich nur kurz, versucht, Familie zu leben.

Rilkes *Requiem. Für eine Freundin* scheint im Letzten nicht durchdacht. Es ist zu bezweifeln, ob es „eines der komplexesten und bedeutendsten Gedichte Rilkes" (Stamm, in: BwmPMB, 110) ist. Denn auch künstlerisch ist es in einem zentralen Punkt widersprüchlich. Selbst wenn Rilke sich in ihm noch einmal auf die Kunst des sachlichen Sagens beruft und, nicht zu Unrecht, Paula Modersohn-Becker ihr zuordnet, ist das *Requiem* doch das erste große Gedicht, in dem er sich von dieser Art der Kunst abzuwenden beginnt. Mit der Klage fällt er hinter das Prinzip des sachlichen Sagens zurück. Er sagt nicht mehr: So ist es, oder: So war es, sondern: Ich beklage das. Eine solche Klage bedürfte menschlich nicht der Rechtfertigung, steht aber dem künstlerischen Prinzip des Autors entgegen. Dieser Widerspruch allerdings ist symptomatisch.

Das *Requiem* für Wolf Graf von Kalckreuth

Von der Poetik des sachlichen Sagens entfernt sich Rilke auch mit dem zweiten *Requiem. Für Wolf Graf von Kalckreuth*. Der junge Kalckreuth hatte sich zwei Jahre zuvor, am 9. Oktober 1906, das Leben genommen. Der Sohn des Landschaftsmalers Leopold von Kalckreuth war erst 19 Jahre alt gewesen. Er hatte sich als Einjährig-Freiwilliger zum Militärdienst gemeldet und sich, offenbar überfordert von der Ausbildung, in der Kaserne erschossen. 1907 veröffentlichte der Insel Verlag seine Übersetzungen der *Fleurs du Mal* Charles Baudelaires, im folgenden Jahr eine Auswahl seiner eigenen Lyrik, die Rilke kannte.

Das Gedicht auf den jungen Kalckreuth, ein weiteres Totengedenken, ist gleich nach dem Gedicht auf Paula Modersohn-Becker am 4. und 5. November 1908 entstanden. Anton Kippenberg ließ Rilke am 6. wissen, es sei durch „dieselbe Arbeitsströmung" ihm „zugetragen" worden (BadV, 45) – als wäre es ein weiterer Fall von ‚Inspiration' gewesen. Die Fortsetzung der Trauerarbeit ist aber psychologisch nicht schwer zu erklären: Rilke hat sich an den frühen Tod eines weiteren noch jungen Künstlers erinnert. Dass ihn, wie er seinem Verleger mitteilte, „Schicksal und Hingang" des jungen Menschen „dringend berührt" hätten (ebd.), liegt auf der Hand: Ein sensibler junger Mann, literarisch begabt, der sich das Leben nimmt, weil er nicht weiß, wie er dem Militärdienst wieder entkommen konnte – ein solches Schicksal konnte den früheren Kadetten Rilke, der seine Zeit in der Militärschule als Trauma in Erinnerung behalten hatte, kaum unberührt lassen.

Der Gestus des Gedichts ist am Anfang – aber nicht nur dort – fragend:

> Sah ich dich wirklich nie? Mir ist das Herz
> so schwer von dir wie von zu schwerem Anfang,
> den man hinausschiebt. Daß ich dich begänne
> zu sagen, Toter der du bist: du gerne,
> du leidenschaftlicher Toter. War das so
> erleichternd wie du meintest, oder war
> das Nichtmehrleben doch noch weit vom Totsein? (ebd., 422)

Das sind etwas merkwürdige Fragen, die nur einen Sinn ergeben, wenn der Tod als weiteres Leben verstanden wird – wie es Rilke offenkundig tat.

Mit einem Toten bekannt werden wollen ist für ein Requiem paradox, das üblicherweise dazu dient, von ihm Abschied zu nehmen. Dabei ist allerdings, in christlicher Sicht, der Selbstmord ein Problem. Mit ihm hadert auch der Sprecher:

> Daß du zerstört hast. Daß man dies von dir
> wird sagen müssen bis in alle Zeiten. (ebd., 423)

Der Selbstmord ist das Stigma des Toten, doch hindert er den Sprecher nicht daran, mehr über ihn wissen zu wollen. Dieses ‚Kennenlernen' ist allerdings vor allem eine Vorstellung: ein konjunktivisches Sprechen. Konjunktivisch ist nicht zuletzt die Frage: Was wäre gewesen, wenn der Tote ein Erlebnis, etwa ein Liebeserlebnis gehabt hätte, das ihn im Leben gehalten hätte?

> [...] Hätte eine Frau
> die leichte Hand gelegt auf dieses Zornes
> noch zarten Anfang; wäre einer, der,
> beschäftigt war, im Innersten beschäftigt,
> dir still begegnet, da du stumm hinausgingst,
> die Tat zu tun – ; [...] (ebd., 424)

Diese Möglichkeit einer Wendung des Lebens spielt der Sprecher durch:

> du hättest jäh bei einem hellen Einsehn
> die Schrift gelesen, deren Zeichen du

> seit deiner Kindheit langsam in dich eingrubst,
> von Zeit zu Zeit versuchend, ob ein Satz
> dabei sich bilde [...] (ebd.)

Doch der Tote fand oder sah nicht die Zeichen, die ihn vor dem Freitod zurückgehalten hätten – die Zeichenschrift einer Ermahnung oder Ermunterung zum Leben:

> Du lasest's nie. Wir aber wagen nicht,
> zu lesen durch den Schmerz und aus der Ferne. (ebd.)

Und doch erkennt der Sprecher den Toten schließlich – in seinen Versen:

> Nur den Gedichten sehn wir zu, die noch
> über die Neigung deines Fühlens abwärts
> die Worte tragen, die du wähltest. Nein,
> nicht alle wähltest du; oft war ein Anfang
> dir auferlegt als Ganzes, den du nachsprachst
> wie einen Auftrag. [...] (ebd.)

In dem Wort vom Nachsprechen könnte man eine Anspielung auf Kalckreuths Tätigkeit als Übersetzer lesen. Doch scheint es, als Ausdruck für ein poetisches Sprechen, eher auf Rilkes Inspirations-Poetik zu verweisen: Es ist Teil des ‚Auftrags'.

„Jubel" bricht beim Sprecher aus, wenn er von des Toten „Art zu sagen" spricht:

> [...] denn dies war dein:
> Daß jedes Liebe wieder von dir abfiel,
> daß du im Sehendwerden den Verzicht
> erkannt hast und im Tode deinen Fortschritt.
> Dieses war dein, du, Künstler; diese drei
> offenen Formen. [...] (ebd., 425)

Mit diesen Worten stellt Rilke den Toten in die Reihe der Schauenden, die ganz aufgehen im Sehen. Mit den Worten: „Dieses war dein, du, Künstler" wird Kalckreuth endgültig zu den Künstlern gerechnet, die auf die Liebe verzichten und ihr Ich aufgeben, um sich inspirieren zu lassen durch den „Ausguß" (ebd.). Doch indem er sein *Leben* beendete, habe er eine der „offnen Formen" des Künstlers „zu früh zerbrochen": Er habe „das Hohle jener Formen" gespürt und sich beklagt. Das führt Rilke dann zu seiner großen Klage:

> [...] O alter Fluch der Dichter,
> die sich beklagen, wo sie sagen sollten,
> die immer urteiln über ihr Gefühl,
> statt es zu bilden; die noch immer meinen,
> was traurig ist in ihnen oder froh,
> das wüßten sie und dürftens im Gedicht
> bedauern oder rühmen. Wie die Kranken
> gebrauchen sie die Sprache voller Wehleid
> um zu beschreiben, wo es ihnen wehtut,
> statt hart sich in die Worte zu verwandeln,
> wie sich der Steinmetz einer Kathedrale
> verbissen umsetzt in des Steines Gleichmut. (ebd.)

Auch das ist noch einmal ein Bekenntnis, ja eine Ermahnung zum sachlichen Sagen, das Kalckreuth verfehlt hat. Rilke bedient sich dabei des Vergleichs mit dem Baumeister einer Kathedrale, der zumindest für manche seiner Leser auch als Selbstzitat zu erkennen gewesen sein dürfte.

Die Passage ist noch in einem anderen Sinn beziehungsreich. Die „Vorstellung, das Schicksal des Dichters könne so restlos in seinem Werk veräußerlicht werden, daß es nicht mehr zu ihm zurückzukehren vermag", hat Eudo Mason erkannt, „steht in einem wesentlichen Bezug zu der Aufgabe, die Rilke in diesen gleichen Monaten beschäftigte, die Vollendung der *Aufzeichnungen des Malte Laurids Brigge*": seinem Versuch, die „eigene Verzweiflung aus sich herauszustellen" und einer Figur aufzubürden (Mason, 70). Dass dieses Programm nicht aufgehen muss, erfuhr er aber erst nach dem Abschluss des Buchs.

Am Ende des *Requiems* ermuntert der Sprecher den Toten: „Sei nicht beschämt". Durch die Trauer der Lebenden – und ihr Urteil über ihn – werde er nicht vor den anderen Toten „seltsam" beladen:

> Die großen Worte aus den Zeiten, da
> Geschehn noch sichtbar war, sind nicht für uns.
> Wer spricht von Siegen? Überstehn ist alles. (ebd., 426)

Der letzte Vers ist ein großartiges Finale – das großartige Finale eines nicht ganz so großartigen Gedichts. Er ist oft zitiert, Rilke für ihn bewundert worden, auch von anderen Dichtern wie etwa Gottfried Benn.

Die beiden kurzen Sätze ergeben tatsächlich eine nicht nur sprachlich vollkommene Sentenz. Ihre Anwendbarkeit geht weit über den Gegenstand dieses Gedichts hinaus. Sie ist ein Vers für Rilkes Zeit und für spätere Zeiten, wohl auch noch für eine wie unsere. Zusammen mit „Du mußt dein Leben ändern" ist sie eine der großen Formulierungen Rilkes, immer wieder zitierbar.

Dem Gedankengang des *Requiems* ist nicht leicht zu folgen. Insbesondere erschließt sich nicht unbedingt, was noch Bezug zu dem jungen Selbstmörder hat und was schon, über diesen Fall hinaus, allgemein gesagt ist. Das mag auch darin begründet sein, dass Rilke nicht viel über Wolf von Kalckreuth wusste, und alles, was er wusste, hatte er aus zweiter Hand. Eigene Anschauung und Erfahrung, die Voraussetzung für sachliches Schauen und Sagen, fehlten ihm in diesem Fall.

So dürfte die Bedeutung des *Requiems* vor allem darin bestehen, dass Rilke in ihm, nach seinen beiden voraufgegangenen Gedichtbänden, noch einmal einen Aspekt seiner Auffassung vom Künstlertum entwickelt hat: Das höchstes Prinzip des Künstlers muss es sein, seine Subjektivität nicht eigentlich zu vergessen, sondern zu verwandeln – in das Werk. Das gilt – von diesem Gedicht her geurteilt – besonders, wenn die Persönlichkeit, wie im Fall des jungen Kalckreuth, selbst gefährdet ist. Die Verwandlung in ein Werk kann dann eine Rettung aus Schlimmerem sein. Dass Kalckreuth dies nicht gelang, beklagt Rilke, der auch mit diesem Tod hadert: Durch ihn bleibt wie bei Paula Modersohn-Becker ein Künstlerleben ungelebt.

Anton Kippenberg schrieb Rilke, als er das zweite *Requiem* fertiggestellt hatte: „die beiden Dichtungen ergänzen und bestärken einander" (BadV, 45) – weshalb er sie auch zusammen veröffentlicht haben wollte. Sie verbindet nicht nur, dass sie zwei Toten gewidmet sind, zu denen Rilke allerdings unterschiedlich gestanden hatte. Er hat ihre Tode auch zum Anlass genommen, zu zeigen, wo dem Künstlertum tödliche Gefahren drohen und wie ihnen zu begegnen sei, und zwar mit den Mitteln des Künstlers. So gehören beide zu seinem Nachdenken über Kunst und Künstlertum, das dieses Mal aber nicht in der Prosa des Essays oder des Briefes, sondern im Gedicht stattfindet, das so auch einen poetologischen Charakter erhält. Die Selbstwidersprüchlichkeit seiner poetischen Praxis: dass er in beiden Gedichten noch einmal das sachliche Sagen beschwört, ohne ihm noch ganz folgen zu können, ist dabei ein Zeichen dafür, dass er im Begriff war, es hinter sich zu lassen. Er war auf dem Weg zu etwas Anderem, das er gedanklich noch nicht eingeholt hatte.

Der Künstler-Roman: *Die Aufzeichnungen des Malte Laurids Brigge*

Das „Prosabuch"

Mit der Drucklegung des *Requiems* war Rilke frei für die Fortsetzung seiner Arbeit an den *Aufzeichnungen des Malte Laurids Brigge*. Es war inzwischen ein überjähriges Projekt. Er hatte es bereits am 8. Februar 1904 in Rom begonnen, es dann liegen lassen, sich wieder vorgenommen und abermals liegen lassen. Am Anfang hatte er mit ihm einige Hoffnungen verknüpft, wie er Lou Andreas-Salomé nach neun Wochen, am 15. April, schrieb. Es habe sich nämlich gezeigt,

> daß meine Arbeitsweise (ebenso wie mein viel aufnehmenderes Schauen) sich geändert hat, so daß ich wohl nie mehr dazu kommen werde, ein Buch in zehn Tagen (oder Abenden) zu schreiben, vielmehr für jedes lange und ungezählte Zeit brauche werde; das ist gut, es ist ein Fortschritt nach dem Immerarbeiten hin, das ich um jeden Preis mir erringen will; vielleicht eine erste Vorstufe dazu. (BwmLAS, 145)

Doch Rilkes Arbeitsweise änderte sich nicht wie erhofft. Zwar schrieb er noch einmal gleich zwei Bücher in kurzer Zeit, aber bis dahin sollten noch fast 20 Jahre vergehen. Für die *Aufzeichnungen des Malte Laurids Brigge*, wie für die beiden Bände der *Neuen Gedichte*, brauchte er tatsächlich länger als für die früheren Bücher, aber von einem „Immerarbeiten" konnte dabei nicht die Rede sein.

Die erste Arbeitsphase an den *Aufzeichnungen* war bald vorbei. Während seines Aufenthalts in Dänemark und Schweden von Ende Juni bis Anfang Dezember 1904 recherchierte Rilke zwar für das Buch, aber am 17. Oktober ließ er Lou Andreas-Salomé wissen, er fühle sich krank und habe das „in Rom begonnene Buch" seither „noch nicht wieder aufgenommen": „Ich bin noch in keiner Arbeit" (ebd., 185). Erst während seines Aufenthalts auf Capri von Dezember 1904 bis Mai 1905 setzte er neu an, stellte die Arbeit aber zugunsten der an seinen neuen Gedichten immer wieder zurück.

Im September 1908 wandte Rilke sich dann erneut den *Aufzeichnungen* zu. Karl von der Heydt berichtete er drei Monate später, dass es mit ihnen allerdings nur

„sehr, sehr langsam" (BaKuEH, 158) vorangehe. Doch auch diese Phase war Mitte Februar 1909 schon wieder vorbei. Rilkes Hoffnung, das fertige Manuskript im August an den Insel Verlag schicken zu können, erfüllte sich nicht. Noch im Oktober war bloß „die Hälfte da" (BadV, 69). Im Dezember konnte Rilke endlich Anton Kippenberg von größeren Fortschritten berichten. Er kündigte, vorsichtig zunächst, seinen Besuch in Leipzig an, um das Manuskript abzuschließen und der Verlagssekretärin zu diktieren. Damit begann er auch tatsächlich am 12. Januar 1910.

Die immer wieder unterbrochene Arbeit an den *Aufzeichnungen* trug dazu bei, Rilkes Zweifel an Rodins Maxime des ‚Immerarbeitens' zu verstärken, zumindest soweit er sie auf sich anzuwenden versuchte. Er wollte, wie er Lou Andreas-Salomé am 12. Mai 1904 schrieb, versuchen, „[b]ei meiner Arbeit zu bleiben und alles Zutrauen zu haben *nur* zu ihr" (BwmLAS, 159). Doch wenn er gehofft hatte, dass sie ihn „langsam vielleicht zu der Möglichkeit eines *toujours travailler* hinführen" werde (ebd.), so sah er sich schon bald enttäuscht. Sein Arbeitsrhythmus war eher intermittierend als kontinuierlich. Immer wieder anzufangen lag ihm mehr als fortzufahren.

Für die lange und verwickelte Entstehungsgeschichte des Buchs (vgl. Engel, Malte, 319–328) gibt es mehrere Gründe. Rilkes unstete Lebensweise gehört ebenso dazu wie seine schwache Gesundheit, die immer wieder Arbeitspausen erzwang. Aber das Buch stellte ihn offensichtlich auch vor konzeptionelle Probleme, so dass er es Mal um Mal, von der Fertigstellung des *Stunden-Buchs* 1905 bis zur Neuausgabe von *Mir zur Feier* 1909 unter dem Titel *Frühere Gedichte*, vorzog, sich anderes vorzunehmen, das ihn weniger forderte.

Entstanden ist in diesem schwierigen und durch Schwierigkeiten verzögerten Prozess ein besonderes, allerdings nicht eben leicht zu verstehendes Buch. *Die Aufzeichnungen des Malte Laurids Brigge* sind im Vergleich mit den großen Romanen des frühen 20. Jahrhunderts, etwa James Joyces *Ulysses,* Thomas Manns *Der Zauberberg* oder Robert Musils *Der Mann ohne Eigenschaften* ein schmales Werk. Die erste Ausgabe bestand aus zwei kleinformatigen Bänden zu je ungefähr 190 – großzügig gesetzten – Seiten. Das ist nicht viel, nicht nur gemessen an den sieben Bänden von Prousts *À la Recherche du temps perdu* mit über viertausend Seiten.

Die Aufzeichnungen des Malte Laurids Brigge waren zu ihrer Zeit ein ungewöhnliches, ein kühnes Buch, das zum Teil auf scharfe Ablehnung stieß. Es bedeutete für Rilkes Prosa das, was die *Neuen Gedichte* für seine Lyrik waren: eine geradezu radikale Neuerung. Der Abstand etwa zu den *Geschichten vom lieben Gott* ist tatsächlich außerordentlich groß. Das scheint manche seiner Leser in dem Glauben bestärkt zu haben, dass der Lyriker Rilke ebenso wenig ein Erzähler wie ein Dramatiker sei. Ein Verkaufserfolg waren die *Aufzeichnungen,* wohl auch deshalb, nicht. Inzwischen gehören sie längst zur Weltliteratur. Allerdings sind sie kühn geblieben, und ihre Kühnheit verlangt einem Leser viel ab. Wer sie das erste Mal liest, mag vor allem bemerken, was ihnen alles fehlt – oder zu fehlen scheint.

Es gibt keinen vermittelnden Erzähler in ihnen, nur einen Ich-Erzähler und seine erkennbar eingeschränkte Perspektive. Es gibt keine durchgängige Handlung, nichts, was dem Aufbau einer traditionellen Geschichte mit Anfang, Höhepunkt und Ende ähnlich wäre. Es gibt auch keine erkennbare Chronologie des Erlebten, allenfalls eine des Aufzeichnens, die aber, außer am Anfang, nicht markiert, also allenfalls zu erschließen ist. Und es gibt kein kontinuierliches Erzählen in diesem Buch. Fast mit jeder Aufzeichnung setzt der Erzähler neu ein. Und er *erzählt* auch nicht nur. Erzählen wechselt vielmehr ab mit Beschreiben, Charakterisieren und Reflektieren, ist also oft weniger ein episches als ein essayistisches Erzählen. Das alles war seinerzeit ungewöhnlich und ist es immer noch. Selbst gängige Romane von heute sind durchweg weniger kühn als die *Aufzeichnungen*. Rilke hat offensichtlich die Erwartungen von Roman-Lesern enttäuscht. Die *Aufzeichnungen* brechen mit den Konventionen des realistischen Erzählens, wie es sich im 19. Jahrhundert herausgebildet hat.

Keine der überkommenen Gattungsbezeichnungen passen für sie. So hat man sie etwa, weil sie bis in die Kindheit Maltes zurückgreifen, als Bildungs- oder Entwicklungsroman genommen. Das setzt allerdings voraus, dass nicht nur der Anfang, sondern auch das Ende einer Entwicklung zu erkennen wären. Doch die *Aufzeichnungen* setzen nur irgendwo ein, und sie enden ebenso. Ja, am Schluss weiß man kaum, wie es eigentlich um Malte steht. Daraus ist oft gefolgert worden, dass er ‚untergehe'. Doch auch das wird nicht gezeigt.

Der unorthodoxe Charakter des Buchs wirft viele Fragen auf. Nicht die unwichtigste ist die, was es eigentlich ist: nur ein Band mit meist kurzer Prosa, in der Nachfolge der poèmes en prose Baudelaires, oder doch ein Roman (vgl. Fuerst, 57)? Und wenn es ein Roman ist: Was für einer? Rilke hat vorsichtig von seinem „Prosabuch" (BadV, 69) gesprochen. Festzuhalten ist aber, dass diese Prosa eben als die eines Malte Laurids Brigge ausgegeben wird. Wie immer es um die einzelnen Aufzeichnungen und ihre Beziehung zum Ganzen bestellt sein mag – die als ‚Ich' sprechende und schreibende Hauptfigur des Buches ist, samt ihrer Welt, erfunden. Das ist das einzig eindeutig Romanhafte an ihm.

Rilke hat immer wieder betont, dass Malte eine fiktive Figur sei. Manon zu Solms-Laubach erklärte er im April 1910, er habe sich „zu einer Gestalt entwickelt, die, ganz von mir abgelöst, Existenz und Eigenart gewann, die mich, je mehr sie sich von mir unterschied, desto stärker interessierte" (B, I, 342). Ähnlich äußerte er sich noch mehr als zehn Jahre nach Erscheinen der *Aufzeichnungen* Ilse Blumenthal-Weiß gegenüber:

> Soweit Eigenes und Eigenstes dorthin eingegangen ist, hat es unendliche Verwandlungen und Übersetzungen erfahren; daß wir es auf dem erreichbarsten Grad einer gewissen Gültigkeit steigern, dazu ist uns, künstlerisch Arbeitenden, Leben und Schicksal eigentümlich anvertraut. (BaM, 88)

Lediglich Lou Andreas-Salomé gestand er zu, sie möge selbst

> unterscheiden und nachweisen, ob und wie weit er mir ähnlich sieht. Ob er, der ja zum Theil aus meinen Gefahren gemacht ist, darin untergeht, gewissermaßen, um mir den Untergang zu ersparen, oder ob ich erst recht mit diesen Aufzeichnungen in die Strömung gerathen bin, die mich wegreißt und hinübertreibt. (BwmLAS, 238)

Ansonsten zog Rilke es vor, distanziert von der „Figur eines jungen Dänen" als „einer durchaus erfundenen Gestalt" (B, II, 126) zu sprechen und sich gegen alle Versuche zu verwahren, die *Aufzeichnungen* als „ein Bergwerk biographischen Materials abzubauen" (BaM, 62).

Versteht man die *Aufzeichnungen* auf diese Weise: als Mitteilungen einer fiktiven Figur über sich (und andere), dann kann man sie als einen Ich-Roman ansehen – und zwar als den ersten nicht nur der deutschen Literatur: Mit ihm beginnt modernes Erzählen. Die *Aufzeichnungen* lösen als Bewusstseinsroman den traditionellen Er- durch einen Ich-Erzähler ab. Wenn die erste Person Singular in den *Neuen Gedichten* aus Rilkes Lyrik verschwand, so kehrte sie in den *Aufzeichnungen* in seine Prosa zurück.

Das Ich des Buchs ist allerdings nicht nur ein Erzähler. Er erzählt zwar Episoden aus seinem Leben, zumal aus seiner Kindheit in Dänemark, ebenso wie aus der Geschichte, aber er schildert auch Lektüren, erwähnt Träume und Vorstellungen, zumal Ängste, porträtiert und charakterisiert Personen, wiederum auch historische. Unter den 71 Aufzeichnungen finden sich ebenfalls eine Tagebuchaufzeichnung und ein Briefentwurf – das alles weitgehend ohne engen Zusammenhang. Wenn es etwas gibt, das die einzelnen Texte verbindet, dann ist es, neben ihrem fiktiven Verfasser, die formlose Form der Aufzeichnung, die mal kurz, mal lang sein kann, mal narrativ und mal deskriptiv, mal analytisch-distanziert und mal emotional-engagiert.

Über die lockere Komposition der *Aufzeichnungen* hat sich Rilke in seinem Brief vom 11. April 1910 an Manon zu Solms-Laubach geäußert, und einen anschaulichen Vergleich für sie gefunden:

> Ich weiß nicht, wieweit man aus den Papieren auf ein ganzes Dasein wird schließen können. Was dieser erfundene junge Mensch innen durchmachte (an Paris und an seinen über Paris wieder auflebenden Erinnerungen), ging überall so ins Weite; es hätten immer noch Aufzeichnungen hinzukommen können; was nun das Buch ausmacht, ist durchaus nichts Vollzähliges. Es ist nur so, als fände man in einem Schubfach ungeordnete Papiere und fände eben vorderhand nicht mehr und müßte sich begnügen. Das ist, künstlerisch betrachtet, eine schlechte Einheit, aber menschlich ist es möglich, und was dahinter aufsteht, ist immerhin ein Daseinsentwurf und ein Schattenzusammenhang sich rührender Kräfte. (B, I, 342–343)

Der „Hintergrund" des Romans ist nach Rilke Paris: „der Hintergrund und die Atmosphäre dieser in jedem Augenblick vom eigenen Untergang geprüften Existenz" (B, II, 126). Der „Daseinsentwurf" des Erzählers ist der eines Künstlers, und die diversen „Papiere" dienen dazu, einen Künstler zu zeigen. Genauer: einen erst einmal gescheiterten Schriftsteller, der in Paris, endlich, zum Künstler werden will und der die „Gefahren" einer solchen Existenz seelisch und geistig bewusst erlebt. Insofern sind die *Aufzeichnungen* vor allem ein Künstlerroman – Rilkes Künstlerroman: entsprechend seiner Vorstellung vom Roman und vom Künstlertum.

Als Künstlerroman gibt sich das Buch gleich in mehrerer Hinsicht zu erkennen. Malte stellt sich selber als Schriftsteller vor: „Da sitze ich in der kalten Nacht und schreibe" (KA, III, 611). Malte schreibt aber nicht nur, er liest auch. Einigen seiner Lektüren, zweifellos ausgesuchten, sind ganze Aufzeichnungen gewidmet. Dazu gehört die über Felix Avers, von dem es mit einem anderen berühmt gewordenen Rilke-Satz heißt: „Er war ein Dichter und haßte das Ungefähre" (ebd., 572). Dazu zählen auch Aufzeichnung über das „kleine grüne Buch" (ebd., 585), in dem die Erzählungen über den Tod Herzog Karls des Kühnen und den kranken König Karl VI. standen; die über *Goethes Briefwechsel mit einem Kinde*; die über die Liebenden („Schlecht leben die Geliebten und in Gefahr", ebd., 618); und die über den alten – dänischen – Übersetzer Sapphos („Mädchen in meiner Heimat", ebd., 620). Auch die letzte Aufzeichnung über das Gleichnis vom verlorenen Sohn kann man noch in diese Reihe stellen. Hinzu kommen Aufzeichnungen über das Lesen – und einige, in denen es um das Schreiben, zumal das Erzählen geht. Es sind nicht viele, aber auch sie haben Gewicht. Das alles gehört zum Leben und zur Arbeit eines Autors.

Maltes Existenz ähnelt teilweise der seines Erfinders, wie sie auch im selben Pariser Haus wohnen, sogar dieselben Möbel besitzen, wie Rilke erwähnt hat (vgl. BwmLAS, 246). Wenngleich die *Aufzeichnungen* kein autobiographischer Roman sind, hat er doch sein eigenes Leben gelegentlich für ihn als Material benutzt. Einige Ähnlichkeiten zwischen ihm und seiner Hauptfigur sind nicht zu übersehen. Auch Malte ist ein einsamer Arbeiter. In Paris kennt er niemanden. Seine Herkunft hat er hinter sich gelassen, geographisch und sozial. Er hat das Land seiner Geburt verlassen, seine Familie scheint, bis auf ihn, ausgestorben. Wenn es noch Verwandte von ihm gibt, dann hat er keinen Kontakt mehr zu ihnen. Er hat selbst keine Familie gegründet, es ist nicht einmal von einer Geliebten die Rede, ganz zu schweigen von einer Ehefrau. Er streift durch die Stadt, sucht die Bibliothèque Nationale auf, den Louvre, auch „kleine Buchantiquare" (ebd., 484), deren Zauber er in einer Aufzeichnung schildert, die Rilke zuvor in einem Brief an seine Frau vom 4. Oktober 1907 gewissermaßen erprobt hatte: „ich wünschte manchmal, mir so ein volles Schaufenster zu kaufen und mich mit einem Hund dahinterzusetzen für zwanzig Jahre" (B 06–07, 349).

Malte ist allerdings in einer Krise. Es ist zunächst eine persönliche Krise. Er empfindet sich, in der Fremde, als einen Niemand: „man hat niemand und nichts und fährt in der Welt herum mit einem Koffer und mit einer Bücherkiste und eigentlich ohne Neugierde. Was für ein Leben ist das eigentlich: ohne Haus, ohne ererbte Dinge, ohne Hunde" (KA, III, 464). Gelegentlich erwähnt Malte sein „tiefes Elend" (ebd., 491). Er ist arm – ohne dass man erführe, wie es dazu gekommen ist –, er ist allein, Angst beherrscht ihn, wie schon als Kind. Er sucht die Salpêtrière auf, die berühmte Pariser Psychiatrie, und liefert von diesem Arztbesuch einen geradezu zeitlos gültigen Bericht.

Maltes Aufmerksamkeit richtet sich anfangs vor allem auf das Elend: Armut, körperliche und geistige Krankheit, Tod und Sterben und immer wieder Angst. Kranke, Bettler und Obdachlose, kurz: Elendsgestalten fallen ihm auf. Paris, die Hauptstadt des guten Lebens, erfährt er als einen Ort der Leiden, wie schon der großartige Anfang es sagt: „So, also hierher kommen die Leute, um zu leben. Ich würde eher meinen, es stürbe sich hier" (ebd., 455). Das Elend, das Malte in Paris begegnet, spiegelt sein eigenes wieder: Es sind nach außen, ins ‚Sichtbare' gewendete Bilder, ‚Äquivalente' (vgl. ebd., 512) seines Inneren.

Malte ist aber auch ein Künstler in der Krise. Er stellt sich gleich als unnachsichtiger Kritiker des eigenen Werks vor:

> Ich bin achtundzwanzig, und es ist so gut wie nichts geschehen. Wiederholen wir: ich habe eine Studie über Carpaccio geschrieben, die schlecht ist, ein Drama, das ‚Ehe' heißt und etwas Falsches mit zweideutigen Mitteln beweisen will, und Verse. (ebd., 466)

Malte nennt sich als Autor einen „Nachahmer und Narr" (ebd., 467): „Es ist lächerlich. Ich sitze hier in meiner kleinen Stube, ich Brigge, der achtundzwanzig Jahre alt geworden ist und von dem niemand weiß. Ich sitze hier und bin nichts" (ebd., 468). Doch, fügt er hinzu, „dieses Nichts fängt an zu denken" (ebd.). Malte verwirft sein Werk – um neu anzufangen. „Ich bin ein Anfänger in meinen eigenen Verhältnissen", erklärt er (ebd., 505). Die *Aufzeichnungen* halten diese Anfänge fest.

„Ich sitze und lese einen Dichter", notiert Malte in der Bibliothèque Nationale. Seine Lektüre – eines Buchs von Francis Jammes – ist ein besonderes Lese-Erlebnis, weil sie einem Dichter gilt:

> Und ich sitze und habe einen Dichter. Was für ein Schicksal. Es sind jetzt vielleicht dreihundert Leute im Saale, die lesen; aber es ist unmöglich, daß sie jeder einzelne einen Dichter haben. (Weiß Gott, was sie haben.) Dreihundert Dichter giebt es nicht. Aber sieh nur, was für ein Schicksal, ich, vielleicht der armseligste von diesen Lesenden, ein Ausländer: ich habe einen Dichter. Obwohl ich arm bin. (ebd., 480)

Diese poetologische Aufzeichnung, der Ausdruck der Verwunderung eines Armen über seinen Reichtum, verrät, was Malte vorschwebt: Er will selbst zum Dichter werden, nach all seinen missglückten Versuchen als Schriftsteller. Eine Voraussetzung dafür scheint er schon zu erfüllen: Er ist arm im Sinn seines Verfassers.

In der Aufzeichnung „Ich glaube, ich müßte anfangen, etwas zu arbeiten", die das Rodin'sche Konzept ins Spiel bringt, lässt sich Malte ausführlich über Verse aus und expliziert seine Poetik des Gedichts:

> [...] Verse sind nicht, wie die Leute meinen, Gefühle (die hat man früh genug), – es sind Erfahrungen. Um eines Verses willen muß man viele Städte sehen, Menschen und Dinge, man muß die Tiere kennen, man muß fühlen, wie die Vögel fliegen, und die Gebärde wissen, mit welcher die kleinen Blumen sich auftun am Morgen. (ebd., 466)

Auch Malte glaubt offenbar, dass ein Dichter für das ganze Leben zuständig sei und es deshalb auch kennen müsse. Auch er bemüht dafür, wie sein Autor, Baudelaire als Zeugen, „dessen unglaubliches Gedicht ‚Une Charogne'. Es kann sein, dass ich es jetzt verstehe" (ebd., 505). Auch er beruft sich auf das, was das sachliche Sagen ausmacht (vgl. ebd.). Malte folgt ihm als Erzähler, so wie es sein Autor schon als Lyriker getan hat. Er glaubt offenbar, dass auch ein neues Erzählen an der Zeit sei: „Daß man erzählte, wirklich erzählte, das muß vor meiner Zeit gewesen sein. Ich habe nie jemanden erzählen hören" (ebd., 557). Die Aufzeichnungen sind seine Art des neuen Erzählens.

Es ist gelegentlich, etwa von August Stahl, darauf hingewiesen worden, dass Maltes Poetik der der *Neuen Gedichte* entspricht (vgl. Stahl, in: KA, III, 897–904). Nicht nur die Berufung auf Baudelaires Gedicht *Une Charogne* legt diesen Schluss nahe. Dem sachlichen Sagen ist Maltes Stil erkennbar in der schonungslosen Darstellung des Hässlichen und Schrecklichen verpflichtet, wie auch in der Härte der Wortwahl mancher Beschreibungen. Von ihm unterscheidet er sich aber im Ich-Sagen. Es ist Malte, der spricht (und schreibt): Er ist das ‚Ich' des Buches.

Wenn Rilke ihn bemerken lässt, er müsste „anfangen, etwas zu arbeiten, jetzt, da ich sehen lerne" (ebd., 466), führt er die Künstler-Ethiken Rodins und Cézannes zusammen: das ‚Immer-Arbeiten' und das ‚Schauen'. Im Sehen vor allem erfährt Malte zumindest Paris; und das Schreiben der Aufzeichnungen, noch über Kleinstes und Nächstes, wird zu einer Art des Immer-Arbeitens. Sie geben dabei die Erfahrungen Maltes wieder, die nötig sind, um schreiben zu können: die Erfahrungen zunächst und vor allem mit dem Großstadt-Leben, dann eigene Lebenserfahrungen, zumal aus der Kindheit, auch die Erfahrungen schließlich mit Büchern und Geschichten, literarischen, historischen, selbst biblischen.

Den Erinnerungen an seine dänische Kindheit kommt dabei eine besondere Bedeutung zu. Schon in der neunten Aufzeichnung heißt es: „Hätte man doch wenigstens seine Erinnerungen. Aber wer hat die? Wäre die Kindheit da, sie ist wie vergraben. Vielleicht muß man alt sein, um an das alles heranreichen zu können. Ich denke es mir gut, alt zu sein" (ebd., 464–465). Malte versucht, Erinnerung um Erinnerung, seine Kindheit auszugraben.

Die Kindheitserfahrungen und -erlebnisse, die er heraufbeschwört, würde man heute traumatisch nennen: die Geschichte vom gewaltigen, ebenso schreckenden wie schrecklichen Sterben des Großvaters Brigge, von Gespenstern, der kränkelnden Mutter, die ihn in die Rolle eines Mädchens drängt, von Unheimlichem und Furchterregendem. Maltes Erinnerungen dienen weniger einem Schwelgen in der Vergangenheit als einem Abschiednehmen von ihr. Seine Kindheit ist für ihn eine vergangene, eine verlorene Zeit, von der ihn nicht nur der zeitliche und räumliche Abstand trennt. Indem Malte sich an sie erinnert, löst er sich von ihr.

Dabei übt er eine dem sachlichen Sagen ähnliche Haltung: „Man tut gut, gewisse Dinge, die sich nicht mehr ändern werden, einfach festzustellen, ohne die Tatsachen zu bedauern oder auch nur zu beurteilen" (ebd., 593). Malte bezieht sich mit diesen Worten allerdings auf eine besondere Erkenntnis – auf die, dass er „nie ein richtiger Leser war" (ebd.).

Seinem frühen Lesen in der Kindheit widmet er den ersten Teil der 56. Aufzeichnung. Er erinnert sich daran, ihm sei das Lesen „wie ein Beruf" vorgekommen sei, „den man auf sich nehmen würde, später einmal, wenn alle die Berufe kamen, einer nach dem andern" (ebd.). Für ihn ist das Lesen dann aber nicht der Beruf geworden – sondern das Schreiben. Das muss der Leser dem Bericht Maltes als Schlussfolgerung hinzufügen. Mit der Erzählung dieser kindlichen Lektüre erinnert Malte sich selber daran, was sein Beruf ist.

Um neu anfangen zu können als Schriftsteller, lernt er vor allem sehen, wie schon die vierte Aufzeichnung, gewissermaßen programmatisch, erklärt und zeigt:

> Ich lerne sehen. Ich weiß nicht, woran es liegt, es geht alles tiefer in mich ein und bleibt nicht an der Stelle stehen, wo es sonst immer zu Ende war. Ich habe ein Inneres, von dem ich nicht wußte. Alles geht jetzt dorthin. Ich weiß nicht, was dort geschieht. (ebd., 456)

Die Passage umschreibt, wieder mit deutlichen Anklängen an die Poetik des sachlichen Sagens, ‚Sehen' als ‚Schauen': als ein Wahrnehmen und Aufnehmen der Wirklichkeit. Malte übt es dann gleich an den Gesichtern der Menschen, die ihm begegnen.

Manche anderen Versuche mit dem Schauen kommen noch hinzu, am eindrucksvollsten ist vielleicht die kleine Momentaufnahme beim Blick aus seinem Fenster, die mit dem Satz beginnt: „Unten ist folgende Zusammenstellung: ein kleiner Handwagen, von einer Frau geschoben; vorn darauf ein Leierkasten, der Länge nach" (ebd., 466) – die kurze genaue Beschreibung eines lebenden Bildes, eines realen Stillebens. Das Sehen gehört zu Maltes – neuem – Künstlersein: zur Anerkennung dessen, was ist, damit zur Orientierung an den Tatsachen des Lebens, wie immer sie im Einzelnen sein mögen.

Malte Laurids Brigges Existenz entspricht Rilkes damaligen Konzept vom Künstlertum nicht nur in der Betonung des sachlichen Sehens und Sagens, auch in der Aufmerksamkeit für die Armen, von denen er sich zumindest durch seine bessere Kleidung zu unterscheiden sucht, und dem „Einsamen" (ebd., 584), den die Feindseligkeiten seiner Mitmenschen „in seinem Alleinsein bestärkten" (ebd., 585). Offensichtlich ist er selbst beides: arm und einsam, arm im doppelten, den franziskanischen eingeschlossenen Sinn.

Als Dichter erprobt Malte sich Mal um Mal in seinen Aufzeichnungen; sie sind seine Schule des neuen Schreibens. Dennoch läuft der Roman nicht, wie es bei Bildungsromanen der Fall ist, auf das glückliche Ankommen in diesem „Daseinsentwurf" hinaus. Wie der Prozess des Sehen- und Denken-Lernens und damit die Krise des Künstlers ausgeht, lässt Rilke offen. Seine Hoffnung drückt Malte deutlich aus:

> Noch eine Weile kann ich das alles aufschreiben und sagen. Aber es wird ein Tag kommen, da meine Hand weit von mir sein wird, und wenn ich sie schreiben heißen werde, wird sie Worte schreiben, die ich nicht meine. Die Zeit der anderen Auslegung wird anbrechen, und es wird kein Wort auf dem anderen bleiben, und jeder Sinn wird wie Wolken sich auflösen und wie Wasser niedergehen. Bei aller Furcht bin ich schließlich doch wie einer, der vor etwas Großem steht, und ich erinnere mich, daß es früher oft ähnlich in mir war, eh ich zu schreiben begann. Aber diesmal werde ich geschrieben werden. Ich bin der Eindruck, der sich verwandeln wird. Oh, es fehlt nur ein kleines, und ich könnte das alles begreifen und gutheißen. Nur ein Schritt, und mein tiefes Elend würde Seligkeit sein. Aber ich kann diesen Schritt nicht tun, ich bin gefallen und kann mich nicht mehr aufheben, weil ich zerbrochen bin. (ebd., 490–491)

Maltes Hoffnung, zu einem ganz anderen, einem neuen, offenbar inspirierten Schreiben zu gelangen, ist von Zweifeln durchsetzt, ob er dazu noch in der Lage ist, ob ihm nicht, als Mensch wie als Künstler, Scheitern und Untergang drohen – so als würde er den Gefahren seines Erfinders erliegen.

Rilkes Stichwort für diese Situation ist: „Not". Er hat, Witold von Hulewicz gegenüber, von Maltes Schreibzeit der *Aufzeichnungen* als einer „Notzeit" gesprochen, die der manch anderer „gleichgesetzt" sei, etwa der „Notzeit der avignonesischen Päpste, wo alles nach außen trat, was nun heillos nach innen schlägt" (B, II, 373). Dass auch sie noch zu den „*Vokabeln seiner Not*" (ebd.) gerechnet wird, verdankt sich Baudelaires Konzept der Korrespondenzen.

Sidonie Nádherný von Borutin gegenüber hat Rilke, im November 1909, bevor die *Aufzeichnungen* abgeschlossen waren, von der „Alchymie des Leidens" gesprochen, „die ich da erfinde, aber das Gold schließlich soll nur Gold sein, lauterstes Gold, Gold durch und durch" (BaSNvB, 109). Doch was wäre das Gold? Von der Komposition der *Aufzeichnungen* her liegt die Antwort nahe. Aus der Alchemie des Leides geht die Liebe hervor, und zwar die Liebe, wie sie Rilke an zwei Beispielen zeigt.

Das eine bilden die großen ‚Liebenden', die er von den Geliebten unterschieden hat (vgl. Hamburger, 79–84). ‚Liebende' sind für ihn unglücklich liebende Frauen, deren Liebe unerwidert bleibt: von ihrem Geliebten verlassen oder nicht beachtet. Ihre Besonderheit besteht darin, dass sie in dieser Lage nicht zu lieben aufhören, sondern dass ihre Liebe über ihren Gegenstand hinauswächst. Sie lieben nicht mehr den einen Mann – sie lieben. Es ist eine absolut gedachte Liebe, die Rilke an ihnen glaubte erkennen zu können. In der Aufzeichnung „Schlecht leben die Geliebten und in Gefahr" hat er ihnen ein erstes großes Denkmal gesetzt hat, gewissermaßen einen Gedenkstein mit vielen klingenden Namen:

> Was ist anderes der Portugiesin geschehen: als daß sie innen zur Quelle ward? Was dir, Heloïse? was euch, Liebenden, deren Klagen auf uns gekommen sind: Gaspara Stampa; Gräfin von Die und Clara d'Anduze; Louise Labbé, Marceline Desbordes, Elisa Mercœur? Aber du, flüchtige, arme Aïssé, du zögertest schon und gabst nach. Müde Julie Lespinasse. Trostlose Sage des glücklichen Parks: Marie-Anne de Clermont. (ebd., 619)

Das zweite Beispiel für den objektlos liebenden Menschen gibt der Verlorene Sohn ab, dessen aus dem Lukas-Evangelium stammendes Gleichnis Malte in der letzten Aufzeichnung neu erzählt: als die eines Menschen, der anders liebt. „Man wird mich schwer davon überzeugen, daß die Geschichte des verlorenen Sohnes nicht die Legende dessen ist, der nicht geliebt werden wollte" (ebd., 629): So beginnt die letzte Aufzeichnung, und schon mit diesem einleitenden Satz ist angezeigt, dass sie das biblische Gleichnis grundlegend umdeutet.

Der Verlorene Sohn, den Malte porträtiert, weiß sich von der Liebe zu einem anderen Menschen, die alle empfinden, frei, ja befreit:

> Denn er erkannte von Tag zu Tag mehr, daß die Liebe ihn nicht betraf, auf die sie so eitel waren und zu der sie einander heimlich ermunterten. Fast mußte er lächeln, wenn sie sich anstrengten, und es wurde klar, wie wenig sie ihn meinen konnten.
>
> Was wußten sie, wer er war. Er war jetzt furchtbar schwer zu lieben, und er fühlte, daß nur Einer dazu imstande sei. Der aber wollte noch nicht. (ebd., 635)

Das „die Liebe" den verlorenen Sohn nicht „betraf", heißt: dass er nicht liebt und vor allem nicht geliebt werden will. Dadurch aber kann er, wie die zahlreichen

Frauengestalten, die er zuvor beschworen hat, zu einem ‚Liebenden' werden. Seine Art zu lieben ist anders, als er es von allen anderen kennt:

> Er liebte nicht, es sei denn, daß er es liebte, zu sein. Die niedrige Liebe seiner Schafe lag ihm nicht an; wie Licht, das durch Wolken fällt, zerstreute sie sich um ihn her und schimmerte sanft über den Wiesen. (ebd., 632)

„Er liebte nicht, es sei denn, daß er es liebte, zu sein": Das ist Maltes Formel für den, der nicht einen anderen Menschen liebt, sondern allenfalls das Leben, das ‚Dasein'. Es ist auch Rilkes Formel für den Dichter, die gut ein Jahrzehnt später für das orphische Programm des ‚Rühmens' stehen wird. Maltes „Liebeslehre" in dieser Aufzeichnung ist die Rilkes, „in zugespitztester Form und auch auf die religiöse Sphäre übertragen" (Mason, 74).

Die letzte Aufzeichnung der *Aufzeichnungen* hat Rilkes Lesern einige Rätsel aufgegeben. Sie ist nicht unvorbereitet, auf die ‚Liebenden' kommt Malte schon vorher zu sprechen, aber als Gleichnis ist sie so deutungsoffen wie die abschließenden Sätze. Ungesagt bleibt nicht zuletzt, wer der ‚Eine' ist, der imstande wäre, Malte zu lieben. So endet die neue Erzählung vom verlorenen Sohn weniger, als dass sie abbricht, aus welchem Grund auch immer. Der Schluss hat bei manchen sogar den Eindruck hinterlassen, dass der Verfasser einfach zu einem Ende kommen wollte, „weil er sich seelisch erschöpft fühlte" (Mason, 76).

Die letzte Aufzeichnung behält allerdings trotzdem ihr programmatisches Gewicht. Zu lieben ohne die Absicht, wiedergeliebt zu werden, vielmehr als Versuch, alles, was zum ‚Dasein' gehört, unterschiedslos anzunehmen, ist offenbar für Malte das dem Künstler angemessene Verhältnis zum Leben. Doch ist es tatsächlich das vom Autor erhoffte pure ‚Gold' einer ‚Alchemie der Liebe'?

Die Liebe, die Malte propagiert, ist ebenso großartig wie elend: großartig in ihrer Selbstlosigkeit, die einem anderen alle seelische Freiheit lässt; elend aber in ihrer menschlichen Beziehungslosigkeit. Aber gibt es eine solche Liebe überhaupt? Ist Liebe unter Menschen nicht immer Liebe *zu* einem Menschen, also ‚transitiv', in Rilkes Begrifflichkeit (vgl. KA, II, 628), und eben nicht ‚intransitiv'? Diese „Idee der Liebe", schreibt Käte Hamburger, „ist von aller Realität gelöst, indem sie, die als solche der reinste Erfüllungsort menschlicher Beziehungen ist, diesen enthoben wird" (Hamburger, 81).

Es spricht viel dafür, dass die besitz- und objektlose Liebe die Idee eines Menschen ist, der von der Liebe nicht viel verstanden hat, sei es, weil er ein Narziss war, wie Mason betont (vgl. Mason, 92–96): ja, „ein extremes Beispiel für das, was man ‚Narzißmus' nennt" (ebd., 92); sei es, weil er schon an seiner Mutter nicht gelernt hat, einen anderen Menschen zu lieben, wie Rudolf Kassner nahelegt und wie Rilke selbst es der Fürstin von Thurn und Taxis gestanden hat (vgl. Kassner, 58). Die Idee der besitzlosen Liebe verrät in jedem Fall Rilkes „Angst vor dem Geliebtwerden, die aus den frühesten Leiden seiner Kindheit stammte und ihn nie verließ" (KA, IV, 718), wie er später in *Das Testament* schrieb.

Rilke war allerdings von der Idee der besitzlosen Liebe tief überzeugt. Anton Kippenberg schrieb er: „Der arme Malte fängt so tief im Elend an und reicht, wenn mans genau nimmt, bis an die ewige Seligkeit; er ist ein Herz, das eine ganze Oktave greift: nach ihm sind nahezu alle Lieder möglich" (BadV, 84). So versicherte er Kippenberg auch: „Nun kann eigentlich alles erst recht beginnen" (ebd.), und er meinte damit das Schreiben: sein eigenes Schreiben.

Die Bemerkung bezog sich auf seinen Brief von Anfang Januar 1909 an den Verleger. Schon damals hatte Rilke gehofft, er erschaffe sich mit den *Aufzeichnungen* „eine massive dauerhafte Prosa, mit der rein alles wird zu machen sein. Es wäre herrlich, hernach fortzufahren oder täglich neu anzufangen mit des Lebens ganzer unbegrenzter Aufgabe" (ebd., 53). Die Hoffnung hat sich nicht erfüllt. Rilke wusste damals nicht, dass seine größte Krise als Künstler noch vor ihm lag und dass er mit der ‚massiven' Prosa der *Aufzeichnungen* als Romancier nicht ‚fortfahren' würde. Die *Aufzeichnungen* waren seine letzte große Arbeit als Erzähler.

In anderer Hinsicht hat er allerdings mit ihnen eine ‚massive dauerhafte' und dichte Prosa geschaffen. Mag der Roman am Ende auch nicht unbedingt als künstlerische Einheit erscheinen, so besitzt er doch eine stilistische: den Stil Maltes. Er ist unvergleichlich in seiner Dichte und Genauigkeit, im Wechsel von lakonisch-kurzen und weitausschwingenden langen Sätzen, in den Wortneuschöpfungen, den unverbrauchten Vergleichen und originellen Metaphern. Diese Prosa ging Rilke nicht verloren, er fand für sie eine neue Verwendung. Ihre Ursprünge hatte sie in seinen Briefen, und in sie kehrte sie zurück, als das Buch fertig war. Ihre Spuren sind in ihnen bis zuletzt zu finden.

Der „gewissensgeizige Greis": Noch einmal Tolstoi

Ursprünglich hatte Rilke für die *Aufzeichnungen* einen anderen Schluss vorgesehen. Auf das neu erzählte Gleichnis vom verlorenen Sohn sollte eine letzte folgen: über Leo Tolstoi und seine Tante Tatjana Alexandrowna Jergolskaya. Rilke verwarf sie schließlich, veröffentlichte sie auch nie. Sie ist nicht sein letztes, aber doch sein vorletztes Wort über den Grafen, ungefähr ein Jahr vor dessen Tod um die Jahreswende 1909/1910 entstanden.

Die Aufzeichnung gibt es in zwei Fassungen, die beide stark sind, aber jeweils andere Akzente setzen. Die zweite ist die ästhetisch komplexere und gedanklich entschiedenere. Sie gibt sich ausdrücklich als Erinnerung eines früheren Besuchers auf Jasnaja Poljana aus, in dem man, im Zusammenhang der *Aufzeichnungen* Malte Laurids Brigge sehen, von ihnen abgelöst aber auch etwas von Rainer Maria Rilke erkennen kann. Die Aufzeichnung ist auch seine nun ungeschönte Verarbeitung der zweiten Begegnung mit Tolstoi.

Im Roman ist es der Ich-Erzähler, der sich erinnert an seinen letzten Besuch bei dem Grafen, den er im Abstand der Jahre zu ergründen versucht. „Wozu", fängt die Aufzeichnung an, „fällt mir aufeinmal jener fremde Maimorgen ein? Soll ich ihn jetzt verstehen nach soviel Jahren?" (KA, III, 655). Erzählt wird zunächst von der Anreise des Besuchers, der sich nachdenklich dem Gut nähert, den Kutscher anweist, vorher zu halten, damit er den Park in Augenschein nehmen kann. Er wird von dem Grafen empfangen, der ihm „zu klein, zu alt, zu kummervoll" erscheint.

Sein Gesicht „war sehr viel älter geworden in kurzer Zeit": „Alter war darauf gehäuft, da und dort, unverteilt, so wie die Krankheiten es abgeladen hatten und die Todesgedanken und die schlaflosen Nächte; Alter in Haufen, nicht umgegrabenes Alter" (ebd., 656).

In der Ahnengalerie der Familie entdeckt der Besucher das Porträt einer Nonne. Es war einem Maler gelungen, „der der Welt gewahr wurde, der sich zum ersten Mal mit allem Glück und aller Mühsal seines Wesens nachfühlend an ihr versuchte" (ebd., 658): Er erlebte mit dem Bild die Entfaltung seines künstlerischen Talents. Zu dieser Beobachtung fällt dem Besucher der Hausherr ein, den er nun, Schritt für Schritt, nicht nur porträtiert, sondern analysiert:

> [...] genau das gleiche Erlebnis war in diesem Haus unterdrückt worden, wieder und wieder. Hier hatte einer, dem das Herz für die Herrlichkeit zweier Hände aufgegangen war, seine vielen Jahren damit hingebracht sich zu weigern. Eigenmächtig hatte er über sein Leben verfügt und sich gewehrt und anders gewollt. Mit immer neuen Beschäftigungen hatte er seine innerste Aufgabe zu ersticken versucht, und die Beängstigung, mit der ihr Drängen ihn erfüllte, war schließlich so groß geworden, daß er die ganze Welt beunruhigte um seiner Ruhe willen. War er nun ruhig? Man stand vor ihm, man zwang sich aufzusehen, man wußte es nicht. Unwillkürlich sah man um sich, aber es war nirgends ein Beweis dafür, daß in diesem gewissensgeizigen Greis der Kampf zu Ende war. Wie, wenn die ungeheuer angewachsene Forderung seines Werkes sich noch einmal in ihm erhübe? Wie, wenn er Recht gehabt hätte mit seiner vielen Todesfurcht, weil er nun doch enden würde als einer, der am Beginn unterbrochen war? (ebd.)

In der ersten Fassung hatte Rilke noch den „Versucher", den Teufel also, bemüht, der den Grafen von seinem Weg als Künstler abzubringen versucht. Er überzeugt ihn, „daß es nicht zu verantworten sei, daß er das Schicksal Eingebildeter und Erfundener beschriebe, während die Wirklichen das ihre nicht bewältigen konnten" (ebd., 652). So verließ er „das Herzwerk", „das sein eigenes war, um sich verzweifelt an allen Gewerben zu üben, die er nicht konnte" (ebd.). Das war der Weg Tolstois gewesen, als er der Romankunst abgeschworen hatte: Er versuchte handwerklich tätig zu sein, etwa als Schuhmacher, doch fehlte ihm dafür jedes Geschick.

Die Abwendung von der Kunst und die Hinwendung zu einer Praxis der „dürftigen Handfertigkeiten" (ebd.) begreift Rilke in beiden Aufzeichnungen, nur jeweils anders beleuchtet, als die fatale Lebensentscheidung Tolstois. Der Unterschied: Einmal schreibt er sie, nahe an den vormodernen religiösen Vorstellungen des Grafen, einem teuflischen „Versucher" (ebd., 652), dann seiner Eigenmächtigkeit zu. Mit der Entscheidung verfehlt Tolstoi so oder so jedoch sein eigentliches Leben und zahlt dafür den Preis der Angst und der Unruhe. Durch seinen falschen Begriff von Leben und Kunst – und ein falsches Verständnis von Gott – ist er schließlich ein Unerlöster noch im Jenseits:

> Und mit einem Entsetzen ohnegleichen ahnte er, daß sein Inneres kaum angefangen war; daß er, wenn er jetzt stürbe, nicht lebensfähig sein würde im Jenseits; daß man sich dort schämen würde für seine rudimentäre Seele und sie in der Ewigkeit verstecken würde wie eine Frühgeburt. Er sah nicht, daß diese Angst die Angst seines Stolzes war. Er merkte nicht, wieviel Ungeduld und Eitelkeit darin lag, daß er die Liebe aus seiner Arbeit riß um sie schier aufzuzeigen und allen damit Gewalt anzutun. Er wußte nicht, daß seine neue

Stimme für den Ruhm, den er verjagen wollte, nur ein noch lauterer Lockruf war. (ebd., 658–659)

Dass Tolstois Seele im Jenseits wie eine Frühgeburt versteckt würde, ist eine ebenso eindrucksvolle wie zweifelhafte Fantasie, vergleichbar der Dantes an vielen Gestalten, selbst ihm nahen, geübten Virtuosität der Verdammung zu Höllenstrafen. Es ist sozusagen die geistige Höchststrafe, die poetisch so ausgesprochen wird. Ebenso wie sein Bild vom Tod als einem anderen Leben gehört sie zu Rilkes ganz eigenen Vorstellungen.

Lässt man jedoch solche metaphysischen Merkwürdigkeiten beiseite, enthält die Aufzeichnung eine immer noch bedenkenswerte Psychologie des Künstlers Tolstoi, der der Kunst abtrünnig wurde, ja sich gegen sie wendete, ohne dass er dadurch seinen Frieden fand. In ihr spricht sich die mittlerweile größer gewordene Selbstgewissheit des Künstlers Rilke aus, auch schon seine neue Überzeugung, dass seinesgleichen sein „Herzwerk" tun müsse. Dass er in Tolstoi einem Künstler begegnet war, der sein eigenes Künstlertum verwarf, hatte er nicht vergessen.

Ein Jahr vor seinem Tod erklärte Rilke noch einmal einem jungen Germanisten sein Bild des Grafen. Dessen Gestalt, schrieb er ihm am 21. Oktober 1924, „war mir die Verkörperung eines Verhängnisses, eines Mißverstehens". In seinem „Abtrünnigsein" habe Tolstoi „an der ständigen Unterdrückung dessen" gearbeitet,

was ihm im göttlichsten Sinne auferlegt worden war; der sich mit unendlicher Mühe bis ins eigene Blut hinein widerrief und mit den ungeheuren Kräften nicht fertig wurde, die sich in seinem unterdrückten und verleugneten Künstlertum unerschöpflich erneuten. (B, II, 353)

Tolstoi habe, zuerst durch „die schmähliche und törichte Broschüre ,Was ist Kunst?'" in ihm „das Gegenteil von dem" bestärkt, „worauf er es bei seinen Besuchern mochte abgelegt [sic!, D.L.] haben" (ebd.). So festigte sich in ihm durch die Begegnung gerade „die Vorstellung von dem Rechthaben der künstlerischen Eingebung und Leistung; von ihrer Macht und Gesetzlichkeit; von der schweren Herrlichkeit, zu dergleichen berufen zu sein" (ebd., 353–354). Die Wortwahl verrät, dass Rilke gegen Tolstoi nicht nur psychologische Argumente vorbringen wollte: Das Dichten galt ihm inzwischen als gerechtfertigt, weil es sich einer göttlichen „Eingebung" verdankt.

Als Rilke *Die Aufzeichnungen des Malte Laurids Brigge* fertigstellte, hatte er mit Tolstoi schon abgeschlossen. In der Einleitung zu seinem Vortrag *Samskola* von 1904 erwähnte er bereits seine Befangenheit, als er Tolstoi aufsuchte. Da, wie er schreibt, „mir meine Gedichte kamen wie aus tiefster Notwendigkeit", war es ihm „unmöglich", „die Berechtigung der Kunst vor einem Meister zu behaupten, der alles was ich sagen konnte wissen mußte und noch viel mehr, und dennoch gegen die Kunst entschieden hatte" (RuR, 297).

Dass Rilke die *Aufzeichnungen des Malte Laurids Brigge* zuerst mit der Kritik an dieser Entscheidung des Grafen enden lassen wollte, lässt darauf schließen, dass für ihn die Künstler-Existenz inzwischen außer Frage stand, nicht einmal mehr von dem einst Verehrten in Zweifel gezogen werden konnte. Dass Rilke die Aufzeichnung dann doch verwarf, obwohl sie sich in den Zusammenhang des Schlusses, zumal der Kritik an falschen Gottesvorstellungen eingefügt hätte (vgl. Stahl, in: KA, III, 1049), ist dennoch nachvollziehbar: Er wollte nicht mit einer Negation sein Buch beenden und am Schluss einen noch immer berühmten, viel Aufmerksamkeit auf sich versammelnden Künstler auftreten lassen, der sein Verständnis von Künstlertum gerade nicht teilte.

Teil III
Die späten Jahre: Von Paris nach Muzot

Krisenjahre eines Künstlers: 1910 bis 1922

Die Depression

Als Rilke in Leipzig die *Aufzeichnungen des Malte Laurids Brigge* diktiert hatte, begab er sich wieder einmal auf Reisen, zunächst nach Berlin, dann nach Weimar, anschließend noch einmal nach Berlin, danach Mitte März – ein letztes Mal – nach Rom und von dort – ein erstes Mal – nach Duino. Mitte Mai war er zurück in Paris, doch nicht für lange: Zwei Monate später machte er sich wieder auf, erst nach Böhmen, dann nach Deutschland. Bis April las er, an wechselnden Orten, die Fahnen seines Romans, der Ende Mai erschien. Das war die bewegte Ouvertüre zu seinem bewegten Leben bis zum Ausbruch des Ersten Weltkriegs.

Wenn es Rilke Ziel gewesen war, Werke zu schaffen, große Werke, vergleichbar denen Rodins, so war es mit den beiden Bänden der *Neuen Gedichte* und dem ‚Prosabuch' erreicht. Allerdings war er noch nicht ganz 35 Jahre alt, als *Die Aufzeichnungen des Malte Laurids Brigge* erschienen. Man erwartete noch mehr von ihm, und er tat das auch. Doch seine Hoffnung, dass nun mit der ‚dauerhaften Prosa', die er geschaffen hatte, „rein alles wird zu machen sein", erfüllte sich nicht. Nicht nur der „Militär-roman" über seine Internatszeit (BwmLAS, 160), den er Lou Andreas-Salomé gegenüber schon am 13. Mai 1904 erwähnt hatte, blieb ungeschrieben.

Tatsächlich *endete* mit der Fertigstellung der *Aufzeichnungen des Malte Laurids Brigge* eine Ära in Rilkes Leben – noch nicht seine Pariser Zeit, wohl aber ihr fruchtbarster Teil. Seit seiner Ankunft in der französischen Hauptstadt 1902 hatte er neun Bücher zum Druck gegeben, in den nächsten dreizehn Jahren folgte nur noch eines: das schmale Bändchen *Das Marien-Leben* im Herbst 1913. Es sollten danach noch einmal zehn Jahre vergehen, ehe 1923 seine beiden letzten Gedichtbände auf Deutsch erschienen.

Rilke geriet in eine Krise. Es war nicht die erste in seinem Leben, aber die tiefste. Sie wurde auch schnell manifest. Schon der Brief an Clara vom 5. Mai 1910 aus Venedig, kurz bevor die *Aufzeichnungen* erschienen, beginnt mit einer für den früher flinken Schreiber bedenklichen Fehlanzeige: „Es ist ja wahr ..., ich schreibe gar nicht, es nimmt Dimensionen an, daß ich nicht schreibe" (B 07–14, 100). Am 30. August teilte er der Fürstin von Thurn und Taxis von seiner Arbeit lapidar mit: „die ruht" (ebd., 110). Am 7. September erzählte er der Gräfin Lili Kanitz-Menar: „Ich saß, wie's mein Programm war, in Paris; ich wollte mich zur Arbeit anhalten, wie jeden Sommer, es war nicht zu erreichen" (B 07–14, 113). So begann sein „von den Musen gemiedenes Leben" (ebd., 138), wie er mehr als ein Jahr später der Fürstin von Thurn und Taxis schrieb: Jahre der „Trockenheit" (ebd., 130) und „Dürre" (ebd., 147).

Die Ursache der Krise war Rilke unzweifelhaft: die Arbeit an den *Aufzeichnungen des Malte Laurids Brigge*. Lou Andreas-Salomé schrieb er, er sei „hinter diesem Buch recht wie ein Überlebender zurückgeblieben", „im Innersten ratlos, unbeschäftigt, nicht mehr zu beschäftigen" (ebd., 147). Er fühlte sich durch das Buch „abgenutzt":

> der andere, Untergegangene hat mich irgendwie abgenutzt, hat mit den Kräften und Gegenständen meines Lebens den immensen Aufwand seines Untergangs betrieben, da ist nichts, was nicht in seinen Händen, in seinem Herzen war, er hat sich mit der Inständigkeit seiner Verzweiflung alles angeeignet. (ebd., 147)

Das ist eine für Rilke bezeichnende Verschiebung: Nicht der Autor benutzt seine Figur, sie verbraucht ihn. Die Verschiebung verrät eine tiefe Enttäuschung, die er psychologisch noch nicht verarbeitet hatte. Seine Überzeugung, die er etwa im *Requiem. Für Wolf Graf von Kalckreuth* betont hatte: dass der Dichter sich von seinen Problemen befreien könne, wenn er sie poetisch gestalte, hatte sich nicht bestätigt.

Ähnlich drückte er sich auch am 30. August 1910 der Fürstin von Thurn und Taxis gegenüber aus:

> Mir graut ein bißchen, wenn ich an all die Gewaltsamkeit denke, die ich im Malte Laurids durchgesetzt habe, wie ich mit ihm in der konsequenten Verzweiflung bis hinter alles geraten war, bis hinter den Tod gewissermaßen, so daß nichts mehr möglich war, nicht einmal das Sterben. (ebd., 111)

Rilke war geistig und seelisch erschöpft durch sein ‚Prosabuch'. Schon weil es auch von einer Künstlerkrise handelt, war es ihm nahe gegangen. Er hatte nicht nur die Not seiner Hauptfigur gewissermaßen miterlebt, über der von Anfang an die Möglichkeit „eines Untergangs" (ebd., 196) geschwebt hatte; für das Buch hatte auch sein eigenes Leben als Material gedient, so dass er sich vor einer Identifikation nicht schützen konnte. Nach dem Ende der Arbeit fand er sich nun in einer Leere wieder.

Lou Andreas-Salomé erkannte in der Depression Rilkes noch Ende Dezember 1912 vor allem die übliche Erschöpfung des Künstlers nach getaner Arbeit: „Glaubst du nicht, daß Du so nur durchmachst, was eben nach der Erndte kommt, das Herbstliche auf den Stoppelfeldern, das Dürftigscheinen, das abgewartet werden muß?" (BwmLAS, 278)

Doch Rilke dauerte die „Pause" (ebd., 243) zu lange, und er fühlte, dass die Depression dieses Mal tiefer ging. Er empfand eine „Art von Abstumpfung, eine Art Altwerden, wenn man es so nennen soll, als ob doch dieses Stärkste in mir irgendwie Schaden genommen hätte" (ebd.).

Die Depression wurde durch seine neue Einsicht verstärkt, was der Preis der künstlerischen Arbeit sei: „Ich glaube, es hat nie einer deutlicher durchgemacht, wie sehr die Kunst gegen die Natur geht, sie ist die leidenschaftlichste Inversion der Welt, der Rückweg aus dem Unendlichen, auf dem einen alle ehrlichen Dinge entgegen kommen" (B 07–14, 111). Das waren tatsächlich ganz neue Erkenntnisse, die Rilke formulierte: Kunst zu schaffen war einmal sein Lebensziel gewesen, nun wurde es zum Lebensproblem.

So deutlich wie Rilke der hohe Preis der künstlerischen Arbeit vor Augen stand, so zweifelhaft war ihm nun auch ihr Ertrag, und gerade der existenzielle. Lou Andreas-Salomé verriet er Ende 1911, er habe

> soviel Beirrendes durchgemacht, Erfahrungen wie, daß Rodin in seinem siebzigsten Jahr einfach ins Unrecht gerieth, als ob alle seine unendliche Arbeit nicht gewesen wäre; daß da etwas Mesquines, eine klebrige Kleinigkeit, wie er ähnlich früher gewiß zu Dutzenden aus dem Weg gestoßen hat, sich nicht die Zeit lassend, mit ihnen wirklich fertig zu werden, – gelauert hatte und ihn spielend überwältigte und jetzt Tag für Tag sein Alter zu etwas Groteskem und Lächerlichem macht. (BwmLAS, 239)

Dieser Sturz des Idols hätte – und hat – Rilke allein schon erschüttert. Aber nun übertrug er das Elend des früheren Lehrers auch auf sich:

> was soll ich mit solchen Erfahrungen anfangen? Da genügte ein Augenblick der Müdigkeit, ein paar Tage Nachlassens, und das Leben erhob sich so ungeleistet um ihn herum wie um einen Gymnasiasten und trieb ihn wie er war in die nächste armsälige Falle hinein. Was soll i c h sagen, mit dem bischen Arbeit, aus der ich immer wieder völlig herausgerathe, wenn er nicht gerettet war? Soll ich mich wundern, daß das lebensgroße Leben in solchen Zwischenzeiten recht verächtlich mit mir umgeht, und was in aller Welt i s t diese Arbeit wenn man in ihr alles durchmachen und erlernen kann, wenn man außerhalb ihrer herumsteht und sich schieben und stoßen, ergreifen und loslassen läßt, verwickelt wird in Glück und Unrecht und nie nichts versteht. (ebd.)

Rilkes Herzensergießung, ein Jahr, nachdem die *Aufzeichnungen des Malte Laurids Brigge* erschienen waren, verrät eine tiefe Enttäuschung. Entgegen seiner festen Überzeugung konnte er den Nutzen der künstlerischen Arbeit für die eigene Lebensbewältigung nicht mehr erkennen. Sie rettete nicht. Sie machte nicht einmal für das eigene Leben geschickter und erfolgreicher. Rilke sah seine künstlerische Existenz unverbunden mit seiner sozialen, und diese Zusammenhanglosigkeit erschreckte ihn. Dass die Kunst ihn als Menschen bilden und stärken würde, konnte er nicht mehr erkennen. Nie war er von einer „Harmonie des Schaffens und des Lebens" weiter entfernt als in dieser Zeit. Auch das trug noch einmal zu seiner Schreibhemmung bei.

Schon während Rilke die *Aufzeichnungen* fertigstellte, war ihm, wie er Lou Andreas-Salomé im Januar 1912 schrieb, „der merkwürdige Hintergedanke" gekommen, „nicht mehr zu schreiben" (BmwLAS, 252). Das Geständnis hatte er im Mai 1911 schon Lili Schalk gemacht: „Dieses schwere, schwere Buch", schrieb er ihr über die *Aufzeichnungen*:

> Wissen Sie, daß es mir manchmal, da ich gegen das Ende ging, als ein so harter und so abschließender Auftrag erschien, daß ich meinte, alle meine Aufgaben darin zusammenzugreifen […] Sobald ich damals versuchte, über diese Arbeit hinauszublicken, sah ich mich jenseits davon etwas ganz anderes tun, nie mehr schreiben. (B 07–14, 128)

Wenigstens eine Zeitlang musste Rilke geglaubt haben, das Ende der *Aufzeichnungen* würde zugleich sein Ende als Autor sein. Der Gräfin Kanitz-Menar erklärte er, „daß der Malte ein großer, großer Abschnitt war; es war eine ganz theoretische und pedantische Idee, einfach weiterschreiben zu wollen, als ob nichts geschehen wäre. Es war doch eben, sozusagen, alles geschehen" (ebd., 113). Rilke hatte offenbar das Gefühl, gesagt zu haben, was er zu sagen hatte: Er fühlte sich ausgeschrieben. Und er wusste auch nicht recht, wofür das Schreiben noch gut war. Seine Krise war im starken Sinn eine künstlerische Krise: Er konnte sich die Fortsetzung seiner Arbeit nicht mehr vorstellen.

Um überhaupt tätig zu sein, übersetzte er in den Jahren vor dem Ersten Weltkrieg einiges. Das hatte er schon früher getan, etwa aus dem Russischen und dem Dänischen, wie das *Igor-Lied* und Prosa von Sören Kierkegaard. Aber nun intensivierte er diese Arbeit, und da sein eigenes Schreiben stockte, hatte er mehr Zeit für sie. 1907 nahm er sich die Sonette Elizabeth Barrett-Brownings vor, 1911 „den Guérinschen Zentauren" (ebd., 124), einzelne Sonette Shakespeares und Auszüge aus Augustinus' *Confessiones*, 1912 die Sonette Michelangelos, 1913 die Louise Labés (vgl. dazu Wittbrodt, in: Lamping, Engel, 168–187) und André Gides *Die Rückkehr des verlorenen Sohnes*, 1914 noch einmal Jens Peter Jacobsen, den er schon 1904 übersetzt hatte.

Rilke wurde mit diesen Übertragungen, die im Ganzen am Ende mehr Seiten füllen als seine Gedichte, zu einem der bedeutendsten, aber auch eigenwilligsten Übersetzer der modernen deutschen Literatur. Ihre freie Art, die sich seinem Verständnis des Übersetzens als einer auch produktiven Tätigkeit verdankt, ist allerdings nicht immer gewürdigt worden (vgl. Lamping, Die Freiheit, insbes. 236–237).

Rilke wusste nicht recht, was er nun eigentlich tun sollte. Als er geglaubt hatte, „nie mehr" zu schreiben, gestand er Lili Schalk, habe er „doch gezögert, etwas anderes zu versuchen, das ich nicht gelernt habe, und darüber bin ich in ein Abstehn gekommen, in dem keine Strömung ist" (B 07–14, 128). Er überlegte sogar, sein Studium wieder aufzunehmen und abzuschließen und es mit einer bürgerlichen Existenz zu versuchen. Doch es blieb bei der Überlegung – und beim Selbstzweifel. So fragte er Lou Andreas-Salomé noch 1911: „Wie ist es möglich, daß ich jetzt, vorbereitet und zum Ausdruck erzogen, eigentlich ohne Berufung bleibe, überzählig?" (BwmLAS, 240) Die Künstler- wurde eine Identitäts- und Lebenskrise.

Lili Schalk gestand er am 14. Mai 1911: Das Leben sei ihm im vergangenen Jahr zu „solcher Schwere und Trübe angewachsen", „daß ich nie von mir schreiben mochte. Ich scheute mich, denen gegenüber, die zuhören wollen, ‚ich' zu sagen, und es gab kein Wort, das mehr Ungenauigkeit mit sich brachte" (B 07–14, 127). Dass Rilke offenbar zeitweise an seiner Identität zweifelte, rechnete er selbst zu den „Gefahren" künstlerischer Arbeit, von der man, wie er in einem anderen Brief an Manon zu Solms-Laubach schrieb, nicht wisse, „ob man weitergeht oder von dem Andrang übergroßer Kräfte, mit denen man sich eingelassen hat, zurückgetrieben wird" (ebd., 165). Für ihn war die Gefahr besonders groß geworden, weil er „außer der Arbeit alles vernachlässigt" hatte (ebd.).

Die *Neuen Gedichte* und dann die *Aufzeichnungen des Malte Laurids Brigge* hatten Rilke Kraft gekostet, geistig, körperlich und seelisch. Und er war vereinsamt. Anfang 1912 schrieb er Lou Andreas-Salomé von der „langen, komplizierten, oft bis an's Äußerste getriebenen Einsamkeit, in der der *Malte Laurids* geschrieben wurde" (BwmLAS, 245). Rilke hatte offenbar zum ersten Mal erfahren, dass die Einsamkeit, die er bis dahin als selbstverständliche Bedingung seiner Arbeit angesehen, oft sogar herbeigesehnt hatte, zu dem Preis geworden war, den er für sie zahlen musste. Er fühlte sich einsam in einem für ihn neuen, negativen Sinn.

Tatsächlich waren die Pariser Jahre bis zur Fertigstellung der *Aufzeichnungen* eine sozial karge Zeit. Gertrud Ouckama Knoop bekannte er noch am 26. November 1921, er habe, als Paris sein „Wohnplatz" gewesen sein, über Jahre hinweg verteilt, „etwa acht Menschen" gesehen (BaM, 47). Das mag etwas übertrieben sein. Doch selbst zu den in Paris lebenden Schriftstellern nahm Rilke in der Zeit, in der er an seinem ‚Prosabuch' arbeitete, kaum Kontakt auf. Sogar Emile Verhaeren, den zwanzig Jahre älteren, von ihm bewunderten belgischen Autor, traf er nur gelegentlich. In Paris war Rilke, um zu arbeiten. Alles andere stellte er damals dagegen zurück.

Die Krise war schließlich tief: Rilke glaubte, nichts mehr zu sagen zu haben, konnte nicht mehr arbeiten – von *Immer*-Arbeiten konnte gar keine Rede mehr sein –, er fand nichts Neues und zweifelte an seiner Identität. Lou Andreas-Salomé gegenüber verglich er sich mit dem sagenhaften gelähmten Bauernjungen, der als Mann Kiew befreite und übermenschliche Kräfte gewann: „In den Jahren, da Ilja von Murom aufgesprungen ist, setz ich mich nieder und warte, und mein Herz weiß mir keine Beschäftigung" (BwmLAS, 240) – so als wäre dieser für ihn abwertende Vergleich das, was von dem Dichter übrig geblieben war.

Reisen

Rilkes Bedürfnis nach Erholung und Abwechslung war groß, und er suchte sie da, wo er glaubte, etwas versäumt zu haben. Die Arbeit an den *Aufzeichnungen* war erkauft zum einen mit Unbeweglichkeit, mit einem arbeitenden Ausharren an einem Ort, für das er seine oft bekundete „Fernlust" (B 07–14, 125) opfern musste, und zum anderen mit sozialer Isolation, der Entfernung von anderen. Beides versuchte er nun aufzuheben: Er änderte sein Leben.

Zunächst entwickelte Rilke eine auch für ihn ungewöhnliche Reisetätigkeit. Sie brachte ebenso viel Veränderung wie Unruhe in sein Leben. Nach seinem ersten Besuch in Duino 1910 machte er sich zu seinen größten Reisen auf. Sie führten ihn Ende 1910 nach Nordafrika und im Frühjahr des folgenden Jahres nach Ägypten. Er besuchte Algier und Tunis, Kairo und Heluan und machte eine Nilfahrt mit. 1912 hielt er sich wieder in Duino auf, nachher in Venedig, anschließend in München, Lautschin und Wien, dann für ein Vierteljahr, auf den Spuren El Grecos, in Spanien, vor allem in Toledo und Ronda, wohin ihm seine Krise folgte (vgl. Prater, 359–371). Der Fürstin von Thurn und Taxis berichtete er wiederholt darüber (vgl. BwmMvTuT, I, 226–264), Am 17. Dezember 1912 schrieb er ihr aus Ronda von seiner „Unzufriedenheit mit Sevilla" und von einer „Reihe recht verdrießlicher Tage, Schmerzen körperlich und die Seele so wenig zum Aushalten gestimmt, wenn ich zufällig irgend ein[e] ‚Zuhause' hätte, ich wäre unbedingt nachhause gefahren" (ebd., 244–245). Zu einer Reise „durch Spanien" brauche er „ein gewisses Gleichgewicht", doch ihm stürze „die Welt jeden Augenblick völlig ein innen im Blut" (ebd., 245).

Rilkes Reisen muten so an, als hätte er sich nach einer Zeit der sesshaften Arbeit ausgiebige Ferien an anderen, ferneren Orten gegönnt – und so mag es auch eine Zeitlang gewesen sein. Manche der Reisen, die nach Ägypten und besonders die nach Spanien, muten aber auch, trotz einiger tiefer Eindrücke, die er gewann, wie Beispiele „eines ruhelosen Umherirrens" (Leppmann, 321) an. Die psychisch belastende Spanien-Reise etwa war, Wolfgang Leppmann zufolge, „so eklektisch wie nur irgendein Vorgang" in Rilkes geistigem Leben. Sie beruhte „fast ausschließlich auf seiner Begeisterung für einen aus Kreta stammenden Künstler, der in der spanischen Malerei keinen Vorgänger und kaum Nachfolger hat" (ebd., 328), aber unter Rilkes Bekannten einige Verehrer hatte wie den Kunstkritiker Julius Meier-Graefe oder den Maler Leo von König.

Die Reisen taten ihm, wenn überhaupt, nur zeitweise gut. Von dem Winter 1910/1911 in Nordafrika schrieb er Lou Andreas-Salomé Ende 1911, er sei „leider in mir so wenig angepaßten Verhältnissen" gewesen, „daß ich Sitz und Haltung verlor und schließlich nicht anders mitkam als einer, den ein durchgegangenes Pferd abgeworfen hat und auf und ab im Bügel mitreißt" (BwmLAS, 241). Im März 1912 gestand er der Freundin sogar: „Duino that mir nie wohl" (ebd., 268). Ende desselben Jahres, als er lange in Duino und Venedig gewohnt hatte, fiel sein Resümee noch skeptischer aus:

> Die guten, genereusen Asyle, wie Duino eines war und gleich darauf Venedig, haben mir nicht weit geholfen; auch kosten diese so besonders gestalteten Umgebungen jedesmal zu viel Anpassung, sie haben ihr Dasein in so vielfachen fremden Bedingungen, und wenn man schließlich soweit ist, dazuzugehören, so ist eben nur die Lüge fertig, daß man dazu gehört. (ebd., 273)

Weder in der Fremde noch bei seinen hochmögenden Gönnern hatte Rilke das Gefühl, zu sich zu kommen. Und doch stellte er das Reisen immer nur vorübergehend ein. Geistig erschöpft und immer wieder kränkelnd, glaubte er offenbar, zur neuerlichen Belebung starke Reize zu brauchen.

Allerdings war er auch auf der Suche. Wieder war es Lou Andreas-Salomé, der er sich erklärte:

> Ich muß dir sagen, Lou, ich habe das Gefühl, als ob das, was mir hülfe, eine Umgebung wäre, ähnlich der, wie ich bei Dir sie in Schmargendorf gehabt habe, lange Gänge im Wald, barfuß gehen und Tag und Nacht den Bart wachsen lassen, eine Lampe haben am Abend, ein warmes Zimmer, und den Mond, sooft es ihm paßt, und die Sterne wenn sie da sind, und sonst sitzen und den Regen hören oder den Sturm, als wärs Gott selbst. (ebd., 275)

Ob dieses vergangene Idyll einfachen Lebens Rilke mittlerweile noch geholfen hätte, darf man bezweifeln. Doch dass er es beschwor, verrät, dass er den Ort, den er suchte, nicht gefunden hatte: *seinen* Ort. Was er fand, waren Aufenthaltsorte, allenfalls ‚Wahlheimaten', wie er sie in seinem späteren Brief an Xaver von Moos nannte, und auch die nur auf Zeit. Rilke blieb ein ortloser Mensch.

Einstweilen hatten die zahlreichen Reisen vor allem eine Wirkung: Sein Umherziehen von einem Ort zum anderen machte beständige Arbeit so gut wie unmöglich. Irgendwann war schwer zu unterscheiden, ob Rilke so viel auf Reisen war, weil er nicht schreiben konnte, oder ob er nicht schreiben konnte, weil er so viel auf Reisen war.

Kontakte

Rilkes rastlose Reisen waren nicht nur eine Suche nach dem richtigen Ort. Er wollte auch der Einsamkeit entfliehen und Menschen finden, die ihm Kraft geben konnten. Der Fürsprecher der Einsamkeit brauchte auf einmal Menschen, wie er es Lou Andreas-Salomé gestand. Am meisten Kraft in der Schreibzeit, berichtete er ihr, habe er „aus gewissen Abenden auf Capri" (ebd., 245) geschöpft, in Gesellschaft von „zwei älteren Frauen und einem jungen Mädchen", mit denen er „beisammensaß und ihren Handarbeiten zusah und manchmal zum Schluß von einer von ihnen einen Apfel geschält bekam" (ebd.). Nun wisse er, dass er diese Kraft „unendlich brauche" (ebd.). Er hoffte „auf irgendjemanden", „der für mich da sein würde": „Ich hatte eine unaufhörliche Sehnsucht danach, mein Alleinsein bei einem Menschen unterzubringen, es in seinen Schutz zu stellen: Du kannst Dir denken, daß darüber nichts weiterkam" (ebd., 240).

Zumindest der Wunsch nach Kontakten erfüllte sich. Sie zu knüpfen fiel dem Einsamen leicht. Er kam scheinbar mühelos in Berührung mit den unterschiedlichsten Menschen: mit Fürsten und Revolutionären, Diplomaten und Dichtern, Politikern und Bankiers, Künstlern und Kaufleuten. Seine Sehnsucht nach sozialem Leben erfüllte sich teilweise auf hohem gesellschaftlichen Niveau. Seine zahlreichen Briefe an adelige Damen sind legendär.

Zwischen 1910 und 1914 lernte Rilke auch eine Reihe von Künstlern kennen, unter ihnen etwa Franz Werfel und Robert Musil, Paul Claudel und Ferruccio Busoni, Paul Klee und Oskar Kokoschka. Keine dieser Bekanntschaften wurde vertieft. Wenn Rilke in großen Städten war, suchte er aber stets den Kontakt zu Kollegen und Kolleginnen. Im September 1911 etwa traf er in München außer Hofmannsthal auch Annette Kolb und Ricarda Huch, ebenso ihren Vetter Friedrich Huch, mit dem er seit der Worpsweder Zeit bekannt war. 1912 begegnete er in Venedig Richard Beer-

Hofmann, den in London geborenen, aus Florentiner Familie stammenden Schriftsteller Carlo Placci und Eleonara Duse. Im März 1913 schickte Rilke seinem Verleger eine Postkarte aus Paris, die Emile Verhaeren, Romain Rolland, León Bazalgette und Stefan Zweig mit ihm unterschrieben hatten (vgl. Schnack, I, 424).

Rilke schuf sich auch weiterhin neue Kontakte zu anderen Künstlern, in Deutschland, Österreich, Italien und Frankreich. Freundschaften entstanden daraus nicht, aber doch einige dauerhafte Verbindungen, auch die eine oder andere Arbeitsgemeinschaft, die an Goethes spezielles Verständnis von Weltliteratur erinnert (vgl. Lamping, Internationale Literatur, 38–44), wie seine Zusammenarbeit mit André Gide.

Sie haben sich zuerst 1909 geschrieben, im folgenden Jahr dann auch getroffen. Bis 1914 blieben sie in Verbindung: durch den Krieg brach sie ab, erst danach konnten sie sie wieder aufnehmen. Gide und er waren sich eher freundschaftlich zugetan, „*vor allem* freundschaftlich" (BaAG, 191), wie der 1947 betonte. Als Autoren waren sie zwar erkennbar verschieden. Dennoch übersetzten sie einander (vgl. dazu Schmeling, in: Lamping, Engel, 123–148). 1910 übertrug Gide zusammen mit Aline Mayrisch einige der *Aufzeichnungen des Malte Laurids Brigge*, die er 1911 in seiner Zeitschrift *Nouvelle Revue Française* veröffentlichte (vgl. dazu auch. Rilke übertrug Gides *Heimkehr des verlorenen Sohnes*. Weitere Projekte wurden ins Auge gefasst, Gide etwa beabsichtigte, den *Cornet* zu übersetzen, doch alle Vorhaben zerschlugen sich.

Eine Ausnahme unter den vielen Kontakten zu Kollegen stellte Rudolf Kassner dar. Inzwischen fast vergessen, war er ein Schriftsteller eigenen Rechts, mehr Essayist als Erzähler, ein kluger Beobachter von Menschen und Verhältnissen, zugleich ein origineller, manchmal allerdings auch eigenwilliger, ja etwas verstiegener Denker. Zwei Jahre älter als Rilke, in Süd-Mähren geboren, hatte er sich nach 1900 bald einen Namen als Autor gemacht.

Rilke war er, zumindest dem Namen nach, schon bekannt, als sie sich bei seiner gefeierten einzigen Wiener Lesung im Herbst 1907 kennenlernten. Anschließend suchte er ihn zu Hause in Hietzing auf. „Was man unsere Freundschaft nennen mag, geht jedenfalls auf diesen Besuch zurück, zeitlich und auch sonst" (Kassner, 49), hat Kassner erklärt. Den Rilke dieser Jahre, der die *Neuen Gedichten* gerade fertiggestellt hatte, hat er anschaulich-knapp in seiner Einleitung zu dessen Briefwechsel mit der Fürstin von Thurn und Taxis porträtiert.

In der Folgezeit waren sie „jedes Jahr einmal oder gar zweimal längere oder kürzere Zeit zusammen", etwa „in Paris im Frühjahr und Herbst 1910" (ebd., 51). Die Freundschaft vertiefte sich während Rilkes erstem Aufenthalt auf Schloss Duino im Herbst und Winter 1911/12. Kassner und die Fürstin von Thurn und Taxis waren die ersten, denen er die „ersten beiden Duineser Elegien" vorlas (ebd., 52).

Auch später trafen sie sich weiter. 1912 schrieb Rilke Lou Andreas-Salomé, Kassner sehe ihn „durchaus für seinen Freund" an: „worin er sich sicher nicht irrt; er ist eigentlich der einzige Mann, mit dem ich etwas anzufangen weiß" (B 07–14, 188). Kassner war tatsächlich einer der wenigen wirklichen Freunde Rilkes; und sie blieben Freunde bis zuletzt.

Rilke fand die Arbeiten Kassner anfangs „,zu schwer'" (ebd.). Erst als er ihn kennengelernt hatte, las er sie „mit wirklicher Einsicht" (ebd.). Auf solche persönlichen Vermittlungen war er auch bei anderen oft angewiesen. Kassner, als Schriftsteller wie als Mensch, lernte Rilke als Dichter durch die Begegnungen mit ihm ebenfalls besser verstehen.

Die Freundschaft hat im Werk beider Spuren hinterlassen. Für sein Gedicht *Wendung* benutzte Rilke einen, allerdings nicht ganz genau zitierten Satz Kassners als Motto, und er widmete ihm die achte *Duineser Elegie*. Kassner wiederum hat mehrmals Erinnerungen an Rilke festgehalten (vgl. Kassner). Was er über den Freund geschrieben hat, etwa in seinem *Buch der Erinnerung,* gehört zum Besten, was man über ihn lesen kann. Es ist, aus der Nähe beobachtet, voll Sympathie, verständnisvoll, aber nicht blind für Schwächen und Irrtümer. Sein Buch *Die Verwandlung* hat Kassner Rilke gewidmet.

Noch häufiger als andere Autoren traf Rilke Mitglieder der sogenannten guten Gesellschaft. Den ersten Zugang zu adeligen Kreisen hatte ihm die Gräfin Luise Schwerin eröffnet. Ende 1909 lernte er dann in Paris die Fürstin Marie von Thurn und Taxis kennen, eine vielfach vernetzte Angehörige des österreichischen Hochadels. Rudolf Kassner, der wie Hofmannsthal mit ihr befreundet war, hatte sie ermuntert, mit Rilke in Kontakt zu treten. Aus der Begegnung in einem noblen Pariser Hotel, zu der sich auch die dichtende Gräfin Anne de Noailles gesellte, entwickelte sich eine der wichtigsten Beziehungen in seinem Leben. Die Fürstin wurde seine Gastgeberin, Gönnerin, Ratgeberin und Vertraute – die wichtigste nach Lou Andreas-Salomé.

Marie von Thurn und Taxis, „geborene Prinzessin von Hohenlohe" (Kassner, Buch der Erinnerung, 270), war eine lebenskluge und kultivierte Frau. Sie war, Kassner zufolge, der sie in seinen Erinnerungen porträtiert hat, eine, ja „die große Dame" (ebd., 269). Sie stand einem großen, bedeutenden Haus vor, war musikalisch und von Dichtung begeistert. „Sie wußte den halben Dante auswendig, viel von Petrarca, von Torquato Tasso, Racine" (ebd., 273). Vor allem Dante brachte sie Rilke näher. „Ihre Welt", schreibt Kassner pointiert, war „die Welt des Goetheschen *Torquato Tasso*" (ebd.). Sie war Rilke, der ihr Tasso wurde, zugetan. Anspielungsreich nannte sie ihn „Doctor Seraphicus" (Thurn und Taxis, 23) oder „Dottor Serafico" (BwMvTUT, I, 404), hörte ihm als Dichter und als klagenden Menschen zu, zögerte aber nicht, ihn auch zurechtzuweisen. Sie versuchte, soweit das möglich war, ihm sein Dichterleben zu erleichtern. Ihre vielgelesenen Erinnerungen an ihn verraten literarisches Talent (vgl. Thurn und Taxis).

Durch sie fand Rilke rasch Verbindung zum europäischen Adel und Hochadel. In dessen Häusern war er bald gern gesehen, nicht selten wurde er geradezu umschwärmt: ein zurückhaltender, freundlich-nachdenklicher, ausgesucht höflicher Gast mit exquisiten Manieren. Was er schon durch die beiden Widmungen der *Neuen Gedichte*, die er Karl und Elisabeth von der Heydt, und *Der Neuen Gedichte anderer Teil*, die er Rodin zueignete, suggeriert hatte: dass er ein Freund der Reichen und Berühmten war, wurde nun vollends wahr.

Rudolf Kassner hat in seinem Essay zum Briefwechsel zwischen Rilke und Marie von Thurn und Taxis einen Eindruck von den gelegentlich „in Duino versammelten Gästen" (Kassner, 54) gegeben. Zu ihnen gehörten neben Künstlern wie Rilke und Intellektuellen wie ihm selber Adelige aus ganz Europa, darunter Angehörige der internationalen politischen Elite, 1914 etwa der englische Feldmarschall und Kriegsminister Lord Kitchener und der wenig später ermordete österreichische Thronfolger Erzherzog Franz Ferdinand.

Auch diese Wendung im Leben des einmal armen Poeten Rilke ist erstaunlich: Der lebenslange Verehrer eines Franz von Assisi wurde ein allerdings diskretes Mitglied der mondänen Welt Europas – und ein dankbares dazu. Sein erster Gedichtband nach der Krise führt im Titel den Namen des Schlosses der Fürstin von Thurn und Taxis: die *Duineser Elegien*.

Diese Dankbarkeit rührt auch daher, dass die Fürstin genau wusste, was Rilkes Wünsche als Gast waren. Es genügte ihm nicht, hat Eudo Mason pointiert festgestellt,

> daß seine adligen Bekannten ihn auf ihre Schlösser einluden; was er wirklich brauchte, war, daß sie, nachdem sie ihn eingeladen hatten, selber wieder weggingen, ihn in einsamem Besitz mit einigen gut abgerichteten, schweigsamen Dienstboten zurücklassend. (Mason, 87)

Rilke wollte eine Art dichtender Schlossherr auf Zeit sein: Er wünschte sich eine exklusive und luxuriöse Form der Einsamkeit für das Schreiben. Mit einer Armut musste sie sich nicht mehr verbinden. Es überrascht nicht, dass der Wunsch selten in Erfüllung ging. Außer der Fürstin von Thurn und Taxis scheint ihn vor allem Sidonie Nádherný von Borutin erspürt zu haben.

Die Adeligen, mit denen Rilke verkehrte und deren Gast er gern war, besaßen nicht nur große Häuser, ja Schlösser, auf denen es ihm möglich war, eine Zeitlang über seine Verhältnisse zu leben. Sie waren kultiviert: „Freunde seiner Kunst oder der Kunst überhaupt" (Fuerst, 74). Marie von Thurn und Taxis etwa war eine begabte Musikerin, veranstaltete Konzerte auf Duino, sammelte Kunst und zählte Hofmannsthal und Kassner zu ihren Freunden. Der sagte von ihr, dass sie „unerschöpflich in der Aufnahme von Dingen der Kunst und Dichtung" (Kassner, 46) gewesen sei. Sidonie Nádherný nahm am literarischen Leben Wiens und Prags teil und war mit Karl Kraus liiert. Karl von der Heydt schrieb selbst, vor allem Dramen. Zweifellos war es diese Kultur, die Rilke anzog – ohne dass er den Reichtum, der sie möglich gemacht hatte, verschmähte.

Die Anziehung war jedenfalls beiderseits vorhanden. Rilkes Desinteresse an Geld und Besitz, das ihn, als Einziges, mit der Boheme verband (vgl. Kreuzer, 253–269), unterschied ihn von Bürgern. Seine altmodisch-höflichen Umgangsformen passten in die Welt Adeliger, denen sie bedeuteten, dass er ihrer Lebensweise mehr zugetan war.

Nicht zu übersehen ist allerdings, dass schon der junge Rilke, ähnlich wie seine Mutter, ein Bedürfnis hatte, sich hervorzutun, nicht zuletzt durch seinen Umgang: Mit Vorliebe und ohne Hemmungen wandte er sich an Berühmtheiten. Die gute Gesellschaft in ihrer Exklusivität befriedigte auch dieses Bedürfnis. Gleichwohl blieb Rilke ein Einzelgänger, der nicht dem Irrtum verfiel, „daß man dazu gehört". Dass er auch politisch nicht unbedingt so dachte wie seine adeligen Gönner und Gastgeber, stellte sich im Krieg heraus.

Die Duse

Glanz und Elend des mondänen gesellschaftlichen Lebens, das Rilke nach 1910 führte, sind am stärksten ausgeprägt in seiner Begegnung mit Eleonara Duse, der neben Sarah Bernhardt berühmtesten Schauspielerin der Zeit. Sie war die dritte Berühmtheit, die er nach Tolstoi und Rodin kennenlernte. Und wie die Begegnung mit den beiden anderen war auch die mit ihr nicht unbedingt erfreulich. Doch sie hatte zumindest eine komische Seite, einen Zug zur Komödie, wenigstens für den unbeteiligten Zuschauer.

Rilke lernte die Duse im Sommer 1912 kennen, als er, nach einem langen Aufenthalt auf Schloss Duino, im Mai die Wohnung der Fürstin von Thurn und Taxis in Venedig bezog (vgl. zu der Begegnung ausführlicher: Rilke und die Duse). Die Duse logierte in der Nähe. Sie war damals 53 Jahre alt, 17 Jahre älter als er, und sie befand sich seit drei Jahren in einem allerdings erst vorläufigen Ruhestand. Rilke sollte bald erfahren, dass das nicht der für sie angemessene Zustand war.

Er hatte sie seit langem bewundert und als Autor längst Zeichen der Verehrung für sie gegeben. Ihr hatte er die zweite Fassung seines Einakters *Die weiße Fürstin. Eine Szene am Meer* von 1904 gewidmet. Er war, mittelbar, mit ihr in Kontakt gekommen, als er für Rodin einen Brief an sie verfasst hatte, und in seinem Buch über ihn kam er auch auf sie zu sprechen (vgl. KA, IV, 421). Auf der Bühne gesehen hatte Rilke sie 1904 in der Berliner Aufführung von Ibsens *Rosmersholm;* am nächsten Tag hatte er Karl von der Heydt gebeten, ihn mit ihr bekannt zu machen; dazu war es nicht gekommen. Im folgenden Jahr schrieb er das Gedicht *Bildnis* über sie, das er in *Der Neuen Gedichte anderer Teil* aufnahm.

Der Duse ist auch die hymnische 65. der *Aufzeichnungen des Malte Laurids Brigge* gewidmet: „Hätten wir ein Theater". Auch das sind Zeilen der Verehrung, vielleicht auch Zeilen der Überschätzung. Malte spricht die Duse als eine „Tragische" (KA, III, 617) an und meint damit mehr als: Tragödin. Sie habe, „aussichtsloser von Tag zu Tag, immer wieder eine Dichtung" vor sich ‚gehoben' (ebd.), wie eine Maske. Denn: „Es kam dich an, du selber zu sein" (ebd., 618). Als Schauspielerin war sie gewissermaßen verkleidet wie, nach Rilkes Deutung, Marianna Alcoforado als Nonne. Sie zeigte ihre Verwandlung, Malte zufolge, auf der Bühne. „Aber da brachen sie schon in Beifall aus in ihrer Angst vor dem Äußersten: wie um im letzten Moment etwas von sich abzuwenden, was sie zwingen würde, ihr Leben zu ändern" (ebd.).

Die Duse zeichnet Malte, und mit ihm Rilke, als große, ja überlebensgroße Künstlerin, die mehr ist als eine Schauspielerin. Sie hat den existenziellen Appell wahrer Kunst verstanden und versucht, um ein Mensch im starken Sinn zu werden, das eigene Leben zu ändern. Rilke verwendet für diesen Versuch emphatisch eben die Worte, mit denen *Archaïscher Torso Apollos* endet.

Der Gedanke, dass sich eine Schauspielerin spielend in ein Selbst verwandelt, im Spielen also das Spielen aufhebt, mutet wie ein dialektischer Salto an. Rilke mag aber etwas Ähnliches gemeint haben wie Rudolf Kassner, der die Duse in seinem *Buch der Erinnerung* porträtiert hat. Sie „spielte nicht, sondern lebte auf der Bühne", schreibt er über sie, „als ob diese der einzige Raum wäre, worauf sie, in welchen Rollen immer, ihr wahres Leben zu leben hätte" (Kassner, Buch der Erinnerung, 99) – eine „Schauspielerin, die das Leben an sich riß" (ebd., 101).

Rilke konnte der Versuchung nicht widerstehen, das Objekt seiner Verehrung kennenzulernen. Dass er als Dichter längst ein Bild von ihr gewonnen hatte, das sie kaum mehr übertreffen, bestenfalls bestätigen konnte, wäre vielleicht ein Grund gewesen, zu zögern, wenn nicht zu verzichten. Doch so vorsichtig war er nicht.

Der Kontakt ging von der Duse aus: Sie lud Rilke zu sich ein. Zweifellos hatte sie von der Verehrung gehört, die er ihr seit langem entgegengebracht hatte, möglicherweise aus dem Umkreis der Fürstin, vielleicht von deren Bruder, der mit der Schauspielerin befreundet war, wahrscheinlicher aber von Carlo Placci, der mit der Duse wie mit Rilke bekannt war (vgl. Schnack, I, 405).

Am 1. Juli machte Rilke ihr seine Aufwartung. Er gab sich geradezu ergriffen, von der „Zartheit" ihrer Begegnung, wie er Placci noch am selben Tag wissen ließ: „c'est l'incomparable douceur de notre rencontre" (zit. n. ebd, 406). Das dürfte eine Beschönigung gewesen sein. Marie von Thurn und Taxis gestand Rilke, dass er es kaum gewagt hatte, die Duse richtig anzusehen: „Feig, wie ich jetzt bin, wagte ich kaum, sie anzusehen; es bereitete mir eine Art von Schmerz, sie so breit und robust zu finden, dieser verstärkte Körper, wie eine Fassung, aus der schon einmal der Stein gefallen ist." Er könne sich „fast nur" an ihren Mund erinnern, „diesen schweren Mund, der aussieht, als ob nur noch uneigenes, teilnahmsloses Schicksal ihn bewegen könnte, wie für gewisse Schwerter der Held kommen muß, der Halbgott, daß er sie hübe" (B 07–14, 233).

Rilke war sich nicht sicher, ob es gut sei, mit einer Berühmtheit wie ihr in Berührung zu kommen. „Die Erfahrung an Rodin", schrieb er der Fürstin, „hat mich sehr schreckhaft gemacht, allem Anders-, allem Wenigerwerden, allem Versagen gegenüber" (ebd., 234). Seine Sorge war nicht unberechtigt, wie er bald feststellen konnte.

Die Duse bereitete ihre Rückkehr auf die Bühne vor, vorerst noch einigermaßen glücklos. Eine mit ihr befreundete Schriftstellerin, die junge Cordula Poletti, die bei ihr wohnte, konnte nicht das Stück schreiben, das sie sich gewünscht hatte, andere Angebote, etwa von Max Reinhardt, lehnte sie ab. Rilke muss bald das Bedürfnis gehabt haben, der Duse zu helfen. Marie von Thurn und Taxis brachte seine Haltung auf den Punkt: „Tiefste Bewunderung, aber zugleich auch tiefstes Mitleid erfüllten seine Seele" (Thurn und Taxis, 61).

Doch die Dinge entwickelten sich auf ihre Weise. Rilke erfüllte sich einen Wunsch: Er überreichte der Duse *Die weiße Fürstin*, in der Hoffnung, dass sie damit auf die Bühne zurückkehren würde. Doch unglücklicherweise konnte sie das Stück nicht lesen: Für sie hätte es eine französische oder eine italienische Übersetzung gebraucht, die Rilke selbst nicht anfertigen wollte. Schon deshalb, aber vermutlich nicht nur deshalb, konnte das Stück nicht mit ihr in der Titelrolle aufgeführt werden. Rilke war darüber schließlich nicht unfroh.

Er mochte gehofft haben, auf die große, der Verwandlung ins Menschliche fähige Künstlerin zu treffen, die er glaubte erkannt zu haben – in der Annahme, dass Künstlersein im Letzten auch Menschsein heiße. Doch er lernte mehr und mehr eine mit ihren Verhältnissen unzufriedene Diva im vorübergehenden Ruhestand kennen, die in seinem Beisein einige bühnenreife Auftritte hinlegte. Rilke, „ein sehr wehrloser Mensch" (BwmEK, 9), wie er schon 1903 Ellen Key gestanden hatte, ließ sich auch für vieles einspannen, was unter seiner Würde war.

Der vor kurzem noch arme Poet, der in Paris in bescheidenen Zimmern gelebt hatte, wurde losgeschickt, um großzügige Wohnungen in venezianischen Palazzi für die Duse zu besichtigen – die sie alle nicht nahm. Er versuchte zwischen ihr und ihrer Schriftsteller-Freundin zu vermitteln, ohne Erfolg. Er war der Duse selbst bei Kleinigkeiten zu Diensten, etwa um eine sie störende Fliege aus dem Zimmer zu verscheuchen, auch das ohne Erfolg. Das alles wirkte mal mehr wie eine Tragödie, mal mehr wie eine Komödie. Dennoch wurde er immer mehr in ihren Bann gezogen. „Ich fürchte, dass Sie sich wieder ganz ausgeben, Sie wollen helfen" (Thurn und Taxis, 63), ermahnte ihn Marie von Thurn und Taxis und hatte Recht. Der hilflose Rilke war in der Rolle des Helfers falsch besetzt.

Er erlebte die Duse ebenso großartig wie launisch, exzentrisch und, immer wieder, schwermütig. Marie von Thurn und Taxis urteilte, einmal mehr, nüchtern: „Ein wunderbares, überragendes Wesen, aber – eine Verzweifelte. Eine kranke, alternde, tief unglückliche Frau" (Thurn und Taxis, 61). Der persönliche Kontakt endete, als die Duse Ende Juli etwas abrupt Venedig verließ und an den Tegernsee reiste.

Rilke, zunehmend belastet durch die Beziehung, war erleichtert, aber er hörte nicht auf, sich für die Schauspielerin einzusetzen. Er suchte weiter nach dem richtigen Stück für ihr Comeback, versuchte auch Unterstützung bei einflussreichen Bekannten zu finden, um ihr ein eigenes Theater zu verschaffen – alles vergebens. Ganz ohne sein Dazutun kehrte die Duse 1921 auf die Theaterbühne zurück und unternahm noch eine Tournee durch die USA. Erschöpft starb sie, 65 Jahre alt, am 21. April 1924 in Pittsburgh an einer Lungenentzündung, ohne dass Rilke sie wiedergesehen hätte.

Bei all dem, was er mit ihr im Sommer 1912 erlebte, war an Arbeit nicht zu denken. „Mir fehlt vielleicht nicht sehr viel zur Arbeit", schrieb er am 12. Juli der Fürstin, „aber, verhüte, daß von mir sollte (wenigstens gleich) verlangt werden, noch Schmerzlicheres einzusehen, als mir im Malte aufgetragen war. Dann wirds einfach ein Geheul unter den Geheulen und nicht der Mühe wert" (B 07–14, 234). Wegen der Duse musste er kein Geheul anstimmen, auch wenn er, in dieser Zeit der Depression, verstimmt zurückblieb.

Das Ende einer Ehe

Rilkes Ehe dünnte mit den Jahren immer mehr aus, nicht nur der unterschiedlichen Wohnsitze wegen. Als die Eheleute 1908 wieder gleichzeitig in Paris lebten und, jeder für sich, Räume im Hôtel Biron mietete, erfuhr Clara, dass ihr Mann eine Geliebte hatte, die Venezianerin Adelmina Romanelli. 1911, als sie sich in München einer psychoanalytischen Therapie unterzog, verlangte sie dann von Rilke die Scheidung, der inzwischen einen neuen weiblichen Schützling hatte: die kaum 18-jährige Marthe Hennebert. Wegen bürokratischer Komplikationen kam die

Scheidung nicht zustande. An der Trennung änderte das aber nichts, nicht einmal während der Zeit, die sie später beide, weiter getrennt, in München lebten.

Lou Andreas-Salomé, die Clara seit 1906 kannte, erklärte Rilke Anfang 1912 den Zustand seiner nur noch auf dem Papier existierenden Ehe: „Es ist nichts Böses zwischen uns, aber sie geht doch, gewissermaßen, als meine Frau mit falscher Aufschrift herum, ist nicht mit mir und kommt doch über mir zu nichts anderem" (BwmLAS, 259). Claras Beziehung zu ihm sei immer ambivalent gewesen:

> unser Verhältnis bestand darin, daß sie mich unendlich restlos bejahte, acceptierte, und dann wieder, wenn sie merkte, wie viel absolut Fremdes, ja Feindsäliges sie da mit unterschrieben hatte, in Ablehnung verfiel. Sucht man dahinter nach i h r, nach dem, was sie seit der Mädchenzeit geworden ist, so findet sich (von der Mütterlichkeit und der Beziehung zu Ruth abgesehen) nichts Greifbares. (ebd.)

Die längst eingetretene Entfremdung bezeugt auch der nicht weniger deutliche Brief, den Rilke Ende Oktober 1913 an Sidonie Nádherný sandte, von der Clara eine Porträtbüste angefertigt hatte:

> Es ist in Clara sehr viel vom Mädchen, darum immer wieder sehr viel Sehnsucht danach, ein Frauen-Leben zu haben, und doch, wo sie sich unterwirft, da ist sie sofort mehr Jünger als Frau, mehr Schüler und Anhänger und das nicht im stärksten Sinn, sondern eher in dem des Aufgebens und der Nachahmung. Darum glaube ich nicht, daß sie jemandem als Frau würde haben zur Seite stehen können: sie wird in der Hingabe an ein anderes Leben nicht stark, sondern nachgiebig, spiegelt anstatt ein Gegenspiel zu bilden, – selbst wenn sie, wie sie jetzt manchmal meint, ein ganz anderes Schicksal hätte haben müssen, eine rechte große Ehe, viele Kinder: es wäre am Ende nichts leichter für sie geworden, um nichts ein-deutiger. Daß sie freilich an mich gerieth, ist besonders schwer: da ich weder der Künstlerin in ihr noch dem, was sich nach einem Frauendasein drängt, recht günstig zu sein vermochte. Je weiter, je vollständiger ich mich aus ihrem Leben zurückziehe, je besser dürfte es für sie sein. (BaSNvB, 200–201)

Rilke fügte noch einen seiner großen Glaubens-Sätze an: „Daß Kunst-Arbeit und Leben irgendwo ein Entweder-Oder ist, entdeckt ja jeder zu seiner Zeit, – aber für eine Frau mag diese Wahl freilich einen Schmerz und Abschied ohnegleichen bedeuten" (ebd., 201).

Hätte Rilke diese Zeilen an Clara selber gerichtet, könnte man sie einen Scheidebrief nennen. Scheinbar ohne Eifer, doch auf eine kühle Weise verstehend, urteilt er über sie als Frau und als Künstlerin – und bedeutet dabei der Briefpartnerin, dass Clara in beiden Rollen nicht angekommen sei. Die Fortsetzung der Ehe wäre spätestens nach diesem Urteil nicht mehr vorstellbar gewesen.

Doch Rilke hatte sie tatsächlich für sich schon beendet, ohne dass er den Wunsch verspürte, das auch vor aller Welt durch eine Scheidung, die Kosten verursachte, deutlich zu machen. Zu übersehen war es auch so nicht. Selbst die Künstler-Gemeinschaft war offensichtlich gescheitert. Clara ist, trotz ihres unübersehbaren Talents, nicht die Bildhauerin geworden, die er anfangs in ihr gesehen hat oder sehen wollte. Sein Versuch, sie zur Künstlerin zu erziehen, scheiterte letztlich, weil ihr, wie er Lou Andreas-Salomé verriet, die „inneren Antriebe" dafür fehlten (BwmLAS, 260). Ein Zeitlang war sie noch in Fragen der bildenden Kunst eine

Gesprächspartnerin, ähnlich wie Paula Modersohn-Becker oder Mathilde Vollmoeller. Aber er sprach mehr *zu* ihr als *mit* ihr, wie nicht zuletzt die Briefe über Cézanne erkennen lassen.

Wie Clara Westhoff über das Scheitern ihrer Ehe dachte, ist nicht übermittelt, wohl aber, wie ihrer beider Freund Heinrich Vogeler sie wahrnahm, der mit ihr befreundet blieb. Ihre Ehe hatte er aus der Nähe erlebt. In seinen Erinnerungen heißt es über das Zusammen- und Auseinanderleben des Paars nach der Heirat:

> Es kam der unerbittliche schwere Kampf zweier Menschen, die in diesem Bauernhause miteinander lebten und sich in ihrer künstlerischen Befähigung lähmten. Es kam die Trennung. Unendlich schwer litt die Frau, bis zu einer stillen Resignation, die für ihr Leben charakteristisch blieb. Diese Frau, die, bevor dieser Mann in ihr Leben trat, eine bezwingende, mitreißende Lebensfreude und Lebenskraft ausstrahlte. Clara hatte durch diese Bindung eine tiefste Wunde empfangen, den Bruch mit Paula, der Freundin, deren ringendes Künstlertum die Bildhauerin Clara beeinflußt hatte. (Vogeler, Werden, 139)

Die Fotografien, die von Clara Westhoff existieren, auch das Porträt, das Paula Modersohn-Becker von ihr 1906 gemalt hat, lassen etwas von ihrer Verletzung und ihrer Schwermut ahnen. Die größte Zurückweisung durch Rilke erfuhr sie allerdings erst ganz am Ende: als er im Sterben lag.

Rilke hat nach und nach verstanden, dass seiner Frau die Ehe nicht gut getan hat, noch über die Zeit hinaus, die sie gedauert hat: die Ehe mit ihm. 1914 schrieb er Magda von Hattingberg:

> Obwohl wir kaum zwei Jahre wirklich ein gemeinsames Haus führten (ein entlegenes Bauernhaus in eben jener schweren torfigen Ebene, wo auch Ruth geboren wurde) so haben doch die *elf* –, elf ganz getrennte Jahre – nicht ausgereicht, alles wiederherzustellen, und auszugleichen, was ich an Noth [,] Entstellung, Verzweiflung und Lebensablehnung, durch mein Nah- und Anderssein, in jene, einst so starke und scheinbar sichere Natur eingesäet habe. (BwMvH, 97)

Geliebte

Rilke hatte 1912/13 schon längst begonnen, nach einer anderen Frau für sein Leben zu suchen: Was man sein „Don-Juantum" nennt (vgl. Mason, 85) und was seinen poetischen Ausdruck etwa in einem Gedicht wie *Don Juans Auswahl* gefunden hat, brachte sich immer mehr zur Geltung. Zu seinem Leben nach den arbeitsamen Jahren gehörte, dass er eine Reihe von Liebesbeziehungen einging – auf der Suche offenbar nach einer, ja der Geliebten. Die von ihm Mimi genannte Venezianerin Adelmina Romanelli machte 1907 den Anfang des Reigens, ihr folgten etwa die deutsche Malerin Lou Albert-Lasard, die Schriftstellerin Claire Studer, die spätere Frau Yvan Golls, und die Künstlerin Baladine Klossowska. Zu einem dauerhaften Zusammenleben mit einer der Frauen kam es nicht. Rilke schreckte davor, um seiner Arbeit willen, zurück. Zögerte er einmal, war es die Fürstin, die ihn zurechtwies. „J e d e r Mensch ist einsam und m u ß es bleiben und m u ß es aushalten", ermahnte sie ihn, als er überlegte, mit Lou Albert-Lasard zusammenzuleben (BwMvTuT, I, 404) – ein etwas zweideutiger Rat, der vor allem verrät, dass sie es für besser hielt, wenn *er* allein bliebe.

Die Fürstin drang mit dieser Ermahnung nicht durch. Wie sehr Rilke eine neue Liebe ersehnte, verrät der Kosename, den er der österreichischen Pianistin Magda von Hattingberg verlieh: „Benvenuta", die Willkommene. Nachdem er kaum einen Monat mit ihr enthusiastisch korrespondiert hatte, machte er sich Ende Februar 1914 auf den Weg nach Berlin, um sie kennenzulernen. Die hohen Erwartungen, die er mit der Reise verband, drückt die erste Strophe des ersten Gedichts aus, das er ihr schrieb:

> Flutet mir in diese trübe Reise
> Deines Herzens warme Bahn entgegen?
> Nur noch Stunden und ich werde leise
> meine Hände in die Deinen legen:
> o wie lange ruhten sie nicht aus.
> Kannst du Dir denn denken, daß ich Jahre
> so: ein Fremder unter Fremden fahre?
> Und nun endlich nimmst Du mich nach Haus. (KA, II, 95)

Das Gelegenheitsgedicht, aus Anlass einer Bahnfahrt, verrät in seinem Gefühlsüberschwang das doppelte Bedürfnis: eine Geliebte zu finden und zugleich ein Zuhause.

Seit 1912 tritt in Rilkes Lyrik die Figur der ‚Geliebten' auf (vgl. etwa KA, II, 38). Ihre Namen im richtigen Leben wechselten. Keine der Beziehungen war von Dauer, auch die zu Magda von Hattingberg nicht, obwohl er sich ihr Wochen lang in Briefen eröffnete. Doch sie war nicht die Frau, die er in ihr vermutet hatte. Das Verhältnis war nach ungefähr zwei Monaten beendet. Auch keine der Frauen, die Rilke nach ihr kennenlernte, war der Mensch, der für ihn „da sein würde". Die Geliebte, die Rilke noch eine Weile suchte, fand er nicht. „Du im Voraus/ verlorene Geliebte, Nimmergekommene" (KA, II, 89), beginnt ein 1913/14 entstandenes Gedicht: Für Rilke waren und blieben die Verse wahr.

Das Ende der Armut

Die Jahre ab 1910 waren für Rilke in mehr als einer Hinsicht eine Krisen-Zeit – doch nicht unbedingt finanziell. Tatsächlich entkam er langsam der Armut, und sein Lebensstil änderte sich. Er hatte bald mehr Mittel für lange Reisen zur Verfügung, selbst wenn er sie sich, etwa von seinem Verleger, leihen musste. Doch nun war er zumindest kreditwürdig. Manche diese Reisen waren an sich schon ein Luxus, zu dem ihm reiche Gönner durch ihre Gastfreundschaft verhalfen; Rilke pflegte ihn mit der Zeit noch für sich fortzusetzen: durch die teuren Hotels, in denen er abstieg. Sie waren das Gegenteil der bescheidenen Zimmer seiner ersten Pariser Jahre.

Seine Einnahmen stiegen, nicht zuletzt dank der Geschäftstüchtigkeit seines Verlegers, der seine Bücher erfolgreich vermarktete und auch seine anderen finanziellen Angelegenheiten regelte. Die frühen Werke, die Kippenberg nach und nach in neuen Ausgaben herausbrachte, verkauften sich gut, allen voran der *Cornet,* aber auch das *Stunden-Buch.*

1910 verdiente Rilke kaum mehr als 200 Francs im Monat, ein Hotelzimmer wie das in der Rue Cassette kostete ihn 80 Francs. Erst als sein Mäzen Karl von der Heydt, der vermögende Freund Rudolf Kassner und der gute Bekannte Harry Graf Kessler, schließlich Anton Kippenberg 1911, als er durch die ägyptische Reise finanziell am Ende war, überein kamen, ihm drei Jahre lang jeweils 4000 Mark zur Verfügung zu stellen (vgl. Leppmann, 324), verbesserte sich seine Situation spürbar, und er entwuchs nach und nach der Armut.

Durch glückliche Umstände kam Rilke zudem in den Genuss weiterer Geldmittel, etwa einer „Ehrengabe" des Wiener Kultusministeriums 1910 oder des Legats einer verstorbenen Kusine, aus denen er ab 1911 monatliche Zahlungen erhielt, die an Clara weitergeleitet wurden. 1912 richtete Eva Cassirer, die Frau eines der Eigentümer der Odenwaldschule, an der sie selbst unterrichtete, für die Erziehung von Rilkes Tochter Ruth ein Konto mit 10.000 Mark ein. Von ihm erhielt er, auf Anfrage, ein Jahr später selbst 1000 Mark. Als das Konto 1913 zur Neige ging, erbat er noch einmal 2500 Mark für sich.

Wenn es finanziell eng wurde, konnte Rilke sich auf seine Freunde und Gönner verlassen. Als seine Reserven durch die Ägyptenreise weitgehend aufgebraucht waren, besorgte Kippenberg bei Karl von der Heydt, Harry Graf Kessler und Rudolf Kassner Geld für die nächsten drei Jahre. Erst Mitte 1913 setzte er Rilke davon in Kenntnis, der staunte über „solche Fürsorge" (zit. n. Schnack, I, 434).

Vor Kriegsausbruch sammelte die Fürstin Mechthilde Lichnowsky, selbst Schriftstellerin, Frau eines Diplomaten und eine Freundin von Karl Kraus, noch einmal für ihn. Kippenberg soll darüber nicht erfreut gewesen sei: Rilke werde, wenn er mehr Geld habe, „noch weniger schaffen", „schon jetzt" benutze er „häufig bei Reisen die erste Wagenklasse" (zit. n. Schnack, I, 474). Dass Rilke inzwischen auch in noblen Häusern abstieg, hätte er noch hinzufügen können.

Zur gleichen Zeit schenkte der junge Ludwig Wittgenstein, der Erbe eines großen Vermögens geworden war, über Ludwig von Ficker, den Herausgeber der Zeitschrift *Der Brenner*, Rilke 25.000 Kronen. Kippenberg achtete darauf, dass sein Autor nicht alles gleich wieder ausgab, behielt aber nicht Unrecht mit seiner Befürchtung, der werde nun weniger produktiv sein. Das war Rilke, auch wenn es dafür noch andere Gründe gab.

Werke der Krise   11

Gedichte

Auf den ersten Blick könnte es so scheinen, als sei Rilkes Leben zwischen 1910 und 1914 interessanter als seine Arbeit. Große Reisen, exklusive gesellschaftliche Kontakte, eine Reihe von Liebesgeschichten: das ist der Stoff, aus dem man Romane machen könnte. Das ist Rilke erspart geblieben. Literarisch fällt das knappe halbe Jahrzehnt gegenüber den vorangegangenen zehn Jahren deutlich ab. Das einzige Büchlein dieser Jahre, der schmale Band *Marien-Leben*, ein altes Projekt mit Heinrich Vogeler, war kein Weg aus der Krise, eher ein Schritt zurück.

Rilkes Krise war auch ein Krise seiner Arbeitsweise. Er versuchte weiter, tätig zu sein, aber eine Zeit konzentrierter Produktivität stellte sich nicht ein. Es war ihm nun erst recht unmöglich, „ein Buch in zehn Tagen (oder Abenden) zu schreiben", wie er schon 1904 Lou Andreas-Salomé gestanden hatte. Unproduktive Zeiten wechselten mit produktiveren ab. Aus manchen Jahren, vor allem 1911 oder 1912, ist wenig oder nichts Nennenswertes überliefert, aus anderen, vor allem 1913 und 1914, beeindruckend viel.

Insgesamt hat Rilke zwischen den *Aufzeichnungen des Malte Laurids Brigge* und den *Duineser Elegien* mehr als 330 Gedichte geschrieben. Das wäre allemal genug Material für einen Band gewesen, aber es fügte sich für ihn offenbar nicht zu einem *Werk* – zumindest stellte sich dieses für ihn wichtige Gefühl nicht ein. Die Gedichte bildeten nicht ein geschlossenes Ganzes, so wie bei den *Neuen Gedichten*. Er versuchte sich zwar an Zyklen, den bedeutendsten stellen die *Gedichte an die Nacht* dar (vgl. dazu Stephens, *Die Gedichte an die Nacht*, in: Rilke-Handbuch, 393–396), aber er vermochte keinen von ihnen abzuschließen. So zogen sich die Jahre, zunehmend quälend für ihn, hin.

Was Rilke in dieser Zeit schrieb, ist heterogen. Manches setzt die *Neuen Gedichte* fort, wie *Auferweckung des Lazarus*, *Narziss* („Narziß verging", KA, II, 55) oder *Witwe*, alle 1913 entstanden. Anderes galt religiösen Themen: Marien-, Jesus-

und nicht zuletzt Engel-Gedichte. Auch Gottes-Gedichte wie *Seit den wunderbaren Schöpfungstagen* („schläft der Gott: wir sind sein Schlaf", KA, II, 93) zählen dazu. Sie beweisen nicht zuletzt, dass für Rilke Gott noch immer vor allem ein Gegenstand seiner Phantasie war.

In die Jahre zwischen 1910 und 1914 fallen schließlich auch die *Erste Duineser Elegie*, im Januar 1912 in Duino vollendet, die wenig später entstandene *Zweite*, die Anfang 1912 begonnene *Dritte*, *Sechste* und *Neunte*, schließlich die ursprüngliche Fassung der *Zehnten*, gleichfalls 1912 schon in Duino begonnen. Für Rilke waren sie die wichtigsten Gedichte, die ihm in dieser Zeit gelangen: die Ankündigung einer neuen Art zu dichten.

Zumindest der neue Ton der *Elegien* war nicht zu überhören, beginnend mit dem Anfang der ersten: „Wer, wenn ich schriee, hörte mich denn aus der Engel/ Ordnungen?" (KA, II, 201) Das Gedicht, das Rilke am 21. Januar 1912 fertigstellte, „ging mit seinem vorwiegend daktylischen Rhythmus, seiner feierlich stilisierten Sprachführung und seiner unmittelbaren Hinwendung zum inneren Sinn unverkennbar auf die große Tradition der antiken Elegie zurück, so wie sie Klopstock, Hölderlin und Goethe mit seiner *Euphrosyne* in der deutschen Dichtung eingebürgert hatten, und die reimlosen Verse wiesen gelegentlich das genaue metrische Schema des Distichons auf" (Mason, 89).

Obwohl Rilke noch nicht wusste, wohin die *Elegien* führen würden, verlieh er ihnen doch schon durch seine Erzählung von der Entstehung der ersten eine besondere Bedeutung. Marie von Thurn und Taxis hat in ihren *Erinnerungen an Rilke* den Vorgang wiedergegeben, offenbar so, wie er ihn ihr erzählt hat. Er sei in Gedanken vom Schloss „zu den Bastionen hinunter" gegangen, auf einem felsigen Weg am Meer –

> Da, auf einmal, mitten in seinem Grübeln, blieb er stehen, plötzlich, denn es war ihm, als ob im Brausen des Sturmes eine Stimme ihm zugerufen hätte:
>
> „Wer, wenn ich schriee, hörte mich denn aus der
> Engel Ordnungen?"...
>
> Lauschend blieb er stehen. „Was ist das?" flüsterte er halblaut ... „was ist es, was kommt?"
> (Thurn und Taxis, 49)

Das ist eine weitere Inspirations-Geschichte, auch dieses Mal nicht ganz eindeutig schon durch das „als ob", das offen lässt, ob der „Sturm" brauste oder die ominöse „Stimme".

Aber immerhin zweifelte Rilkes Gönnerin nicht an der Geschichte. Sie machte ihr vielmehr so viel Eindruck, dass sie sie sich nicht nur merkte, sondern auch der Nachwelt zur Kenntnis bringen wollte. Dass ihr poetischer Protegé auf ihrem Schloss zu einer großen Dichtung inspiriert worden war, dürfte ihr gefallen, ja Genugtuung bereitet haben: War das nicht der wahre Lohn für ihre Unterstützung? Rilke wiederum mag das Gefühl gehabt haben, sich eben dieser Unterstützung würdig erwiesen zu haben. Doch es dauerte noch ein Jahrzehnt, bis er die Arbeit an den *Elegien* abschließen konnte. Der Nimbus, den er ihnen früh verlieh, wurde allerdings mit der Zeit für ihn zur Last, je länger die Vollendung ausblieb. Rilkes Selbstdarstellung als inspirierter Künstler mag ihn irgendwann sogar gelähmt haben: Er wartete auf etwas, was lange nicht geschah.

Tatsächlich gelang ihm erst einmal nichts Großes mehr. Auch das 1912 erschienene *Marien-Leben* ist das nicht. Es mutet mehr wie eine Verlegenheitsarbeit an, ein für Rilke nicht untypischer, wenngleich nicht glücklicher Versuch, an Früheres wiederanzuknüpfen, ja zu ihm zurückzukehren. Für das kleine Buch gab es einen Anstoß von außen. 1911 erinnerte sich Heinrich Vogeler an dieses gemeinsame Projekt der Worpsweder Zeit. Er fertigte dafür Illustrationen an und sandte sie an Anton Kippenberg, für den er schon gearbeitet hatte. Rilke erschienen sie jedoch unpassend, er lehnte sie ab, aber bei der Lektüre der alten Gedichte fielen ihm neue zum Thema ein. Er schrieb Vogeler, der seinen Brief „überaus freundschaftlich" aufnahm (BadV, 150), wie er Kippenberg mitteilte. Die neue Zusammenstellung veröffentlichte Rilke dann 1912, ohne Illustrationen von Vogeler, widmete ihm aber das Buch: „Heinrich Vogeler/ dankbar/ für alten und neuen Anlaß/ zu diesen Versen" (KA, II, 22).

Rilke erkannte allerdings scharfsinnig, dass Vogeler in einer Krise steckte. Anton Kippenberg, ihrem gemeinsamen Verleger, gegenüber urteilte er hart:

> Die Vogelersche Kunst ist vielleicht nie mehr gewesen, als sie jetzt ist, nur daß wir sie eben gleichsam immer unter der verschwiegenen Bedingung hinnahmen, daß sie noch etwas mehr werde. Darum scheint sie uns nun, in ihrem Stehengebliebensein, gleich unzulänglich, und, unter uns gesagt, auch ich halte es für möglich, daß sein Marienleben, soweit es nicht auf alte Entwürfe zurückgeht, vieles bringen wird, was einfach nicht ausreicht. (BadV, 124–125)

Rilke dachte 1912 anders über Illustrationen seiner Gedichte als um die Jahrhundertwende. Er lehnte sie inzwischen ebenso entschieden ab wie Vertonungen. Das allein dürfte aber sein Urteil nicht bestimmt haben.

Vogelers Federzeichnungen, die Richard Pettit veröffentlicht hat (vgl. Pettit, 240–243), sind tatsächlich unzulänglich und Rilkes inzwischen veränderter Art zu schreiben nicht mehr angemessen. Er hatte sich auch bereits anderer zeitgenössischer Kunst genähert, van Gogh, Rodin und Cézanne vor allem. Spuren von ihnen wird er in den Arbeiten des Freundes nicht gefunden haben. Das Wort vom ‚Stehengebliebensein' mag auf Vogeler zugetroffen haben – aber in einer Hinsicht galt es ebenso für Rilke: Auch er kam inzwischen nicht weiter.

Gleichwohl gelangen ihm auch in dieser Zeit noch bemerkenswerte Gedichte, ohne die seine folgende Entwicklung nur schwer verständlich wäre (vgl. zur Produktion der Zeit Stephens: Einzelgedichte 1910–1922, in: Rilke-Handbuch, 384–404). Dass er dabei Neues erproben wollte, verraten nicht nur die ersten *Elegien*, auch die Abkehr von der Sonett-Form insgesamt. Sie kennzeichnet eines der wichtigsten Gedichte dieser Jahre: *Wendung* aus dem Juni 1914, ursprünglich als Fortsetzung von *Waldteich* begonnen.

Es setzt mit der vielzitierten Zeile: „Lange errang ers im Anschaun" ein: mit einer pointierten Kennzeichnung von Rilkes Poetik und Praxis des sachlichen Sagens:

> Wendung
> *Der Weg von der Innigkeit zur Größe*
> *geht durch das Opfer.*
> *Kassner*

Lange errang ers im Anschaun.
Sterne brachen ins Knie
unter dem ringenden Aufblick.
Oder er anschaute knieend,
und seines Instands Duft
machte ein Göttliches müd,
daß es ihm lächelte schlafend.

Türme schaute er so,
daß sie erschraken:
wieder sie bauend, hinan, plötzlich, in Einem!
Aber wie oft, die vom Tag
überladene Landschaft
ruhete hin in sein stilles Gewahren, abends.

Tiere traten getrost
in den offenen Blick, weidende,
und die gefangenen Löwen
starrten hinein wie in unbegreifliche Freiheit;
Vögel durchflogen ihn grad,
den gemütigen; Blumen
wiederschauten in ihn
groß wie in Kinder.

Und das Gerücht, dass ein Schauender sei,
rührte die minder,
fraglicher Sichtbaren,
rührte die Frauen.

Schauend wie lang?
Seit wie lange schon innig entbehrend,
flehend im Grunde des Blicks?

Wenn er, ein Wartender, saß in der Fremde; des Gasthofs
zerstreutes, abgewendetes Zimmer
mürrisch um sich, und im vermiedenen Spiegel
wieder das Zimmer
und später vom quälenden Bett aus
wieder:
da beriets in der Luft,
unfaßbar beriet es
über sein fühlbares Herz,
über sein durch den schmerzhaft verschütteten Körper
dennoch fühlbares Herz
beriet es und richtete:
daß es der Liebe nicht habe.

(Und verwehrte ihm weitere Weihen.)

Denn des Anschauns, siehe, ist eine Grenze.
Und die geschautere Welt
will in der Liebe gedeihn.

Werk des Gesichts ist getan,
tue nun Herz-Werk
an den Bildern in dir, jenen gefangenen; denn du
überwältigtest sie: aber nun kennst du sie nicht.
Siehe, innerer Mann, dein inneres Mädchen,
dieses errungene aus
tausend Naturen, dieses
erst nur errungene, nie
noch geliebte Geschöpf. (KA, II, 100–102)

Wendung ist ein Gedicht über eine Krise: grammatisch erkennbar am Wechsel der Pronomen von „er" zu „du" und am Wechsel der Tempora von der Vergangenheit zur Gegenwart, der eine Zukunft ankündigt; motivisch fassbar in der Gegenüberstellung von „Gesicht" und „Herz", „Mann" und „Mädchen".

Das Gedicht ist ein Appell zur Überwindung der Krise. Das war, so Eudo Mason, „ein Rilke schon seit fast fünf Jahren beschäftigendes Anliegen" (Mason, 110). Gemeint ist eine künstlerische Krise, die trotz der distanzierteren Er-Form immer als die Rilkes gedeutet wurde. Denn es sind zentrale Stichworte seiner Poetik, die genannt werden, Gesicht und Schauen vor allem, und für seine Lyrik charakteristische Motive: große Gebäude, Tiere, Frauen. Das Gedicht wird durchweg gelesen als Rilkes Abkehr von dem sachlichen Sagen vor allem der *Neuen Gedichte,* das nun in seiner Begrenztheit als bloßes „Anschaun" und „Werk des Gesichts" verworfen wird. An seine Stelle soll das „Herz-Werk" treten: ein Werk der Liebe. Das Urteil über das Herz des Sprechers und mit ihm der erste Teil des Gedichts läuft auf den Vers zu: „daß es der Liebe nicht habe", der eine der Anspielung auf 1 Korinther 13, 1 ist.

Mit dem Appell: „Werk des Gedichts ist getan/ tue nun Herz-Werk" verbindet Rilke eine zweite Aufforderung: „siehe, innerer Mann, dein inneres Mädchen". In der Erwähnung des ‚inneren Mädchens' klingt seine Überzeugung an, dass „das tiefste Erleben des Schaffenden […] weiblich" sei (B, I, 204), wie er schon am 20. November 1904 an Emmi Hirschberg geschrieben hatte – ein Gedanke, der ihm bei dem norwegischen Autor Sigbjörn Obstfelder begegnet war. Der Schluss des Gedichts ist Rilkes Appell an sich selber, zu einer Haltung des weiblich liebenden Schaffens – wieder – zu gelangen. Darin kann man eine Ankündigung des späten Werks sehen, das allerdings noch fast zehn Jahre auf sich warten ließ.

Wendung ist ein langes Gedicht, deutlich verschieden von den Sonetten der *Neuen Gedichte* nicht nur in der Form, sondern auch im Stil, der ins Erhabene der Verkündigung geht. Unübersehbar auch, dass Rilke, erkennbar schon an den Wortschöpfungen, auf eine neue Art zu schreiben zielte: Von ihr wollte er nicht nur sprechen, er wollte sie auch zeigen.

Die Verse waren ihm so wichtig, dass er sie, außer der jungen Autorin Regina Ullmann, gleich Lou Andreas-Salomé zukommen ließ und ihr erläuterte. Sie antwortete ihm und er wiederum ihr. So entstand ein kurzer, aber aufschlussreicher Briefwechsel über das Gedicht. Rilke bezog es vor allem auf sein Leben, verstand es also als Ausdruck weniger einer literarischen als einer vitalen, vor allem psychischen Krise und betonte so den in seiner Lyrik seltenen autobiographischen Aspekt.

Die existenzielle Seite der Krise legte er der Freundin in starken, in emotionalen Worten, oft nah an der Verzweiflung, dar. Die „übertriebene Aufmerksamkeit" für Anderes, von ihm lange geübt, habe ihm „manches Einzelne überlebensgroß nahegerückt", seinen Körper damit „aufreizend" (BwmLAS, 336). Eine „geistige Aneignung der Welt, wo sie sich so völlig des Auges bedient", sei für einen Maler „ungefährlicher" (ebd., 336–337) als für ihn:

> Ich bin wie die kleine Anemone, die ich einmal in Rom im Garten gesehen habe, sie war tagsüber so weit aufgegangen, daß sie sich zur Nacht nicht mehr schließen konnte. Es war furchtbar sie zu sehen in der dunkeln Wiese, weitoffen, immer noch aufnehmend in den wie rasend aufgerissenen Kelch, mit der allzuvielen Nacht über sich, die nicht alle wurde. (ebd., 337)

Das Bild der Anemone, ein Vergleich noch in der Art der *Neuen Gedichte*, verwandelt Rilke in ein Gleichnis, das er selbst ausdeutet. Er sei

> auch so heillos nach außen gekehrt, darum auch zerstreut von allem, nichts ablehnend, meine Sinne gehn, ohne mich zu fragen, zu allem Störenden über, ist da ein Geräusch, so geb ich mich auf und b i n dieses Geräusch, und da alles einmal auf Reiz Eingestellte, auch gereizt sein will, so will ich im Grunde gestört sein und bins ohne Ende. (ebd.)

Für diesen Zustand findet er gleich eine weitere Metapher: Zwischen einer „ununterbrochenen Hinaussüchtigkeit und jenem mir selbst kaum mehr erreichbaren inneren Dasein" seien „die eigentlichen Wohnungen des gesunden Gefühls leer, verlassen, ausgeräumt", was auch „erklärlich macht, warum alles Wohltun von Menschen und Natur" an ihn „vergeudet" bleibe (ebd.). Er komme sich, „wie ich da stehe, wieder um ein Weiteres schwerer vor, undurchdringlicher, toter" (ebd. 339). Die Fixierung auf das Schauen verhindere die nötige innere Veränderung:

> Und jetzt Reisen und Mächte und wirksamste Veränderungen – : es geht alles verloren an einer krampfhaft inständigen Hinhaltung meines Gesichts und Körpers, die ihn erschöpft und gleichsam überlädt, während die Seele abgewendet, andersbeschäftigt, in-sich-gezogen, mir meine Spannungen nicht abnimmt. Ich halte mich hin, aber sie hält sich nicht hin, so ists im Schauen wie im Lieben. (ebd., 340)

Das Gedicht zeichnet diesen Gedanken, weniger betont, nach in der Zeile: „Seit wie lange schon innig entbehrend,/ flehend im Grunde des Blicks", mit der es sich der seelischen Verfassung des ‚Schauenden' zuwendet.

Worum der Sprecher, schauend, „im Grunde" fleht, ist die Liebe. Es ist zunächst nicht zu entscheiden, auf welche Weise er „der Liebe nicht habe": Erfährt er von anderen keine Liebe, oder ist er selbst nicht zu lieben in der Lage? Die folgenden Verse legen die zweite Möglichkeit nahe. Die „geschautere Welt" will künftig „in der Liebe gedeihn", die er nicht aufzubringen vermochte, auch nicht seinem ‚inneren Mädchen' gegenüber, das für ihn das „nie/ noch geliebte Geschöpf" ist.

Die Erwähnung der Reisen und die lakonische Bemerkung über die Spannungen im Brief an Lou Andreas-Salomé: „so ists im Schauen wie im Lieben" verraten die angespannte Leere, in der seine Arbeits- und Lebensweise Rilke nach den *Aufzeichnungen* zurückgelassen hat. So viel er unternommen und versucht hat – seine Krise scheint nur tiefer geworden zu sein.

Bemerkenswert ist, dass Rilke Arbeits- und Lebenskrise nicht voneinander trennt: Das „Anschaun", die Offenheit und Aufmerksamkeit für alles außer sich, habe ihm im Tiefsten geschadet; ja, darüber habe er sich selber verloren. Diesen Ich-Verlust hat er im Brief vom 4. Juli, ähnlich wie in dem an Lili Schalk vom 14. Mai 1911, offen ausgesprochen:

> Zu sagen: I c h und damit eine Konstante zu meinen, in der das Körperliche selbstverständlich und fast unfühlbar sich unter sich auseinandersetzt, sicher zu sein, diese Konstante einen einzigen Tag unkontrolliert und unzersetzt durchzubringen, sie über eine (selbst die günstigste) Nacht heil hinüberzuretten: das ist mir nun schon seit Jahren nicht mehr geglückt. (BwmLAS, 345)

Das ist die Tragik des Künstlers Rilke nach 1910: dass er durch seine Auffassung von Kunst, die ihn als Dichter auf seinen ersten Gipfel führte, als Mensch Schaden nahm, seelisch und – nach seinem Empfinden – auch körperlich, ja dass er sich zeitweise verlor. Die Wendung, die er herbeiwünschte, sollte allerdings abermals die Kunst bewirken, indem sie aufnehmen und gestalten sollte, was ihm als Person fehlte: ein liebendes Verhältnis zur Welt und zu den Menschen. Obwohl die Kunst ihn in eine existenzielle Krise geführt hatte, blieb er doch so weit Künstler, dass er sich sein neues Glück noch von ihr erwartete.

Korrespondenzen

Rilke hat seiner Krise nicht nur in Gedichten Ausdruck verliehen. Dass er *Wendung* selbst kommentierte, in seinem Brief an Lou Andreas-Salomé, ist bezeichnend. Er war immer ein Briefschreiber gewesen, mit den Jahren ist er auch ein Briefsteller geworden (vgl. zu Rilke Korrespondenz ausführlicher Honold, Wirtz). Seine Briefe sind durchweg sorgfältig formuliert, und viele sind kleine Kunstwerke. Ein Teil seiner künstlerischen Energien, nicht zuletzt stilistische, gingen in sie, ebenso wie ein Großteil seiner Arbeitszeit und -kraft.

Das war schon früh so, wie vor allem der Briefwechsel mit Lou Andreas-Salomé bezeugt, der 1897 begann, auch der wenig später begonnene mit Hugo von Hofmannsthal; beide hielt er bis zum Ende aufrecht. Nach seinem Umzug nach Paris setzten dann seine anderen großen Korrespondenzen ein: mit Ellen Key, Auguste Rodin, Karl von der Heydt und dessen Frau Elisabeth, mit Rudolf Kassner, Sidonie Nádherný, Anton Kippenberg und Marie von Thurn und Taxis. Einige andere, nicht ganz so gewichtige kamen noch hinzu. Ihre Zahl wuchs so stark, dass Rilke Briefe meist nur mit beträchtlicher Verspätung beantworten konnte. Ein Topos der späten Korrespondenz ist die Entschuldigung für seine angebliche Säumigkeit.

Das Briefwerk Rilkes ist umfangreicher als sein Gedicht-Werk, und es ist nicht nur umfangreich, sondern auch vielgestaltig. In seiner Korrespondenz gibt es private, ja intime Briefe wie die an Lou Andreas-Salomé, die Sohnes-Briefe an die Mutter oder die Freundes-Briefe etwa an Heinrich Vogeler und Leonid Pasternak; oft dienten sie dazu, die Verbindung über einen großen äußeren Abstand aufrecht zu erhalten. Es gibt aber auch zahllose Künstler-Briefe Rilkes: Briefe, in denen er sich mit anderen Künstlern austauschte, etwa mit Hofmannsthal oder Gide; Briefe über Künstler wie die über Rodin und Cézanne; weiter Briefe des Autors an seine Leser; schließlich auch Geschäftsbriefe wie die an Anton und Katharina Kippenberg.

Briefe erfüllten für Rilke viele Zwecke. Er stellte in ihnen den Kontakt zu seinem Publikum her, dem er in späteren Jahren nicht mehr oft persönlich entgegentrat, benutzte sie auch nicht selten zur ‚Gemeindebildung' (vgl. dazu ausführlicher King, insbes. 116–160). Mit Redakteuren, Lektoren und Verlegern klärte er seine Situation als Schriftsteller, etwa was die Herstellung seiner Bücher betraf, oder seine Finanzen. In anderen Briefen kommentierte er manche seiner Werke und legte auch seine poetologischen Prinzipien dar. Gelegentlich erprobte er in seinen Briefen Gedanken und Formulierungen, die dann in seinen Werken, etwa den *Aufzeichnungen des Malte Laurids Brigge*, wiederkehrten. In anderen sprach er sich aus, als Mensch und Künstler, in guten wie in schlechten Zeiten, vor allem gegenüber Lou Andreas-Salomé und Marie von Thurn und Taxis.

Nicht wenige Briefe Rilkes können für sich als Kunstwerke stehen, einerlei, wovon sie handeln. Kunstwerke sind sie vor allem durch die Originalität der Beobachtungen und Einsichten, die Genauigkeit der Darstellung etwa von Menschen, Städten und Landschaften, die Wohlgeformtheit, ja Schönheit vieler Sätze, die vergleich- und metaphernreich wie seine Verse und fast ebenso kunstvoll gebaut sind. Rudolf Kassner hat sie prägnant charakterisiert:

> Die Briefe ergänzen das Werk auf eine einzige Art und Weise. Man möchte sagen, Werk und Brief sind hier wie Rock und Futter, doch ist letzteres aus so kostbarem Material, daß wohl einer einmal auf den Gedanken verfallen könnte, den Rock mit dem Futter nach außen zu tragen. (Kassner, 15)

Lektüren und Entdeckungen

Das weitgehend unfruchtbare Jahrzehnt zwischen 1910 und 1919 war im Leben Rilkes eine Zeit großer Lektüren, durch die er seine ursprünglich nicht sehr breite literarische Bildung (vgl. etwa Kassner, 11) erheblich erweiterte. Sie bescherten ihm eine „Neuentdeckung der deutschen Literatur" (Mason, 80), und zwar der klassischen und der romantischen, die er zuvor kaum gekannt hatte (vgl. dazu Görner, Deutschsprachige Literatur, insbes. 50–54). Am 21. Januar 1914 schrieb er der Fürstin von Thurn und Taxis, einer Goethe-Verehrerin, er lese gerade „Romantiker und staune die mir ganz unbekannte deutsche Litteratur an, abwechselnd zwischen Bewunderung und Verwunderung" (BwMvTuT, I, 350).

Auch diese Bildungsgeschichte verlief weitgehend ohne Plan, wie schon die frühe, aber die Erträge waren groß. Rilke entdeckte für sich, ungefähr in dieser Reihenfolge, seit 1909 Klopstock, Stifter, Kleist und Büchner. Die beiden größten Entdeckungen aber waren Goethe und Hölderlin. Er hatte dabei, so Herbert Singer, zwei „Lehrmeister", einen für Goethe, einen für Hölderlin. Der „Goethe-Lehrmeister" (Singer, 25) war sein Verleger Anton Kippenberg, ein großer Goethe-Verehrer wie seine Frau Katharina. Er verankerte Goethe fest in seinem Verlagsprogramm – vor allem mit dem sechsbändigen *Volks-Goethe* und den siebzehnbändigen *Sämtlichen Werken* – und verwendete viel Mühe darauf, Rilke für ihn zu gewinnen. Der Lektüre-Weg war allerdings eigenwillig, in gewisser Hinsicht auch umwegig, weil Rilke „stets von den beliebtesten Werken Goethes, besonders von *Faust I*, absah und seine Aufmerksamkeit hauptsächlich auf Entlegeneres richtete" (Mason, 81). Anspielungen auf Goethe finden sich im späten Werk des Öfteren. Am bekanntesten geworden aber ist die 57. Aufzeichnung Malte Laurids Brigges über Bettina von Arnim und *Goethes Briefwechsel mit einem Kinde*, nicht zuletzt wegen ihrer Kritik an Goethe als Mann.

Der „Hölderlin-Lehrmeister" (Singer, 25) war der junge Norbert von Hellingrath, der mit 22 Jahren über Hölderlins Pindar-Übertragungen promoviert hatte. Er stand anfangs dem George-Kreis nahe, für den Rilke kaum akzeptabel war, löste sich aber von ihm und entdeckte seinen eigenen Hölderlin, der nicht der Georges war (vgl. Singer, 21–22). 1910 begegneten sich Rilke und Hellingrath: Er war der Neffe Else Bruckmanns, der Frau des Verlegers, zu deren Münchner Salon Rilke durch Kassner Zutritt hatte und in dem er etwa auch Ludwig Klages und Alfred Schuler kennenlernte. In Paris, wo Hellingrath eine Zeitlang als Lektor arbeitete, traf Rilke ihn wieder. Sie befreundeten sich nach und nach, und Rilke konnte von den profunden Kenntnissen des jungen Gelehrten in mehr als einer Hinsicht profitieren. Dessen berühmt gewordene Münchner Vorträge über *Hölderlins Wahnsinn* und *Hölderlin und die Deutschen* hat er gehört. Hellingrath fiel Ende 1915 in Frankreich. Sein Tod hat Rilke erschüttert. Er war mit 28 Jahren einer der ‚jugendlichen Toten', die er später in den *Duineser Elegien* beklagte.

Die Hölderlin-Lektüre hat einige Spuren in Rilkes Werk hinterlassen; die Ode *An Hölderlin* von 1914 (vgl. KA, II, 123–124) ist nur die deutlichste. Auch die *Fünf Gesänge* und die *Duineser Elegien*, besonders die sechste, die sogenannte ‚Helden-Elegie' und die achte, enthalten einige Bezüge zu ihm (vgl. Singer, 61–78). Sie sind, wie die anderen in seinen Gedichten vor allem dieser Zeit, teils stilistischer und verstechnischer Art, teils inhaltlicher, etwa was sein Verständnis von Heiligkeit, auch von Dichtertum betrifft. Herbert Singer hat als erster diese Verbindungen bündig dargestellt (vgl. Singer, insbes. 119–161).

Rilkes Entdeckungen beschränkten sich nach 1910 nicht auf die romantische und klassische deutsche Literatur. Die Jahre zwischen 1910 und 1920 sind für die Literaturhistoriker das ‚expressionistische Jahrzehnt'. Rilke war mit den führenden Autoren der jungen Generation vertraut, wie sein 1913 entstandener, aber erst 1931 veröffentlichter Essay *Über den jungen Dichter* belegt. In ihm erwähnt er vor allem Franz Werfel und Georg Heym. Dass er noch andere Dichter ihrer Generation kannte, lässt eine Anspielung auf die, „die ihr drittes Jahrzehnt kürzlich angetreten haben", wie Gottfried Benn oder Georg Trakl, vermuten (vgl. KA, IV, 677).

Sein Urteil über den Expressionismus, wie manches ästhetische Urteil bei ihm, fiel am Ende entschieden aus. Am 12. September 1919 schrieb er der Schauspielerin Anni Mewes:

> Der Expressionist, dieser explosiv gewordene Innenmensch, der die Lava seines kochenden Gemüts über alle Dinge gießt, um darauf zu bestehen, daß die zufällige Form, an der die Krusten erstarren, der neue, der künftige, der gültige Umriß des Daseins sei, ist eben ein verzweifelter, und die Ehrlichen unter ihnen mag man auswüten und gewähren lassen. (B, II, 30–31)

Der Expressionist war für Rilke nicht Künstler genug – nicht in der Lage, seine Subjektivität durch die Form zu bändigen.

Einen Autor, der ebenso wenig Expressionist war wie er, hat Rilke in seinem Essay *Über den jungen Dichter* nicht erwähnt: Franz Kafka. Dass er ihn gelesen hat, verrät ein Brief an dessen Verleger Kurt Wolff: „Ich habe nie eine Zeile von diesem Autor gelesen, die mir nicht auf das eigentümlichste mich angehend oder erstaunend gewesen wäre" (B, II, 221). Mit diesem Satz bedankte Rilke sich am 17. Februar 1922, von Muzot aus, für die Übersendung einiger Bücher aus dem Verlagsprogramm, unter denen auch der Erzählungsband *Ein Landarzt* war (vgl. Lamping, Kafka und die Folgen, 20). Er sei, fügte er hinzu, nicht Kafkas „schlechtester Leser" (ebd.).

Mit der Zeit war Rilke in der französischen Gegenwartsliteratur nicht weniger bewandert als in der deutschen. 1924 schwärmte er Gertrud Ouckama Knoop „von allem dem Wunderbaren, das aus Frankreich kommt", und versicherte ihr: „Alles, was ich erübrigen kann, wende ich an den Ankauf der jetzt entstehenden Bücher; denn viele von ihnen sind von der Art, daß man sie nicht allein lesen, sondern immer wieder aufschlagen sollte" (BaM, 231). Diese Gewohnheit, sich Neuerscheinungen aus Paris kommen zu lassen, behielt Rilke bis zum Schluss bei.

Seine große Entdeckung in der französischen Literatur der Zeit war Marcel Proust, den er immer wieder aufschlug. Rilke gehört zu den ersten deutschen Lesern von *À la recherche du temps perdu*. Er besaß alle Bände, und er hat offenbar alle gelesen. Proust lobte er in höchsten Tönen und empfahl ihn immer wieder. Theodora von der Mühll berichtete er 1923 von der Proust gewidmeten Nummer der *Nouvelle Revue Française*, in der die letzte Seite von Prousts Cahier abgebildet war:

> jene leere Seite des „Cahier XX", auf deren Rand er das Wort „Fin" setzen durfte. Und im Sterben korrigierte er, nun aus der eigenen Erfahrung, noch den Verlauf der Agonie einer seiner Personen! Aber es bedürfte gar nicht dieses, schon fast anekdotischen Details um zu wissen, *wie* er Eins mit alledem war und sich nicht mehr allzusehr hier hielt, da es abgeschlossen vor ihm lag. (BaSF, 252)

Was Stefan Zweig später in Rilkes Leben glaubte erkannt zu haben: die dichterische Existenz, die alles der Arbeit am eigenen Werk unterordnet, hat Rilke, keine vier Jahre vor seinem eigenen Tod, bei Proust entdeckt. Die Lektüre seiner *Recherche*, zumal des ersten Bandes, gilt als eine Anregung für Rilkes schönstes Gedicht über das Lesen: *Hebend die Blicke vom Buch* (vgl. KA, II, 500).

Der Unzeitgenosse: Die Jahre des Ersten Weltkriegs   12

Der Krieg

Der Ausbruch des Ersten Weltkrieges veränderte die Welt, und er veränderte auch Rilkes Leben und seine seelische Verfassung. Schon am 9. September schrieb er Lou Andreas-Salomé: „wenn zwei Menschen denkbar sind, denen diese unvermutete Zeit genau das gleiche Leid bereitet, das gleiche tägliche Entsetzen: so sind wirs, – wie sollten wir nicht" (BwmLAS, 352). Und so blieb es.

1914 verließ er Mitte Juli Paris für eine Reise nach Deutschland. Der Kriegsausbruch überraschte ihn in München. Nach Paris in seine Wohnung konnte er nun als ‚feindlicher Ausländer' nicht zurückkehren. Er war für die nächsten Jahre von diesem Teil seines Lebens abgeschnitten. Sein Hab und Gut, das er zurückgelassen hatte in der Annahme, bald wieder zu Hause zu sein, wurde im April 1915 versteigert. Der Vermieter hatte offenbar keine Nachricht von Rilke erhalten und wollte durch die Versteigerung die Mietschulden tilgen. Nur wenig von seinem bescheidenen Besitz hat Rilke nach Kriegsende, mit der Hilfe von Freunden, zumal André Gides, zurück erhalten.

Mit dem Kriegsausbruch fühlte sich er sich abermals arm und vollends heimatlos, entwurzelt. Außerhalb Frankreichs hatte er schon lange kein Zuhause mehr, weder in Österreich noch in Deutschland. Von Paris aus reiste Rilke Mitte Juli nach Leipzig zu seinem Verleger, bevor er sich nach München aufmachte, zur Behandlung bei seinem Arzt Wilhelm Schenk von Stauffenberg. Während er anschließend in Irschenhausen an der Isar kurte, lernte er Lou (oder Loulou) Albert-Lasard kennen, eine junge Malerin, Frau eines sehr viel älteren Chemiefabrikanten: seine nächste Geliebte. Lou Albert-Lasard hat Rilke 1916 porträtiert; ihr Bild gehört zu den wenigen von sich, die er gelten ließ. Es zeigt ihn im dunklen Anzug mit schmalem schwarzem Schlips auf einem Sessel oder Stuhl sitzend, den linken Arm locker über die Rückenlehne gelegt, das Gesicht blass, die wässerig-blauen Augen sinnend in die Ferne gerichtet.

Mitte November reiste Rilke über Frankfurt und Würzburg nach Berlin, wo er in der Wohnung Marianne Mitfords in der Bendlerstraße am Tiergarten unterkommen konnte. Dort blieb er über Weihnachten, „umsorgt von Freunden aus dem rheinischen Adel, dem jüdischen Großbürgertum und der Berliner Gelehrten- und Museumswelt" (Leppmann, 357). Anfang 1915 kehrte er nach München zurück. Im Oktober bezog er die Wohnung einer anderen Bekannten, der jungen Hertha Koenig, in der Widenmayerstraße. Als sie nach München zurückkehrte, wechselte Rilke in die Keferstraße, unweit des Englischen Gartens. Ein solches Hin und Her der Wohnungen gehörte längst zu seinem nicht-sesshaften Leben. Was nun hinzukam, war das Gefühl, nicht einmal mehr den Ort zu haben, auf den er im Notfall zurückkommen konnte.

Dieses Leben endete vorerst mit Rilkes Musterung am 24. November 1915. Trotz des Gutachtens seines Arztes wurde er tauglich geschrieben. Um der Einberufung im böhmischen Turnau, dem heutigen Turnov, zu entgehen, setzte er seine Meldung in Wien durch, wo er am 4. Januar als Rekrut zum Landwehr-Schützenregiment Nr. 1 einrücken musste. Drei Wochen lang wurde er ausgebildet, unter für ihn demütigenden Umständen, bevor er zum Kriegsarchiv in Wien abkommandiert wurde. Zahlreiche Freunde und Gönner, Adelige und Künstler, Militärs und Zivilisten, hatten sich für ihn eingesetzt – nicht zuletzt der Leiter des Kriegsarchivs, General von Höhn, der ihn, in einer filmreifen Szene, persönlich in der Kaserne gewissermaßen abholte.

In Wien war Rilke nicht mehr kaserniert, er mietete sich in einem Hotel ein und traf sich mit Freunden, angefangen bei der Fürstin von Thurn und Taxis bis hin zu Hugo von Hofmannsthal. Mit Lou Albert-Lasard konnte er sogar zusammenziehen, in einem Gasthaus in Rodaun, in Hofmannsthals Nähe. Im Kriegsarchiv, in dem er sich zu Propaganda nicht verstehen konnte, wurde er zu einfachen Arbeiten abgestellt, bis er dann, durch neuerliche Fürsprache einiger Gönner, Anfang Juni aus dem Militärdienst entlassen wurde und nach München zurückkehren konnte. Für die österreichische Armee war das kein Verlust. Rilke war als Soldat unbrauchbar. Nicht einmal im Archiv ließ er sich verwenden.

Zurück in München, bezog er wieder seine Wohnung in der Keferstraße, bevor er dann im Sommer für ein halbes Jahr auf Reisen ging, nach Herrenchiemsee, Berlin und zu Hertha Koenig auf ihr westfälisches Gut Böckel. Bis zum Ende des Krieges blieb er dann in München, zuletzt wohnte er in der Ainmillerstraße bis Mitte Juni 1919.

Rilke, der sich nicht als politischer Mensch verstand, hat der Krieg tief erschüttert, verunsichert und bedrückt. Seine Rekrutenzeit unter einem schikanösen Feldwebel hat ihn verstört und das Trauma seiner Internatszeit in der Militärrealschule Mährisch-Weißkirchen erneuert. Doch auch nach der Entlassung aus dem Militärdienst ging es ihm nicht wesentlich besser. Der Krieg hat ihn nicht nur entsetzt, sondern mit der Zeit gelähmt und seine persönliche wie seine künstlerische Krise verstärkt. Nach den vergleichsweise fruchtbaren Jahren 1913 und 1914 schrumpfte seine lyrische Produktion von Jahr zu Jahr, bis sie zwischen 1916 und 1918 fast ganz zum Erliegen kam.

Fünf Gesänge

Umso auffälliger ist das einzige größere Gedicht, das Rilke 1914 schrieb: die *Fünf Gesänge*. Sie haben manchen Interpreten eine gewisse Verlegenheit bereitet, weil sie für Kriegspropaganda angesehen wurden (vgl. Engel, in: KA, II, 511). Die Abwehr gegen sie kann man verstehen bei einer Generation, die in friedlichen Zonen und Zeiten aufgewachsen ist und Kriege als überholt ansieht. Dass sie dennoch weiter stattfinden, gibt den *Fünf Gesängen* eine gewisse traurige Aktualität.

Rilke hat sie im August 1914 geschrieben, unter dem Eindruck seiner Hölderlin-Lektüren, denen sich der hohe Ton verdankt. Norbert von Hellingrath hatte ihm seit 1913 die Bände der historisch-kritischen Ausgabe geschenkt, an denen er beteiligt war, zuletzt Ende Juli einen Vorabdruck des Bandes mit den späten Gedichten. Auf die leeren letzten Seiten schrieb Rilke sein Gedicht *An Hölderlin* und die *Fünf Gesänge*, bevor er sie an seinen Verleger sandte.

Der erste Gesang beginnt, klassisch, mit der rhetorischen Figur des Anrufs – allerdings nicht einer Muse, sondern des Kriegs-Gottes:

> Zum ersten Mal seh ich dich aufstehn
> hörengesagter fernster unglaublicher Kriegs-Gott.
> Wie so dicht zwischen die friedliche Frucht
> furchtbares Handeln gesät war, plötzlich erwachsenes. (KA, II, 106)

Der hohe Hymnen-Ton, der tatsächlich an Hölderlin erinnert, mag der Ansprache an einen Gott angemessen sein, selbst wenn er der Gott des Krieges ist und „furchtbares Handeln gesät" hat. Offenbar ist die Rede von ihm nicht metaphorisch gemeint:

> Endlich ein Gott. Da wir den friedlichen oft
> nicht mehr ergriffen, ergreift uns plötzlich der Schlacht-Gott,
> schleudert den Brand: und über dem Herzen voll Heimat
> schreit, den er donnernd bewohnt, sein rötlicher Himmel. (ebd., 107)

Die Ambivalenz dieser Verse, bis hin zu dem Kompositum „Schlacht-Gott", ist kaum zu überlesen. Dass der Krieg einem Gott zugeordnet wird, erklärt der Sprecher fast nebenbei: damit, dass der Glaube an einen anderen Gott den Menschen abhanden gekommen ist. Mit dieser Vorstellung entfernt sich Rilke einmal mehr vom christlichen Gottesglauben und nähert sich einem archaisch-mythischen, etwa griechischen an.

Nicht mehr dem Gott, sondern den Menschen ist der zweite Gesang gewidmet – als den nun vom Kriegs-Gott ‚Ergriffenen':

> Heil mir, daß ich Ergriffene sehe. Schon lange
> war uns das Schauspiel nicht wahr
> und das erfundene Bild sprach nicht entscheidend uns an. (ebd.)

Doch in diesem zweiten Gesang ist die Rede nicht nur von den ‚Ergriffenen' und den „Gebenden", mit denen die „Mütter" (ebd., 107) gemeint sind. Am Ende werden, in einem raschen Wechsel der Perspektive, auch „Weinende" (ebd., 108) erwähnt: die allein, ohne den Geliebten zurückbleibenden „Mädchen" (ebd., 107).

Der dritte Gesang, setzt, offenbar aus einem zeitlichen Abstand, neu an, im Ton nun fragend und zweifelnd:

> Seit drei Tagen, was ists? Sing ich wirklich das Schrecknis,
> wirklich den Gott, den ich als einen der frühern
> nur noch erinnernden Götter ferne bewundernd geglaubt? (ebd., 108)

Die Schrecklichkeit des Kriegs-Gottes drängt sich jetzt in den Vordergrund:

> […] Ist er ein Wissender? *Kann*
> er ein Wissender sein, dieser reißende Gott?
> Da er doch alles Gewußte zerstört. Das lange, das liebreich,
> unser vertraulich Gewußtes. Nun liegen die Häuser
> nur noch wie Trümmer umher seines Tempels. Im Aufstehn
> stieß er ihn höhnisch von sich und steht in die Himmel. (ebd.)

Der Kriegs-Gott, so kann man den Gedanken dieser Verse zuspitzen, zerstört – und er zerstört noch seine eigene Verehrung.

Der vierte Gesang, der sich wieder den Menschen zuwendet, ‚rühmt' zunächst den Geist der neuen Zeit:

> Rühmend: denn immer wars rühmlich,
> nicht in der Vorsicht einzelner Sorge zu sein, sondern in *einem*
> wagenden Geiste, sondern in herrlich
> gefühlter Gefahr, heilig gemeinsam […] (ebd., 109)

Trotz dieser Beschwörung des neuen Gemeinschaftsgeistes jenseits der zur Gewohnheit gewordenen Vereinzelung ermahnt der Sprecher seine Zuhörer:

> Aber im Rühmen, o Freunde, rühmet den Schmerz auch,
> rühmt ohne Wehleid den Schmerz […] und klagt.
> Sei euch die Klage nicht schmählich. Klaget. […] (ebd.)

Der fünfte und letzte Gesang ist dann ganz dem Schmerz gewidmet, dessen Existenz, noch mehr als das „vertraulich Gewußte", gegen den Kriegs-Gott eingewendet wird:

> Auf, und schreckt den schrecklichen Gott! Bestürzt ihn.
> Kampf-Lust hat ihn vor Zeiten verwöhnt. Nun dränge der Schmerz euch,
> dränge ein neuer, verwunderter Kampf-Schmerz
> euch seinem Zorne zuvor. (ebd., 110)

Am Ende richtet sich der Sprecher an die Menschen, die „die Völker,/ diese blinden umher, plötzlich im Einsehen gestört" haben: „Nun seid ihr aufs Eigne wieder beschränkt" (ebd.). Was der Krieg an Gemeinschaft zu schaffen schien, ist schon verloren. Der Einzelne muss wieder für sich einstehen und sein Wissen neu bestimmen.

Die verschiedenen Wendungen, die die *Fünf Gesänge* nehmen, kann nur überlesen, wer blinder Kriegsbegeisterung verfallen ist – wie es bei manchen Lesern gewesen sein dürfte, als die Gedichte im *Kriegs-Almanach 1915* des Insel Verlages erschienen. Man versteht die *Fünf Gesänge* auch falsch, wenn man nicht den Prozess der Reflexion erkennt, dem sie folgen und den der Anfang des dritten anspricht. Die *Fünf Gesänge* sind in ihrem Wechsel zwischen der Perspektive des Gottes und der Perspektive der Menschen abwägend. In den Fragen drückt sich Verunsicherung aus, ein Schwanken und Hin-und-Her-Wenden. Die Bewegung, die eine gedankliche ebenso wie eine rhetorische ist, geht vom beschwörenden Anruf über die Rühmung zur Klage. Am Ende scheint die Begeisterung aufgezehrt.

Nicht nur die rhetorischen Register sind für Rilkes Schreiben typisch. Er bleibt auch seiner Poetik insoweit treu, als er seiner Maxime folgt, alles zum Gegenstand lyrischer Rede zu machen, auch das Schreckliche des Krieges. Dabei verfällt er weder in nationalistische noch in militaristische Tiraden. Dem Krieg steht er erkennbar fremd gegenüber, verständlich und rühmenswert ist er ihm nur durch die Einigkeit, die er in einem Volk hervorruft. Doch dass er zerstört, Schrecken verbreitet, allem Hohn spricht, was zuvor galt – das wird deutlich gesagt.

Gleichwohl liegt den *Fünf Gesängen* ein gedanklicher Fehler zugrunde: die mythische Denkfigur. Die Beschwörung eines lange vergessenen Kriegs-Gottes, als den man sich wohl einen aus dem Hause Mars vorstellen muss, jedenfalls einen vorchristlichen Gott, gibt dem politischen Geschehen einen archaisch-mythischen Zug. An einer solchen Stilisierung des Krieges mögen viele, auch viele Intellektuelle, in der Verwirrung der ersten Kriegsbegeisterung, keinen Anstoß genommen haben. Aus dem Abstand ist jedoch die Unangemessenheit der Konstruktion deutlich. Der geistige Irrtum höhlt den Anspruch des Dichter-Sehers aus, dessen Rolle Rilke in den *Fünf Gesängen* zum ersten Mal übernimmt.

Seinen Irrtum hat er bald selbst erkannt. Als sein früherer Verleger Axel Junker ihn im Herbst 1914 um Kriegslieder bat, reagierte er scharf:

> „Kriegslieder" sind bei mir keine zu holen, beim besten Willen. Ein paar Gesänge, in den ersten Augusttagen entstanden, – werden Sie im neuen Insel (Kriegs=) Almanach lesen, – aber die sind nicht als Kriegs=Lieder zu betrachten auch möchte ich sie nicht an anderer Stelle wiederverwendet wissen. (BzP, 97–98)

Drei Wochen später schon, am 9. November, äußerte sich Rilke noch klarer gegenüber Karl und Elisabeth von der Heydt:

> In den ersten Augusttagen ergriff mich die Erscheinung des Krieges, des Kriegs-Gottes […], jetzt ist mir längst der Krieg unsichtbar geworden, ein Geist der Heimsuchung, nicht mehr ein Gott, sondern eines Gottes Entfesselung über den Völkern. (BaKuEH, 198)

Noch deutlicher fiel Rilkes Distanzierung von der Konstruktion des Kriegs-Gottes ein Jahr später aus, im Brief vom 15. Oktober 1915 an Marianne Mitford:

> Nur die ersten drei, vier Tage im August 1914 meinte ich einen monströsen Gott aufstehen zu sehen, gleich darauf wars nur das Monstrum, aber es hatte Köpfe, es hatte Tatzen, es hatte einen alles verschlingenden Leib –, drei Monate später sah ich das Gespenst – – und jetzt; seit wielange schon, ists nur die böse Ausdünstung aus dem Menschensumpf. (BzP, 145)

Im Wechsel der für Rilke typischen Metaphorik spiegelt sich seine gewandelte Sicht des Krieges wieder. Schnell erkannte er auch einen anderen Fehler, den er gemacht hatte. Seine *Fünf Gesänge* nannte er Lou Andreas-Salomé gegenüber „Einklänge ins Allgemeine" (BwmLAS, 354). Der einsame Künstler hatte geglaubt, es sei eine neue Gemeinschaft entstanden, die seinesgleichen einschloss. Es spricht für Rilke Redlichkeit, dass er auch diesen Irrtum eingestehen konnte.

Eine Welt „aus den Fugen"

Die Kriegsjahre wurden für Rilke eine Zeit zunehmender Depression. Sein Urteil über den Krieg verschärfte sich schnell. Marianne Mitford schrieb er im März 1915:

> ich finde die Welt ist aus den Fugen, aus allen Himmeln ausgerenkt und, offengestanden, ich begreife von Tag zu Tag weniger, wie etwas so Schuldvolles dauern kann, was die Menschen doch selber aus sich hervorbringen und fortsetzen, so menschengemacht wie die Fortschritte der letzten Jahrzehnte, genauso menschengemacht ist auch dieses unabsehliche Geschehen; ein ins Todestechnische verschlagener Geschäftstrieb, ein enormes Kriegsexperiment, in dem die Neugier der Menschen, ihr Aufbegehren und Rechthabenwollen auf die Spitze getrieben scheint. (BzP, 105–106)

Wenn Rilke gelegentlich bemerkte, er verstehe die Welt nicht mehr, so stimmt das nicht ganz: Er verstand sehr wohl, was geschah – er konnte es bloß nicht glauben.

Nicht nur, dass der Krieg ein Geschäft war, entging ihm nicht. Scharf zog er auch die Presse zur Rechenschaft. Voller Zorn sprach er von der „widerwärtigen Presse, die sicher an diesem Kriege viel Schuld hat und noch mehr Schuld daran, daß Zweideutigkeit und Lüge und Fälschung das ungeheure Geschehen zu einer Krankheit machen, wo es doch hätte eine reine Raserei sein dürfen" (ebd., 137). Hellsichtig bedachte Rilke auch, was der Krieg mit den Menschen anrichten würde: „Wer wüßte zu sagen, w a s uns eigentlich da widerfährt und als w e l c h e Menschen die Überlebenden dieses Jahres sich später erweisen werden" (ebd., 99) – eine besorgte Frage, die sich in jedem Krieg und erst recht *nach* jedem stellt.

Rilke fühlte sich mehr als ein Mal an „die paar gewaltigen alten Männer" erinnert, die er verehrt hatte, „Tolstoj und Cézanne", die „Warnungen und Drohungen" ausstießen, „wie die Propheten eines alten Bundes, der nächstens wird gebrochen werden" (ebd., 129). Er stellte sich sogar vor, dass

> ein paar, drei, fünf, zehn, die zusammenstehn und auf den Plätzen schreien: Genug! und erschossen werden und wenigstens ihr Leben dafür gegeben haben, daß es genug sei, während die draußen jetzt nur noch untergehen, damit das Entsetzliche währe und währe und des Untergangs kein Absehen sei. (ebd., 142)

Dass Rilke keinen Weg aus dem ‚Entsetzlichen' sah, mag die letztlich desparate Vorstellung erklären, die ihn befiel.

Sein Befund, dass die Welt „aus den Fugen war" und er ein „Zeitgenosse dieser Weltschande" (ebd., 109), war für ihn schon bedrückend genug. Doch er registrierte auch die Folgen, die das für ihn als Einzelnen – wie für andere Einzelne – hatte. Anfang September 1914 schrieb er an Magda von Hattingberg, dass ihm seine

Schreibstimme über diesen unabsehlichen Ereignissen völlig verschlagen ist; wer *ist*, wer hört sich leben und denken und sein, – bin ichs denn noch? frag ich mich manchmal, sind wirs denn noch? – Nein, alle sind wir gewaltsam in eine unerhörte Welt hinausgeboren, die mit unserer bisherigen nichts gemein hat, als daß sie unbegreiflich ist, aber unbegreiflich auf eine neue, fürchterliche, tötliche Art. (BzP, 89)

Der Krieg trieb Rilke, je länger, umso tiefer, in eine Sinnkrise, die seine Lebens- und Identitätskrise vertiefte. Er sprach von „Un-Heil" und „Un-Sinn, in dem alles unverbesserlich weiterdrängt" (ebd., 142). „Ich wohne in einer mir völlig inkommensurabeln Welt" (ebd., 95), bekannte er am 2. Oktober 1914 Magda von Hattingberg.

Diese Welt ließ ihn verstummen. Von der „Platzangst der Feder" schrieb er Marianne Mitford im März 1915. „Ich arbeite nichts" (ebd., 111), ließ er sie Ende Mai 1915 wissen. Fritz Adolf Hünich, dem Lektor im Insel Verlag, teilte er auf dessen Anfrage mit: „Neues ist seit lange nicht zu verzeichnen". Und er fügte hinzu: „es könnte kein Gedicht entstehen, das mir eigener wäre, als es mir mein jetziges Schweigen ist, dieses mir in so entstellter Welt eigenste" (ebd., 119). Der Krieg verschlug Rilke die Sprache. Ähnlich hatte auch Karl Kraus in seiner Rede *In dieser großen Zeit* gefordert: „Wer etwas zu sagen hat, trete vor und schweige!" (Kraus, 9)

Die unerwünschte Wiederauferstehung des *Cornet*

Zu Rilkes Bedrückung während des Krieges gehört nicht nur, dass ihm eigene künstlerische Arbeit verwehrt war. Er sah sich auch gezwungen, eines seiner früheren Werke wieder zu lesen – und es zu verwerfen. *Die Weise von Leben und Tod des Cornets Christoph Rilke* beanspruchte auf einmal eine Aufmerksamkeit, die er ihr schon lange nicht mehr entgegengebracht hatte. Zehn Jahre nach ihrer ersten Veröffentlichung erreichte sie eine unerwartete „Popularität", wie Rilke nachträglich, Anfang 1920, Amélie de Gamerra schrieb: „in fast schon zweihunderttausend Exemplaren ist sie unter die Leute gegangen" (B 14–21, 294), bemerkte er halb spöttisch, halb verärgert. Bis zu seinem Tod sollte die Auflage auf 320.000 steigen.

Der neue Erfolg des Büchleins war überraschend – und auch wieder nicht. Rilke hatte das Werk nach der ersten Veröffentlichung 1904 nicht weiter beschäftigt. Im Krieg schien es aber durch den Tod des jungen Kornettisten in der Schlacht plötzlich aktuell zu sein. Es wurde in Deutschland viel gelesen, aber auch im Ausland. Das hatte zwar schon vor dem Krieg begonnen, im Februar 1914 etwa teilte Rilke der Fürstin von Thurn und Taxis mit, dass gerade eine „s e h r schöne" italienische Übersetzung entstanden sei, „eine englische kommt eben auch, eine Französische steht bevor, eine polnische und eine ungarische haben wir eben als unzulänglich abgelehnt" (BwMvTuT, I, 362). Doch während des Krieges wuchs das Interesse an dem kleinen Buch beständig, das 1912 als wohlfeiler, höchst erfolgreicher erster Band der von Anton Kippenberg neu gegründeten „Insel Bücherei" erschienen war. Der Verlag druckte im Krieg eine Auflage nach der anderen, brachte sogar eine Feldpostausgabe heraus (vgl. Raddatz, 25). Rilke beobachtete das ohne großes Vergnügen.

Sein Ärger fing damit an, dass Magda von Hattingberg zusammen mit dem Schauspieler Kurt Stieler eine „Musik zum Cornet" (Cornet, 123) des ungarischen Komponisten Casimir von Pászthory aufführte. Die „melodramatische Form" (ebd., 124) sagte Rilke nicht zu. Seinem Verleger legte er am 11. März 1915 dar, der *Cornet* „sinkt damit in eine zwiespältige und zweideutige Kunstgattung, die ich für keine ganze, ehrliche halte und nimmt, halb gelöst in seiner Musik, ein etwas zu flüssiges Entgegenkommen an, als gelüstete ihn nach immer noch mehr Popularität" (ebd., 130). Anfangs entgegenkommend, wurde Rilke immer ungehaltener, konnte aber weitere Aufführungen, selbst weitere Vertonungen nicht verhindern. Sein Verlag sah dafür auch keine rechtliche Handhabe, nicht unfroh, dass die Auflage beständig stieg.

Rilke grollte selbst seiner früheren Geliebten Magda von Hattingberg, „den musikalisch aufgemachten Cornet, mit Kurt Stieler zusammen, trotz meines ausdrücklichen, ja heftigen Einspruchs, weiter in die Welt zu tragen, von Ort zu Ort" (ebd., 133). Rilke war ganz aufgebracht, als er erfuhr, dass auch noch Zeichner und Maler sich des kleinen Werks annehmen wollten. Katharina Kippenberg schrieb er sarkastisch, „ich seh schon, in den Cornet sind die Motten gekommen, die Mal-Motten, die Musik-Motten: man muß das liebe alte Pelzwerk aufgeben" (ebd., 140). Doch in Leipzig dachte man nicht so. Die Popularität des *Cornet* war unübersehbar. Bei Auktionen erzielte die Erstausgabe Rekordpreise bis zu 1000 Mark.

Rilke hatte nicht nur ästhetische Bedenken gegen die musikalische Aufführung seines Werks. Er sah sich Anfang 1915, gegen seinen Willen, „unter die Autoren dieses ausnahmsvollen Jahres" gestellt, indem „man den Cornet Christoph Rilke so ans Heutige anwendet" (ebd., 128). Rilke aber wollte nicht, dass sein kleines Buch als Kommentar zum laufenden Krieg gelesen würde, schon gar nicht als ‚Kriegs-Lied': Das, wie die ganze „Anwendung, die die Rezitatoren dem ‚Cornet' während des Krieges gegeben haben", nannte er später Kippenberg gegenüber einen „gegenständlichen Mißbrauch" (ebd., 146). Offenbar war sein Versuch, den *Cornet* vor „Popularität" zu bewahren, ein künstlerischer ebenso wie ein politischer Kampf. Rilke wollte auf keinen Fall unter die Kriegsbefürworter gerechnet werden.

Im Sommer 1919 entwarf er eine „Inschrift", also ein Widmungsgedicht zu seinem Buch, mit dem er für Klarheit sorgen wollte:

> Da war nicht Krieg gemeint, da ich dies schrieb
> in *einer* Nacht. Kaum Schicksal war gemeint,
> nur Jugend, Andrang, Ansturm, reiner Trieb
> und Untergang der glüht und sich verneint. (KA, II, 162)

Rilke wollte mit diesem Epigramm nicht nur die falsche Auslegung des *Cornet* im Krieg zurückweisen. Er deutet in der letzten Zeile auch seine Kritik am eigenen Werk an, die er unter anderen Umständen vielleicht für sich behalten hätte. Doch durch die Umstände fühlte er sich gezwungen, diese Distanzierung zu bekunden.

In manchen Briefen wurde Rilke sogar noch deutlicher. Einem Germanisten erklärte er, wie der *Cornet* ihm durch manche „Geschmacklosigkeit" (Cornet, 160) „durch die Jahre hin unausstehlich" geworden sei (ebd.). Paule Levy, die das Büchlein ins Französische übersetzte, wies er auf das „Gemeng von Prosa mit Gedichtanläufen" hin (ebd., 162) und nannte den Inhalt „dürftig", die Sprache so unentwickelt, daß das Einzige, was sein Bestehen zu entschuldigen vermöchte, eben jene Allüre bleibt, die Gangart, dieses atemlose Vorübergehen, für das, damals in jener Nacht, Wolken, die über den Mond zogen, mir mehr noch ein Vorbild waren, als Alles, was ich, legendär, von jenem Vorfahren wußte, wissen konnte (ebd., 163)

Rilke, der auch ein scharfer Kritiker des eigenen Werks sein konnte, verstand im Nachhinein den *Cornet* als Stimmungsliteratur. Damit war aus seiner Sicht alles über ihn gesagt.

Letztlich durchgedrungen ist er mit seiner Selbstkritik nicht. Der *Cornet* hat noch viele begeisterte Leser gefunden, die ihn, bis in unsere Zeit, für ein ‚Wunder' nehmen: das „Rilke-Wunder" (Raddatz, 24).

Ausgesetzt: Gedichte aus dem Krieg

Rilkes Versuch, dem *Cornet,* wenn seine Wiederauferstehung schon nicht zu verhindern war, wenigstens zu einer unauffälligeren Existenz zu verhelfen, ist paradoxerweise eine seiner größten ‚künstlerischen' Anstrengungen während des Ersten Weltkriegs. Als er *Wendung* schrieb, mag er, zumindest zeitweise, auch auf eine Wende seiner poetischen Krise gehofft haben. Doch bis Ende 1918 folgte dem Gedicht wenig. „Gott weiß", schrieb Rilke Lou Andreas-Salomé am 26. Juni 1914, „wie weit das Gedicht ‚Wendung' dem Antritt jener neuen Verhältnisse vorangeht, ich bin weit dahinten, Gott weiß, ob solche Umstürze überhaupt noch zu leisten sind" (BwmLAS, 336). Rilke hatte noch lange das quälende Gefühl, künstlerisch hinter seinen Wünschen und Zielen weit zurück zu sein. Und doch gelangen ihm Mal um Mal bemerkenswerte neue Gedichte nach den *Neuen Gedichten*. Eines davon ist

> Ausgesetzt auf den Bergen des Herzens. Siehe, wie klein dort,
> siehe: die letzte Ortschaft der Worte, und höher,
> aber wie klein auch, noch ein letztes
> Gehöft von Gefühl. Erkennst du's?
> Ausgesetzt auf den Bergen des Herzens. Steingrund
> unter den Händen. Hier blüht wohl
> einiges auf; aus stummem Absturz
> blüht ein unwissendes Kraut singend hervor.
> Aber der Wissende? Ach, der zu wissen begann
> und schweigt nun, ausgesetzt auf den Bergen des Herzens.
> Da geht wohl, heilen Bewußtseins,
> manches umher, manches gesicherte Bergtier,
> wechselt und weilt. Und der große geborgene Vogel
> kreist um der Gipfel reine Verweigerung. – Aber
> ungeborgen, hier auf den Bergen des Herzens … (KA, II, 115–116)

Ausgesetzt auf den Bergen des Herzens ist, ungefähr drei Monate nach *Wendung* geschrieben, in Irschenhausen südlich von München, ein ebenso suggestives wie schwer verständliches Gedicht, nicht zuletzt wegen seiner Mischung aus Anschaulichkeit und Abstraktion und seines fragmentarischen Charakters: Es ist eines der vielen unvollendeten Gedichte dieser Jahre. Es wäre leicht nachzuvollziehen, wenn es einfach nur die Beschreibung einer Gebirgslandschaft wäre. Doch schon mit der

Genitivmetapher von den „Bergen des Herzens" in der ersten Zeile erhält es eine Bedeutsamkeit, die, nicht expliziert, vage bleibt. Der Leser muss sie sich nachdenkend erarbeiten.

Rilke hat das Gedicht, in seinem Schreibbuch für Lou Albert-Lasard, den *Elegien* zugeordnet (vgl. Engel, in: KA, 518–519). Es teilt mit ihnen den hohen, an Hölderlin anklingenden Ton. Die Bildlichkeit mag im ersten Moment an das Schauen der *Neuen Gedichte* erinnern. Doch gilt das Gedicht manchen als „erstes vollgültiges Beispiel für eine der mythopoetischen ‚inneren Landschaften' des Spätwerks" (ebd., 519). Mythisches im eigentlichen Sinn ist allerdings in dem Gedicht nicht zu finden.

‚Herz-Werk', wie *Wendung* es einfordert, mag es zunächst wörtlich sein: durch das Motiv des Herzens. Doch so gängig das Wort ist, so schwer bestimmbar scheint es in diesen Versen. Auch sonst werfen sie einige Fragen auf. Sie beginnen schon mit dem ersten – elliptischen – Satz, dem das Subjekt fehlt. Wer ist das angesprochene „Du"? Ist es, ganz allgemein, ein oder der Mensch oder ein bestimmter? Ist es vielleicht sogar der Sprecher – eben Rilke? Es liegt nahe, anzunehmen, dass „der Wissende", der genannt wird, das Subjekt sei. Aber auch dann fragt sich noch, wer er ist. Wie in *Wendung* spricht Rilke nicht in der Ich-Form, was aber nicht ausschließt, dass er sich dennoch über sich und seine Arbeit äußert.

Doch nicht nur das Subjekt des Gedichts, auch seine Problematik ist nicht leicht zu fassen. Schon die erste Zeile ist offensichtlich metaphorisch, und vermutlich sind es gleich zwei Metaphern, die sie enthält: das Ausgesetztsein und die Berge des Herzens.

So detailliert Rilke die Gebirgslandschaft entwirft: mit „Steingrund", „Absturz", „Kraut", „Bergtier", „Vogel" und „Gipfel", so schwer ist zu fassen, wofür diese Berglandschaft steht. Das Herz ist eines der prominentesten und bedeutungsreichsten literarischen Symbole. Seine gängige Bedeutung als Sinnbild für das menschliche Fühlen scheint für dieses Gedicht nicht zu gelten. Die „Berge des Herzens" werden am Anfang zugleich von der „Ortschaft der Worte" und dem letzten „Gehöft des Gefühls" unterschieden. Sie liegen jenseits dieser Örtlichkeiten.

Käte Hamburger hat das Wort verstanden als Symbol für das ganze Menschensein, das mehr ist nur als Sprechen und Fühlen. In diesem Sinn begreift sie als Thema des Gedichts „die Frage nach dem Standort des Menschen im und vor dem außermenschlichen Sein, für das in diesem metaphorisch konzentrierten Gedicht die Gebirgslandschaft bildhaft steht" (Hamburger, 87). Das, was den Menschen ausmacht, Wissen und „Bewußtsein", wird jedoch „nicht als Glück empfunden, sondern als Eigenschaft, die zwar dem Menschen seine besondere Stellung gibt, ihn unterscheidet von allem anderen organischen und nichtorganischen Seienden, aber ihn zugleich unsicher, ungeborgen macht" (ebd., 87–88). Der Grund dafür scheint die Undurchdringlichkeit der dinglichen Welt zu sein, sei es als natürliche oder als von Menschen gemachte.

Wenn man dieser Deutung folgt, dann beschreibt Rilke in der Konsequenz ein doppeltes Scheitern. Zum einen das Scheitern des Menschen, dem die Welt undurchdringlich verschlossen ist: „das stumme Anderssein" (ebd., 88), das ihn selber schweigen lässt. Er könnte, als Dichter, nicht über sie sprechen. Zum anderen aber auch das Scheitern des ‚Herz-Werks', dem wie dem „Gesichts-Werk", eine unüberschreitbare Grenze gesetzt ist: Was selbst ohne Gefühl ist, kann fühlend nicht verstanden werden.

Damit wäre aber auch das Programm von *Wendung*, eben gefasst und formuliert, schon wieder in Frage gestellt. Das Gedicht würde dann keinen Ausweg aus der Krise weisen, es wäre vielmehr ihre Fortsetzung. Das könnte erklären, warum es abbricht und Bruchstück geblieben ist: Es würde die Hoffnung dementieren, der es Ausdruck verleihen sollte. Das Gedicht wäre in dem Fall nicht nur die „gegensätzliche Position" (Hamburger, 89) zu dem wenig früher entstandenen *Es winkt zu Fühlung fast aus allen Dingen* – es wäre seine contradictio. Das mag Rilke mit Erschrecken bemerkt haben. Die Hoffnung, mit der er seine neue Poetik entworfen hat, wäre ihm dann schnell wieder abhanden gekommen, und wie es dann hätte weitergehen können, zeichnete sich ihm – noch – nicht ab.

Doch so plausibel Käte Hamburgers Deutung sein mag – auch sie wirft Fragen auf. Sie sind letztlich auf die erste Zeile zurückführbar. „Berge des Herzens" ist eine ebenso kühne wie schwierige Metapher. Kühn ist schon das Bild vom Herz als Gebirge, allenfalls vage ist es mit seiner Gestalt verbindbar. Noch kühner ist die Vorstellung, man könnte im oder auf dem eigenen Herzen ausgesetzt sein – schon wegen des gedanklich dabei schwer durchdringbaren Verhältnisses von Innen und Außen.

Wenn man die Gebirgslandschaft, wie es Hamburger tut, als vor allem natürliche Objektwelt deutet, dann ist schwer zu verstehen, warum Rilke von den „Bergen des Herzens" spricht, die doch nur eine ‚innere Landschaft' sein können: „Weltinnenraum" (KA, II, 113), wie es in *Es winkt zu Fühlung fast aus allen Dingen* heißt. Die Problematik des ‚stummen Andersseins' der Natur würde in dem Fall aber nicht bestehen, weil der Weltinnenraum im Innern verwandeltes Außen ist – mit der Konsequenz, dass der Mensch in seinem Inneren ‚ungeborgen' wäre. Es gäbe in ihm etwas, das er weder fühlend noch denkend durchdringen, auch nicht in Wort fassen könnte. Es würde sich ihm verweigern. Auch das ist ein Gedanke, der, gerade durch seine Triftigkeit, Rilke zu einem – erschrockenen – Innehalten und Abbrechen gebracht haben könnte.

Offensichtlich ist es kaum möglich, eine fraglos schlüssige Deutung des Gedichts zu entwickeln, schon weil es Fragment geblieben ist, aber auch weil es, wie vieles von Rilke, mehrdeutig ist, weniger Antworten gibt, als Fragen aufwirft. Worauf es hätte hinauslaufen sollen, ist schwer zu erkennen. So suggestiv die Worte in *Ausgesetzt auf den Bergen des Herzens* sind, zumal die zentrale Metapher, mag das Gedicht letztlich doch unter einem Mangel an Schlüssigkeit leiden, der einer künstlerischen Vollendung entgegenstand. Insofern mag es nicht nur eine Krise anzeigen, sondern auch von ihr gezeichnet sein.

Sowohl in *Wendung* wie in *Ausgesetzt auf den Bergen des Herzens* hat Rilke sich neuen Gedanken genähert, die für ihn beunruhigend gewesen sein müssen. Neuem, für ihn Neuem, hat er sich auch in einem der bemerkenswertesten Gedichte dieser Zeit zugewandt:

An die Musik
Musik: Atem der Statuen. Vielleicht:
Stille der Bilder. Du Sprache wo Sprachen
enden. Du Zeit,
die senkrecht steht auf der Richtung vergehender Herzen.

> Gefühle zum wem? O du der Gefühle
> Wandlung in was? –: in hörbare Landschaft.
> Du Fremde: Musik. Du uns entwachsener
> Herzraum. Innigstes unser,
> das, uns übersteigend, hinausdrängt, –
> heiliger Abschied:
> da uns das Innre umsteht
> als geübteste Ferne, als andre
> Seite der Luft:
> rein,
> riesig,
> nicht mehr bewohnbar. (KA, II, 158)

Rilke hat oft beklagt, wie wenig er von Musik verstehe; Rudolf Kassner zufolge war er „im üblichen Sinn des Wortes unmusikalisch, hatte auch keinen direkten Weg zur Musik" (Kassner, Buch der Erinnerung, 260). Die Kunst, zu der es ihn, den Augenmenschen, neben der Literatur zog, war die Malerei. Musik, so schrieb er etwa 1908 an Sidonie Nádherný, sei „eine Gefahr" für ihn, „süß, wie der Tod süß ist für den Trostlosen" (BaSNvB, 91), oder, wie es in einem langen, vieles ansprechenden Brief vom 17. November 1912 an Marie von Thurn und Taxis heißt, „eine einzige Verführung" (BwMvTuT, 235). Dass sich an seinem Verhältnis zur Musik etwas änderte, war das Verdienst vor allem zweier Frauen. Die eine war die Fürstin von Thurn und Taxis, die, selbst eine begabte Pianistin, in Duino Konzerte organisierte, bei denen Rilke gelegentlich zugegen war. Die andere Frau war Magda von Hattingberg, eine Schülerin Busonis, die sich während ihrer Affäre einen Flügel mietete, um Rilke vorspielen zu können.

Von seinen Gedichten über Musik ist das im Januar 1918 in München entstandene das bedeutendste, auf jeden Fall aber bemerkenswerteste. *An die Musik* ist ein abstraktes Gedicht: Nicht *eine* Musik, sei es alte oder neue, sondern *die* Musik ist das Thema. 1918 fühlte sich Rilke offenbar in der Lage, seine Auffassung von dieser Kunst auszudrücken – bezeichnenderweise nicht in einer gebundenen, sondern in einer freien Form.

Von der Musik spricht das Gedicht in kühnen, nicht mehr anschaulichen, ja absoluten Metaphern. Sie verdanken sich der Auffassung, die Musik sei die „Sprache wo Sprachen/ enden". In dem Versuch, das auszusprechen, was sich nur in der Musik ausdrücken lässt, drängt das Gedicht selbst über die Grenzen konventioneller Sprache hinaus. So ist keiner seiner Sätze grammatisch vollständig: Ellipsen kennzeichnen seinen Stil. Zudem sind Metaphern wie die von der „Zeit,/ die senkrecht steht auf der Richtung vergehender Herzen" kaum noch übersetzbar.

Selbst musikalisch im üblichen Sinn ist das Gedicht jedoch nicht, weder von der Form noch vom Klang her. Es betreibt keine Klangmalerei, nähert sich rhythmisch auch nicht einer Sangbarkeit an. Es erprobt mit seinen Mitteln, zu denen harte Fügungen und freie Rhythmen gehören, die Möglichkeiten der poetischen Sprache an einer Kunst, die ihren eigenen Gesetzen folgt.

Das Schlüsselwort der neuen Poetik Rilkes, „Herz-Werk", kehrt, abgewandelt, in diesem Gedicht wieder: in der Metapher vom „Herzraum". Sie erinnert sowohl an das Hauptmotiv von *Ausgesetzt auf den Bergen des Herzens*, das Herz-Gebirge, wie auch an das Hauptwort des Gedichts *Es winkt zu Fühlung fast aus allen Dingen*: „Weltinnenraum". Die Musik wird hier aber nicht nur als Ort der Gefühle begriffen, sondern in einer kühnen Metapher als „uns entwachsener/ Herzraum": als eine Verwandlung der Gefühle nicht ins Sichtbare, sozusagen Dingliche, sondern ins unsichtbar „Hörbare". Diese „Wandlung" erscheint als eine Transzendierung von Subjektivität: ins „Fremde", „Andere", „Ferne".

Die Eigenart der Musik sieht Rilke offenbar in der Veräußerung der Gefühle, des „Innigsten", „das, uns übersteigend, hinausdrängt" und, draußen, „uns [...] umsteht". Sie ist Objekt gewordene, in ein Objekt verwandelte und damit entfremdete Subjektivität. So verstanden, wird die Musik das Vorbild jeder Kunst, die sich um den nicht mehr an Gegenstände gebundenen oder über sie vermittelten Ausdruck des Inneren bemüht. Dabei spricht das Gedicht allerdings die Auffassung eines Dichters aus, dem die Musik fremd ist und fremd bleibt, der sich in ihr nicht auszudrücken vermag und der sich in ihr und von ihr nicht ausgedrückt fühlt. Dennoch ist es eine Annäherung – in dem Versuch nämlich, das eigene Recht dieser Kunst zu ergründen.

An die Musik weist thematisch, weniger formal, auf die späte Lyrik voraus, und zwar auf Rilkes letzten großen Zyklus, die *Sonette an Orpheus*, die dem Typus des Dichter-Sängers gelten: An die alte Einheit von Dichtung und Musik erinnert er im Zeichen einer Lyrik jenseits der Ding-Dichtung.

Rilke, Revolution und Reaktion

Rilkes Krise während des Ersten Weltkrieges ging nicht, wie schon in der Vorkriegszeit, mit einer selbstgewählten Isolation einher. Er intensivierte vielmehr sein soziales Leben, allerdings zum Teil auf andere Weise als in der Vorkriegszeit. Er nahm nun gelegentlich an öffentlichen Veranstaltungen teil, allerdings immer als Zuhörer und Beobachter, der nicht selten unerkannt blieb. Er besuchte in Berlin, München und Wien allerlei Vorträge und Lesungen und hörte bei der Gelegenheit u. a. Thomas Mann, Else Lasker-Schüler, Alfred Wolfenstein, Theodor Däubler, Alfred Schuler und Norbert von Hellingrath. Wenn er auch selbst kaum noch schrieb, nahm er doch am kulturellen Leben dieser Städte teil. Er lernte zwei jüngere Maler mit Oskar Kokoschka und Paul Klee kennen, der von seiner für einen Künstler ungewöhnlich eleganten Erscheinung etwas befremdet war. Mit ihnen und durch sie entdeckte er die zeitgenössische Malerei nach van Gogh und Cézanne. Bei verschiedenen Gelegenheiten ergaben sich auch schnell Kontakte zu jungen Verehrerinnen.

Rilke bewegte sich zugleich weiter in den höheren Kreisen, längst war er, mit einem Wort Wolfgang Leppmanns, „ein Konvertit zur aristokratischen Lebensform" geworden, mit seiner maßgeschneiderten Kleidung und seinen erlesenen Umgangsformen mitunter „vornehmer als mancher Adlige" (Leppmann, 359). Dass Rilke sich in seinem Habitus zu ihrer Lebensweise bekannte, zu der ihm ansonsten fast alle Voraussetzungen, nicht zuletzt die finanziellen fehlten, mag manche von ihnen für ihn eingenommen haben. Gelegentlich war er auch weiterhin auf diese Bekannten angewiesen. Einige wie Sidonie Nádherný halfen ihm in der Not diskret mit Geld aus.

In Berlin erschloss Rilke sich Verbindungen neuer Art. Einige der Prominenten, zu denen er in Kontakt kam, waren politisch einflussreich, und manches spricht dafür, dass er ihre Bekanntschaft auch deshalb gesucht hat: Er wollte verstehen, was politisch und wirtschaftlich vor sich ging. Über Karl von der Heydt lernte er einige preußische Politiker kennen.

Schon 1913 war er Walter Rathenau begegnet, den er nun in Berlin aufsuchte, auch in München traf. Im selben Jahr machte er in Paris die Bekanntschaft des Diplomaten Richard von Kühlmann, der während des Krieges Botschafter in Konstantinopel war, 1917 zum Staatssekretär im Außenministerium ernannt wurde und den Friedensvertrag von Brest-Litowsk mit der jungen Sowjetunion aushandelte. Rilke traf ihn in Berlin, korrespondierte auch mit ihm. Für ihn schrieb er 1917 eine Auswahl seiner Gedichte von 1902 bis 1917, einige Übersetzungen eingeschlossen, von Hand ab, die Max Slevogt illustrierte. Von Kühlmann hatte sie halb angeregt, halb erbeten. Erst nach Rilkes Tod kam diese kleine Kostbarkeit als bibliophile Edition heraus, bevor sie 1975 auch der Insel Verlag drucken konnte.

Doch Rilke war nicht nur mit dem politischen Establishment verbunden. In Wien traf er im Dezember 1915 Karl Kraus, der mit seiner Rede *In dieser großen Zeit* vom November 1914, erschienen im Folgemonat im *Fackel*-Heft Nr. 404, zum entschiedensten Kriegsgegner unter den deutschsprachigen Intellektuellen wurde. In München unterstützte Rilke Annette Kolb in ihren Bemühungen um die deutsch-französische Verständigung und warb um finanzielle Unterstützung für sie bei vermögenden Bekannten wie Marianne Mitford. Während einer Kur am Herrenchiemsee lernte er Sophie Liebknecht kennen, die Frau Karl Liebknechts, die ihn auf – die wie ihr Mann als Kriegsgegnerin ohne Urteil inhaftierte – Rosa Luxemburg aufmerksam machte, deren *Briefe aus dem Gefängnis* er dann las.

In München verfolgte Rilke am Ende des Krieges auch die revolutionären Bestrebungen aus der Nähe. Er besuchte politische Versammlungen, selbst in „Brauhaussälen" (B 14–21, 207), die sonst nicht zu seinen bevorzugten Orten zählten. Er hörte sich „in den Sälen des Hotel Wagner, Professor Max Weber, aus Heidelberg" an, auch Erich Mühsam (vgl. ebd.). Mit Vertretern der Räterepublik wurde er bekannt, an Kurt Eisner, den sozialdemokratischen Ministerpräsidenten, dessen *Gesang der Völker* er besaß, wandte er sich brieflich. In seiner letzten Münchner Wohnung in der Ainmillerstraße trafen sich Revolutionäre wie Oskar Maria Graf und Ernst Toller.

Das alles ist nur auf den ersten Blick überraschend. Rilkes Kreativität war gehemmt, seine Neugier war es nicht. Er versuchte sich während des Krieges ein Bild von den politischen Verhältnissen zu machen, und er setzte einige Hoffnungen auf Politiker wie von Kühlmann und Eisner. In dem einzigen erhaltenen Brief, den er an von Kühlmann richtete, Anfang August 1917, beglückwünschte er ihn zu seiner Ernennung zum Staatssekretär. Auch an den letzten Reichskanzler Max von Baden, dem er gleichfalls schon begegnet war, entwarf er ein Glückwunschschreiben zur Ernennung und lobte ihn als „den begnadeten Schützer des Neuen", der „den dringenden Ausblick in eine neue Zeit" ermögliche (BzP, 224). Das Ende des Krieges sehnte Rilke herbei – „wo doch alle Ziele, die wir wissen, nur noch im Frieden liegen, wie immer er auch sei" (BzP, 226). Für die Zeit nach dem Krieg hofft er auf tiefgehende Veränderungen.

Ob eine Revolution dazu gehörte, ist nicht ganz eindeutig. Die Russische Revolution hat er allerdings überschwänglich begrüßt. Im Dezember 1917 lobte er Katharina Kippenberg gegenüber Trotzkis Aufruf „an die mühseligen, bedrängten und verblutenden Völker Europas" mit begeisterten Worten: „dies als Sprache einer Regierung –: neue Zeit, Zukunft, endlich!" (ebd., 199) Das konservativ denkende Ehepaar von der Heydt war von diesem Enthusiasmus befremdet. Die Freundschaft drohte zu zerbrechen, aber Rilke gelang es, einen Bruch abzuwenden, als er von der schweren Erkrankung von der Heydts erfuhr.

Mit der Zeit wuchs allerdings seine Ernüchterung über den Gang der Dinge in der jungen Sowjetrepublik. Resigniert schrieb er im März 1926 Leonid Pasternak: „Ja, wir haben alle viel Veränderung über uns ergehen lassen. Ihr Land vor allem." Aber „in seiner Auferstehung" würden sie es nicht mehr erleben, „das eigentliche, das immer überlebende Rußland" (ebd., 479).

Die von ihm erhoffte Wendung zum politisch Besseren erlebte Rilke aber auch in Deutschland nicht. Die Wirren der bayerischen Revolution und Konterrevolution, zu denen die Ermordung Eisners gehörte, und zwei Hausdurchsuchungen, die Rilke über sich ergehen lassen musste, bewogen ihn schließlich, ein Vortragsangebot aus der Schweiz anzunehmen und München zu verlassen. Damit endete die schwierigste Zeit seines Lebens.

Nie hat Rilke mehr am politischen Geschehen teilgenommen als in den Jahren des Krieges. Nie hat er auch mehr an den Zuständen gelitten, nie schärfer seine Zeit beurteilt. Ob er dadurch politischer wurde in seinem Denken, ist oft bezweifelt worden. Er selbst bekannte noch 1917 seine „politische Ahnungslosigkeit" (BzP, 173) Richard von Kühlmann gegenüber. Das war nicht geheuchelt, und wenn es übertrieben war, dann nur ein wenig. Jean Rudolf von Salis hat festgestellt, dass Rilke, seinem „menschlichen und geistigen Bild" entsprechend, „keine politisch geartete Beziehung zum Krieg und Kriegsgeschehen gewinnen konnte" (Salis, 13–14). Gleichwohl sind in dieser Zeit seine politischen und ideologischen Sympathien und Antipathien deutlicher geworden.

Von manchen früheren Äußerungen her, etwa der über den ‚Demokraten' Gorki, mag es nahe liegen, ihn als politisch konservativ einzuordnen: ein unbürgerlicher Bohemien, der aber in seinen Einstellungen der Herkunft verbunden blieb und deshalb auch seinen adeligen und hochadeligen Freunde und Freundinnen nicht anstößig erschien. Darin haben manche sogar eine Konstante in Rilkes Denken finden wollen, die durch seine späten, viel diskutierten Äußerungen über Mussolini gegenüber der Duchessa Gallarati-Scotti von 1926, die etwa Peter Demetz nur ‚töricht' nannte (vgl. Rilkes ‚Duineser Elegien', III, 140), bestätigt worden sei. Sie haben ihm sogar den Verdacht eingetragen, mit der politischen Rechten zu sympathisieren (vgl. Schwarz, 40).

An dieser Auslegung sind jedoch Zweifel laut geworden, nicht zuletzt von Joachim Storck, dem Herausgeber der *Briefe zur Politik* (vgl. Storck, in: BzP, insbes. 710–725).

Modernitätskritische Ansichten lassen sich bei Rilke zweifellos finden, etwa sein Festhalten an mythischem Denken und vor-modernen Gestalten und Gebräuchen, schließlich auch seine Technik-Feindschaft. Doch tatsächlich ist Rilke so einfach nicht als heimlicher Reaktionär dem Antimodernismus zuzuschlagen.

Die griffige Formel von der „Modernität durch Anti-Modernismus" (Engel, Rilke als Autor der literarischen Moderne, 509) stellt eine „Verbindung von ästhetischer Moderne und soziologischem Anti-Modernismus" (ebd.) her, die nur zum Teil besteht. Weder ist Rilkes Kritik der Moderne in jedem Fall schon Anti-Modernismus, wie man etwa an seiner Ablehnung des deutschen und österreichischen Schulsystems und seiner Sympathie für das skandinavische Modell der Gesamtschulen sehen kann. Noch lässt sich, ohne logischen Überschlag, der Anti-Modernismus als Grundlage seiner literarischen Modernität bezeichnen. Die stellt vielmehr in erster Linie Rilkes freies Verhältnis zur – literarischen – Tradition dar.

Dass ein so leidenschaftlicher Pazifist und unbeirrbarer Kosmopolit ein heimlicher Faschist sein sollte, ist allerdings nicht unbedingt plausibel. Im Brief an die Duchessa Gallarati-Scotti ist vom Faschismus auch nicht die Rede. Rilke versuchte vielmehr – wie überzeugend und wie wirklichkeitsnah auch immer –, seine Sicht des Nationalgefühls („sentiment national", BzP, 469) darzulegen. Danach müsse jedes Volk eine Phase ‚echten', durch seine eigene Tradition begründeten nationalen Einheitsgefühls („pour se sentir *un* et unis", ebd., 470) durchlaufen, um anderen in mehr als einem ‚vagen Internationalismus' („un vague internationalisme", ebd., 469) näherzukommen. Dies billigte Rilke im Unterschied zu den Deutschen und den Österreichern den Tschechen und den Skandinaviern zu. Dass er es auch für das Italien unter Mussolini unterstellt, ist zweifellos ein politischer Irrtum, auf den ihn die Duchessa unmissverständlich hingewiesen hat. Ihn deswegen jedoch kurzerhand zum Faschisten zu erklären, ist allerdings auch nicht sehr triftig.

Tatsächlich lässt sich Rilke nicht ohne Weiteres zu den politischen und ideologischen Reaktionären, den Anti-Modernen unter den Modernen zählen. Er selbst mag sich, vor allem während des Ersten Weltkriegs, als Unzeitgenosse verstanden haben: als Genosse einer Unzeit. Wenn er sich darüber hinaus auch vorher und nachher immer wieder kritisch zu politischen und sozialen Verhältnissen verhalten hat, macht ihn das doch weder zum Reaktionär noch zum Faschisten – nur, aufs Ganze gesehen, zu einem Autor, der politisch nicht eindeutig einzuordnen ist. Das reichte mitunter bis in die persönliche Beziehung zu anderen hinein. Dafür ist sein spätes Verhältnis zu Heinrich Vogeler ein Beispiel.

Noch einmal Heinrich Vogeler

Während des Krieges kam es noch einmal zu einer unverhofften Begegnung zwischen Rilke und Vogeler, und zwar eben im Zeichen der Politik. Vogeler berichtet in seiner unvollendeten Autobiographie *Werden*, dass er als Soldat Rilke ein letztes Mal im Winter 1914/15 in Partenkirchen gesehen, der sich aber brüsk von ihm abgewandt habe. Die Anekdote ist eingehend diskutiert worden (vgl. Petzet, Von Worpswede, 87).

Vogelers Darstellung ist allerdings deutlich. Vor einem Hotel sah er einen Schlitten:

> Am Schlitten stand Rainer Maria Rilke. Freudig wollte ich auf ihn zugehen und ihm die Hand reichen. Er wandte sich kalt ab, stieg ein; der Schlitten sauste ab. – Offenbar wirkte ich in meinem Feldgrau wie ein Gespenst auf ihn. Hatte er doch meinem Leben und meiner Arbeit Grenzen gesetzt, in denen auch er der Romantik seiner eigenen Träume nachgehen konnte, so wie er auch über mich und meine künstlerische Arbeit geschrieben hatte. Jetzt mag er gefühlt haben, daß die Grenzen gesprengt waren. Bittere Enttäuschung! – Mag auch sein, daß er in mir einen Kriegspatrioten sah. (Vogeler, Werden, 166)

Vogeler hatte sich 1914 freiwillig gemeldet, als er, seit langem in einer Krise steckend, nicht mehr recht weiter wusste (vgl. Vogeler, Werden, 163). Vermutlich war Rilke schockiert, dem Freund nun nach Jahren als Soldaten wieder zu begegnen. Doch das war nicht alles, was Vogeler auffiel.

In dem „Blick, der an einem vorbeisieht", hatte er „plötzlich einen Zug entdeckt, der den Charakter eines Menschen von einer neuen Seite zeigt, die die Plastik seiner Wesenheit vollendet" (ebd.). Vogeler hatte in dem alten Freund eine Kälte erkannt, die der meist zu verbergen wusste, die aber manchmal sichtbar wurde, nicht zuletzt, wenn er von Menschen sprach, die ihm einmal nahegestanden hatten, wie seine Frau oder seine Mutter.

Rilke und Vogeler haben sich nicht mehr gesprochen. Vogeler zeigte sich aber erleichtert, als er 1916 erfuhr, dass Rilke vom Militärdienst befreit worden war. Rilke wiederum wurde noch einmal auf den alten Freund aufmerksam, und dieses Mal reagierte er auf ihn vollkommen anders als in Partenkirchen. Er war berührt von dessen nach dem Krieg in Bremen gehaltenen Vortrag *Über den Expressionismus der Liebe*. Rilke schickte er mehrere Exemplare, der vermutlich darauf direkt oder indirekt reagiert hat. Ein Exemplar reichte er jedenfalls weiter an Hertha Koenig und schrieb dazu:

> mancher Satz ist aus tief erlittener Erfahrung gesprochen und am Seeligsten und Wahrsten der auf Seite 4:
> „Ein nie gekannter menschlicher Zustand ist im Werden: Frieden",
> leider lassen sich daraus so wenig unmittelbare und ununterbrochene Wirkungen ziehen; aber reiner kann man nicht sagen, was wenigstens eines Moments innigstes Wissen war. (BzP, 242)

Als auch die Schauspielerin Anni Mewes Rilke später im Jahr die gedruckte Fassung des Vortrags schickte, urteilte er über das Friedens-Pathos nüchterner, ja ernüchtert: Der „Entschluß zur Menschlichkeit" sei „nicht gefaßt worden, weder in Rußland noch anderswo" (BzP, 283). Aber über den alten Freund sprach er voll Sympathie und Verständnis – offenbar unter dem Eindruck seines Gesinnungswandels:

> Aber mich, der ich seit so viel Jahren sein Freund sein durfte, rührt doch dieser Ausbruch seines stillen und eigentlich schüchternen Wesens: was mußten in diesem, in seinen Verträumungen vielfältig und zierlich befangenen Menschen für Erschütterungen, für Stürze, für Erdbeben vorgehen, damit er so aus sich hinaus zu rufen und zu wirken sich genöthigt sah? (ebd., 284)

Rilke wird erfahren haben, dass Vogeler inzwischen zum Kriegsgegner geworden war. Während des Ersten Weltkriegs veränderte er sein Leben. Er protestierte in einem offenen Brief an den Kaiser gegen den Friedensschluss von Brest-Litowsk und wurde deshalb in die Psychiatrie eingewiesen. 1918/19 schloss er sich einem Arbeiter- und Soldatenrat an. Der Sohn wohlhabender Bremer Bürger wurde erst Anarchist, dann Kommunist, der den Barkenhoff in eine Kommune umwandelte, die er der Roten Hilfe überschrieb. 1931 emigrierte er in die Sowjetunion. Während der folgenden Jahre lieferte Vogeler, von einigen bemerkenswerten Landschaftsbildern und Porträts abgesehen, vor allem sowjetische Propaganda-Kunst.

Als er in die junge UdSSR emigrierte, war er nicht blind für die Missstände, auf die er traf, unterdrückte aber alle Zweifel und tat, was man ihm auftrug. Im Zuge der Maßnahmen gegen deutsche Kommunisten in der Folge des Einmarsches der Wehrmacht in die UdSSR 1941 wurde auch Vogeler deportiert und starb unter letztlich nicht geklärten Umständen 1942, siebzigjährig, in Kasachstan (vgl. Petzet, Von Worpswede, 169–171).

Der poeta vates: Die *Duineser Elegien* und die *Sonette an Orpheus* 13

In der Schweiz

Am 11. Juni 1919 verließ Rilke Deutschland. Lou Andreas-Salomé, seine Frau Clara und seine Tochter begleiteten ihn zum Münchner Hauptbahnhof. Es sollte ein Abschied auf Zeit sein und wurde in manchem ein Abschied für immer. Nach München ist Rilke nicht zurückgekehrt, auch nicht nach Deutschland, Lou Andreas-Salomé hat er ebenso wenig wiedergesehen wie seine Tochter. Alle späteren Gelegenheiten ließ er aus.

Rilke folgte zwei Einladungen, die er im Frühjahr erhalten hatte: eine des Lesezirkels Hottingen und eine der Gräfin Mary Dobrženský, einer Freundin Sidonie Nádhernýs. Als ihr Mann 1915 fiel, wurde sie eine Kriegsgegnerin wie Rilke und Karl Kraus, mit dem sie verbunden war. Mit dem Zug reiste Rilke von München über Lindau nach Zürich, wo er Lesungen für den Herbst vereinbarte, von dort weiter nach Nyon, wo er sich mit der Gräfin beriet und, als deren Gast, noch Sidonie Nádherný antraf. Da Rilkes Aufenthaltserlaubnis nur bis Ende Juni galt, besprachen sie Möglichkeiten der Verlängerung. Damit begann, wie nach der Vollendung der *Aufzeichnungen des Malte Laurids Brigge,* eine Zeit des Umherreisens, allerdings auf engerem Raum, meist dem der Schweiz, die gut zwei Jahre dauerte.

Von Nyon aus fuhr Rilke nach Genf, wo er Baladine Klossowska aufsuchte, die er in Paris kennengelernt hatte. Sie wurde seine neue Geliebte. Von Genf machte er sich auf nach Bern, wo er Gast Yvonne de Wattenwyls war, angetan gleichermaßen von deren Gastfreundschaft wie von der Stadt. Über Zürich reiste er ins Engadin, wo er seine dänische Übersetzerin Inga Junghanns traf. Dann ging es weiter nach Soglio, in den Palazzo Salis, die damalige Pension Willy. Dort schrieb er im August das *Ur-Geräusch.* Im September fuhr er wieder ins Engadin, nach Chur, weiter nach Lausanne und Begnins-sur-Gland, wo er Marthe Hennebert traf. Im Oktober war er wieder in Nyon, machte einen Abstecher nach Genf, dann ins Tessin, nach Brissago. Ende Oktober kam er schließlich in Zürich an, wo seine Lesereise beginnen sollte. Sie führte ihn dann nach St. Gallen, Luzern, Basel, Bern und Winterthur.

Von ihr berichtete er seinem Verleger, zufrieden und selbstbewusst, am 2. Dezember 1919:

> Ich bin in ein merkwürdiges Verfahren gekommen, das am dichten, oft dürren, schwer zu penetrierenden Schweizer von der überzeugendsten Bewährung war. Ich brachte nicht einfach Gedichte, sondern ich setzte mit einer allgemeinen Einführung ein, die überall ungefähr die gleiche war, – während ich den zweiten Teil des Abends eine dem jeweiligen Ort schmiegsam angepaßte, aus dem unmittelbarsten Stegreif erfundene Causerie voranstellte, die über verschiedene Gegenstände [...] zu meiner Arbeit zurückleitete und, ganz unmerklich, für diese so vorbereitend und aufklärend war, daß dann selbst sehr persönlich gestaltete und „schwere" Gedichte mit ungewöhnlicher Stärke aufgenommen wurden. Ja, ich scheute mich nicht, auch vor den einzelnen Gedichten jeweils kleine Plattformen der Verständigung zu schaffen; alles das lebendig, spontan, dem Moment ansehend, wessen er fähig sein möchte. Bei italienischen oder französischen Übersetzungen las ich erst den Text des Originals, was für die meist mehrsprachig orientierten Schweizer durchaus das richtige war. (BadV, 298–299)

Rilke las zum ersten Mal seit langer Zeit öffentlich wieder aus seinen Werken, durchweg vor großem Publikum. In Zürich hörten ihm etwa 600 Besucher zu; auch in der Schweiz war er mittlerweile berühmt. Die Lesungen, die er offenbar abwechselnd planvoll, aber locker gestaltete, dürften seinen Namen weiter bekannt gemacht haben. Mit Genugtuung sah er seine Werke, mitunter stapelweise, in den Auslagen der Buchhandlungen liegen: „ganz schwindlig" von ihrem „Absatz" (ebd., 299).

Rilke war in einer schweren Zeit in die Schweiz gekommen. Die Verhältnisse in Deutschland und Österreich waren unsicher. Am 28. Juni 1919 wurde der Versailler Vertrag unterschrieben, am 10. September der von St. Germain, mit dem das alte Kaiserreich Österreich-Ungarn aufgelöst wurde. Rilke war damit staatenlos, was seinen anfangs immer nur befristeten Aufenthalt in der Schweiz noch prekärer machte. Zwar gelang es mit der Hilfe von Freunden und Gönnern, die Aufenthaltserlaubnis Mal um Mal zu verlängern, aber erst als Rilke 1920 die tschechoslowakische Staatsangehörigkeit erhielt, wiederum mit freundlicher Unterstützung, konnte er sich dauerhaft in der Schweiz aufhalten.

Nach Deutschland wollte er auf keinen Fall zurück. Seine Münchner Wohnung trat er an einen „Einmieter" (BadV, 307) ab, bevor sie eingezogen worden wäre. Damit war sie ohnehin nur noch „als Absteigquartier" (ebd.) für ihn „benutzbar". Doch auch das war ihm nicht mehr wichtig, nur eine letzte Rückversicherung für den Notfall. Er wünsche „nichts mehr", schrieb er Kippenberg am 1. Juli 1920, „als einen Ort zu verlassen, der für mich für lange hinaus zu den Verhältnissen der Kriegsjahre zugehörig bleiben wird, der mir nie recht brauchbar war und noch zum Schluß es an supplementären Verleidungen nicht hat fehlen lassen" (ebd.).

Finanziell war seine Situation zunächst wieder angespannt. Geld aus Deutschland konnte er einstweilen nicht beziehen. Kippenberg überwies die 400 Mark, die Rilke monatlich erhielt, an Frau und Tochter. Die Honorare für die Lesungen waren schnell aufgebraucht: von einer „Vorlesung bis zur nächsten" (BadV, 299). Weiterhin stieg Rilke aber in ersten Häusern ab. Allerdings konnte er durch die Einladungen, die Schweizer Bürger und Adelige aussprachen, an seinen Ausgaben sparen.

Doch schon im Oktober klärte sich die Lage. „Ich habe eine Anleihe von monatlich 700–900 frs bei den hiesigen Freunden vereinbart", schrieb er Kippenberg. Da er dies aus Nyon tat, dürften mit den Freunden vor allem zwei Freundinnen gemeint gewesen sein: Sidonie Nádherný und Mary Dobržensky, die einen Teil ihres großen Vermögens in der Schweiz angelegt hatte. Die Bedingungen dieser „Anleihe" waren denkbar günstig: „Die Rückzahlung steht mir vollkommen frei, ich darf sie über Jahre und Jahre aufschieben, um sie wann immer zu beginnen in beliebigen Beträgen und zu einer Zeit da ein angenähertes Verhältnis der Geldarten wird eingetreten sein" (zit. n. Schnack, I, 661).

Auf seinen Reisen durch die Schweiz gewann Rilke schnell Zutritt zu vornehmen Kreisen, abermals durch Empfehlungen. Auch in der Eidgenossenschaft war er gesellschaftlich erfolgreich. Sidonie Nádherný hatte ihm die erste Empfehlung mitgegeben an Mary Dobržensky. Weitere Kontakte ergaben sich wie von selber. Rilke lernte nicht nur Yvonne de Wattenwyl aus der alten Berner Patrizierfamilie kennen, auch die Familie von Carl Jacob Burckhardt, seine Mutter und seine Schwester Theodora von der Mühll, selbst eine Schriftstellerin. Noch wichtiger war die Begegnung mit Nanny Wunderly-Volkart in Zürich, die ihn mit ihren Vettern, den Brüdern Reinhart, Besitzern einer großen Winterthurer Import-Gesellschaft, bekannt machte. Werner Reinhart wurde bald sein neuer Mäzen, Nanny Wunderly blieb bis zum Schluss eine fürsorgliche Freundin, ähnlich wie die Fürstin von Thurn und Taxis, nur näher an seinem alltäglichen Leben. Rilke hat sich in der Schweiz schnell ein neues Netz von Gönnern und Helfern geschaffen, das ihm ermöglichte, im Land zu bleiben.

Dazu diente ihm, neben der persönlichen Begegnung, die ihn unvermeidlich von der Arbeit abhielt, seine weitläufige Korrespondenz, die in der Schweizer Zeit noch einmal beträchtlich anwuchs. Norbert Fuerst schreibt dazu:

> Die Korrespondenz war Rilke zum Pflichtfach geworden, zum lieben Pflichtfach; er schuldete sich seinen Zeitgenossen, und er schuldete sich gern. Seine Briefe sind ja immer Antwortbriefe, oft Hilfebriefe, sie versuchen wohlzutun. Sie versuchen, die Bedürfnisse der Empfängerin zu sublimieren in Selbstverständnis und innere Fruchtbarkeit. Sie sind so gut den Adressaten zugewendet, daß sie die humanste Seite seiner angewandten Kunst darstellen. Seine Korrespondenten wandten sich ja an ihn, weil sie den Menschen hinter dem Dichter nicht missen wollten. Und Rilke zahlte zurück mit seinen eigenen Erlebnissen. (Fuerst, 129)

Aber nicht nur mit seinen Erlebnissen: auch mit seinen Gedanken und nicht zuletzt mit Erläuterungen zu seiner Arbeit und seinen Arbeiten. In mehr als einer Hinsicht führte er sich, denkbar vorteilhaft, mit seinen Briefen bei – ausgewählten – Schweizer Lesern und Leserinnen ein.

Nach seiner Lesereise hielt Rilke sich zuerst in Locarno und dann Anfang 1920 in Schönenberg bei Basel auf, auf dem Gut Theodora von der Mühlls. Nachdem er von Mitte Juni bis Mitte Juli Venedig wieder einen Besuch abgestattet hatte, kehrte er nach Genf zurück, zu Baladine Klossowska, danach abermals nach Bern. Er lernte in Sion und Sierre das Wallis kennen, machte einen Abstecher nach Paris, logierte anschließend für ein halbes Jahr in Schloss Berg am Irchel bei Zürich. Frau Klossowska vermittelte es ihm; es gehörte Schweizer Bekannten von ihr. Hier glaubte er, endlich den Ort zum Arbeiten gefunden zu haben.

Der Anfang schien verheißungsvoll: In drei Tagen schrieb er Ende November 1920 den kleinen Zyklus *Aus dem Nachlaß des Grafen C.W.* Bemerkenswert an ihm ist vor allem die Entstehung, wie Rilke sie dargestellt hat. Seiner neuen Freundin Nanny Wunderly schrieb er, zu „eigener Produktion" noch gar nicht fähig, habe er sich „eine Figur gewissermaßen ,vorwändig'" gemacht, die das Schreiben übernahm, ein früherer Bewohner des Schlosses: „das war Graf C.W. Ein Dilettant, strenggenommen. Er dichtet manches, was ich nie gebilligt haben würde, das ist *seine* Sache, ist oft ungeschickt, oft allzu geschickt, wie alle Dilettanten" (BaNWV, I, 349).

Diese anfangs vielleicht noch launige Geschichte von der Entstehung nicht besonders eindrucksvoller Gedichte variierte Rilke bald. Marie von Thurn und Taxis gegenüber wählte er, ernster, andere Worte: „die Feder wurde mir buchstäblich ,geführt'" (BwMvTuT, II, 631). Die „Spielerei" (BaNWV, I, 349) verwandelte Rilke für die Fürstin in eine weitere Inspirations-Geschichte. Nachdem er das erste noch fingiert hatte, entstand „Gedicht für Gedicht": „weder meine Art noch meine Ansicht, was da ganz fertig, (ich schrieb es *sans brouillon* ins Heft selbst) zum Ausdruck kam" (ebd., II, 631). Sogar den Titel notierte er sich „wie im Dictat ebenfalls" (ebd., 632). Gut zweieinhalb Monate später, Anfang März 1921, betonte er: „es war so völlig ,Auftrag'" (ebd., 644), „das diktierte sich so *malgré moi*, wie die Gedichte selbst, fliegend" (ebd.).

Man kann versuchen, wenn einem die Geschichte nicht ganz geheuer erscheint, diese „Fiktion" (Leppmann, 408) des einsam wohnenden Rilke psychologisch zu erklären. Auffällig ist aber in jedem Fall, dass er sich zum ersten Mal als ein poetisches Medium darstellte, durch das ein bestimmter Anderer sprach, der Geist eines Toten, der ihm einen ,Auftrag' erteilte. Im Nachhinein mutet die Bemühung der Inspirations-Topoi für den kleinen Zyklus wie eine Übung für Größeres an.

Die produktive Phase in Schloss Berg war im Frühjahr schon wieder zu Ende. In der unmittelbaren Nachbarschaft wurde ein „elektrisches Sägewerk" (KA, IV, 715) errichtet. „Meine Stille ist zerstört" (ebd.), klagte Rilke: „Die Zeit des Wirkens ist vorüber. Nun spricht die Säge" (ebd.).

Das Testament oder Der letzte Künstler-Konflikt

Die Sätze stehen in einem eigenartigen Text aus dieser Zeit. Über das abermalige Ausbleiben der Arbeit, „nach sechs Jahren der Zerstörung und Hinderung" (ebd., 733), und die „Unlust des Nichtgeleisteten" (ebd., 731), die ihn den Schlaf kostete, versuchte Rilke – sich – Rechenschaft abzulegen in *Das Testament*. Es ist ein hybrider Text, den er Ende April 1921 noch in Berg schrieb: teils eine um Abstand bemühte Erzählung in der Er-Form, teils ein Bekenntnis in der Ich-Form. Er endet, diskontinuierlich, mit einzelnen Aufzeichnungen und Briefentwürfen und bricht schließlich ganz ab. Das Fragment, im Druck 30 Seiten lang, ist Reflexion und zugleich Ausdruck der Krise Rilkes. In ihrem Zentrum steht ein Konflikt: „der einzige Konflikt meines Lebens. Alles andere sind Aufgaben" (ebd., 724). Es ist der Konflikt zwischen Liebe und Arbeit, und es ist der letzte Künstler-Konflikt seines Lebens.

Die zweite Hauptperson dieser Geschichte ist Baladine Klossowska, Rilkes neue Geliebte, die Anfang 1921 bei ihm in Berg wohnte. Sie war die geschiedene Frau des Künstlers und Kunsthistorikers Erich Klossowski, Mutter zweier Söhne, die selbst als Künstler berühmt wurden. Sie wurde 1886 in Breslau als Elisabeth Dorothee Spiro geboren, Tochter des dortigen Kantors der jüdischen Gemeinde und Schwester des Malers Eugen Spiro, der später nach Palästina auswanderte. Sie selbst war auch Malerin, und wie Lou Albert-Lasard porträtierte auch sie Rilke.

Aus der Bekanntschaft wurde im August 1920 eine leidenschaftliche Liebesbeziehung, von der ein umfangreicher, auf Französisch geführter Briefwechsel zeugt (vgl. dazu Mason, Exzentrische Bahnen, 265–283). Der Konflikt zwischen ihr und Rilke war denkbar einfach: Sie wollte mehr Nähe als er. Sie war zudem „eifersüchtig auf seine Arbeit" (Mason, 115) und offenbar impulsiv. Die Beziehung war durch ein Hin und Her von Zusammensein und Trennung gekennzeichnet. Immer öfter fürchtete Rilke um seine Arbeit, glaubte, sie für sich retten zu müssen. Die Stärke des Gefühls und die Ansprüche der Geliebten waren für Rilke mit den „Anforderungen" des Künstlerlebens nicht zu vereinbaren. In *Das Testament* hat er diesen Zwiespalt und sein Leiden an ihm beschrieben:

> Es giebt kein ärgeres Gefängnis als die Furcht, einem Liebenden weh zu tun. Sie fälscht alle Antriebe des Herzens, ohne sie wäre es nicht so weit gekommen, daß ich jedes Alleinsein bei unserem Glück erbitten muß, wie eine besondere Ausnahme. (KA, IV, 726)

Auch dieser Beziehung war keine Dauer beschieden. Auf Rilkes Seite gab es dafür einen tieferen Grund: die „Angst vor dem Geliebtwerden, die aus den frühesten Leiden seiner Kindheit stammte und ihn nie verließ" (ebd., 718), wie er ausdrücklich feststellt. An ihr sind wohl die meisten seiner Beziehungen gescheitert. Er fasste sie allerdings lediglich als eine „Warnung" (ebd.) auf, was ihm die Einsicht in ihren psychopathologischen Charakter versperrte.

Auch dieser letzte Liebesversuch Rilkes scheiterte. Die Fürstin von Thurn und Taxis, die mehr als *ein* solches Scheitern beobachtet hatte, war davon nicht überrascht. Rilke hatte ihr die Frage gestellt, ob es „irgendwo ein liebendes Wesen gebe", das „bereit" sei, „in dem Augenblick zurückzutreten, da die Stimme ihn riefe". Die Fürstin, realistisch, wie sie war, glaubte das nicht: „Die Frau, die ihr ganzes Herz herschenkt, ohne je etwas für sich zu fordern – nichts anderes verlangt er! [...] Und wenn diese Frau lebt, wie sollte er sie finden?" (Thurn und Taxis, 107).

Auch Eudo Mason hat nicht bezweifelt, dass Rilke sich nach einer Frau sehnte. Aber:

> Was zu Verwicklungen, Katastrophen und Fiascos führte, war, daß Rilke nie eine Frau finden konnte, die jene besitzlose Liebe, die allein er anzubieten oder anzunehmen willens war, verstanden oder sich mit ihr zufrieden gegeben hätte. Vergeblich bemühte er sich, allen diesen Frauen klarzumachen, wie kümmerlich und minderwertig die herkömmliche

wechselseitige Liebe im Vergleich zu dieser erhabenen besitzlosen Liebe sei, durch die er ihnen das höchste, seligste Frauenlos zuteil werden zu lassen gedenke, nämlich in „Eloisen" verwandelt zu werden. (Mason, 85)

Die Ironie ist nicht unberechtigt. Rilkes Bemühen, seine Geliebten bei Bedarf, und auf Zeit, in ‚Liebende' zu verwandeln, konnte nicht gelingen. Zu einseitig, an den Bedürfnissen des schreibenden Mannes ausgerichtet, ist ein solches Verständnis von Liebe: Es ist eine von seinen Interessen bestimmte Konstruktion. Die Idee der ‚Liebenden' erwies sich deshalb als nicht lebbar. Damit scheiterte aber auch notwendig Rilkes Versuch, seine dichterische mit seiner sozialen Existenz in einem, wenn nicht dem zentralen Punkt in Einklang zu bringen. Der „Konflikt" seines Lebens war für ihn, so wie er dachte und fühlte, nicht lösbar.

Von Schloss Berg aus zog Baladine Klossowska, reumütig, nach Berlin, bevor sie 1924 nach Paris zurückkehrte. Die Beziehung war noch nicht ganz zu Ende, aber aussichtslos. Frau Klossowska hatte Rilke, dem ihre praktischen Fähigkeiten fehlten, schon Schloss Berg vermittelt. Sie erwies ihm noch einen Liebesdienst: Sie besichtigte mit ihm auch sein letztes Domizil und half ihm, sich dort einzurichten.

Muzot

Rilkes Reisen durch die Schweiz verdankten sich nicht nur seiner alten ‚Fernlust'. Sie waren auch, einmal mehr, eine Suche: nach dem richtigen Ort zum Schreiben. „Einmal ein Jahr, fortgerückt aus allem zufälligen Zudrang und Verkehr, in ländlicher Stille, stetig, regelmäßig, unter täglicher Zusäglichkeit der näheren Umgebung!" (BadV, 303–304): Das war Rilkes großer Wunsch, wie er Ende 1919 Anton Kippenberg darlegte. „Ich kann versichern, mit jedem Tage erkenne ich besser, was ich brauche, aber die Bedingungen präzisieren sich auch immer mehr und möchten zum Schluß nicht mit sich handeln lassen" (ebd., 304). Das sollte heißen: Er war wählerisch. Zwar hatte er schon ein Angebot: „auch Lautschin hat ein kleines abseitiges Haus im Park, das immer bereit wäre, mich aufzunehmen" (ebd., 307). Gemeint war das böhmische Gut der Familie von Thurn und Taxis, in das zu ziehen Rilke aber zögerte, auch weil er nicht zurück nach Böhmen wollte. Ebenso wenig wollte er in Kärnten, dem angeblichen Stammland seiner Familie, leben, wo das Ehepaar Purtscher-Wydenbruck für ihn nach einer Wohnung suchte.

Schon bald muss er sich sicher gewesen sein, dass er in der Schweiz bleiben wollte. Er fühlte sich dort „gastfreundlich, freundschaftlich" (BadV, 299) aufgenommen und als Dichter geschätzt. Zudem scheint er besondere Vorstellungen gehabt zu haben, die sich für ihn eher in der Schweiz verwirklichen ließen. „Denn wohin er sich immer begab", schreibt Jean Rudolf von Salis, „trug er das Manuskript der begonnenen Elegien bei sich und im Sinne nur *einen* Gedanken: diejenigen Verhältnisse ausfindig zu machen, in denen er sich dieser Aufgabe ausschließlich würde widmen können". Rilke habe darauf mit „einer fast eigensinnigen Beharrlichkeit" bestanden, „dieser Ort, dieses Haus, diese Einsamkeit müßten irgendwo in der Schweiz vorhanden sein" (Salis, in: Schnack, 47). Vermutlich hat Jean Rudolf von Salis das von Rilke selber erfahren: Es ist wohl ein Teil der Elegien-Legende.

Nach neuerlichen Aufenthalten in Genf, Bern und Etoy entdeckte Rilke im Sommer 1921 in der Nähe von Sierre das kleine ‚Château' Muzot, das er Ende Juli bezog – ein etwas zu großer Name für einen in die Jahre gekommenen, wenig ansehnlichen und komfortablen Wohnturm, in dem es kein elektrisches Licht und kein fließendes Wasser gab. Es wurde sein letzter Wohnsitz, für insgesamt mehr als vier Jahre, mit Unterbrechungen allerdings.

Fast hätte er sich den Turm nicht leisten können: Die geforderte Miete konnte er nicht aufbringen, allerdings war sie auch überhöht. Nanny Wunderly überredete ihren Vetter Werner Reinhart, sie zu übernehmen. Schließlich kaufte er das Manoir und überließ es großzügig Rilke zur lebenslangen unentgeltlichen Nutzung: Damit war Rilke zwar nicht juristisch, aber faktisch ein Schweizer Bürger geworden.

Der Weg dahin war insgesamt nicht leicht gewesen. Zeitweise hatte er in völliger Ungewissheit gelebt, was mit ihm werden würde. Vor während der Zeit ohne neuen Pass war seine Reisefreiheit erheblich eingeschränkt, sein Aufenthalt als Ausländer ungesichert gewesen. „Man kann füglich behaupten", so Jean Rudolf von Salis,

> daß dem innerlich Heimatlosen in jenen Jahren die Eigenschaft der Heimatlosigkeit gleichsam amtlich bestätigt worden ist: in Frankreich, als ihm während des Krieges seine Habe beschlagnahmt wurde, in Österreich, dessen Staatsangehörigkeit er infolge der Aufteilung der Habsburger Monarchie verlor, in Deutschland, wo ihm als Ausländer seine Münchner Wohnung mit der ausdrücklichen Bemerkung der Behörden, es könne keine Ausnahme für ihn gemacht werden, weggenommen wurde, in der Schweiz, wo er vorübergehend in Gefahr war, als staatenloser Ausländer die Aufenthaltsbewilligung zu verlieren... (Salis, 59)

Rilkes hatte so mehrmals auch die Schattenseiten einer kosmopolitischen Lebensweise kennengelernt.

In Muzot fand er schließlich nicht nur den gewünschten Ort für seine Arbeit. Nachdem er mit der Schweizer Geographie eine Zeitlang gefremdelt hatte, wurde das Wallis für ihn eine ansprechende Landschaft. Zum Gebirge fand er aber nur langsam einen Zugang. Anfang März 1922 legte er Xaver von Moos in einem langen Brief dar, was ihm, nach einer Zeit der Annäherung, inzwischen das Wallis bedeutete:

> an die Provence und an Spanien (Länder, die von großem Einfluß gewesen sind auf die Arbeiten, die mich eben beschäftigen) schloß ich mich mit den wunderbaren Gegebenheiten des Wallis irgendwie wieder an. Es sind nicht seine Berge, die mich überzeugen, sondern der merkwürdige Umstand, daß sie (sei es durch ihre Gestaltung oder auch ihre besondere Verteilung) raum-schaffend sind: wie eine Rodinsche Skulptur eine eigene Geräumigkeit in sich mitbringt und um sich herum ausgibt: so benehmen sich – für meinen Blick – die Berge und Hügel in diesen Gegenden des Valais; unerschöpflich geht Raum aus und zwischen ihnen hervor, so daß diese Talschaft des Rhône alles andere als eng ist. (BaM, 109)

Die Landschaft des Wallis erlaubte Rilke eine doppelte Anknüpfung: an sein Leben vor allem in der Romania, und an seine spätestens durch den Krieg unterbrochene Arbeit, die er mit dem Namen Rodin aufruft.

„Überm Berg": Das Erlebnis der Inspiration

Ein halbes Jahr nach seinem Einzug in das karge Manoir Muzot geschah dann, was Rilke sich ersehnt hatte: Er vollendete die *Duineser Elegien*, die er im Winter 1912 im Adria-Schloss der Fürstin von Thurn und Taxis begonnen hatte, und schuf, zeitlich versetzt, auch noch die *Sonette an Orpheus*, gewissermaßen aus dem Nichts, ohne Vorarbeiten.

Der kreative Vorgang ist durch Rilkes Mitteilsamkeit rekonstruierbar. Was er auf Schloss Duino angefangen hatte, Anfang 1912, hatte er, gut ein Jahrzehnt lang, kaum fortsetzen, geschweige denn abschließen können. Nun gelang ihm das innerhalb von drei Wochen, zwischen dem 7. und dem 26. Februar 1922. In dieser Zeit verfasste er auch die *Sonette an Orpheus*, in zwei Teilen, von denen er den ersten mit 25 Sonetten vom 2. bis zum 5. Februar 1922 in einem Zug niederschrieb – nur wenig änderte er noch –, den zweiten fast ebenso schnell dann vom 15. bis zum 23. Februar. Nach einem Jahrzehnt weitgehender künstlerischer Unfruchtbarkeit hatte er in weniger als einem Monat zwei Gedichtbände vollendet.

Noch bevor die Arbeit ganz getan war, ja, als sie gerade erst begonnen hatte, teilte Rilke das Ereignis schon seinen engsten Vertrauten in überschwänglichen Worten mit. Er knüpfte dabei im entscheidenden Punkt an die alte Erzählung von der Entstehung der ersten *Elegie* an. Anton Kippenberg schrieb er bereits am Abend des 9. Februar. Dramatisch setzt der Brief ein:

> Mein lieber Freund,
>   spät, und ob ich gleich kaum mehr die Feder halten kann, nach einigen Tagen ungeheuern Gehorsams im Geiste –, es muß..., Ihnen muß es noch heute, jetzt noch, eh ich zu schlafen versuche, gesagt sein:
>   ich bin überm Berg! (BadV, 354)

Erregt und erschöpft bis zur Atemlosigkeit beginnt Rilke den Brief in einer Art Stakkato. Doch im nächsten Absatz kommt er, schon ruhiger, auf Geschäftliches wie das Erscheinungsdatum und die Einteilung des Buches zu sprechen:

> Endlich! Die „Elegien" sind da. Und können heuer (oder wann sonst es Ihnen recht sein mag,) erscheinen. Neun große, vom Umfang etwa der Ihnen schon bekannten; und dann ein zweiter Teil, zu ihrem Umkreis Gehöriges, das ich „Fragmentarisches" nennen will, einzelne Gedichte, den größeren verwandt, durch Zeit und Anklang. (ebd., 354–355)

Das war fast noch eine Ankündigung, denn die Arbeit war noch nicht ganz getan: Die fünfte *Elegie* ersetzte Rilke bald durch eine neue, und die zehnte war noch gar nicht fertig. Das ‚Fragmentarische' ließ er am Ende weg. Aber dem Autor stand schon das *Buch* vor Augen, ihm galten bereits seine Gedanken: der Veröffentlichung des ersehnten Werks.

Aus dem Brief spricht große Erleichterung, verständlicherweise. Denn Kippenberg hatte außerordentliche Geduld gezeigt, wie nur wenige Verleger es können, Zweifel nicht geäußert und geholfen, wo er konnte, nicht zuletzt finanziell. Rilke wusste, was man von ihm erwartet hatte, im Verlag, aber auch unter seinen Freunden und Gönnern, die Fürstin von Thurn und Taxis an erster Stelle. Insofern überrascht auch der geschäftliche Ton nicht. Aber er verrät, dass nicht alles Inspiration gewesen sein kann: Er hatte eine Arbeit geleistet.

Doch gleich danach, im Anschluss schlug Rilke wieder einen anderen, enthusiastischen Ton an:

> So.
> Lieber Freund, jetzt erst werd ich atmen und, gefaßt, an Handliches gehen. Denn dieses war überlebensgroß –, ich habe gestöhnt in diesen Tagen und Nächten, wie damals in Duino, – aber, selbst nach jenem Ringen dort –, ich habe nicht gewußt, daß ein s o l c h e r Sturm aus Geist und Herz über einen kommen kann! Daß mans übersteht! daß mans übersteht.
> Genug, es ist da.
> Ich bin hinausgegangen, in den kalten Mondschein und habe das kleine Muzot gestreichelt wie ein großes Tier –, die alten Mauern, die mirs gewährt haben. Und das zerstörte Duino. (ebd., 355)

Das Bild vom großen „Sturm", den er schon für die Entstehung der ersten *Elegie* bemüht hatte, hat Rilke auch in anderen Briefen verwendet, dabei gelegentlich noch erweitert, etwa um das verwandte Bild vom „Orkan im Geist": „es war ein namenloser Sturm, ein Orkan im Geist (wie *Damals* auf *Duino*), alles, was Faser in mir ist und Geweb, hat gekracht" (BwMvTuT, II, 698), schrieb er der Fürstin von Thurn und Taxis – zugleich mit der Ankündigung, dass er ihr die *Elegien* widmen werde: „Das Ganze ist *Ihr's*" (ebd.).

Den Brief an Kippenberg beendete Rilke auch schon wieder ganz professionell: indem er den Titel des noch nicht vollendeten Werks mitteilt – und dem Verleger dankt:

> Das Ganze soll heißen:
> Die Duineser Elegien.
> Man wird sich an den Namen gewöhnen. Denk ich. Und: mein lieber Freund: d i e s, daß Sie mirs gewährt haben, mirs geduldet haben: z e h n Jahre! Dank! Und immer geglaubt: D a n k! (BadV, 354–355)

Der Brief in seinem Wechsel der Register verrät Rilkes freudige Erregung, dabei auch sein Schwanken zwischen dem Glauben an die Inspiration und seinem Vertrauen auf gute Arbeit, deren literarische Verwertung er nicht aus den Augen verliert. Er bietet eine Deutung der neuen Dichtungen als Gnadengeschenk einer vermutlich göttlichen Inspiration an – und schreibt an ihnen und über sie doch ganz als Autor.

Wieweit Rilke seine Inspirations-Erzählung selbst im Letzten geglaubt hat, ist schwer zu beurteilen. Festgelegt hat er sich nie. Liest man seine Verlautbarungen zur Entstehung der *Elegien*, können einem gleichsam schwebende Formulierungen nicht entgehen – ähnlich dem „als ob" in der Erzählung von der Entstehung der ersten *Elegie*. Auch ist es nicht ganz plausibel, dass Rilke nach dem Inspirations-Sturm Muzot wie ein großes Tier gestreichelt haben will: So schön das Bild ist, so merkwürdig ist es auch. Kann man alten Mauern tatsächlich eine Inspiration im emphatischen Sinn verdanken?

Offensichtlich war Rilke aber nicht mehr bereit, wie noch zu Beginn der Pariser Zeit, sein Schreiben *ganz* als Arbeit darzustellen, sicher auch, weil es ihm so mühsam geworden war. Zweifellos war die Stilisierung aber zugleich Teil seiner künstlerischen Selbstdarstellung: Auch er verstand sich selber längst als Dichter, nicht mehr als Schriftsteller. Als der hätte er mit einem sachlichen Bericht von künstlerischer Arbeit schließlich auch in den Kreisen, in denen er als Dichter eingeführt worden war, nicht viel Beachtung gewinnen können.

Es gibt schließlich auch andere sachliche Gründe, Rilkes Selbstdarstellung nicht einfach zu folgen. Schon Hans-Georg Gadamer hat nüchterner von den „inspirierten Wochen" in Muzot gesprochen, die geprägt waren durch „eine plötzlich aufspringende innere Nötigung, zusammenzufassen – und, wie es dann nicht anders sein kann, zu unterdrücken, wegzulassen, auszuscheiden, was sich nicht einfügte", und noch hinzuzufügen, was sich später aufdrängte. Es war, mit einem Wort, ein „Arbeitsabschluß, eine Ernte langer Vorbereitung" (Gadamer, Poetica, 85). Die einzelnen Arbeitsvorgänge, besonders Korrekturen und Umstellungen, sind längst philologisch aufgewiesen worden (vgl. Engel, in: KA, II, 605–611.

Tatsächlich ist die Entstehung und Fertigstellung der *Elegien* geradezu ein Musterbeispiel für Friedrich Nietzsches kritische Deutung der Inspiration als liebgewordener Selbsttäuschung der Künstler in *Menschliches, Allzumenschliches*:

> Wenn sich die Produktionskraft eine Zeitlang angestaut hat und am Ausfließen durch ein Hemmnis gehindert worden ist, dann gibt es endlich einen so plötzlichen Erguß, als ob eine unmittelbare Inspiration, ohne vorhergegangenes inneres Arbeiten, also ein Wunder sich vollziehe. Dies macht die bekannte Täuschung aus, an deren Fortbestehen, wie gesagt, das Interesse aller Künstler ein wenig zu sehr hängt. Das Kapital hat sich eben nur a n g e h ä u f t, es ist nicht auf einmal vom Himmel gefallen. (Nietzsche, 550)

Die Berufung auf Inspiration hat Nietzsche damals auch mit einem weiteren bedenkenswerten Hinweis abgewiesen: „Alle Großen waren große Arbeiter, unermüdlich nicht nur im Erfinden, sondern auch im Verwerfen, Sichten, Umgestalten, Ordnen" (ebd., 549).

Das gilt auch für den Verfasser der *Duineser Elegien*, der allerdings bereit war, vom Ende her den schöpferischen Vorgang anders zu deuten, wie Eudo Mason gezeigt hat (vgl. Mason, 35). Sei es, dass er vom Ergebnis, dem ‚Werk', sei es, dass er von seiner Herstellung im Nachhinein beeindruckt war: Rilke neigte dazu, seine Arbeit mythisch zu stilisieren.

Dabei stellte er sich in die Reihe der Dichter, die, wie etwa der von ihm lange beobachtete Stefan George (vgl. Mason, Exzentrische Bahnen, 208–249), ‚heilige Autorschaft' (vgl. Marx, insbes. 112–116; ausführlicher im Einzelnen King) für sich reklamierten. Das hatte ein Moment von Anachronismus – zu einer Zeit, als eine neue Generation von Lyrikern wie Bertolt Brecht, Gottfried Benn und Erich Kästner sich geltend machte, die dem Konzept nichts mehr abgewinnen konnten (vgl. Bargenda, 406). Der Rilke'sche Gestus eines von der Inspiration zum Sprechen gebrachten Dichters ist deshalb, als vormodern, auch wiederholt in Frage gestellt worden, etwa von Hugo Friedrich (vgl. Friedrich, 161–162) oder Walter Muschg (vgl. Muschg, 165).

Die *Duineser Elegien*

Die *Duineser Elegien* markieren im Werk Rilkes eine weitere scharfe Wendung. Sie setzen sich deutlich ab von der objektbezogenen Schreibweise der *Neuen Gedichte* zugunsten einer ganz subjektbezogenen, die eher an das *Stunden-Buch* anschließt, allerdings ungleich kompakter wirkt. Nicht nur im Œuvre Rilkes stellen sie eine Neuerung dar, auch in der deutschen, ja in der europäischen Lyrik der Zeit (vgl. dazu auch Engel, Rainer Maria Rilkes *Duineser Elegien*).

Die *Duineser Elegien* sind allerdings von allen schwierigen Werken Rilkes das schwierigste. Sie sind dunkle Dichtung. Dunkel ist ihr Stil, bis in die Verwendung einzelner Ausdrücke hinein; dunkel sind viele ihrer Gedanken; dunkel bleiben auch manche Bezugnahmen. Der Titel erhellt erst einmal nicht viel. Der Name Duino dürfte nur wenigen ein Begriff gewesen sein, als die *Elegien* erschienen, und allenfalls durch sie hat sich das geändert. Der Bezug zu Duino besteht im Wesentlichen auch nur darin, dass es der Ort der Entstehung der ersten *Elegien* ist. Aber Gedichte *über* Duino sind sie nicht. Auch elegisch sind sie nicht durchweg, sondern, ungewöhnlich für die Gattung, gegen Ende hymnisch. Eigenart und Schwierigkeit der *Elegien* werden schon an der ersten deutlich.

„Wer, wenn ich schriee, hörte mich denn aus der Engel/ Ordnungen?" (KA. II, 201): Der unvermittelte Einsatz lässt einen Rede-Zusammenhang, eine Sprech-Situation kaum erkennen. Auch wer die Engel sind, ist beim ersten Lesen der Verse noch nicht zu sagen. Es scheint, dass sie eine Ordnung darstellen zwischen Mensch und Gott, an denen der Mensch wenn nicht seine Nichtigkeit, so doch seine Schwäche erfährt. Aber auch von dem Menschen, der zu ihnen spricht, weiß man noch wenig: Ist er ein beliebiger Mensch, ein gläubiger, Glauben zumindest suchender? Oder ein Dichter, vielleicht der Dichter Rilke? Diese Deutung legen die folgenden Verse nahe, in denen unverkennbar ein Künstler spricht:

> [...] Denn das Schöne ist nichts
> als des Schrecklichen Anfang, den wir noch grade ertragen,
> und wir bewundern es so, weil es gelassen verschmäht,
> uns zu zerstören. Ein jeder Engel ist schrecklich. (ebd.)

Die Versgliederung setzt eigene Sinnakzente. „Denn das Schöne ist nichts" ist mit einem Verhalt zu lesen – auf den in der nächsten Zeile erst die Erklärung oder nähere Bestimmung folgt: ‚wenn es nicht zum Schrecklichen führt'. Auf diese Weise betont Rilke den Gedanken, dass Kunst über Schönheit hinausgehen muss, zu dem, was uns erschreckt, geradezu tödlich erschreckt. Das erst macht wahre Erfahrung möglich, die uns die Wahrheit des Schwierigen, Schweren, Schmerzhaften gewährt. Die Verse über das „Schöne" und die Engel signalisieren bereits, dass es in dieser *Elegie* – wie dann auch in den späteren – nicht so sehr um das Schicksal des Menschen geht als vielmehr um das „Los des Dichters" (Mason, 90).

Welchen Gedanken oder Gefühlen der Sprecher folgt, zeichnet sich erst deutlich mit der Frage ab: „Ach, wen vermögen/ wir denn zu brauchen?" (KA, II, 201) Es ist eine Frage, die selbst Fragen aufwirft, vor allem die, ob Brauchen ein Können ist. Die Antwort auf die Frage, wen „wir" brauchen, ist zunächst negativ: „Engel nicht, Menschen nicht" und Tiere auch nicht. Aber: „die Frühlinge brauchten dich wohl. Es muteten manche/ Sterne dir zu, daß du sie spürtest" (ebd.). Das ist eine für Rilke charakteristische Inversion: Den Objekten werden Eigenschaften der Subjekte zugesprochen, so als hätten sie einen Willen und ein Bewußtsein.

Der Sprecher wendet sich dann der Erwartung einer Liebe zu: „Warst du nicht immer/ noch von Erwartung zerstreut, als kündigte alles/ eine Geliebte dir an?" (ebd., 202) Doch ‚Geliebte' ist auch in diesen Versen, wie in den *Aufzeichnungen des Malte Laurids Brigge*, zunächst der Gegenbegriff zu ‚Liebender'. Der Sprecher ermahnt sich gleich, an eben die „Liebenden" zu denken: „Jene, du neidest sie fast, Verlassenen, die du/ so viel liebender fandst als die Gestillten" (ebd.). Ihre „Preisung" schließt sich an:

> […] Ist es nicht Zeit, daß wir liebend
> uns vom Geliebten befrein und es bebend bestehn:
> wie der Pfeil die Sehne besteht, um gesammelt im Absprung
> *mehr* zu sein als er selbst. Denn Bleiben ist nirgends. (ebd., 202)

Mit dem nächsten Absatz, der „Stimmen, Stimmen" (ebd.) beginnt, setzt der Sprecher neu an: „Höre, mein Herz". Er spricht nun von den „jungen Toten" (ebd.) und ihrem Sein, das kein Dasein mehr ist: „das Totsein ist mühsam/ und voller Nachholn, daß man allmählich ein wenig/ Ewigkeit spürt" (ebd., 203). Auch das sind zumindest überraschende Wendungen. Dass das „Totsein" eine andere Form der Existenz ist, gehört zu Rilkes festen Überzeugungen, gewissermaßen zu seinen Glaubenssätzen. Dass man „ein wenig Ewigkeit" spüren kann, ist eine Denk- und Sprachfigur, die zu seiner Zeit noch ungebräuchlich war. Rudolf Kassner hat darauf hingewiesen, das Rilke Adverbien wie ‚fast', ‚allmählich', ‚ein wenig' „als erster in Werken hoher Diktion verwendet" (Kassner, 33) – was Kassner wohl als einen Hinweis darauf verstanden hat, dass Rilke keinen festen Glauben gehabt habe.

Von den „Früheentrückten" (KA, II, 203) heißt es dann weiter, dass „sie uns nicht mehr" brauchten: „man entwöhnt sich des Irdischen sanft, wie man den Brüsten/ milde der Mutter entwächst" (ebd.). Die *Elegie* schließt mit einem langen Satz, der als Frage beginnt und als Feststellung endet:

> Ist die Sage umsonst, daß einst in der Klage um Linos
> wagende erste Musik dürre Erstarrung durchdrang;
> daß erst im erschrockenen Raum, dem ein beinah göttlicher Jüngling
> plötzlich für immer enttrat, das Leere in jene
> Schwingung geriet, die uns jetzt hinreißt und tröstet und hilft. (ebd., 203–204)

Den Versen ist nicht leicht zu folgen, gedanklich nicht und sprachlich nicht. Die gedankliche Bewegung ist eher sprunghaft-assoziativ, die sprachliche weitausholend und mitunter kompliziert.

Der Ton der Rede ist erhaben: der hohe Ton in der Nachfolge Hölderlins, in dem man große Gefühle und Gedanken, ja letzte Wahrheiten ausspricht. „Höre, mein Herz, wie sonst nur/ Heilige hörten" (ebd., 202): Das ist ein Gestus sakralen Sprechens. Ihm verdanken sich Sätze wie „Jeder Engel ist schrecklich" oder „Lebendige machen/ alle den Fehler, daß sie zu stark unterscheiden" (ebd., 203). Sie sind vom Wortlaut her verstehbar und doch in ihrer Bedeutung dunkel. Der Sprecher verzichtet weitgehend auf Erklärungen, er stellt und hält nur fest. Seine Sätze, oft sentenzhaft formuliert, haben einen autoritativen Gestus. Sie entwickeln nicht, sie verkünden.

Immer wieder spricht er in Anspielungen und Bildern, wie zu Eingeweihten. Viele seiner Wörter sind Abstrakta, wie ‚das Schöne' und ‚das Schreckliche' gleich zu Beginn, von denen er dann auf Konkretes, etwa einzelne Gegenstände wie den „Baum an dem Abhang" (ebd., 201) kommt, ja sogar Eigennamen wie den Gaspara Stampas (ebd., 202) nennt. Komplexe Sachverhalte kürzt er ab, so in seiner Aussage über die Entstehung der Musik: dass in der Klage „wogende erste Musik dürre Erstarrung durchdrang".

Der Sprecher besitzt offenbar seltenes privilegiertes Wissen: nicht nur über Engel, den „Auftrag" (ebd., 202) des Menschen, „berühmtes Gefühl" (ebd.), die „Stimme" „*Gottes*" (ebd.) und „die Bedeutung menschlicher Zukunft" (ebd., 203). Vieles, was er äußert, setzt die gewöhnliche Logik außer Kraft, schon seine Behauptung: „das Schöne ist nichts/ als des Schrecklichen Anfang", erst recht das Wort von dem „erschrockenen Raum" und die Schluss-Bemerkung, dass „Leere" in „Schwingung geriet". Das ist im Ganzen Rede, die vernommen, hingenommen und geglaubt werden will: orakelhaft, mitunter auch, etwa in den ungebräuchlichen sprachlichen Konstruktionen, nah am Zungenreden, wie es etwa in 1 Korinther 14,14 erwähnt wird.

Auf sichererem Boden ist der Leser nur, wenn er bestimmte Motive Rilkes wiedererkennt. Das ist in der ersten *Elegie* schon der Fall, in den folgenden ebenso. Die *Zweite Elegie* beginnt wieder mit Versen über die Engel. Der Sprecher greift einen Satz aus der *Ersten Elegie* bestärkend auf: „Jeder Engel ist schrecklich" und nennt die Engel in einer kühnen Metapher „fast tödliche Vögel der Seele" (ebd., 205). Dann wendet er sich abermals den Liebenden zu und mit dem Zusammenhang von „Liebe und Abschied" (ebd., 207) auch der Flüchtigkeit menschlichen Lebens und Erlebens. Der Satz: „Liebende könnten, verstünden sie's, in der Nachtluft/ wunderlich reden" (ebd., 206) erklärt sie zu Auskunftsgebern über das menschliche Leben und Fühlen – ein Zeichen für die große Bedeutung, die Rilke seiner Idee der besitzlosen Liebe bis zum Schluss beimaß.

Auch die *Dritte Elegie* nimmt das Stichwort der Liebenden auf, nun noch in einem anderen, dem üblichen Sprachgebrauch näheren Sinn: dem der oder des Geliebten. Auch solche verschiedene Verwendung desselben Ausdrucks findet sich nicht selten bei Rilke. Die Rede ist nun von der Liebe zwischen „Jüngling" und „Mädchen" (ebd., 208), die sexuelle eingeschlossen. Das führt zu dem Wunsch,

„daß wir liebten *in* uns, nicht Eines, ein Künftiges" (ebd., 210). Auch das ist, seit den *Aufzeichnungen*, ein großes Thema Rilkes.

Die kurze *Vierte Elegie* beschwört gleich zu Beginn, mit einer Wortumstellung, „Bäume Lebens" (ebd., 211) und entwickelt aus dem sinnlich-unsinnlichen Ausdruck ein bedeutungsvolles Landschaftsbild. Dann richtet sich die Aufmerksamkeit auf den „Tänzer" und den „Bürger", „halbgefüllten Masken" verfehlten Lebens (ebd.), schließlich auf die „Sterbenden":

> sollten sie nicht vermuten, wie voll Vorwand
> das alles ist, was wir hier leisten. Alles
> ist nicht es selbst. [...] (ebd., 212)

Mit der eigenen Kindheit und dem eigenen „Vater" (ebd., 212) erwähnt der Sprecher schließlich auch „den Kindertod", der „den Tod,/ den ganzen Tod, noch *vor* dem Leben" enthält, dies „sanft" und „nicht bös", „unbeschreiblich" als menschliche Erfahrung (ebd., 213).

Die *Fünfte Elegie* gilt den „Fahrenden", den umherziehenden Artisten, in Anspielung auf Picassos Gemälde *Saltimbanques*, das Rilke in Hertha Koenigs Münchner Wohnung 1915 ‚bewacht' hatte (vgl. BzP, 114–115). Ihr ist das Gedicht auch gewidmet, das am Ende die alte *Fünfte Elegie* ersetzt hat. Die „Fahrenden" sind

> [...] diese ein wenig
> Flüchtigern noch als wir selbst, die dringend von früh an
> wringt ein *wem*, *wem* zu Liebe
> niemals zufriedener Wille ? [...] . (ebd., 214)

In den ‚Fahrenden' ist die Flüchtigkeit unserer Existenz noch einmal gesteigert. In ihrem „mühsamen Nirgends" erkennt Rilke einen weiteren Umschlag:

> die unsägliche Stelle, wo sich das reine Zuwenig
> unbegreiflich verwandelt – , umspringt
> in jenes leere Zuviel. (ebd., 216)

Auch das ist ein allerdings abstraktes Bild verfehlten Lebens.

Die *Sechste Elegie* beginnt mit einer botanisch eigenwilligen Beschreibung des Feigenbaums (vgl. Engel, in: ebd., 664) zunächst wie ein Naturgedicht, schlägt dann aber einen Bogen zum Helden, der am Ende unter Anspielung auf den biblischen Simson vollends eine mythische Stilisierung erfährt. Zuvor wird er schon in die Nähe „der jugendlich Toten" (ebd., 218) gerückt, den anderen vor der Zeit Gestorbenen, nicht zuletzt im Gedenken an die im Krieg gefallenen jungen Männer. Allerdings heißt es von dem Helden:

> [...] Dauern
> ficht ihn nicht an. Sein Aufgang ist Dasein; beständig
> nimmt er sich fort und tritt ins veränderte Sternbild
> seiner steten Gefahr [...] (ebd., 218)

Wie die „jugendlich Toten" stirbt er früh, doch er „ließ aus", nämlich Leben, und „wählte" (ebd., 219), nämlich den Tod. Für Rilke ist er von Anfang an, also schon im Mutterleib (vgl. ebd., 219), ein in seiner Art unbeirrbar Lebender.

Die *Siebente Elegie* wendet sich an *den* Engel – also nicht mehr an *die* Engel –, aber nicht mit einer „Werbung", auch noch nicht mit einer „Rühmung", für die der „Atem" ausdrücklich nicht reicht. Wieder ist sich der Sprecher sicher:

> [...] Du kommst nicht. Denn mein
> Anruf ist immer voll Hinweg; wider so starke
> Strömung kannst du nicht schreiten. Wie ein gestreckter
> Arm ist mein Rufen. Und seine zum Greifen
> oben offene Hand bleibt vor dir
> offen, wie Abwehr und Warnung,
> Unfaßlicher, weitauf. (ebd., 223)

Auch das sind anschauliche, aber im Einzelnen schwer ausdeutbare Bilder des Ausbleibens einer Begegnung mit dem Engel und wohl auch eines Scheiterns. Hans Egon Holthusen hat das Bild der offenen Hand, die nicht ergriffen wird, gedeutet als eine „Geste der Anbetung, die sich selbst zurücknimmt. Eine letzte heimliche Unsicherheit der Orientierung", die bezeichnend für Rilke sei (Holthusen, 51).

Die *Elegie* wartet mit einigen Sentenzen auf, die sich längst verselbständigt haben und von dem Gedicht abgelöst zitierbar scheinen. Sie sind Rilke'sche Erkennungssätze geworden: „Hiersein ist herrlich" und „Nirgends, Geliebte, wird Welt sein als innen. Unser/ Leben geht hin mit Verwandlung." (ebd., 221) Allerdings sind es, nicht nur im Kontext der *Elegien*, ebenso einprägsame wie deutungsoffene Verse. Deutlich ist allerdings der Lobpreis des Daseins: das Bekenntnis zur Diesseitigkeit.

Die *Achte Elegie*, Rudolf Kassner gewidmet, spricht von der „Kreatur" und ihrem Unterschied zum Menschen: Auch das Thema hat Rilke viel beschäftigt. Das Tier sieht ins „Offene", wie er mit einem von Alfred Schuler entlehnten Begriff sagt (vgl. Singer, 70). „Frei von Tod" (ebd., 224), fehlt ihm „Bewußtheit unsrer Art", „sein Sein ist ihm/ unendlich, ungefaßt und ohne Blick" (ebd., 225). Wir Menschen dagegen sind

> [...] umgedreht, daß wir,
> was wir auch tun, in jener Haltung sind
> von einem, welcher fortgeht [...] (ebd., 226)

Wir „nehmen immer Abschied" (ebd.), als vergehende Wesen, die sich ihrer Vergänglichkeit bewusst sind und den Tod fürchten. Thematisch greift die *Elegie* über die vorangegangenen hinaus: Während in ihnen immer nur bestimmte Typen von Menschen bedacht werden, ist es in der achten allgemein der Mensch.

Die *Neunte Elegie* stellt gleich zu Beginn die Frage, wie „die Frist des Daseins/ hinzubringen" (ebd., 227) sei. In „den andern Bezug", das Reich des Todes, nehmen wir nur eines mit: „Also die Schmerzen. Also vor allem das Schwersein,/ also der Liebe lange Erfahrung, – also/ lauter Unsägliches" (ebd.). Aber: „*Hier* ist des *Säglichen* Zeit, *hier* seine Heimat./ Sprich und bekenn" (ebd., 228). Der Sprecher geht noch weiter, indem er an sich die Aufforderung richtet:

> Preise dem Engel die Welt, nicht die unsägliche, *ihm*
> kannst du nicht großtun mit herrlich Erfühltem; im Weltall,
> wo er fühlender fühlt, bist du ein Neuling. Drum zeig
> ihm das Einfache, das, von Geschlecht zu Geschlechtern gestaltet,
> als ein Unsriges lebt, neben der Hand und im Blick.
> Sag ihm die Dinge. [...] (ebd., 228)

Dieser Preis des Daseins ist ein poetisches Programm. Der Sprecher ist wieder bei sich als Künstler und beschwört, das Stichwort der *Siebenten Elegie* aufgreifend, seinen „Auftrag" der „Verwandlung" ins Unsichtbare. Überraschenderweise ist es die Erde, von dem er erteilt wird. Rilke stattet auch sie mit Absichten und Wünschen aus:

> Erde, ist es nicht dies, was du willst: *unsichtbar*
> in uns erstehn? – Ist es dein Traum nicht,
> einmal unsichtbar zu sein? – Erde! unsichtbar!
> Was, wenn Verwandlung nicht, ist dein drängender Auftrag? (ebd., 229)

Die *Zehnte Elegie* führt einige Figuren der vorangegangenen noch einmal auf: Menschen als „Vergeuder der Schmerzen"; Bilder des „behübschten Glücks" (ebd., 230); den Bürger, der zusieht, „wie das Geld sich vermehrt, anatomisch"; „frische Zerstreuungen"; den Jüngling und das Mädchen; die „jungen Toten, im ersten Zustand/ zeitlosen Gleichmuts" (ebd., 231); Menschen, bei denen manchmal „ein Stück geschliffenes Ur-Leid" (ebd., 232) zu finden ist; dann die „Sterne des Leidlands" (ebd., 233), ein schwer enträtselbares Bild, das mit Rilkes ägyptischer Reise in Verbindung gebracht worden ist (vgl. Engel, in: KA, II, 691–697); schließlich „der Tote", der „fort" muß (ebd., 233):

> Einsam steigt er dahin, in die Berge des Ur-Leids.
> Und nicht einmal sein Schritt klingt aus dem tonlosen Los. (ebd., 234)

In den Klagen, die einmal eine „weite Landschaft" (ebd., 232) bildeten, scheint die Wahrheit auch des menschlichen Daseins verborgen zu sein. Die *Elegie,* die am Anfang „Jubel und Ruhm" (ebd., 230) ankündigt, endet mit einer Beschwörung erst der „Freude" (ebd., 233), bevor sie an „*steigendes* Glück" erinnert (ebd., 234). So schlägt, wie die erste *Elegie*, der ganze Zyklus einen Bogen von der anfangs verzweifelten Klage zur ‚Rühmung'.

Es sind viele Themen, die in den zehn *Elegien* angesprochen werden, und über dieser Vielfalt ist das Verbindende nicht leicht auszumachen. Einen logischen Zusammenhang *zwischen* den einzelnen *Elegien* gibt es nicht, oft auch keinen *in* ihnen. Eine *Elegie* knüpft nicht unbedingt an die vorangegangene an. Jede setzt neu ein, mit neuen Leitwörtern. Die einzelnen *Elegien* wiederum bestehen durchweg aus mehreren Teilen, die in der Art von Strophen – ohne welche zu sein – voneinander abgeteilt und meist nur assoziativ miteinander verbunden sind. Vieles wird dabei nur angedeutet, manches bleibt unklar.

Den *Elegien* fehlt es in mehr als einer Hinsicht an Einheitlichkeit. Das ist nicht zuletzt durch die lange Entstehungszeit bedingt: Die letzten *Elegien* sind zehn Jahre nach der ersten entstanden. Dazwischen arbeitete Rilke zweimal an den Gedichten, 1913/14 und Ende 1915. Die verschiedenen „Arbeitswellen" (Mason, 97) bedingten stilistische und gedankliche Unterschiede. Erst die spät entstandenen *Elegien*, die siebente, die neunte und die zehnte, bringen die Wendung von der Klage zur Rühmung. Die gleichzeitig entstandene achte *Elegie* unterscheidet sich aber wieder von ihnen, nicht nur formal durch den Blankvers, auch thematisch durch „die Frage nach dem Sein des Menschen schlechthin" (Singer, 67). Darüber hinaus ist die *Elegie* zwar „in einem Zuge" entstanden, aber dennoch „nicht aus einem Guß", wie Herbert Singer im Einzelnen nachgewiesen hat (Singer, 67). Solche Uneinheitlichkeit gehört zur poetischen Arbeitsweise Rilkes.

Die Fülle und Verschiedenartigkeit der Themen folgt offenbar einer Absicht. In den *Elegien* hat Rilke erneut ernst gemacht mit seinem künstlerischen Programm, alles Menschen Wichtige poetisch zu verhandeln: Gott, Liebe, Welt, Leben, Tod. Das hat manche, einschlägig vorgebildete Ausleger dazu verleitet, die *Elegien* in die Nähe der Existenzphilosophie zu rücken (vgl. Bollnow, in: Rilkes ‚Duineser Elegien', II, 123). Ihre bedeutendsten Vertreter, Martin Heidegger und Karl Jaspers, haben sich zwar mit Auslegungen der Werke Rilkes zurückgehalten. Noch Manfred Engel hat jedoch die *Duineser Elegien* eine „umfassende Darstellung der condition humaine und eine Antwort auf ihre Existenzprobleme" (Engel, in: KA, II, 612) genannt. Auch Ulrich Fülleborn zufolge unternimmt Rilke in ihnen „aufgrund seiner existenziellen Erfahrungen als Dichter mit poetischen Mitteln eine Analyse menschlichen Daseins" (Fülleborn, in: Rilkes ‚Duineser Elegien', II, 14).

Der Begriff ‚Analyse' mag dabei aber noch zu philosophisch klingen und falsche Erwartungen wecken. Auch wenn Rilke Begriffe aus der philosophischen Tradition übernimmt, wie etwa „Sein" oder „Nichts", schließen die *Duineser Elegien* doch nicht an einen anderen Diskurs an, wie es für Wissenschaft, Philosophie oder Theologie typisch ist. Sie stehen für sich, trotz gelegentlicher freier Anknüpfungen etwa an Gedanken Rudolf Kassners oder Alfred Schulers.

In den *Elegien* wendet Rilke sich philosophischen Themen zu, ohne schulmäßig zu philosophieren. Er *reflektiert*, aus seiner Sicht: der Sicht eines Künstlers und in seinem Horizont. Anhand eines Ensembles von Figuren bedenkt und bespricht er menschliche Existenz – so, wie er als Subjekt sie erfahren hat, zuletzt im Krieg, und wie sie sich ihm darstellt. Und er tut das als Dichter: in Bildern und Vorstellungen, in Versen, die seiner Rede ihren Rhythmus geben, und in seiner Sprache. Die *Elegien* sind Produkte seiner poetischen Einbildungskraft, die er nach eigenen, nicht immer deutlichen Regeln zusammenführt.

Nicht zu übersehen ist auch in ihnen der Gestus religiösen Sprechens – schon in den ersten Zeilen der ersten *Elegie*. Aber offenbar fehlt auch dieses Mal die Religion, wie das für alle religiösen Gedichte und Gedichtbände Rilkes seit dem *Stunden-Buch* gilt. Das Ich spricht nicht – mehr – im Gebet, es spricht nicht – mehr – mit Gott, nicht einmal mit den Engeln: Es ist sich vielmehr gewiss, nicht gehört zu werden. Es spricht über einen fernen Gott und seiner „Engel Ordnungen". Doch was der Sprecher über sie zu sagen hat, ist, trotz mancher eingestreuter Sentenz, nicht so klar, wie man es von lehrhafter oder bekenntnishafter Lyrik üblicherweise erwartet. Das gilt auch für die Figur des Engels (zu ihrer Bedeutung im Werk Rilkes vgl. etwa Görner, 230–244).

Seine Gestalt bleibt undeutlich, wie nur von fern erkannt, vielleicht auch nur erahnt. Was von ihm gesagt wird, ist nicht leicht auf einen Nenner zu bringen. Schon der Numerus wechselt. Mal ist die Rede von *den* Engeln und ihren „Ordnungen", mal von *dem* Engel, mal auch von *einem*, wohl einem von mehreren (vgl., ebd., 230). Ebenso wechseln die Attribute. In einem Atemzug werden die Engel „fast tödliche Vögel der Seele" und „schrecklich" genannt. Als „Unfaßlicher" (KA, II, 223) wird der Engel bezeichnet, als einer, der „fühlender fühlt", und zwar im „Weltall" (ebd., 228). Dann erscheint er als einer, der „den Trostmarkt" des falschen Glaubens „zerträte" (ebd., 230). Obwohl alle diese Bilder mit der christlichen Engel-Lehre nichts zu tun haben, wird auch noch „der Erzengel jetzt, der gefährliche" (ebd., 205), beschworen.

Dass der Engel auf ganz verschiedene Weise gedeutet worden ist, überrascht nicht. Rilkes Engel ist, Hans-Georg Gadamer zufolge, „weder eine menschliche noch eine göttliche Erscheinung" (Gadamer, in: Rilkes ‚Duineser Elegien', II, 249), sondern der „Grenzbegriff unseres eigenen Seins" (ebd.). Weil der Engel als eine mythische Figur personifiziert wird, spricht Gadamer von einer „mythopoietischen Umkehrung" (ebd., 251): „Was sich als das Handeln und Leiden von anderen darstellt, wird als das eigene leidende Erfahren verstanden" (ebd., 250), und „die Welt des eigenen Herzens wird in der dichterischen Sage als eine mythische Welt, das heißt eine Welt aus handelnden Wesen uns entgegengestellt" (ebd., 251). Mit ‚Umkehrung' meint Gadamer allerdings keine Umkehr im üblichen Sinn als eine Änderung oder Wendung, sondern eine Verschiebung: Was er von einem anderen sagt, gilt für den Sprecher selbst. Auch der Begriff ‚mythopoietisch' ist nicht so zu verstehen, als wäre der Engel schon aus dem Mythos bekannt oder mit altem mythischem Personal verwandt. Ob man Rilkes Bilderwelt als mythisch bezeichnen kann, ist auch deshalb fraglich, weil sie ganz individuell ist und ohne Überlieferung auskommt: allenfalls eine Privatmythologie, ähnlich der Hölderlins.

Eudo Mason hat dem Engel dagegen vor allem eine „strukturell-formale Aufgabe" (Mason, 91) innerhalb der *Elegien* zugesprochen: „Ohne ihn hätten sie den verhältnismäßig amorphen Charakter rein persönlich-konfessioneller Gedanken- und Gefühlslyrik gehabt, was Rilke gewiß nie genügt hätte" (ebd.). Durch den Engel hätten die *Elegien* „mythische Kontur und auch so etwas wie eine Handlung mit dramatischer Spannung" erhalten, zumal die „Peripetie" (ebd., 91) als „Umschlag von Klage zu Jubel" (ebd., 98), den Rilke zur „Vollendung" des Werks gebraucht habe (ebd.). In einer kühnen Schlussfolgerung erklärt Mason den Engel schließlich zur „Apotheose der reinen Kunst", zum „Dämon von Rilkes künstlerischer Berufung" (ebd., 92).

Rilke selbst hat mit ihm das Problem der „Verwandlung des Sichtbaren in Unsichtbares" verbunden, und zwar in einem späteren Brief an seinen polnischen Übersetzer Witold von Hulewicz:

> Der Engel der E l e g i e n ist dasjenige Geschöpf, in dem die Verwandlung des Sichtbaren in Unsichtbares, die wir leisten, schon vollzogen erscheint. Für den Engel der Elegien sind alle vergangenen Türme und Paläste existent, w e i l längst unsichtbar, und die noch bestehenden Türme und Brücken unseres Daseins s c h o n unsichtbar, obwohl noch (für uns) körperhaft dauernd. Der Engel der Elegien ist dasjenige Wesen, das dafür einsteht, im Unsichtbaren einen höheren Rang der Realität zu erkennen. (BaM, 337)

In ihrer Vagheit wirft diese Charakteristik des Engels allerdings genauso viele Fragen auf, wie sie Antworten gibt. Meint Rilke wirklich „Geschöpfe", wenn er von den „Engeln" spricht, Lebewesen oder gar Personen? Oder meint er eine bestimmte geistige Haltung oder Tätigkeit der ‚Verwandlung'? Und worauf gründet sich der Gedanke, das Unsichtbare stelle „einen höheren Rang der Realität" dar? Ist das mehr als reiner, ja extremer Idealismus?

Die neunte ist, nach der siebenten, die zweite *Elegie*, in der vor allem von der „Verwandlung" (KA, II, 229) die Rede ist. Verwandlung ist in ihr der „Auftrag" des Menschen, und zwar als Verwandlung der Dinge. Was das heißt, erläutert der Sprecher mit Formulierungen wie: „diese, von Hingang/ lebenden Dinge verstehn" (ebd.), „zu sagen, verstehs,/ oh zu sagen *so*, wie selber die Dinge niemals/ innig meinten zu sein" (ebd., 228). Verwandlung ist also wesentlich eine Vorstellungs-, Erkennens- und Verstehensleistung. Durch sie „erstehn" die sichtbaren Dinge „unsichtbar", und zwar „in uns" (ebd., 229): Sie werden Gegenstand unseres Denkens und Fühlens, der Durchdringung und der Gestaltung durch den Geist. Ein „Rettendes" (ebd., 229) ist das insofern, als die Dinge der Welt wie alles „Hiesige" (ebd., 227) zugleich das „Schwindende" (ebd.) sind: vergänglich. Sie zu „sagen", also etwas *über* sie zu sagen, heißt, sie zu bewahren.

Man kann bezweifeln, ob das eine ‚Verwandlung' im Sinn einer Metamorphose ist. Denn die Dinge werden nicht umgewandelt, sie erhalten keine andere, keine neue Gestalt. Sie bleiben, wie sie sind, „außerhalb der Dichtung [...] bestehen" (Bollnow, in: Rilkes ‚Duineser Elegien', II, 117). Die Verwandlung ist letztlich vor allem eine Deutung der Dinge. Rilke hatte sie schon in den *Neuen Gedichten* als Aufgabe des Dichters, also als seine, begriffen.

Norbert Fuerst hat von den *Elegien* behauptet, sie seien „nicht Poetologie sondern Anthropologie" (Fuerst, 135). Doch für eine Anthropologie sind die Menschentypen, von denen Rilke spricht, zu selektiv. Sie stellen kaum mehr als einen Ausschnitt aus dem Spektrum des Humanen dar. Auch das Programm der Verwandlung kann man kaum als ein menschheitliches bezeichnen: Sie ist nicht jedem möglich. Die Verwandlung der Dinge ist ein poetisches Programm. Sie ist der Kern nicht einer Anthropologie, sondern einer Poetik.

Mason hat bereits betont, dass es in den *Duineser Elegien* gar nicht, „wie meistens angenommen wird, um die allgemeine Frage, ‚Was ist der Mensch?', sondern an erster Stelle um das außermenschliche, ja fast gegenmenschliche Lob des Dichters" geht (Masons, 90). Die Verwandlung hat er „Rilkes Antwort auf die quälende Frage nach der Existenzberechtigung des Dichters" genannt, und er hat hinzugefügt, es sei „im Wesentlichen die gleiche Antwort, die er schon im ‚Stunden-Buch' gegeben hatte, als es hieß, die Künstler machen das unvergänglich, was Gott nur vergänglich schuf" (ebd., 102). Dass in ihr der „Sinn des Daseins und die Bestimmung des Menschen" (ebd.) erfasst sei, hat Mason angesichts des „alleinseligmachenden Innerlichkeitskults" (ebd.), den er bei Rilke erkennt, bezweifelt.

Doch auch als Poetik verstanden ist das Konzept begrenzt. Die Verwandlung ins Unsichtbare als Verinnerlichung ist der Vergänglichkeit nicht enthoben. Sie dürfte sogar besonders flüchtig sein, wenn das, was sie verwandelt, nicht wieder veräußerlicht wird: als Literatur. Doch auch dann fragt sich noch, ob der Gedanke der Verwandlung nicht letztlich auf einer Überschätzung geistiger, auch dichterischer Tätigkeit beruht, die Rilke, gegen alle Erfahrung, für ewig erklärt. Tatsächlich gehört auch sie zu den vergänglichen ‚Dingen', im besten Fall zu den etwas länger haltbaren.

Für Rilke hatte die Vorstellung der Verwandlung allerdings einen höheren existenziellen Wert. In einem Brief an Gertrud Ouckama Knoop hat er dem Gedanken eine weitere Bedeutung verliehen, die in den *Elegien* nicht deutlich erscheint: als „Mittel", „ein wiederum Unsichtbares, ganz und gar Inneres und vielleicht Unscheinbares – einen heileren Zustand in der Mitte des eigenen Wesens zu gewinnen" (BaM, 48): die Verwandlung durch die Dichtung als Heilung. Dieser Gedanke ist allerdings mit dem anderen, dass „uns scheinbar/ alles Hiesige braucht" (KA, II, 227), nicht recht zu vereinbaren. Doch mit ihm kehrt Rilke zurück zur Definition der Kunst in *Moderne Lyrik*, nach der sie für den Künstler da ist. Wenn er die heilende Macht des Rühmens lobt, begreift er letztlich auch die Verwandlung vom Dichter her.

Die *Duineser Elegien* sind eine esoterische Dichtung: kaum anders als aus sich heraus zu verstehen, vom Denken und Fühlen des Autors her. Sie ganz zu durchdringen, Zeile für Zeile, scheint allerdings kaum möglich. Nicht wenig bleibt dunkel, weil es eng mit der künstlerischen Persönlichkeit Rilkes, seinem Erleben und dessen Verarbeitung verbunden ist. Obwohl etwa wichtige biographische Bezüge aufgewiesen wurden, findet sich in den *Elegien* doch noch einiges, was besondere Vorstellung Rilkes ist, die sich, ohne von ihm erläutert zu werden, kaum nachvollziehen lässt.

Insofern ist auch zu bezweifeln, ob Rilke die Rolle des poeta vates (vgl. dazu King, 77–83), die er in den *Elegien* einnimmt, tatsächlich erfüllt. So wenig wie das *Stunden-Buch* in einem starken Sinn religiös ist, sind die *Duineser Elegien* prophetisch. Zu sehr scheinen sie auf ihren Verfasser bezogen zu sein. Ihre „seherische Haltung" (Viëtor, in: Rilkes ‚Duineser Elegien', III, 103), die Karl Viëtor mit der Hölderlins verglichen hat, ist schwer zu erkennen. Rudolf Kassner hat solche Einschätzungen offenbar nie ernst genommen. „Von allen Menschen, um die ich irgendwie aus unmittelbarer und mittelbarer Erfahrung weiß", schreibt er, „würde sich keiner so wenig oder so schlecht zum Propheten geeignet oder zu Prophetischem hergegeben haben wie Rilke" (Kassner, 14).

Den *Duineser Elegien* scheinen deshalb auch andere Lesarten angemessener. Hans-Georg Gadamer hat betont, dass es in ihnen „keine in sich stimmige Welt mythischer Gestalten oder ausdrücklich vorbereiteter Vergleiche" gebe, „die unserem heutigen Verständnis aufzuschließen die hermeneutische Aufgabe wäre" (Gadamer in: Rilkes ‚Duineser Elegien', II, 251) – ein Wort, das nicht alle Ausleger Rilkes vernommen haben. Viele haben sich um eine Interpretation dunkler Stellen bemüht. Ein nicht unbeträchtlicher Teil nicht nur der frühen Rilke-Exegese leidet allerdings unter der Anpassung an die Diktion des Autors. Für Eudo Mason war das fast unvermeidlich. Denn Rilke, so schreibt er, „scheint den Menschen zu allem Kuriosen und Vertrackten, was sonst ewig in ihren Herzen verborgen geblieben wäre, Mut zu machen" (Mason, 134).

Gadamer hat eine andere Art der Lektüre vorgezogen, die von den *Elegien* nahegelegt werde – dann nämlich, wenn es in ihnen „ein plötzliches und unvermutetes Anklingen von Stimmigkeiten" gebe, „von denen aus sich ein fast hermetisch scheinendes dichterisches Gebilde in unser Verständnis hinein ausbreitet" (Gadamer in: Rilkes ‚Duineser Elegien', II, 251). Solchen Stimmigkeiten kann man in den *Elegien* tatsächlich Mal um Mal begegnen, etwa in einzelnen Versen und Sätzen wie: „Wir nur/ ziehen allem vorbei wie ein luftiger Austausch" (KA, II, 206); oder „Unser Leben geht hin mit Verwandlung" (ebd., 221); oder „Uns überfüllts. Wir ordnens. Es zerfällt./ Wir ordnens wieder und zerfallen selbst." (ebd., 226) Das sind nicht einfach nur prägnante Sentenzen, sondern beziehungsreiche Sätze, die aus Erfahrungen stammen und an Erfahrungen ‚anklingen' und so Denk-Räume eröffnen können.

Einer solchen Lektüre liegt allerdings eine Prüfung zugrunde – die Prüfung noch einzelner Zeilen auf ihre Stimmigkeit oder Unstimmigkeit, ihre Plausibilität, ja ihren Wahrheitsgehalt. Sie kann unterschiedlich ausgehen. Rudolf Kassner scheint der erste gewesen zu sein, der von den ‚fallacies' Rilkes gesprochen (Kassner, 60) und vor allem die eine gemeint hat: „seine Lehre vom Tod" (ebd.). Zumindest Grundgedanken Rilkes über ihn sind auch in den *Elegien* wiederzuerkennen. Diese ‚Lehre vom Tod' ist nicht die einzige, die man bezweifeln kann; auch seine Idee der ‚Liebenden' enthüllt ihre Problematik schnell. Hans Egon Holthusen hat sogar behauptet, „alle Ideen Rilkes", wenn man sie „als philosophische Aussagen betrachten" würde, könnten „als *falsch* bezeichnet" werden (Holthusen, 55).

Doch nicht nur Denk-Irrtümer kann eine kritische Lektüre der *Duineser Elegien* zutage fördern. Sie schließt auch ihre ästhetische Prüfung ein. Einige ihrer poetischen Schwächen sind nicht zu übersehen, zumal die Manierismen, die man geneigt sein könnte, als Seitentriebe der Inspiration gelten zu lassen. Manierismen nicht nur der Syntax wie die zahlreichen Umstellungen; Manierismen auch der Worterfindung, für die z.B. „die erglühte Gefühlin" (KA, II, 220) der *Siebenten Elegie* steht; weiter Manierismen der Interpunktion wie die Auslassungspunkte, die manchmal, wie gegen Ende der *Fünften Elegie*, eine Zeile füllen (vgl. ebd., 217); ferner Manierismen der Schrift wie die zahlreichen Hervorhebungen, oft auf engem Raum so etwa zu Beginn der *Neunten Elegie* die sechsmalige Kursivierung von „*ein* Mal" in vier Zeilen, die sich liest, als sollte, was ohnehin schon Gewicht habt, noch mehr Sinnschwere erhalten (ebd., 227); schließlich Manierismen der Formulierung, deren deutlichstes Beispiel sich in der *Achten Elegie* findet: „Immer ist es Welt/ und niemals Nirgends ohne Nicht" (ebd., 224).

Die Manierismen gehören, nicht nur in den *Duineser Elegien*, zu Rilkes Stil; sie sind die andere Seite seiner Originalität. Kennzeichnend für sie ist eine Übertreibung, ein Zuviel, das auch manchen Reihungen eigen ist, wie der Aufzählung der Sternbilder des „Leidlands" gegen Ende der *Zehnten Elegie*. Sie alle lesen sich, als hätte Rilke seine eigene Maxime nicht beachtet: „das Einfache" dem Engel zu zeigen (ebd., 228).

Als Übertreibung kann man schließlich auch das „grenzenlos ‚ausgebildete' Gefühl" (Holthusen, 54) begreifen, das zum subjektiven Sprechen der *Elegien* gehört. Es zeigt sich etwa in der Rede vom „erschrockenen Raum", der Dinge, die „innig meinten zu sein", oder der Erde, die „in uns erstehn" will. In solchen Worten wird der unbelebten Welt nicht nur Wille und Bewußtsein, sondern auch Sensibilität zugesprochen. Das ist tatsächlich „hypertrophische Innerlichkeit" (Mason, 105). Sie mag „Rilkes eigentümlicher Genialität zugrunde" (ebd.) liegen, ist aber gleichwohl als eine „Störung des Gleichgewichts zwischen Ich und Welt" kritisiert worden: „alles", so Holthusen, „wird von den Fluten des menschlichen Gefühls überspült und in den Weltinnenraum einbezogen", selbst Gott, selbst der Tod (Holthusen, 54).

Doch welches Gewicht haben all diese Schwächen? Es gibt in der Geschichte der Literatur nur wenige makellose Werke; die *Duineser Elegien* zählen nicht zu ihnen. Aber es gibt auch auf ihre Weise großartige, tiefsinnige, auf jeden Fall anregende Werke mit Schwächen, und zu denen kann man sie rechnen. So hat es auch Kassner (und mancher nach ihm) gehalten. Bei aller Kritik an dem „Grundirrtum Rilkes" (Kassner, 60) hat er pointiert bemerkt: „das Versagen der Lehre, die fallacy" sei im Fall seines Freundes „Grund, Unterlage einer wundervollen Dichtung" (ebd., 61).

Doch kann Gedankenlyrik wie die *Elegien* noch ‚wundervoll' sein, wenn die Gedanken ‚falsch' sind? Kann ein Gedicht unwahr, aber schön sein? Die Bindung der Schönheit an die Wahrheit ist ein ästhetisches Dogma idealistischer Poetiken. Die Einwände, die man gegen den Gedanken vorbringen kann, liegen auf der Hand: Es gibt nicht nur schönen Schein, auch unschöne Wahrheit. Die Ästhetik kennt mehr Begriffe des Schönen als nur den des Aufscheinens der Wahrheit. Ein ästhetisches Erlebnis kann auch bereiten, was Wahrheit entbehrt. Heikel wird das allerdings in Dichtungen, deren Anspruch es ist, etwas Letztgültiges zu sagen, noch dazu unter Inanspruchnahme göttlicher Eingebung.

Die *Sonette an Orpheus*

Im Februar 1922 vollendete Rilke nicht nur die *Duineser Elegien*, er schrieb auch die *Sonette an Orpheus*, ähnlich rasch und konzentriert, insgesamt 55 Gedichte in nicht einmal 14 Tagen, und zwar unmittelbar vor und nach der Arbeit an den *Elegien*. Auch deswegen haben sie den Eindruck einer „genialen Improvisation" (Mason, 118) erweckt. Bei ihrer Veröffentlichung ordnete Rilke die Sonette im Wesentlichen in der Reihenfolge ihrer Entstehung an. Was vom 2. bis 5. Februar entstand, bildet den ersten Teil, was vom 15. bis zum 23. dazukam, den zweiten.

Mag schon jeder der beiden Gedichtbände für sich ungewöhnlich sein – ihre gleichzeitige Entstehung ist es noch mehr. Der Februar 1922 war wohl der fruchtbarste Monat in Rilkes Leben. Er hatte eine solche Zeit lange ersehnt und sich, seit er Muzot gefunden und bezogen hatte, wieder auf sie vorbereitet, dabei allerdings nur die Arbeit an den *Duineser Elegien* im Sinn gehabt. Das tatsächliche Ergebnis ging dann auch über seine Erwartungen weit hinaus.

Meist reiht man die *Duineser Elegien* und die *Sonette an Orpheus* in Rilkes Spätwerk ein, als dessen Hauptwerke. Dafür spricht die zeitliche Nähe der Entstehung. Manche ziehen aber einen mehr oder weniger scharfen Trennungsstrich zwischen ihnen. Auch dafür gibt es gute Gründe. Denn tatsächlich unterscheiden sich die beiden Werke deutlich voneinander, sowohl formal wie thematisch. Die einen Gedichte sind gereimt, die anderen ungereimt, die einen mit ihren 14 Sonett-Zeilen vergleichsweise kurz, die anderen mit ihren meist langen, das klassische Maß der Distichen umspielenden Elegie-Versen erheblich länger. Mit den *Elegien* führte Rilke ein altes Projekt zu Ende, mit den *Sonetten* begann er etwas Neues. Höchstens der hohe Ton und einige Motive scheinen ihnen gemeinsam.

Eine alte Streitfrage ist es, welches der beiden Werke bedeutender ist. Sind die *Elegien* der große „Sturm" des Schaffens, die *Sonette* die „Erfüllung" (Salis, 122 und 147), wie es Jean Rudolf von Salis zugespitzt formuliert hat? Oder fallen die *Sonette* gegen die *Elegien* ab, wie Robert Musil und anfangs auch Rilke selbst meinte? Lange standen sie in der Einschätzung der Fachleute hinter den wenige Wochen später veröffentlichten *Duineser Elegien* zurück, die bis heute mehr Aufmerksamkeit genießen. Vergleichsweise spät erst hat sich die Literaturwissenschaft, nach ersten unzureichenden Versuchen, der *Sonette an Orpheus* gründlicher angenommen (vgl. vor allem Gerok-Reiter), nicht selten mit einer letztlich nicht ganz aufzuhebenden Ratlosigkeit vor der Rätselhaftigkeit mancher Stelle (vgl. Engel, *Duineser Elegien*, in: Rilke-Handbuch, 422–424; außerdem König, Einleitung, in: König, Bremer, 9–14).

Auch die *Sonette an Orpheus* verlangen dem Leser viel ab. Die meisten Gedichte erschließen sich der ersten Lektüre kaum. Die Kürze der Form geht mit einer Gedrängtheit der metaphernreichen Sprache einher, die immer wieder dunkel wirkt und der Auslegung bedarf (vgl. die ‚Lektüren' der einzelnen *Sonette* in König, Bremer). Nicht alles, worüber die Gedichte im Einzelnen sprechen, ist dem Leser vertraut. „Vieles in diesen Gedichten", schrieb Rilke 1923 an Leopold von Schlözer, „dürfte, ohne das Mitwissen gewisser Voraussetzungen und eine gelegentliche Unterrichtung über meine Einstellung zu Liebe und Tod schwer auffaßlich sein" (BaM, 190). Das galt allerdings auch schon für die *Elegien*.

Die *Sonette* knüpfen an einen altbekannten Mythos an, geben ihm aber eine ganz neue Deutung und bringen ihn darüber hinaus mit dem Tod einer jungen Tänzerin aus Rilkes Bekanntenkreis in Verbindung. Der Zusammenhang der beiden Motivkomplexe ist nicht gleich einsichtig, auch weil die junge Frau keinen Namen in der Öffentlichkeit hatte. Der Leser bleibt angewiesen auf das Bild, das in den Gedichten von ihr gezeichnet wird. Rilke, wenn er von Orpheus und von Wera spricht, folgt ganz seinen subjektiven Vorstellungen und den Verknüpfungen, die er herstellt. In diesem Sinn sind auch die *Sonette* esoterisch.

Ebenso wenig wie bei den *Elegien* darf bei ihnen man trotz mancher sentenzhaften Formulierung das Philosophische überschätzen, selbst wenn nicht zuletzt Philosophen sich um ihre Deutung bemüht haben (vgl. die eingehende Analyse der wichtigsten Deutungen bei König). Jean Rudolf von Salis hat im Zusammenhang mit den *Sonetten* hingewiesen auf

> das Spontane, Ungesuchte, Undenkerische, ja im Denkerischen Unerfahrene, aus dem Rilkes lyrisches Schaffen fließt; es kam aus Bildhaftem und Assoziativem, das bei ihm aus Instinkt, Intellekt und Gefühl einzigartig und ununterscheidbar gemischt ist. (Salis, 149)

Rilkes Gedanken sind, auch in den *Sonetten*, poetische Gedanken, an denen immer seine Imagination und mit ihr seine Subjektivität den größten Anteil haben. Das macht ihren Reiz, aber auch ihre Begrenzung aus: Zu philosophischer Klarheit und Deutlichkeit gelangen sie nicht oft.

Eudo Mason hat sie treffend als „Meditationen über Themen, die Rilkes Geist von jeher beschäftigt hatten" (Mason, 119), charakterisiert – etwa angefangen bei den „Schmerzen der Liebe" über die „Mühsal und Herrlichkeit der dichterischen

Berufung" und die „Beziehung von Tieren, Pflanzen und Dingen zum menschlichen Bewußtsein" bis zum „Geheimnis des Todes" (ebd.). Das ist Rilkes besondere „Daseinsschau" (ebd., 120), die keine Schau des – ganzen – Daseins ist.

Neu an den *Sonetten an Orpheus* ist, in seinem Werk Rilkes, weder die Form noch der Bezug auf den griechischen Halbgott. Sonette hatte Rilke schon in die *Neuen Gedichte* aufgenommen, und Orpheus trat in ihnen bereits in dem eindrücklichen Erzähl-Gedicht *Orpheus. Eurydike. Hermes* auf, das gleichfalls bereits, nur anders, erheblich vom überlieferten Mythos abwich. Aber nun nahm Rilke sich mit der klassischen Form, in der er sich bei seinen Übersetzungen, zumal der Gedichte Michelangelos geübt hatte (vgl. dazu Dieterle, in: Lamping, Engel, 149–167), noch größere Freiheiten als früher: unterschiedliche Versmaße und Zeilenlängen, kühne Enjambements, wechselnde Reimschemata, ungewöhnliche Reimwörter, schwierige Metaphern – was ihm selbst die Kritik von Freunden wie Kassner eintrug (vgl. Mason, 119). Die Veränderungen, die er an dem klassischen Mythos vornahm, sind nicht weniger auffällig. Der Orpheus der *Sonette* ist nicht mehr der Orpheus der *Neuen Gedichte*. Rilke hat ihn ganz neu gedacht.

Mit Orpheus verbindet er, naheliegenderweise, Gesang, aber anders als es zuvor üblich war. Das zeigt schon das erste Sonett des ersten Teils:

> Da stieg ein Baum. O reine Übersteigung!
> O Orpheus singt! O hoher Baum im Ohr!
> Und alles schwieg. Doch selbst in der Verschweigung
> ging neuer Anfang, Wink und Wandlung vor.
>
> Tiere aus Stille   drangen aus dem klaren
> gelösten Wald   von Lager und Genist;
> und da ergab sich, daß sie nicht aus List
> und nicht aus Angst in sich so leise waren,
>
> sondern aus Hören. Brüllen, Schrei, Geröhr
> schien klein in ihren Herzen. Und wo eben
> kaum eine Hütte war, dies zu empfangen,
>
> ein Unterschlupf aus dunkelstem Verlangen
> mit einem Zugang, dessen Pforten beben, –
> da schufst du ihnen Tempel im Gehör. (KA, II, 241)

Das Sonett schließt an eines der bekanntesten Motive des Mythos an, wie er literarisch und bildlich übermittelt ist: Orpheus bewegt mit seinem Gesang die Bäume und die Tiere des Waldes. Die Änderung gegenüber dem Mythos ist deutlich: Dass Orpheus Klagelieder singt, wird nicht erwähnt. Es ist nicht die Klage, die rührt – es ist der Gesang. Der singende Orpheus lehrt die Kreaturen in einem emphatischen Sinn hören, wofür die Metapher der „Tempel im Gehör" steht. So wie er in Sprache verwandelt, was er besingt, verwandelt er auch seine Hörer: Der Baum wächst über sich hinaus, hoch „im Ohr", die Tiere werden still, und diese Stille ist „neuer Anfang, Wink und Wandlung".

Das Sonett ist, anders als viele andere, geradezu schulmäßig gebaut in der klassisch-italienischen, auf Petrarca zurückgehenden Form: zwei Quartette mit umschließendem, zwei Terzinen mit Dreierreim. Das Versmaß ist der fünfhebige Jambus, der mit mal elf, mal zehn Silben das italienische Maß des Endecasillabo umspielt. In den meisten Versen gibt es eine Zäsur nach der zweiten Hebung. Im fünften und sechsten Vers, zu Beginn des zweiten Quartetts, ist sie auch sichtbar gemacht: durch vergrößerte Zwischenräume zwischen den Wörtern, die symbolisch für das ergriffene Schweigen der Tiere stehen.

Das Gedicht ist poetologisch. Anhand des Baumes und der Tiere, beschreibt es Verwandlung durch Dichtung: durch ihre Worte wie durch ihren Vortrag im Gesang. Dabei nimmt es allerdings eine Verwandlung des Konzepts der Verwandlung aus den *Elegien* vor. Denn nicht der Dichter wird verwandelt, sondern seine nicht-menschlichen ‚Hörer': durch den Gesang. Es ist ein Paradoxon der *Sonette an Orpheus*, dass sie das Singen im Sagen loben und sich ihm nur gelegentlich, etwa im neunten *Sonett* des ersten Teils: *Nur wer die Leier schon hob*, der Musik nähern, auch formal: durch die Wortmusik der klangvollen Reime in den kurzen Versen.

So wie die *Duineser Elegien* keine Gedichte über Duino darstellen, sind die *Sonette an Orpheus* auch nicht allein an Orpheus gerichtet; es ist in ihnen keineswegs nur von ihm die Rede. Ihre oft zu findende Bezeichnung als Zyklus suggeriert eine Konsistenz, die nicht durchgängig zu finden ist. Auf das einleitende Orpheus-Gedicht folgt das auf „ein Mädchen" (ebd.), als das Wera Ouckama Knoop zu erkennen ist. Die grundlegende thematische Konstellation des Bandes ist damit allerdings noch nicht gesetzt. Von dem ‚Mädchen' ist erst einmal nicht mehr die Rede und bald auch nicht mehr von Orpheus.

Das dritte Sonett wendet sich, nach dem „Mädchen", dem „Mann" und dem „Gesang" (ebd., 242), das vierte den „Zärtlichen" (ebd.) zu, also jungen Liebespaaren. Das fünfte Sonett gilt wieder Orpheus, das siebente dem „Rühmen" und der „Rühmung" (ebd., 244) als seiner Aufgabe und dann das achte den „Toten" (ebd., 245), mit denen er verbunden ist. Im zehnten Sonett meldet sich erneut der Sprecher, der zuvor ausdrücklich nur im zweiten zu Wort kam. Die folgenden Sonette gelten seinem Erfahrungs- und Denkraum: „der Figur" (ebd., 246) und Früchten. Das 16. Sonett wendet sich dem „Freund" zu, das 18. und 20. Gott, der, in christlicher Tradition, als „Herr" (ebd., 249, 250) angesprochen wird.

Thematisch haben sich die Gedichte damit bereits weit vom Anfang entfernt: Nun geht es um das „Neue" der Maschinen (ebd., 249), den „Frühling" (ebd., 251) und den „Flug" (ebd., 252). Von den „Toten" im 24. Sonett kommt Rilke dann erneut auf das ‚Mädchen', nun als „Tänzerin" (ebd., 253), zu sprechen. Das letzte Gedicht des ersten Teils ist schließlich wieder Orpheus gewidmet.

Ebenso deutlich wie die Klammer der beiden ersten und der beiden letzten Gedichte, die jeweils von Orpheus und der jungen Toten sprechen, ist die zunehmende Entfernung von ihnen, bis hin zum Problem der Maschine, das kaum noch mit ihnen zu verbinden ist. Die thematische Verbindung des Anfangs löst sich immer wieder zu Gunsten subjektiver Assoziationen auf, bevor die Gedichte, ebenso assoziativ, fast sprunghaft, zu ihr zurückkehren. Im zweiten Teil tritt die Gestalt des Orpheus noch weiter zurück.

Deutlich ist auch in den *Sonetten* Rilkes von aller Überlieferung gelöstes Gottesverständnis. Orpheus, im Mythos der Sohn des Flussgottes Oiagros und der Muse Kalliope, wird teils als „Singender Gott" (ebd., 241), teils als „Göttlicher" (ebd., 253) angesprochen. Im griechischen Mythos ist er dagegen ein Halbgott. Der Unterschied mag in säkularen Zeiten gering erscheinen, ist es aber nicht. Rilke, der sich immer wieder vom Christentum abwendet, entfernt sich mit der Erhebung des Orpheus in den Götterhimmel auch vom Mythos, in dem Apollo der Gott der Dichter ist. Die Vergötterung des Orpheus bedeutet eine letzte Überhöhung der Dichtung und des Dichters.

Einige Sonette wenden sich allerdings auch einem anderen Gott zu, wohl dem christlichen, ja beschwören sogar „Götter" (ebd., 252), wohl griechische. Nicht leicht nachzuvollziehen ist schließlich auch, dass Rilke sich mit dem ersten Sonett am weitesten vom Orpheus-Mythos entfernt – und mit dem letzten des ersten Teils zu ihm zurückkehrt. Ein enger kompositorischer und gedanklicher Zusammenhang neben dem formalen besteht in diesem ‚Zyklus' nicht durchgehend.

Durchgehalten hat Rilke dagegen den hohen Ton. Wie in den *Elegien* wählt er einen erhabenen Stil, aber nicht mehr der Klage, sondern des Lobpreises. Rilkes Wort dafür, das er schon in den *Elegien* verwendet hat, ist „Rühmung". Ihr ist das siebente *Sonett* gewidmet:

> Rühmen, das ists! Ein zum Rühmen Bestellter,
> ging er hervor wie das Erz aus des Steins
> Schweigen. Sein Herz, o vergängliche Kelter
> eines den Menschen unendlichen Weins.
>
> Nie versagt ihm die Stimme am Staube,
> wenn ihn das göttliche Beispiel ergreift.
> Alles wird Weinberg, alles wird Traube,
> in seinem fühlenden Süden gereift.
>
> Nicht in den Grüften der Könige Moder
> straft ihm die Rühmung lügen, oder
> daß von den Göttern ein Schatten fällt.
>
> Er ist einer der bleibenden Boten,
> der noch weit in die Türen der Toten
> Schalen mit rühmlichen Früchten hält. (ebd., 244)

Ein „zum Rühmen Bestellter": das ist nun der Dichter – während er in den *Elegien* ein zur Verwandlung Bestellter war. Rilke spricht nicht mehr nur von Orpheus, sondern von jedem, der dessen ‚göttlichem Beispiel' folgt. Aus dem Orpheus-Mythos entwickelt er, wie viele vor ihm, einen Dichter-Mythos, allerdings einen ganz eigenen. In seinem Mittelpunkt steht, mehr noch als die anfänglich beschworene Verwandlung, die Rühmung. Selbst ein Verwandelter, wie Erz aus dem Stein, verwandelt der Dichter Staub zur Traube. Weder Vergänglichkeit noch Unglück hindern ihn an seiner Aufgabe der Rühmung. Der Lobpreis wird mit Metaphern des Reifens und der Ernte verbunden und der Dichter mit der des Boten zwischen Lebenden und Toten. Im sechsten *Sonett* heißt es von ihm auch: „aus beiden/ Reichen erwuchs seine weite Natur" (ebd., 243) – was ihn mit dem Engel der *Elegien* verbindet, mit dem er ansonsten wenig gemein hat.

Orpheus in einen Dichter der Rühmung zu verwandeln, ist die größte Änderung, die Rilke ihm angedeihen ließ, der im Mythos unablässig, ungetröstet um seine junge Frage klagt. So gewann er jedoch eine große Figur für sein Programm, wie sehr er sie auch tatsächlich der Überlieferung entrückte. Seine neue Poetik der Bejahung konnte er aber durch Orpheus mit der Weihe des Mythisch-Erhabenen versehen. Ob diese Poetik den Mythos gebraucht hätte, ist allerdings die Frage, ebenso, ob der Mythos, wie er überliefert ist, diese Wendung hergibt. Rilkes radikale Verwandlung des mythischen Orpheus ist ein weiteres Beispiel für seinen freien Umgang mit literarischer Tradition, dessen Gefahr allerdings die Überdehnung einer Figur oder eines Motivs ist.

Tatsächlich kennzeichnet auch das Programm der Rühmung, wie das der Verwandlung, eine Hypertrophie. Dass die Welt, wie sie eingerichtet ist, und das Leben, wie es üblicherweise verläuft, uneingeschränkt lobenswert seien, lehrt nicht einmal ein Schöpfungsglaube wie der christliche. Auch den Griechen war dieser Gedanke fremd. Die Vermutung liegt nahe, dass die poetische Rühmung im Fall Rilkes einen kompensatorischen Charakter hat. Mit ihr widerlegt er nicht zuletzt für sich den Verdacht, dass er der Liebe nicht habe – nachdem alle seine Liebesbeziehungen gescheitert waren, zuletzt noch die zu Baladine Klossowska. Mit der Geste der großen Bejahung hat er die Liebe, die er im Leben mehr oder weniger vergeblich gesucht hatte, gewissermaßen in sein Werk gerettet.

Auf Orpheus als eigene Gestalt hat sich Rilke in den *Sonetten* nicht tiefer eingelassen; zu fern ist der Mythos seiner Poetik. Nicht ohne Grund hat er im fünften *Sonett* von der „Metamorphose" des Dichtersängers gesprochen:

> [...] Wir sollen uns nicht mühn
>
> um andre Namen. Ein für alle Male
> ists Orpheus, wenn es singt. Er kommt und geht. (ebd., 243)

Auch von der zweiten Figur, mit der Rilke die *Sonette* verbunden hat, wird nicht viel gesagt. Das Buch ist Wera Ouckama Knoop als „Grab-Mal" gewidmet, der jüngeren Tochter des früh verstorbenen Chemikers und Schriftstellers Gerhard Knoop und seiner Frau Gertrud. Wera starb bereits mit 19 Jahren. Ihre Mutter, die Rilke in München kennengelernt hatte, schickte ihm Ende 1921 ihre Erinnerungen an die Tochter. Wie tief sie ihn beeindruckt haben, hat er ihr in einem Brief von Anfang Januar 1922 mitgeteilt. Die Tochter, eine Tänzerin, wurde ihm eine weitere junge Tote, der das 25. *Sonett* des ersten Teils gewidmet ist:

> *Dich* aber will ich nun, *Dich,* die ich kannte
> wie eine Blume, von der ich den Namen nicht weiß,
> noch *ein* Mal erinnern und ihnen zeigen, Entwandte,
> schöne Gespielin des unüberwindlichen Schrei's.

> Tänzerin erst, die plötzlich, den Körper voll Zögern,
> anhielt, als göß man ihr Jungsein in Erz;
> trauernd und lauschend –. Da, von den hohen Vermögern
> fiel ihr Musik in das veränderte Herz.
>
> Nah war die Krankheit. Schon von den Schatten bemächtigt,
> drängte verdunkelt das Blut, doch, wie flüchtig verdächtigt,
> trieb es in seinen natürlichen Frühling hervor.
>
> Wieder und wieder, von Dunkel und Sturz unterbrochen,
> glänzte es irdisch. Bis es nach schrecklichem Pochen
> trat in das trostlos offene Tor. (ebd., 253)

Rilke hat das junge Mädchen nur flüchtig gekannt; sie gehört zu den vor der Zeit Gestorbenen, die ihn beschäftigt haben. Das Gedicht auf sie, ein poetischer Nekrolog, mehr subjektive Vorstellung einer Person als Erinnerung an sie, ist der Klage näher als dem Lobpreis: Die Veränderung, als die es die tödliche Krankheit beschreibt, wird „trostlos" genannt. Rilke deutet sie als ein eigengesetzliches natürliches Geschehen des Körpers, in ähnlichen Worten („verdunkelt das Blut"), wie er sie später für seine Krankheit benutzte. Durch den Tod tritt die junge Frau in eine andere Welt ein, die er, in seinem Brief an die Mutter, als das „G a n z e", „ein viel mehr als Hiesiges" (BaM, 84) bezeichnet hat. Die Vorstellung von Leben und Tod als Einheit gehört auch in den *Sonetten* zu Rilkes leitenden Gedanken.

Auch er mag sich die Frage gestellt haben, was die Gestalt der jungen Toten, „fast noch Kind" (KA, II, 271), mit der des Orpheus verbindet, dem das folgende letzte Gedicht des ersten Teils gewidmet ist – bezeichnenderweise gleichfalls seinem Tod. Rilke hat das junge Mädchen nicht als eine Eurydike besungen und so die nahe liegende Verbindung ausgelassen. Im vorletzten Sonett des zweiten Teils zeichnet er es vielmehr als eine Hörende, die eine „Tanzfigur" (ebd., 271) schuf und die „die Stelle" noch kannte, „wo die Leier/ sich tönend hob – ; die unerhörte Mitte" (ebd., 272). Dieser mehr angedeuteten als entfalteten Verbindung liegt, ähnlich wie dem Engel der *Elegien,* eine individuelle Vorstellung Rilkes zugrunde, die sich einem Leser nur mehr oder weniger erschließt. Auch sie verdankt sich vor allem seiner Einbildungskraft.

Den Zusammenhang zwischen den einzelnen *Sonetten an Orpheus,* ihren Themen und Motiven, ist manchmal unmittelbar einleuchtend, manchmal rätselhaft. Rilke hat es nicht anders beabsichtigt; seiner Ansicht vom poetischen Diktat entsprechend, hat er auch in diesem Fall keine andere Ordnung als die der Entstehung gewählt. Doch auch in diesem Fall ist es fraglich, ob das einen Zyklus begründen kann. Was die Gedichte jedenfalls miteinander verbindet, ist – zumeist – das poetische Verfahren der Rühmung. Rilke hat es auf ganz unterschiedliche Gegenstände angewendet: auf ein Pferd in Russland, das sich losgerissen hatte, auf den Frühling, auf Spiegel, auf „das Tier, das es nicht gibt" (ebd., 258): das Einhorn, auf Früchte und Blumen, zumal die Rose, Brunnen und Gärten.

Es sind nicht neue Motive in seinem Werk, viele finden sich vielmehr schon in den *Neuen Gedichten.* Aber er hat sich immer wieder, vor allem im zweiten Teil, diesen ‚Dingen' mit derselben poetisch-imaginativen Intensität zugewandt. Was die *Sonette* dabei von den *Neuen Gedichten* mit ihrem sachlichen Sagen unterscheidet, ist eben die emotionale Rühmung des „Hiesigen" – deutlich etwa am Ende des Gedichts auf den Apfel:

> Diese Süße, die sich erst verdichtet,
> um, im Schmecken leise aufgerichtet,
>
> klar zu werden, wach und transparent,
> doppeldeutig, sonnig, erdig, hiesig –:
> O Erfahrung, Fühlung, Freude –, riesig! (ebd., 247)

Doch bereits im sechsten Sonett des ersten Teils schränkt Rilke das Lob gerade des Hiesigen Orpheus ein: „Ist er ein Hiesiger? Nein, aus beiden/ Reichen erwuchs seine weite Natur" (ebd., 243). Die ‚beiden Reiche', an denen Orpheus teil hat, als Sänger, der seine Frau verloren hat und aus der Unterwelt zurückholen wollte, sind das Leben und der Tod. Dieser Gedanke ermöglicht es Rilke, ihn mit dem frühverstorbenen Mädchen in einen Zusammenhang zu bringen.

Das Rühmen kommt allerdings auch an eine Grenze, die aber nicht das Schreckliche und Hässliche markieren, wie etwa im gedanklich kühnen neunten Sonett des zweiten Teils die Folter, sondern die Maschine:

> Hörst du das Neue, Herr,
> dröhnen und beben?
> Kommen Verkündiger,
> die es erheben.
>
> Zwar ist kein Hören heil
> in dem Durchtobtsein,
> doch der Maschinenteil
> will jetzt gelobt sein.
>
> Sieh, die Maschine:
> wie sie sich wälzt und rächt
> und uns entstellt und schwächt.
>
> Hat sie aus uns auch Kraft,
> sie, ohne Leidenschaft,
> treibe und diene. (ebd., 249)

In diesen vierzehn kurzen Versen, die der Polemik näherstehen als dem Lob, hat Rilke seine Kritik der Technik zusammengefasst – und er mag dabei auf seine Erfahrungen mit dem Sägewerk in der Nachbarschaft von Schloss Berg am Irchl zurückgegriffen haben. Die „Maschine" mit ihrem Dröhnen und Beben stellt den Gegensatz dar zum „Tempel im Gehör": Sie lärmt. Ihr Lob wird verweigert, da sie den Menschen „entstellt und schwächt". Ihr wohnt die Tendenz inne, wie der letzte Verse andeutet, Herrschaft über ihn zu erlangen.

Im zehnten Sonett des zweiten Teils greift Rilke die Kritik wieder auf:

> Alles Erworbne bedroht die Maschine, solange
> sie sich erdreistet, im Geist, statt im Gehorchen, zu sein. (ebd., 261)

In diesen beiden Versen spricht Rilke aus, unter welcher Bedingung die Maschine abzulehnen ist: wenn sie nicht dient, sondern in Bereiche eindringt, die dem Menschen gehören müssen.

> Sie ist das Leben, – sie meint es am besten zu können,
> die mit dem gleichen Entschluß ordnet und schafft und zerstört. (ebd., 262)

Die Perfektion, die die Maschine in der Herstellung wie in der Zerstörung besitzt, ist dem Leben des Menschen fremd. Sie verdrängt ihn, löscht ihn aus, verwischt seine Spuren. Das von ihm Geschaffene und somit „Erworbne" ersetzt sie durch ihre Produkte, in denen nichts von ihm ist. Was Verbesserung sein soll, ist Verdrängung, ja Vernichtung.

Rilkes oft scharf kritisierte Kritik der Technik (vgl. Demetz, in: Rilkes ‚Duineser Elegien', III, 140–141) hat man, im Zusammenhang der *Sonette an Orpheus*, gelegentlich als Widerspruch zum Programm des Rühmens angeführt, wenn nicht gar als seine Widerlegung. Tatsächlich zeigt sie, dass Rilke das Rühmen auf das beschränkt, was Leben ist: Natur, Kunst, in seinem eingeschränkten Sinn auch Geschichte, aber nicht Technik. Das schließt nicht die Verwerfung aller Maschinen ein. Rilke konnte sich durchaus mit den Annehmlichkeiten der modernen Technik anfreunden, etwa in den Autofahrten, zu denen ihn Marie von Thurn und Taxis oder Nanny Wunderly einluden: Das nahm er offenbar als einen Dienst der Maschine an. Aber es gab Bereiche, aus denen er sie ausschließen wollte; heute wären das zweifellos noch sehr viel mehr als zu seiner Zeit.

Was die *Sonette an Orpheus* im Ganzen charakterisiert, ist eher Vielfalt als Einheit. Sie besitzen eine eigene sprachliche und gedankliche Dichte, sind zwar an manchen Stellen ähnlich rätselhaft und dunkel wie die *Elegien*, wirken aber konzentrierter, zugleich durch die virtuos gehandhabte Form suggestiver. Immer wieder verblüffend ist Rilkes Fähigkeit, aus einem erst einmal kühn erscheinenden Vergleich ein ganzes Bild zu entwickeln – so etwa zu Beginn des zweiten Teils in *Atmen, du unsichtbares Gedicht* oder im letzten: *Stiller Freund der vielen Fernen*. Die *Sonette* sind durch ihre Form klangvoller als die *Elegien*, in diesem Sinn mögen sie auch musikalischer wirken, weniger schwer und oft eingängiger: liedhafter, ohne Lieder zu sein.

Wie in den *Elegien* ist auch in den *Sonetten* Rilkes hohe Kunst der originellen Formulierung am Werk. Ihm sind einprägsame und unverwechselbare Sätze gelungen, wie z.B.: „Wann aber *sind* wir?" (ebd., 242); „Fürchtet euch nicht zu leiden" (ebd.); „Wer zeigt mit Fingern auf einen Geruch?" (ebd., 248); „Wir aber nehmen an Kraft ab, wie Schwimmer" (ebd., 252); „Alles Erworbne bedroht die Maschine" (ebd., 261); „Geh in der Verwandlung aus und ein" (ebd., 272). Viele sind Maximen wie: „Errichtet keinen Denkstein" (ebd., 243); „Rühmen, das ists!" (ebd., 244); „Wolle die Wandlung" (ebd., 263); „Sei allem Abschied voran, als wäre er hinter/ dir, wie der Winter, der eben geht" (ebd., 263). Diese Maximen sind ein Moment des Lehrhaften auch in diesen Gedichten.

So individuell und originell die *Sonette an Orpheus* sind, stehen sie dennoch nicht literarisch ähnlich isoliert in ihrer Zeit wie die *Duineser Elegien*. Vieles verbindet sie mit der Literatur der Klassischen Moderne, aber nicht durch Bezugnahmen, sondern durch Ähnlichkeiten. Typisch für die Zeit ist schon die intendierte zyklische Struktur. In seinem Brief an Leopold von Schlözer hat Rilke dafür 1923 die Stichworte „Aufbau des Ganzen" und „Parallelismus des ersten und zweiten Teils" (BaM, 191) angeführt, und an Katharina Kippenberg schrieb er 1926, er sei „über die bloße geordnete An-Sammlung" als lyrischer Komposition „mit dem Orpheus und den großen Elegien endgültig hinausgekommen" (zit. n. KA, II, 605). Ob dieses Wort ganz zutrifft, sei dahingestellt; es beschreibt aber Rilkes Anspruch.

Die teilweise zyklische Struktur teilen die *Sonette an Orpheus* mit vielen anderen nicht nur lyrischen Werken ihrer Zeit. Zyklisch angelegt sind nicht bloß T.S. Eliots *The Waste Land* und die *Cantos* Ezra Pounds, auch Luigi Pirandellos seit 1922 erschienene Novellen-Sammlung *Novelle per un anno*. Der prominenteste Zyklus der Klassischen Moderne aber ist ein von Rilke bewundertes Romanwerk: Marcel Prousts *À la recherche du temps perdu*.

Mit der Klassischen Moderne sind die *Sonette an Orpheus* schließlich auch thematisch verbunden: als moderne Rezeption des Orpheus-Mythos (vgl. dazu Lamping: Orpheus). Rilke ist keineswegs der einzige Autor des frühen 20. Jahrhunderts, für den der thrakische Dichter-Sänger wichtig geworden ist. Seit den 20er-Jahren machte der antike Orpheus-Mythos in der modernen Literatur eine erstaunliche Karriere – nach der Renaissance seine zweite große Wiederentdeckung in der Neuzeit. An ihr beteiligt sind etwa Guillaume Apollinaire mit seinem Programm des ‚orphisme', Jean Cocteau mit seinem Drama *Orphée*, schließlich Lyriker und Lyrikerinnen wie Hilda Doolittle, Gottfried Benn, Ossip Mandelstam, Robert Graves und W.H. Auden. Auch Komponisten wie Ernst Krenek, Kurt Weill und Igor Strawinsky haben ihren Platz in der Geschichte der modernen Orpheus-Rezeption gefunden.

Durchaus zeit- oder epochentypisch ist Rilkes Rückwendung zum Mythos insgesamt. Einige große Werke der Zeit, in deren Mittelpunkt der Bezug auf mythische Figuren steht, sind durch sie gleichfalls geprägt: Im *Ulysses* von James Joyce ist die zentrale Gestalt ein Odysseus, ebenso zumindest anfangs in den ersten *Cantos* Ezra Pounds, bei Eliot ist es der blinde Seher Teiresias, bei Valéry in den *Charmes* Narziss. Sie alle greifen auf alte Mythen zurück, die sie neu gestalten. Die *Sonette an Orpheus* zählen zu den kühnsten Rezeptionen des Mythos: Sie schreiben ihn eher um, als dass sie ihn nur fortsetzen oder aktualisieren würden.

Auch in ihnen hat Rilke letztlich einen eigenen Mythos zu schaffen versucht: „Es ist ein Mythos des ästhetischen Vermögens des Menschen" (Holthusen, 48). Bezeichnend für sein Denken, spätestens seit den *Fünf Gesängen*, ist, dass er nicht nur auf mythische Motive, sondern auch auf eine Beglaubigung durch den Mythos nicht verzichten wollte. Das gehört zu der Rolle des poeta vates, setzt ihn aber, Mal um Mal, dem Verdacht vor-modernen, anachronistischen Denkens aus.

Auch über die *Sonette an Orpheus* hat Rilke sich in Briefen erklärend und deutend geäußert, etwa im November 1925 an Witold von Hulewicz. Auch von ihnen wie von den *Duineser Elegien* hat er in einem Atemzug eine Deutung gegeben, die ebenso großartig wie zweifelhaft ist:

> Sie sind, wie das anders nicht sein kann, aus derselben „Geburt" wie die „Elegien", und daß sie plötzlich, ohne meinen Willen, im Anschluß an ein frühverstorbenes Mädchen, aufkamen, rückt sie noch mehr an die Quelle ihres Ursprungs; dieser Anschluß ist ein Bezug mehr nach der Mitte j e n e s Reiches hin, dessen Tiefe und Einfluß wir, überall unabgegrenzt, mit den Toten und den Künftigen teilen. Wir, diese Hiesigen und Heutigen, sind nicht einen Augenblick in der Zeitwelt befriedigt, noch in sie gebunden; wir gehen immerfort über und über zu den Früheren, zu unserer Herkunft und zu denen, die scheinbar nach uns kommen. (BaM, 333–334)

Diese Erläuterung, fast vier Jahre nach der Entstehung der Gedichte geschrieben, rückt die *Sonette* nah an die *Elegien* heran. Doch nicht nur, dass sie sich bei ihrer Unterschiedlichkeit tatsächlich *einer* Geburt verdanken, ist bezweifelt worden (vgl. Mason, 125). Zweifel wecken muss auch Rilkes Wort von ‚unserem' Hinausgehen über das Hier und Jetzt unserer „Zeitwelt", das wir „mit den Toten und Künftigen teilen". Dass die „Vergänglichkeit" stets „in ein tieferes Sein" stürzt (ebd., 334) und Leben und Tod „ein Ganzes" (ebd.) bilden, „d i e g r o ß e E i n h e i t" (ebd., 333), gehört zu seinen „weltanschaulichen Äußerungen" (Mason, 124), die oft aufgegriffen wurden. Das ändert nichts daran, dass sie letztlich metaphysisch sind: Glaubenssätze, für die Beweise in diesem Leben nicht beizubringen sind. Wie es um ihre Wahrheit bestellt ist, wissen wir nicht. Sie können Offenbarungen sein, aber auch nur poetische Phantasien.

Eine andere Gemeinsamkeit zwischen den *Duineser Elegien* und den *Sonetten an Orpheus* ist dagegen nicht zu bezweifeln: Auch die *Sonette* sind ein poetologisches Werk, vielleicht sogar deutlicher noch als die *Elegien*. Schon das erste Gedicht setzt das Thema, als dessen allerdings mitunter freie, mitunter auch etwas abschweifende Variationen man die folgenden ansehen kann. Auch sie sind im Ganzen eine Antwort auf Rilkes Frage, was ein Dichter sei und worin seine Aufgabe bestehe. Bemerkenswert ist, dass sie in den *Sonetten an Orpheus* anders ausfällt als in den gleichzeitig entstandenen *Duineser Elegien*: „Rühmung" ist ein anderes Konzept als „Verwandlung", auch wenn Rilke für beide offenbar dieselbe Eingebung in Anspruch nahm.

Man kann darüber als eine gewisse Inflation der Inspiration spotten. Man kann es aber auch als ein Indiz begreifen. Offenbar gehört es zu Rilkes Reflexionen über das Dichter-Sein, verschiedene Möglichkeiten durchzu*spielen* und in dieses künstlerische Spiel auch die Idee der Inspiration hineinzunehmen. Nicht nur was Gott, auch was Kunst sei, machte er zum Gegenstand seiner Phantasie, und zwar fortlaufend.

Der Brief des jungen Arbeiters

Es ist oft übersehen worden, dass Rilke nach dem Abschluss des ersten Teils der *Sonette an Orpheus* noch eine Erzählung mittlerer Länge schrieb, auch sie schnell, innerhalb von drei Tagen zwischen dem 12. und dem 15. Februar 1922: *Der Brief des jungen Arbeiters*. Es ist sein gelungenstes Prosastück nach den *Aufzeichnungen des Malte Laurids Brigge*, abgesehen von dem 1912 in Duino entstandenen *Über den Dichter*. Dem *Brief* liegt eine doppelte Fiktion zugrunde: Ein junger französischer Arbeiter wendet sich an den Dichter V., den man mit dem von Rilke verehrten Emile Verhaeren identifiziert hat. Er hat dessen Gedichte „in einer Versammlung vorigen Donnerstag" gehört und legt ihm nun dar, was ihn „beschäftigt" (KA, IV, 735): das Christentum und Christus.

Der junge Mann beginnt mit einer Frage: „*wer* ist denn dieser Christus, der sich in alles einmischt". Es heiße, dass er „uns helfen" wolle (ebd.), aber er glaube nicht, dass er „kommen *kann*": „Unsere Welt ist nicht nur äußerlich eine andere, – sie hat keinen Zugang für ihn" (ebd., 736). Die Zweifel des jungen Arbeiters gehen noch weiter: „Ich kann mir nicht vorstellen, daß das Kreuz *bleiben* sollte, das doch nur ein Kreuzweg war" (ebd.). Er erklärt sogar: „Wenn ich sage: Gott, so ist das eine große, nie erlernte Überzeugung in mir" (ebd.). Die Gläubigen hätten „aus dem Christlichen ein métier gemacht, eine bürgerliche Beschäftigung" (ebd., 737), voll „Eifer, das Hiesige, zu dem wir doch Lust und Vertrauen haben sollten, schlecht und wertlos zu machen" (ebd.). „Welcher Wahnsinn", fährt er fort, „uns nach einem Jenseits abzulenken, wo wir hier von Aufgaben und Erwartungen und Zukünften umstellt sind" (ebd., 737/738). Die „zunehmende Ausbeutung des Lebens" sei eine „Folge, der durch die Jahrhunderte fortgesetzten Entwertung des Hiesigen" (ebd., 737). „Das Hiesige recht in die Hand nehmen, herzlich liebevoll, erstaunend, als unser, vorläufig, Einziges: das ist zugleich, es gewöhnlich zu sagen, die große Gebrauchsanweisung Gottes, *die* meinte der heilige Franz von Assisi" (ebd., 738).

Der junge Arbeiter erzählt von einem todkranken Freund, mit dem er „Ferien" in Avignon machte und das „Haus" besichtigte, „das die Päpste sich dort aufgerichtet hatten" (ebd., 740), während der ‚Babylonischen Gefangenschaft der Kirche' im 14. Jahrhundert. Er erzählt von seiner jungen Geliebten, als deren Vorbild man, auch ihres Vornamens wegen, Marthe Hennebert genannt hat (vgl. KA, IV, 1065–1066). Mit ihr besucht der junge Arbeiter Kirchen. Dabei bemerkte sie allmählich, „daß Gott einen in den Kirchen in Ruhe läßt, daß er nichts verlangt; man könnte meinen, er wäre überhaupt nicht da" (ebd., 741). In den Kirchen, so erklärt er ihr, herrsche „Windstille" (ebd.).

Daran schließt sich eine Reflexion über den „Patron" (ebd., 741) und die Macht an, die seine Geliebte verabscheut. Gegen sie gebe es nur ein Mittel: „Man sollte sich anstrengen, in jeder Macht, die ein Recht über uns beansprucht, gleich alle Macht zu sehen, die ganze Macht, Macht überhaupt, die Macht Gottes" (ebd., 742), mit einem Wort: „Unterwerfung" üben, die weiter führe als die „Auflehnung" (ebd., 743).

Schließlich kommt der junge Arbeiter auf die „Liebe, die sie mit einem unerträglichen Ineinander von Verachtung, Begierlichkeit und Neugier die ‚sinnliche' nennen" (ebd., 744), und „unser eigenes schönes Geschlecht" (ebd., 745), das in das „Zwielicht der Christlichkeit" (ebd., 745) geraten sei, als ein Gegenstand „jener Herabsetzung", „die das Christentum dem Irdischen meinte bereiten zu müssen" (ebd., 744). Sein Resümee: „Die entsetzliche Unwahrheit und Unsicherheit unserer Zeit hat ihren Grund in dem nicht eingestandenen Glück des Geschlechts, in dieser eigentümlich schiefen Verschuldung" (ebd., 745).

Über seine Arbeit kommt der junge Mann schließlich wieder zu Christus und Gott zurück:

> Ich will mich nicht schlecht machen lassen um Christi willen, sondern gut sein für Gott. Ich will nicht von vornherein als ein Sündiger angeredet sein, vielleicht bin ich es nicht. Ich habe so reine Morgen! Ich könnte mit Gott reden, ich brauche niemanden, der mir Briefe an ihn aufsetzen hilft. (ebd., 746)

Was Rilke den sprachlich erstaunlich gewandten jungen Mann sagen lässt: von der Kritik des Christentums bis zum Lob des Hiesigen, ist nichts Neues in seinem Werk. Es ist in ihm seit dem *Stunden-Buch* zu finden, zumal dem dritten Teil, in dem es um Franz von Assisi geht. Stärker als früher scheint er aber Theoreme der Psychoanalyse übernommen zu haben, etwa in den Passagen über Kindheit und Sexualität (vgl. auch Holthusen, 52).

Rilkes Beschäftigung mit Christus reicht weit zurück, bis in seine frühen Jahre. Sie zieht sich über die *Christus-Visionen* und Jesus-Gedichte wie *Der Ölbaumgarten* in den *Neuen Gedichten* bis zu späteren Gedichten wie *Christi Höllenfahrt*. Manche der durchweg kritischen Gedanken kehren auch in den *Duineser Elegien* und den *Sonetten an Orpheus* wieder.

Rilke interessierte sich für Jesus, akzeptierte ihn aber nicht als Christus, als Gottessohn und Mittler zwischen Gott und den Menschen. Rudolf Kassner, ein Christ eigener Art, dessen Schriften zeitweilig auf dem Index standen, ist wiederholt darauf zu sprechen gekommen (vgl. etwa Kassner, 5–7) und hat dabei das kritische Verhältnis seines Freundes zum Christentum kritisiert.

Am stärksten hat Rilke sich 1912 im spanischen Ronda dazu geäußert. Marie von Thurn und Taxis schrieb er, für seine Verhältnisse erstaunlich grob, am 17. Dezember: „ich bin seit Cordoba von einer beinah rabiaten Antichristlichkeit":

> Hier meint man in einem Christlichen Lande zu sein, nun auch hier ists längst überstanden, christlich wars, solang man hundert Schritte vor der Stadt den Muth hatte, umzubringen, darüber gediehen die vielen anspruchslosen Steinkreuze, auf denen einfach steht: hier starb der und der, – das war die hiesige Version Christenthums. (BwmMvTuT, I, 245)

Im *Brief des jungen Arbeiters* werden manche der Gedanken Rilkes zum Christentum neu formuliert, vor allem aber werden sie gebündelt und durch kleine Episoden aus dem Leben des jungen Arbeiters verknüpft. Auf diese Weise erscheinen sie so, als wären sie als seine Denk- und Fühl-Erfahrungen aufs Engste mit seiner Existenz verwoben. Die Bestimmtheit, mit der Rilke sie den jungen Mann vortragen lässt, ist allerdings seine eigene. *Der Brief des jungen Arbeiters* lässt die Bemühungen einiger Philosophen und Theologen, wie etwa Romano Guardini, Rilke für das Christentum zu reklamieren, aussichtslos erscheinen.

Mit der Wahl der Briefform gelingt es Rilke, Reflexion, Erzählung und Bekenntnis zu verbinden: Sie kann dies alles aufnehmen. Er führt so diese Form, die ihm fast ausschließlich als Mittel seiner nicht-literarischen Kommunikation gedient hat, in sein poetisches Werk ein. *Der Brief des jungen Arbeiters* lässt erkennen, wie die Prosa Rilkes nach den *Aufzeichnungen des Malte Laurids Brigge* hätte aussehen können. Seinen Lesern ist er erst später bekannt geworden. Rilke hat ihn zu Lebzeiten nicht veröffentlicht.

Die letzten Jahre: 1922–1926   14

Eine kleine Feier des Gelingens

Mit der Fertigstellung der *Duineser Elegien* und der *Sonette an Orpheus* begann Rilkes letzte Schaffens- und Lebenszeit. Die Drucklegung der beiden Bücher verzögerte sich durch die schwierige wirtschaftliche Lage in Deutschland; erst im Herbst des folgenden Jahres konnten sie erscheinen, in der umgekehrten Reihenfolge ihrer Entstehung.

Während Rilke noch ganz im Rausch des Gelingens war, begann Lou Andreas-Salomé sich schon zu sorgen. „Möglich wohl", schrieb sie ihm am 16. Februar 1922, „daß eine Reaktion eintritt, weil das Geschöpf den Schöpfer aushalten mußte, dann laß Dich davon nicht erschrecken (so fühlen sich auch die Marien nach der ihrem Zimmermann unfaßlichen Geburt)" (BwmLAS, 447). Rilke stimmte ihr in seiner Antwort drei Tage später zu, der hochgegriffene Vergleich mit den ‚Marien' wird ihm gefallen haben, und gab sich dennoch geradezu irdisch zuversichtlich: „ich falle schließlich in den hier schon näheren Frühling" (ebd., 448). Tatsächlich war er froh und befriedigt. Seine Lebensfreude, nicht zuletzt eine Freude am Gewöhnlichen, beschrieb er Ende des Monats der Freundin: „Gestern, Lou, war ein Sonntag, der wirklich nach der Sonne hieß, von früh bis spät" (ebd., 451):

> Und als ich ins Arbeitszimmer kam, früh, standen Rosen da –, und unten, auf den Frühstückstisch, – ohne begreiflichen Grund, so wie neulich bei Dir, ein Gugelhupf und ein Schälchen mit den ersten Himmelsschlüsseln aus unseren Wiesen, weich noch und sehr kurz im Stengel, aber schon ganz glücklich. (ebd.)

Angesichts diesen bescheidenen Glücks feierte Rilke, still für sich, ein kleines Auferstehungsfest.

Der Gefahr neuerlicher Leere nach großer Anstrengung war er sich aber bewusst, nicht nur durch Lou Andreas-Salomés Erinnerung. Im März 1922 äußerte er sich über diese Abgründe künstlerischer Arbeit in einem langen Brief an Elisabeth de Wal, eine österreichische Juristin, Kind einer alten Wiener jüdischen Bankiersfamilie, die sich selbst als Schriftstellerin betätigte. Er sprach dabei vor allem von dem „Zustand, der nach dem Abschluß einer lange anhaltend gewesenen künstlerischen Spannung und Absicht eintritt (: als eine zunächst leere Freiheit)": „Es ist ein gefährlicher Zustand (einer unter den vielen gefährlichen des künstlerisch Tätigen), ein Leichtwerden im Moment, da die Flügel müde sind; ein zu Leichtwerden. Der Auftrieb des Gemüts zu irgendeiner Oberfläche". Das „Feriale dieser Entlastung ist nur ihre e i n e Seite; kaum empfunden, schlägt es in ein Bewußtsein des Überzähliggewordenseins um" (BaM, 121). Bei seiner „Einseitigkeit und Einschränkung auf E i n e s" (ebd.), eben seine künstlerische Arbeit, sei es ihm nicht gelungen, „mir ein eigentlich ständiges Gegengewicht auszubilden" (ebd., 122). Er habe sich damit getröstet, dass

> die Kunst – ohnehin eine zu lange Aufgabe selbst für das längste Leben – unter solcher Teilung würde gelitten haben, und die ungeheuere Bestärkung Rodins zum métier kam mir da völlig zurecht, um mir den Willen, in E i n e m g a n z zu sein, in die innerste Mitte einzusetzen und ihm dort, bis ans Ende, recht zu geben. Aber ich hatte nicht das in diesem Sinn so hilfreiche métier Rodins, keines, das mir mit solcher täglichen Greifbarkeit und Sicherheit im Sichtbaren, als fortwährend vorhanden, beizustehen fähig gewesen wäre, – auch fehlte mir jene Vitalität des großen Meisters, die ihn, nach und nach, instand gesetzt hatte, seiner Inspiration unaufhörlich mit so viel Arbeits-Vorschlägen entgegenzutreten, daß sie nicht umhin konnte, auf e i n e n der angebotenen, fast ohne daß eine Pause entstand, einzugehen. (ebd., 122)

Rodin sei „seiner Inspiration so sicher" gewesen, „daß er ihre Existenz und ihren Eingriff geradezu leugnen durfte: Ihre ihm immer erreichbare Schwingung unterschied sich in nichts mehr von seiner eigenen Kraft". Doch das habe sich im Alter gerächt,

> wie sich jede Unterwerfung des Zu-Großen, uns Übertreffenden, des frei und unverpflichtet Göttlichen irgendwann rächen muß: da schuf er ab und zu mit den Mitteln der Inspiration, aber ohne sie, ja wider sie ... Die Gefährdung des Künstlers ist eben ungeheuer, und die Gefahr wächst um ihn als ein Vielfältiges seiner Größe. (ebd., 122–123)

Der im doppelten Sinn selbstbewusste Brief zeigt deutlich, wie sehr sich Rilke inzwischen nun als poeta vates sehen wollte, als inspirierten Künstler, der, mehr als der die Arbeit übertreibende Rodin, dem „unverpflichtet Göttlichen verpflichtet" war. Mit dem Vergleich deutete er an, dass er sich inzwischen seinem alten Lehrer voraus fühlte.

Paul Valéry: Eine letzte Künstler-Begegnung

Anders als nach der Fertigstellung der *Neuen Gedichte* und der *Aufzeichnungen des Malte Laurids Brigge* geriet Rilke nach der Vollendung der *Duineser Elegien* und der *Sonette an Orpheus* zunächst nicht in eine neuerliche depressive Leere. Er schien erleichtert, vielleicht auch erlöst, nach langer Zeit endlich seinen Ruf bestätigt zu haben. Obwohl er als Dichter an sein Ziel gekommen war, stellte er die Arbeit nicht ein. Er war keineswegs ausgeschrieben, ging vielmehr einiges Neue an.

Eine Arbeit hatte er bereits begonnen: die Übersetzung von Werken Paul Valérys, der schnell zu einer wichtigen literarischen Bezugsperson für ihn wurde: ein weiterer von ihm verehrter Künstler, dessen Nähe er suchte.

Valéry war nach Gide und Proust für Rilke nun der wichtigste zeitgenössische französische Autor. Rilke war 1921 auf ihn aufmerksam geworden. In der *Nouvelle Revue Française* vom Juni 1920, die er allerdings erst im folgenden Jahr in Berg am Irchl las, fand er Valérys Gedicht *Le cimetière marin*, mit dem der 1919 seine literarische Tätigkeit wieder aufgenommen hatte. Rilke war begeistert – vom Gedicht wie vom Dichter. In dem langen Brief, den er am 26. November des Jahres, nun schon aus Muzot, Gertrud Ouckama Knoop schrieb, erwähnte er am Ende auch Valéry:

> Vielleicht, daß Ihnen der Name längst vorgekommen ist; ich kenne ihn, seinen Inhalten nach, erst seit diesem Frühjahr, aber seither steht er mir unter den Ersten und Größesten, – ja, Großen. Das ist ein Mann, etwa aus der Umgebung und, wie wohl zu sagen erlaubt sein muß: Schulung Mallarmés, der zeitig mit merkwürdigen, an die Erscheinung Lionardos frei angeschlossenen Betrachtungen und einzelnen Gedichten hervortrat, damals nicht unbemerkt blieb, – dann aber zwei Jahrzehnte oder etwas mehr, aller Produktivität absagend, mathematischen Studien gehörte und erst um 1919 wieder vor der Öffentlichkeit erschien. Vollendet. Ein Dichter, der sich in jenen Beschäftigungen nur neue Maße und Präzisionen geholt zu haben scheint, um das Großartige seines Gefühlsraums und die Lage der darin erlebbaren Dinge unbestreitbar auszusprechen. (BaM, 49–50)

Rilke sah in Valéry offenbar einen Dichter seinesgleichen – einen, der lange geschwiegen hatte, bevor er mit einem vollendeten Werk wieder an die Öffentlichkeit trat. Das erhoffte er damals auch für sich, gut sechs Wochen, bevor sein Wunsch in Erfüllung ging.

Rilke schätzte Valéry als Autor ähnlich hoch wie Gide ein, vielleicht noch höher. Er bemühte sich, in Kontakt mit ihm zu treten, wie er es auch mit anderen verehrten Dichtern gehalten hatte. Gide versuchte sich als Mittler, doch Valéry zeigte anfangs wenig Interesse an einem Treffen mit Rilke. Der Name scheint ihm nichts gesagt zu haben, vielleicht wusste er ihn auch nicht einzuschätzen; Deutsch konnte er nicht lesen, um sich selber ein Bild zu machen. Erst im Dezember 1921 schrieb er Rilke. Danach dauerte es noch einmal fast eineinhalb Jahre, bis sie sich kennenlernten.

Zweimal traf Valéry Rilke, in Muzot am 6. April 1924 und in Anthy, am Genfer See, am 13. September 1926. Auf dem Foto, das beide in Anthy zeigt, scheint eine gelöste Stimmung zu herrschen, Rilke, schon krank, wirkt munter, als sei er nicht nur gesund, sondern auch bestens gelaunt (vgl. Schnack, Abb. 378). In Muzot pflanzte er nach dem Besuch, Valéry zu Ehren, ein Bäumchen. Zwischen diesen beiden Treffen sahen sie sich auch bei Rilkes letztem Pariser Aufenthalt 1925, zu seiner Enttäuschung allerdings nicht so oft, wie er es sich gewünscht hatte.

Rilkes Verehrung für Valéry schwand nicht. Er übersetzte *Le cimetière marin* und weitere 15 der 23 Gedichte von *Charmes*, Valérys großem Gedichtband. Rilke schickte sie ihm, handgeschrieben, wie es seine Art war, am 7. Februar 1924 zu. Der Insel Verlag brachte sie 1925 als eigene Ausgabe, in der Cranach Presse, heraus. Danach übertrug Rilke noch zwei sokratische Dialoge Valérys, *Die Seele und der Tanz* und *Eupalinos oder Der Architekt*. Seine letzte Valéry-Übersetzung, die von *Tante*

Berthe, schloss er kurz vor seinem Tod ab und sandte sie Mitte November 1926 Anton Kippenberg (vgl. ausführlicher zu den Übersetzungen König, 68–89).

Auch Valéry gab Zeichen der Wertschätzung. Er druckte in seiner Zeitschrift *Commerce* Gedichte von Rilke ab. Nach dessen Tod, Anfang 1927, schrieb er für die *Neue Zürcher Zeitung* seine *Erinnerungen* an ihn auf. Seine Beschreibung des Turmes von Muzot lässt etwas von der Fremdheit ahnen, die er Rilke gegenüber empfand und nie ganz verlor. „Rilke", schrieb er, „war der sensibelste Mensch, den ich je gesehen habe". Aber:

> Ich war betroffen über solche Einsamkeit; mir schien es unmöglich, so leben zu können. Wie düster war diese Turmwohnung! Ich vermöchte nicht, Jahre hindurch ein so völliges Abgetrenntsein zu ertragen. Meine Gedanken schienen mir nicht mehr wert, gedacht zu werden ... (Valéry, in: Insel-Almanach, 90)

Zu einer tieferen Verbindung zwischen Valéry und Rilke ist es nicht gekommen, auch nicht zu einer Freundschaft. Es scheint, dass das Verhältnis zwischen ihnen für Rilke wichtiger war als für Valéry.

Die französischen Gedichte

Die Valéry-Übersetzungen gehören zu den Annäherungen Rilkes an das Französische während der Walliser Jahre. Es wurde nun, in der Variante des Kantons, seine Umgangssprache. Er korrespondierte auch auf Französisch mit seiner von ihm Merline genannten Geliebten Baladine Klossowska und befreundeten Autoren aus Frankreich. Die Annäherung führte schließlich zu Rilkes französischen Gedichten.

Solches Dichten in fremden Sprachen hatte er schon früh betrieben. Tatsächlich hat er am Ende ein Werk in drei Sprachen hinterlassen. Neben den Dramen, der Lyrik und der Prosa in deutscher Sprache umfasst es vor allem eine Handvoll Gedichte in russischer und eine beträchtliche Anzahl Gedichte in französischer Sprache (vgl. dazu ausführlicher Blätter der Rilke-Gesellschaft). Aufgrund der wenigen russischen Texte wird man kaum sagen können, dass Rilke auch ein russischer Dichter war – so wichtig ihm Russland war. Im Fall der französischen Gedichte ist das anders: Sie haben Rilke tatsächlich zu einem französischen Autor gemacht.

Der Band *Vergers/suivi des/Quatrains Valaisans* erschien in seinem letzten Lebensjahr 1926, mit einem Porträt, das Baladine Klossowska von ihm angefertigt hatte. Zwei andere Zyklen, *Les Roses* und *Les Fenêtres*, konnte er noch zum Druck vorbereiten. Chauvinisten auf beiden Seiten haben ihm das Dichten in einer fremden Sprache übel genommen (vgl. Salis, 204; ausführlicher Engel, in: KA, S, 409–415), doch es hatte auf französischer Seite in Paul Valéry, der es angeregt hatte, einen einflussreichen Fürsprecher. Inzwischen haben Rilkes französische Gedichte ihren Platz in französischen Literaturgeschichten gefunden.

Sie alle, nicht nur die *Quatrains Valaisans,* verdanken sich offensichtlich dem Wallis. Auch wenn in *Vergers* immer wieder der Engel („l'Ange", KA, S, 10) auftritt, stehen sie doch den *Sonetten an Orpheus* näher als den *Duineser Elegien*. Auf ihre Weise sind sie Gedichte der Rühmung: der Landschaft des Wallis, seiner Vegetation, seiner ‚Obstgärten', seiner Jahreszeiten. Mit Rilkes deutschsprachiger Lyrik sind sie über viele Motive verbunden, außer über den Engel etwa auch über die Fontäne, den Schwan, das Fenster und, vor allem, die Rose.

Die französischen Gedichte bilden ein eigenes kleines Œuvre mit bemerkenswerten Versen. Zu ihnen zählen etwa, in *Vergers*, eines der seltenen autobiographischen Gedichte Rilkes, Nr. 23 über den Besuch in Chartres mit Rodin, das, etwas kühn, den Papst und den Teufel bemüht (vgl. KA, S, 30), auch Nr. 33 über die Kunst als Abschied: „Le sublime es un départ" (ebd., 46). An manchen Motiven, wie dem Handinneren und dem Füllhorn, hat sich Rilke in dieser Zeit sowohl auf Deutsch wie auf Französisch versucht, die verschiedenen Möglichkeiten der beiden Sprachen praktisch erkundend und vergleichend.

Die französischen Gedichte, ein ‚œuvre inconnue', wie ihr Herausgeber Manfred Engel festgestellt hat (vgl. KA, S, 381), sind, auch jenseits nationalistischer Kritik, unterschiedlich beurteilt worden. Abwägend, doch bestimmt im Urteil ist, was Jean Rudolf von Salis, selbst zweisprachig aufgewachsen, über sie geschrieben hat:

> Die französischen Gedichte haben nicht die tragische Größe der Duineser Elegien, noch den tiefen, gedanklich und formal ausgeglühten Glanz der Sonette an Orpheus. Auch nicht den großen Schwung und die Kraft der *Charmes*-Nachdichtung. Aber sie schließen sich, vertraulich, süß und ein wenig scheu, diesen Werken großen Formates an wie entzückende Miniaturen, Skizzen, Landschaften und Gedankenspiele, die den Meister verraten und in denen der unveräußerliche Ton von Rilkes Eigenart und Einzigartigkeit auch auf dem fremden Sprachinstrument erklingt. (Salis, 203)

Folgt man Salis, sind die französischen Gedichte eher ein Neben- als ein Hauptwerk, in mehr als einer Hinsicht beachtlich, aber nicht erster Güte.

Manfred Engel hat den französischen Gedichten Rilkes, wie insgesamt seiner literarischen Zweisprachigkeit, ein größeres Gewicht beigemessen: Sie seien „das Werk eines virtuosen und reifen Autors, der sich, auf dem Höhepunkt des Schaffens, ein neues sprachliches Ausdrucksfeld erschließt" (Engel, in: KA, S, 382) und dabei noch die Verbundenheit mit einer anderen literarischen Kultur zum Ausdruck bringt.

Einen ganz eigenen Blick auf die französischen Gedichte warf Marina Zwetajewa, Rilkes Briefpartnerin des letzten halben Lebensjahres. Wie er sprach und las sie Russisch, Deutsch und Französisch. Jede Sprache, schrieb sie ihm, habe „etwas nur ihr Gehörendes", Deutsch z. B. sei „tiefer als Französisch, voller, gedehnter, *dunkler*" (RuZ, 77): „Rainer, ich erkenne Dich in jeder Zeile, doch klingst Du kürzer, jede Zeile ein abgekürzter Rilke, etwas wie ein Konspekt" (ebd.), also wie eine Zusammenfassung. Sie erinnerte ihn deshalb auch daran, warum „man Dichter" werde: „um nicht Franzose, Russe etc. zu sein, um alles zu sein" (ebd.). „Nationalität" sei „Ab- und Eingeschlossenheit" (ebd.). In diesem Punkt hatte Marina Zwetajewa, Kosmopolitin wie Rilke, recht. Mit seinen französischen Gedichten, wenn man sie für sich betrachtet, ist er im linguistischen Sinn zwar auch ein französischer Autor geworden – wenn man sie in den Zusammenhang seines ‚Wohnens im Ausland' stellt, aber durch seine poetische Zweisprachigkeit zugleich ein Autor der Weltliteratur (vgl. Lamping, Internationale Literatur, 44–54; außerdem Storck: Rilke als Europäer)

Die Jahre 1922–1926

Nach der Fertigstellung der *Duineser Elegien* und der *Sonette an Orpheus* blieb Rilke zunächst in Muzot, in Erwartung des Frühlings. Er widmete sich seinem Garten und, in der Regel abends, der immer umfangreicheren Korrespondenz. Er schrieb an Freunde und Leser, meist Leserinnen, auch weiter an seine Frau. Als Mitte Mai seine Tochter Ruth heiratete, gratulierte er freundlich, sagte aber seine Teilnahme an der Feier ab. Er hat weder ihren Mann, der später ein Buch über seine frühen Jahre schrieb (vgl. Sieber), noch die 1923 geborene Enkeltochter Christine je gesehen.

Ende Mai musste er seinen kleinen Turm räumen; Renovierungsarbeiten zwangen ihn, in das Hotel Bellevue im nahegelegenen Sierre zu ziehen, in dem inzwischen auch Kassner wohnte. Nora Purtscher-Wydenbruck ließ er im Juli 1922 wissen, dass „der heilige Wirbel im Herzen nach und nach" sich gelegt habe, dass es aber „immer ein langer Rückweg von dort zu den Menschen" (BaM, 143) sei: Der Dichter brauchte Zeit, um seine Einsamkeit wieder aufzugeben.

Nach und nach stellten sich einige Besucher ein. Im Juni 1922 war es etwa die Fürstin von Thurn und Taxis, der er an zwei Tagen seine neuen Gedichte vorlas und in der er, wie zu erwarten war, eine begeisterte Zuhörerin fand. Im Juli besuchte ihn sein Verleger-Ehepaar. Anton Kippenberg widmete er das Gedicht *Der Reisende*, das auch ein Selbstporträt ist, wie in dem Vers: „War ich nicht immer ihr leiser Erzähler?" (KA, II, 289) anklingt: der Erzähler nämlich der „innig Beschwingten" (ebd.), die sich auf Reisen begeben.

Zwei Menschen starben im Sommer, denen Rilke sich nahe fühlte. Walter Rathenau wurde Opfer eines Attentats von Mitgliedern einer rechtsgerichteten, antisemitischen Organisation. Karl von der Heydt starb, siebzigjährig, in Bad Godesberg. Rilke kondolierte der Schwester Rathenaus und der Witwe von der Heydts. Die Ermordung Rathenaus dürfte ihn noch einmal in seinem Entschluss bestärkt haben, nicht nach Deutschland zurückzukehren und sich auf die Dauer in der Schweiz anzusiedeln.

Mitte August begab er sich dann für Ferien nach Beatenberg am Thuner See, wo er Baladine Klossowska und ihre Söhne wiedertraf. Den Herbst und Winter 1922/1923 verbrachte er in Muzot, anfangs mit Frau Klossowska, die aber Anfang Dezember plötzlich abreiste. Das Zusammensein mit ihr war Rilke zunehmend schwer gefallen, er sehnte sich, wie es in *Das Testament* heißt, nach seiner „natürlichen Einsamkeit" (KA, IV, 734).

Noch einmal Poetologisches

In den Jahren in Muzot, vor, aber auch noch nach der Fertigstellung der *Duineser Elegien* und der *Sonette an Orpheus,* reflektierte Rilke weiter über Kunst und Künstlertum. Spuren hat dieses Nachdenken über sein Metier vor allem in den Briefen hinterlassen – wie es schon früh poetologischen Überlegungen Raum in seiner Korrespondenz gegeben hat. Mehr als nur gelegentlich hatte er das erstmals in den Briefen getan, die er zwischen 1902 und 1906 an Franz Xaver Kappus schrieb und die der 1929 unter dem Titel *Briefe an einen jungen Dichter* im Insel Verlag herausgab. Das schmale Buch, eine Mischung aus lebenspraktischen Ratschlägen und Belehrungen über das ‚künstlerische Leben', wurde, mit schließlich fast 500.000 verkauften Exemplaren, Rilkes bekannteste poetologische Schrift: ein bemerkenswerter Erfolg nicht nur im deutsch-, sondern auch im englischsprachigen Raum, zumal in den USA.

In seiner Zeit in Muzot fand er einen solchen Adressaten nicht wieder. Er benutzte vor allem Fragen verschiedener Leser und Leserinnen und Anfragen von Philologen oder Übersetzern, sich poetologisch zu erklären. Er tat das nicht systematisch, immer nur fallweise, bei verschiedenen Gelegenheiten, je nach Thema. Nicht selten wiederholte er mehr oder weniger, was er früher schon einmal geschrieben hatte, aber er fügte auch neue Überlegungen hinzu. So ergeben auch die späten Briefäußerungen keine konsistente Theorie, nur eine lockere Reihe von Gedanken, die aber nicht ohne inneren Zusammenhang sind. Sie stellen den letzten Stand der Überlegungen Rilkes zu Kunst und Künstlern dar – zumindest den Stand, den seine Leser kennen sollten. Die poetologischen Darlegungen gerade in den Briefen, in denen er schon erprobte Formulierungen erneut aufgreift und mehr oder weniger stark abwandelt, gehören dabei auch zu seiner dichterischen „Selbstinszenierung" (King, 101) für die stetig wachsende „Gemeinde" (ebd., 100) seiner ihm ergebenen Leser und vor allem Leserinnen.

Einige seiner alten Gedanken bekräftigte Rilke noch einmal, allen voran den über die Bedeutung des Werks. Der Künstler, so schrieb er 1921 Gertrud Ouckama Knoop in einem langen, vieles streifenden Brief, ‚meine' „das W e r k" (BaM, 48): Seine Arbeit gilt ihm. Das war für ihn kein neuer Gedanke, eher ein alter, der aber noch immer trug. Nicht nur „Das große Gedicht", wie es in 1913 in dem Essay *Über den jungen Dichter* heißt (KA, IV, 676, vgl. dazu auch Singer, 57–61), hatte ihn schon früh beschäftigt und angezogen, sondern das große Werk generell als das Ziel künstlerischer Arbeit, das er mit höchsten Vorstellungen verband. Das gehörte zu seiner „Werkbesessenheit" (vgl. Meyer, 252).

Auf die ähnlich alte Vorstellung von der Armut des Künstlers kam er dagegen nicht zurück: Sie hatte sich offenkundig durch seine Einkommenssituation seit dem Ersten Weltkrieg und sein neues Bedürfnis nach Luxus erledigt. Immer wieder wies er jedoch, auch in Muzot, auf seine „hiesige etwas besondere und ausgesetzte Einsamkeit" (BaM, 268) hin, in der es ihm gelungen war, die *Duineser Elegien* fertigzustellen und die *Sonette an Orpheus* zu schreiben. Das Problem hatte sich gleichfalls neu gestellt, aber er hatte keine neue Lösung dafür gefunden. Er empfing zwar in Muzot durchaus Besuche, mehr als während der Pariser Zeit. Doch er wünschte sich auch in dieser Zeit immer wieder „langes, langes Alleinsein, womöglich für immer", für die „Kontinuität meiner innerlichen Arbeit" (BaM, 70, 71), für die ihm „Abgeschiedenheit" (BaM, 32) nötig war.

Die vergangenen Jahre hatten ihn aber in seiner Überzeugung bestärkt, dass es nur in der Einsamkeit möglich sei, ‚künstlerisch zu leben'. Fest stand für ihn,

> daß, sobald ein Künstler einmal die lebendige Mitte seiner Betätigung gefunden hat, nichts für ihn so wichtig ist, wie sich in ihr zu halten und von ihr aus (die ja auch die Mitte seiner Natur, seiner Welt ist) nie weiter fortzugehen als bis an die Innenwand seiner still und stetig hinausgetriebenen Leistung. (BaM, 60)

Ihm war es nun fraglos, dass es eine „Rivalität zwischen Umgang und Arbeit" (ebd., 46–47) gebe und der Verkehr mit Menschen dem „Verkehr mit der Arbeit" (ebd., 47) nicht förderlich, ja abträglich sei. Deshalb meide er „alle die Wohnplätze", „wo Menschen mir so lieb werden könnten, daß ich gegen sie zu freudig und vielfältig übergehe", wie er Gertrud Ouckama Knoop im November 1921 schrieb (ebd., 46), in Erinnerung wohl an die Jahre in München.

Allerdings gab es auch Zeiten, in denen ihm die Einsamkeit wieder zur Last wurde, wie er es schon aus der letzten Pariser Zeit kannte. 1924 bekannte er seiner Frau:

> Zum Glück ist das Haus seither so behaglich geworden, daß Regentage kaum eine Strafe sind –, nur die Einsamkeit macht mich etwas leiden zuweilen; sie wirkt manchmal wie ein zu lange aufliegendes, ziehendes Pflaster, und man bekommt wieder einmal zu fühlen, wie das besondere, der eigenen Erfahrung abgenommene Maß das Entscheidende sei, und wie jenes Maßhalten, wenn man es nur immer könnte, das Einzige ist, was sich erlernen läßt. (ebd., 285)

Zeitweise war die Einsamkeit nun tatsächlich auch ein Opfer und verstärkte sogar seinen Wunsch nach Gesellschaft, so im November 1924, als er Clara wissen ließ:

> Ich entdeckte in mir ein lebhaftes Bedürfnis, ganz neuen Menschen zu begegnen und mich mit neuen Kreisen zu berühren –, eine Folge wahrscheinlich der lange eingehaltenen vollkommenen Einsamkeit. (ebd., 300–301)

Noch 1921 hatte er allerdings in *Das Testament* geschrieben, das „*Alleinsein*" sei das „Eigenthümlichste meines Daseins" (KA, IV, 726) – also mehr als nur die eine notwendige Bedingung seiner künstlerischen Arbeit. Er wusste, dass er nur dann schreiben konnte, wenn er allein war. Rilke ordnete nun alles dem Schreiben unter. Die Versuche, eine „Harmonie von Schaffen und Leben" vor allem im Verhältnis zu einer Frau herzustellen, waren ausnahmslos gescheitert.

Sein soziales Leben verlagerte er in den Zeiten, die er der Arbeit widmete, in seine Korrespondenzen. Seinen Bekannten teilte er sich dann in Briefen mit: Das war seine Art der Hinwendung zu Menschen, seine Teilnahme an ihrem Leben. Er fertigte sie aber nicht mit ein paar belanglosen Zeilen ab, antwortete vielmehr oft einlässlich und verbindlich, deutete, was ihm mitgeteilt worden war, und gab auch Rat, vorsichtig, aber bestimmt.

Doch die Arbeit blieb die Mitte seines Lebens. Sie, ja schon ihre Vorbereitung sollte nach Möglichkeit durch nichts gestört werden, auch nicht durch die Anwesenheit anderer. Bereits kurze Besuche zählten dazu, oft auch Briefe, sogar Nachrichten, Zeitungen eingeschlossen. In *Das Testament* hielt er fest, dass er, um schreiben zu können, sein „Dasein so gestellt hatte, daß es keine Nachrichten mehr gab, geben durfte, die es in seinen wesentlichen Bestimmungen treffen und verändern konnten" (KA, IV, 722). Einen solchen zeitweisen Rückzug aus der Welt hat es bei ihm nicht zu allen Zeiten gegeben, vor allem nicht während des Ersten Weltkriegs, wohl aber danach wieder, nachdem er in die Schweiz übergesiedelt war.

Rilkes Briefe aus Muzot verraten tatsächlich wenig Teilnahme am politischen Leben, die Probleme der Zeit drangen in sie kaum ein, und wenn doch, wie etwa in seinem späten Brief an Leonid Pasternak, dann sprach er von ihnen oft nur andeutungsweise. Was solche Teilnahme an den Zeitläuften störend für seine Arbeit machte, war „fremde Schreckhaftigkeit" (ebd.). Das Wort meint nicht nur den Schrecken von Schicksalen, die nicht das eigene sind. Es meint auch, dass Zeitungs-Nachrichten in Schrecken versetzen können, ja oft sollen, dass sie also aufschrecken und aus dem inneren Gleichgewicht bringen können, das Rilke für die Arbeit unabdingbar war.

Er traf auch noch andere Vorkehrungen, die sie sichern sollten. Eine junge Verehrerin klärte er 1921 darüber auf:

> Aller Aufschwung meines Geistes beginnt in meinem Blut, weshalb ich meiner Arbeit durch reine und einfache Lebensart, die frei ist von Reizungen und Stimulanzen, gleichsam ein einleitendes Vorspiel vorangehen lasse, um mich nicht über die wahre geistige Freude täuschen zu können, die in einer fröhlichen und wie verklärten Übereinstimmung der ganzen Natur besteht. (BaM, 14–15)

Die „reine und einfache Lebensart" bestand u. a. darin, dass Rilke in seinen Arbeitszeiten keinen Alkohol trank und früh schlafen ging. Allerdings lebte er nicht immer so.

Er versuchte auch das Schreiben selber noch weiter zu ergründen, ja zu zergliedern. Als seine Voraussetzung galt ihm auch ‚Wahrnehmung'. Es ist allerdings mehr als das, was man sonst mit dem Wort verbindet. Kennzeichnend für seine Bücher, schrieb Rilke 1922 Rudolf Bodländer, sei ein „‚Schwer-nehmen des Lebens'", das aber „keine Schwermütigkeit" sei:

> jenes Schwernehmen will ja nichts sein, nicht wahr?, als ein Nehmen nach dem wahren Gewicht, also ein Wahrnehmen; ein Versuch, die Dinge mit dem Karat des Herzens zu wägen, statt mit Verdacht, Glück oder Zufall. Keine Absage, nicht wahr?! k e i n e A b s a g e; oh, im Gegenteil, wieviel unendliche Zustimmung und immer noch Zustimmung zum Da-Sein! (BaM, 117)

Rilke spielt in dieser Passage, wie auch sonst, mit dem Wort wahrnehmen. Es bedeutet für ihn nicht nur: etwas erkennen, sondern auch: für wahr halten – also etwas für das nehmen, was es ist. Solches Wahrnehmen ist für ihn „Teilnehmung" (ebd., 153), aber auch „Zustimmung", also die Anerkennung eines Dings: seines Rechtes, so zu sein, wie es ist. Während seines Aufenthalts in Spanien schon hatte Rilke diese Haltung der Fürstin von Thurn und Taxis konzis beschrieben: als den „Gegenständen gegenüber dazusein, still, aufmerksam, als ein Seiendes, Schauendes, um-Sich-nicht-Besorgtes" (BwmMvTuT, I, 228) – wie ein Medium, das nur aufnimmt, sich nicht selber ins Spiel bringt, dem Ding gegenüber ganz offen.

Gleichwohl hat er auch betont, dass zum „Anschauen" eine „Eigen-Art" gehöre:

> jenes Unwillkürliche So-und-nicht-Anders des Auffassens, dem der Künstler im Verlaufe seines Wachstums oft auf die Spur zu kommen scheint –, das ihn dann aber immer wieder überholt, sooft er ihm seine Absichtlichkeit möchte hilfreich zur Verfügung stellen dürfen: jenes immer noch Großmütigere, als er selbst. (BaM, 107–108)

Dass es zu einer solchen Wahrnehmung kommen kann, verlangt ein Aufmerken noch in einem anderen Sinn: ein „Erstaunen". Rilke sah darin, wie er Nora Purtscher-Wydenbruck 1924 schrieb, „eine der wesentlichsten Anwendungen" seines Gemüts: „Und da muß ich gestehen, mein größtes, mein leidenschaftlichstes Staunen ist bei meiner Leistung, ist bei gewissen Bewegungen in der Natur" (ebd., 281–282). In solchem Erstaunen erkennt der Aufmerksame das Gegenüber, zumal das natürliche, in seiner Eigenart.

Zur dichterischen Wahrnehmung gehört schließlich auch Genauigkeit. 1923 schrieb Rilke einer jugendlichen Verehrerin: „Eines ist mir jetzt wichtiger als alles übrige, g e n a u zu sein" (ebd., 186). Die Genauigkeit von Kunstwerken war ihm längst unzweifelhaft und blieb es. Noch im Frühjahr 1926 klärte er Dieter Bassermann darüber auf:

> Es war immer meine Meinung, daß irgendein Gedicht, gerade infolge seiner extremen Natur, plötzlich ganz unmittelbar an technische Präzisionen heranreichen könne, sich gleichsam aus seinem Weltraum, wie reiner Tau, auf der Oberfläche eines Problems niederschlagend. (ebd., 383)

Der kühne Vergleich, mit dem diese Äußerung schließt, deutet an, dass die Genauigkeit eines Gedichts, als Bedingung seiner Verbindlichkeit, für Rilke in der Wahrnehmung und der Darstellung seines Gegenstands und damit auch in seiner Sprache liegt.

Tatsächlich hat er eine eigene Art der Genauigkeit nicht zuletzt in seinem Gebrauch der deutschen Sprache entwickelt, nicht nur in der Wortwahl. Wo er so etwas bei jungen Lyrikern vermisste, mahnte er sie an. Werner Milch etwa machte er 1924 auf die vielen Druckfehler in seinem eben erschienenen Gedichtband aufmerksam, auch auf seine „doch nicht ganz aufgegebene[…] Interpunktion", die „Unklarheiten fördert". Es gebe „nur wenige, die sich, wenn sie nicht interpunktieren, auf die innere Vollkommenheit ihres Verses berufen" könnten (ebd., 234) – ein Grundsatz, der noch heute gilt, nicht zuletzt für freie Verse.

In der sprachlichen Sorgfalt hatte Rilke offenbar etwas vom Handwerk des Schreibens erkannt, nach dem er in der ersten Pariser Zeit fast verzweifelt gesucht hatte. Seine neue Aufmerksamkeit für sie eröffnete ihm neue Erkenntnisse über die Sprache der Dichtung allgemein. Der Gräfin Sizzo teilte er etwas davon am 17. März 1922 mit. Des „Dichters Aufgabe", schrieb er, steigere sich

> um die seltsame Verpflichtung, *sein* Wort von den Worten des bloßen Umgangs und der Verständigung gründlich, wesentlich zu unterscheiden. *Kein* Wort im Gedicht (ich meine hier jedes *„und"* oder *„der", „die", „das"*) ist *identisch* mit dem gleichlautenden Gebrauchs- und Konversations-Worte; die reinere Gesetzmäßigkeit, das große Verhältnis, die Konstellation, die es im Vers oder in künstlerischer Prosa einnimmt, verändert es bis in den Kern seiner Natur, macht es nutzlos, unbrauchbar für den bloßen Umgang, unberührbar und bleibend: eine Verwandlung. (BaGS, 29)

Der späte Rilke besaß, in Grundzügen, eine Theorie der poetischen Sprache, wie sie gleichzeitig auch die Russischen Formalisten entwickelten.

In seinen letzten Jahren betonte Rilke gern, dass seine Arbeit, auch wenn sie im „Konflikt" mit der Liebe stand, ihm doch nicht als lieblos galt. Künstlerische Arbeit war für ihn inzwischen nicht einfach nur Erfinden, Dichten und Gestalten. Er verstand sie nun, nachdem er seine Poetik des Rühmens entwickelt hatte, als das „endgültige freie Jasagen zur Welt" (KA, IV, 720), wie es in *Das Testament* heißt, und betonte, dass „meine Arbeit Liebe ist" (ebd., 724). Noch genauer hat er das so ausgeführt: „Das Prinzip meiner Arbeit ist eine leidenschaftliche Unterwerfung unter den Gegenstand, der mich beschäftigt, dem, mit anderen Worten, meine Liebe gehört" (ebd., 728).

Die „Unterwerfung" unter den Gegenstand sei ihm „selber unerwartet", „in dem plötzlich in mir aufkommenden schöpferischen Akt, in dem ich ebenso schuldlos handelnd und überwindend bin, wie ich in jener vorhergehenden Phase rein und unschuldig unterworfen war" (ebd., 728). Wie die Plötzlichkeit des schöpferischen Akts ist diese ‚Unterwerfung' geradezu ein Topos der Inspirationspoetik, die Rilke nicht aufhörte zu beschwören.

Die poetologischen Maximen, die er nun gern preisgab, verraten aber zugleich, nach wie vor, seine Verpflichtung auf Arbeit. Der Gedanke, dass man immer arbeiten solle, sorgfältig und genau, bestimmte weiter nicht nur seine Poetik, sondern auch seine poetische Praxis und über sie seine Lebensweise. Seine Bilder göttlicher Inspiration lassen sich dabei auch als Annäherungen an das „Geheimnis" (BaM, 281) des Dichtens verstehen: als Metaphern für seine Unverfügbarkeit im Letzten, die er oft genug erfahren hatte.

Für Rilke stand allerdings außer Frage, dass ein Kunstwerk sich der Verfügung schon in der Herstellung entzieht. Nora Purtscher-Wydenbruck, mit der er über Séancen und spirituelle Medien korrespondierte, erklärte er, „innerhalb der dichterischen Arbeit" werde man „in die unerhörten Wunder unserer Tiefen eingeweiht, oder doch von ihnen wie ein blindes und reines Werkzeug, irgendwie gebraucht" (ebd.). Kurze Zeit zuvor hatte er die Baronin Ledebur, als Eingeweihter, wissen lassen, dass „ja, in der Kunst, immer, die ‚Gnade' das Entscheidende ist" (ebd., 264).

Rilke behielt bis zum Schluss die Neigung, das ‚Erlebnis des Schaffens' mit religiösem Vokabular zu umschreiben. Eine Erklärung dafür hat Herbert Singer gegeben: Weil es für Rilke

> das Höchste und Wichtigste ist, was ihm je begegnet ist, nennt er es mit Namen und faßt es in Bilder aus der Sphäre des Numinosen. Es ist von den vielen Kräften und Möglichkeiten seines Gemüts die größte und wunderbarste, und so gebühren ihm die größten Namen. (Singer, 132)

Rilke war das Dichten im Ganzen auch nicht rational erfassbar. Als Dichter konnte es ihm nicht, wie dem Kritiker oder dem Wissenschaftler, der Gegenstand unbeteiligter Reflexion werden.

Fasslicher war ihm dagegen das Ziel, das er, für sich, mit seiner Arbeit erreichen wollte, eben „einen heileren Zustand in der Mitte des eigenen Wesens zu gewinnen"

(BaM, 48): eine Art von Erlösung. Allerdings hat Rilke über diese individuelle hinaus der künstlerischen Tätigkeit schließlich auch eine weitergehende Bedeutung zugesprochen, die bezeichnend für sein dichterisches Denken ist. Weil Kunstwerke

> seltsam still und unübertrefflich unter den Dingen dastehen, könnte es geschehen, daß sie j e d e r menschlichen Betätigung unwillkürlich irgendwie vorbildhaft werden durch ihre angeborene Uneigennützigkeit, Freiheit und Intensität. (BaM, 118–119)

Gedichte der letzten Jahre

Die späteste, seit 1922 entstandene Lyrik ist im Ganzen denkbar unterschiedlich, von einer auch für die französischen Gedichte typischen Vielfalt der Themen und Formen. Neben zahlreichen Gelegenheits- und Widmungsgedichten, die Rilke leicht von der Hand gingen, findet sich unter ihnen eine Reihe von Landschafts- und Jahreszeiten-Gedichten wie die *Sieben Entwürfe aus dem Wallis* oder *Das kleine Weinjahr* für Werner Reinhart, auch *Vorfrühling* und *Frühling, Wilder Rosenbusch* und *Herbst;* Nacht-Gedichte wie *Nachthimmel und Sternenfall* oder *Garten-Nacht;* Dinggedichte wie *Das Füllhorn* für Hugo von Hofmannsthal oder *Die drei Gedichte aus dem Umkreis: Spiegelungen.* Offenbar dachte Rilke, zumindest ansatzweise, an neue Zyklen. Nur wenige kamen zustande wie die neun Gedichte *Im Kirchhof zu Ragaz,* entstanden im Juli 1924. Manche Gedichte sind auch in der Beschäftigung mit Valéry und seiner Poetik der Sprachmagie entstanden, vor allem *Der Magier* von 1924.

Einige dieser späten Arbeiten zeigen Rilke auf der Höhe seines Könnens, etwa *Imaginärer Lebenslauf* oder *Magie,* aber auch Sprache reflektierende Verse wie

> Neigung: wahrhaftes Wort! Daß wir *jede* empfänden,
> nicht nur die neuste, die uns ein Herz noch verschweigt;
> wo sich ein Hügel langsam, mit sanften Geländen
> zu der empfänglichen Wiese neigt,
> sei es nicht weniger *unser,* sei uns vermehrlich;
> oder des Vogels reichlicher Flug
> schenke uns Herzraum, mache uns Zukunft entbehrlich.
> Alles ist Überfluß. Denn genug
> war es schon damals, als uns die Kindheit bestürzte
> mit unendlichem Dasein. Damals schon
> war es zuviel. Wie könnten wir jemals Verkürzte
> oder Betrogene sein: wir mit jeglichem Lohn
> längst Überlohnten ...
> ……. (KA, II, 285)

Typisch für einen Teil der späten Lyrik, ist das Gedicht, das 1922 entstanden ist, um ein starkes Nomen herum gebaut. Typisch ist auch, dass es, ohne dass man gleich den Übergang wahrnimmt, einen Gedanken assoziativ mit dem nächsten verknüpft: den der Neigung mit dem des Lohns. Sie konvergieren in einem Lob des Daseins, das uns, in jedem Augenblick, anzieht in seiner Fülle und mehr zu geben hat, als wir annehmen können. Mit *Neigung* ist Rilke ein vergleichsweise einfaches, aber nachdenkliches Gedicht gelungen, ganz ohne die Stilisierungen der *Duineser Elegien*.

Wie es bei diesem Gedicht schwer entscheidbar ist, ob es vollendet oder unvollendet ist – also gewissermaßen dem Überfluss nicht gewachsen –, so ist es auch mit

> Ach, im Wind gelöst,
> wieviel vergebliche Wiederkehr.
> Manches, was uns verstößt,
> tut hinterher,
> wenn wir vorüber sind,
> ratlos die Arme auf.
> Denn es giebt keinen Lauf
> zurück. Alles hebt uns hinaus,
> und das spät offene Haus
> bleibt leer. (KA, II, 371)

Obwohl das 1924 entstandene Gedicht unter die unvollendeten gerechnet wird, ist schwer zu sehen, wie es noch hätte weitergehen können. Es scheint in sich geschlossen, auch formal: eine kleine existenzielle Elegie über die ‚vergebliche' Rückkehr. Die zehn unregelmäßig langen Verse sind alle gereimt, bis auf den fünften: Als einziges Wort am Versende bleibt „sind" reimlos – ein Zeichen für die aus ihrem Haus ‚hinausgehobenen' Menschen.

Dass Rilke schließlich in seinen letzten Jahren die Form des Sonetts noch einmal mit neuer Leichtigkeit zu handhaben wusste, zeigt eines aus dem Umkreis der *Sonette an Orpheus* von 1923:

> Wann war ein Mensch je so wach
> wie der Morgen von heut?
> Nicht nur Blume und Bach,
> auch das Dach ist erfreut.
>
> Selbst sein alternder Rand,
> von den Himmeln erhellt, –
> wird fühlend: ist Land,
> ist Antwort, ist Welt.
>
> Alles atmet und dankt.
> O ihr Nöte der Nacht,
> wie ihr spurlos versankt.
>
> Aus Scharen von Licht
> war ihr Dunkel gemacht,
> das sich rein widerspricht. (KA, II, 283)

Auch dieses Gedicht wirkt ganz durch seine aufwandslose Genauigkeit. In kurzen Sätzen und gereimten Versen drückt es die Leichtigkeit einer Morgenstimmung aus. Der Moment seelischer Levitation wird Anlass einer Rühmung des Daseins, wobei, kennzeichnend für Rilkes poetisches Denken, auch die unbelebten Dinge „fühlend" genannt werden.

Seine zahlreichen Widmungsgedichte dieser Zeit könnten auf den ersten Blick den Anschein erwecken, als habe er zuletzt sein Können meist nur noch verwaltet. Doch tatsächlich hörte er nicht auf, zu experimentieren, die Grenzen dessen, was noch ausgedrückt oder ‚gesagt' werden kann, Mal um Mal hinauszuschieben – ein in seinen Gedanken wie in seinen Gefühlen kühner Sprach-Künstler. Wie weit er am Ende in seinen Experimenten ging, zeigt *Gong,* eines seiner kühnsten Gedichte:

> Nicht mehr für Ohren …: Klang,
> der, wie ein tieferes Ohr,
> uns, scheinbar Hörende, hört.
> Umkehr der Räume. Entwurf
> innerer Welten im Frein…,
> Tempel vor ihrer Geburt,
> Lösung, gesättigt mit schwer
> löslichen Göttern …: Gong!
> […] (KA, II, 396)

Im November 1925 entstanden, ist *Gong* Rilkes wohl abstraktestes Gedicht. Es dürfte kein Zufall sein, dass es, wenn nicht der Musik, so doch zumindest einem Klang gewidmet ist. Solche Entfernung von jeder Gegenständlichkeit mag eine „Verkehrung von Rilkes bisherigen poetischen Prinzipien und Verfahrensweisen in ihr Gegenteil" (Engel, in: ebd., 856) sein – möglicherweise ist sie aber auch ihre im Gedicht gedachte Fortsetzung: als Veräußerung eines Inneren. Dass ein Klang nicht gehört wird, sondern selbst hört, dass Räume sich umkehren, ist allerdings logisch kaum mehr zu durchdringen – es ist poetische Phantasie über alles hinaus, was uns gesichertes Denken über Wirklichkeit ist.

Ganz neu im Werk Rilkes – wenngleich weniger kühn – sind auch die dialogischen Briefgedichte, die er mit der jungen Wienerin Erika Mitterer austauschte, die sich später selbst einen Namen als Schriftstellerin machte. Dieser *Briefwechsel in Gedichten* – unter dem Titel wurden sie aus dem Nachlass zuerst 1950 veröffentlicht – begann im Mai 1924 und hielt, mit Unterbrechungen, an bis zum August 1926. Es ist eine poetische Korrespondenz, zumeist gereimte Liebesbriefe auf Abstand – nur einmal, 1925, besuchte Erika Mitterer Rilke in Muzot –, die an Goethes 100 Jahre zuvor mit Marianne Willemer geschriebene Hatem- und Suleika-Gedichte aus dem *West-östlichen Divan* erinnern.

Rilkes Antwort-Gedicht auf Erika Mitterers ersten Brief spricht schon gleich am Anfang die Vieldeutigkeit dieser Liebespost zwischen Imagination und Bekenntnis an:

> Daß Du bist genügt. Ob ich nun wäre,
> laß es zwischen uns in Schwebe sein.
> Wirklichkeit ist wahr in ihrer Sphäre;
> schließlich schließt das ganz Imaginäre
> alle Stufen der Verwandlung ein. (KA, II, 328)

Die Gedichte sind mal kunstvoll, mal schon nah an mitteilender Briefprosa. Sie wirken nicht immer ausgefeilt, enthalten auch ganz persönliche Sätze Rilkes über die eigene Situation wie: „ja, ich bin krank", und: „Ich steh im eignen Blut/im Folterbad des eignen Blutes" (KA, II, 358). Er schrieb das, in Klammern gesetzt, am 27. Oktober 1925, an dem Tag, an dem er sein Testament machte. Im Ganzen sind die Gedichte für ihn typisch als gedichtete Liebe ohne Anwesenheit des oder der angeblich Geliebten: eine Variante der gepriesenen besitzlosen Liebe.

Eine Sonderstellung unter den spätesten Gedichten nimmt die *Elegie/an Marina Zwetajewa* ein. Die Verbindung zwischen ihnen (vgl. dazu auch Lehmann) hatte Boris Pasternak hergestellt, der Sohn Leonids, der inzwischen in Russland selbst ein bekannter Dichter war. Er war befreundet mit der Lyrikerin, der neben Anna Achmatowa bedeutendsten russischen ihrer Zeit. In seinem Brief vom 14. April 1926 bat er Rilke, Marina Zwetajewa, die er eine „Dichterin von Geburt" nannte, „ein großes Talent vom Schlage einer Desbordes-Valmore", „vielleicht die Duineser Elegien" zu schicken (RuR, 380). Rilke kam der Bitte am 3. Mai nach und legte dem Brief noch die *Sonette an Orpheus* bei. Damit begann ein intensiver, ja leidenschaftlicher Briefwechsel mit der „Dichterin" (vgl. ebd., 382), wie er sie gleich zu Recht ansprach. 16 Briefe gingen hin und her in vier Monaten, den letzten Zwetajewas vom 22. August beantwortete der Kranke nicht mehr. Marina Zwetajewa war nach Paula Modersohn-Becker und Eleonora Duse die dritte große Künstlerin, zu der Rilke Kontakt hatte.

Schon in ihrem Brief vom 9./10. Mai aus St. Gilles-Croix-de-Vie, wo die Emigrantin damals nach Stationen in Berlin und Prag im Exil lebte, bekannte sie sich als eine alte Leserin und Verehrerin:

> Einige kurze biographische (nur nothwendige) Notizen: aus der russischen Revolution (nicht dem revolutionären Rußland, die Revolution ist ein Land mit seinen eigenen – und ewigen – Gesetzen!) ging ich – durch Berlin – nach Prag. Ihre Bücher mit. In Prag las ich zum erstenmal die ‚Frühen Gedichte'. So gewann ich Prag lieb – am ersten Tag – wegen Ihres Studententums. (RuR, 384)

Diese Begeisterung für den frühen Rilke teilte Zwetajewa mit Pasternak. Rilke gab beiden mit seiner Buchsendung nun die Möglichkeit, auch sein spätes – von ihm deutlich höher eingeschätztes – Werk kennenzulernen.

Marina Zwetajewa, die, wie Rilke, auf Russisch, Deutsch und Französisch schrieb, sandte ihm zwei ihrer Gedichtbände, die *Gedichte an Blok* und *Psyche*. Er schrieb für sie die *Elegie/an Marina Zwetajewa,* die er ihr am 8. Juni übersandte (zum Text vgl. Fülleborn in: KA, II, 865–867). Auf vielleicht mehr geahnte als schon ganz erkannte Gemeinsamkeiten anspielend, nahm er sie mit seinen an sie gerichteten Versen in seine Dichtung hinein.

Die Verse an und für sie schliessen, schon vom Titel her, an die *Duineser Elegien* an, aber auch von der Form und von bestimmten Motiven her. Ein letztes Mal beschwört Rilke in Freien Rhythmen Engel und Götter, sinnt über Klage und Lobpreis nach und, nicht zuletzt, über das Dichtersein. „Loben, du Liebe, laß uns verschwenden mit Lob./ Nichts gehört uns" (KA II, 405), fordert er die Angesprochene auf. „Zeichengeber, sonst nichts" nennt er seines- und ihresgleichen, ihre Arbeit „Dieses leise Geschäft" (ebd.). Und er reiht sie in die Galerie der von ihm verehrten Frauen ein – als „Liebende": „Liebende dürften, Marina, dürften soviel nicht/ von dem Untergang wissen" (ebd., 406). Die Schlussverse, vorderhand auf den Mond bezogen, lassen sich auch als Anspielung auf Rilkes eigene Situation lesen:

> Auch in abnehmender Frist, auch in den Wochen der Wendung
> niemand verhülfe uns je wieder zum Vollsein, als der
> einsame eigne Gang über der schlaflosen Landschaft. (ebd.)

Es ist bezeichnend für Rilke, dass die aus dem Spätwerk herausragenden Gedichte an Erika Mitterer und Marina Zwetajewa im Dialog mit Künstlerinnen entstanden sind. Der Ausdruck „Liebende", der in den Gedichten an Erika Mitterer ebenso fällt wie in dem an Marina Zwetajewa, stellt nur scheinbar eine Verbindung zu den *Neuen Gedichten* und den *Aufzeichnungen des Malte Laurids Brigge* her. Er hat seine Bedeutung ein letztes Mal verändert und meint wieder, was er in der Umgangssprache bedeutet, ohne dass er sein Gewicht verloren hätte.

Durch die beiden dichtenden Frauen, ebenso wie durch seinen anderen Verehrer Boris Pasternak, erfuhr Rilke, dass er eine literarische Wirkung nicht nur in der deutschsprachigen und der französischen Literatur zu entfalten begann, sondern auch in der russischen – wobei ihm die letztere vielleicht noch mehr bedeutet hat. Jenseits allen Markterfolges konnte er wahrnehmen, dass er nun in jedem Sinn ein weithin gelesener europäischer Autor war.

Die Krankheit

Seit dem Winter 1922/23 ging es Rilke zunehmend schlechter. Am 13. Januar 1923 berichtete er Lou Andreas-Salomé, dass seine „Gesundheit eigentümliche Erschütterungen" durchmache, „Schwankungen" der „mittleren Organe", womit der Magen-Darm-Trakt gemeint war (BwmLAS, 456, 457). Im Sommer unternahm er noch kleinere Reisen, musste sich dann aber in das Sanatorium Schöneck bei Beckenried begeben. Im September und Oktober reiste er durch die Schweiz, u. a. nach Luzern und Bern. Doch Ende des Jahres schon ging es ihm wieder so schlecht, dass er das Sanatorium Valmont sur Territet in der Nähe von Montreux am Genfer See aufsuchte. Dort blieb er bis Januar, betreut von seinem neuen – und letzten – Arzt, Dr. Theodor Haemmerli-Schindler. Die Ursache seiner Magen- und Darmbeschwerden wurde einstweilen nicht gefunden. Im Januar 1924 kehrte er, bei besserem Befinden, nach Muzot zurück.

Soweit es sein Gesundheitszustand erlaubte, unternahm Rilke weiter kleinere Reisen, im Juni etwa mit Nanny Wunderly im Auto durch die französische Schweiz. Im April stellte sich ein junger Student der Geschichtswissenschaft ein, Jean Rudolf von Salis, der zehn Jahre nach seinem Tod eines der klügsten Bücher über ihn schrieb: *Rilkes Schweizer Jahre*. Salis, ab 1935 Professor für Geschichte in Zürich, machte sich auch als politischer Journalist und Schriftsteller einen Namen. Durch ihn sind wir über Rilkes letzte Lebenszeit eingehend informiert.

Unter den Besuchern des Jahres 1924 waren, neben Baladine Klossowska, auch seine Frau Clara, mitsamt ihrem Bruder Helmut Westhoff, die er beide zum letzten Mal sah; ferner Lou Albert-Lasard, Regina Ullmann und Rudolf Kassner. Auch sein Verleger Anton Kippenberg und sein großzügiger Vermieter Werner Reinhart, der mal den jungen österreichischen Komponisten Ernst Krenek, mal die schottische Musikerin Alma Moody mitbrachte, suchten Rilke in Muzot auf.

Im Sommer ging es ihm wieder schlecht, dieses Mal kurte er in Ragaz, wo sich auch die Fürstin von Thurn und Taxis aufhielt. Doch eine dauerhafte Besserung trat nicht ein. Den kommenden Winter verbrachte Rilke in Valmont. Von da aus brach er zu seiner letzten größeren Reise auf: nach Paris. Es war der Versuch einer Flucht nicht nur aus der Klinik, auch aus der Krankheit, „eine gewaltsame Ablenkung", „eine Aufbegehrlichkeit, wie sie nur in einem Augenblick vollständigster Ratlosigkeit ein sonst in allen Dingen geduldiger und genauer Mensch begehen kann" (Salis, 243). Rilke quartierte sich im Hôtel Foyot ein, unweit des Jardin du Luxembourg. Er blieb dort von Anfang Januar bis Mitte August 1925 und genoss die Aufmerksamkeit, die ihm zuteil wurde.

Inzwischen war das eine oder andere von ihm ins Französische übersetzt worden, anderes war in Arbeit wie die vollständige Übertragung der *Aufzeichnungen des Malte Laurids Brigge*. Einige Gedichte waren eben in französischen Übersetzungen erschienen, und zwar in Valérys Zeitschrift *Commerce* und in Gides *Nouvelle Revue Française*. Rilke, als er das letzte Mal Paris besuchte, war manchen Kollegen dort schon ein Begriff, und er begann, auch dem französischen Publikum ein Name zu sein.

Zum literarischen Paris ergaben sich nun einige Verbindungen. Mit dem Übersetzer Maurice Betz, in dem er einen seiner großen Fürsprecher in Frankreich fand, arbeitete er vormittags an der Übertragung der restlichen Teile der *Aufzeichnungen des Malte Laurids Brigge*. Auch einen anderen seiner Verehrer, den Kritiker Edmond Jaloux, sah er gelegentlich. Er traf Anna de Noailles wieder, die er bei seiner ersten Begegnung mit Marie von Thurn und Taxis erlebt hatte, suchte Jean Giraudoux auf und lernte Jules Supervielle kennen. Als die Witwe Emile Verhaerens ihn zu sich einlud, hoffte er, an seine frühere Pariser Zeit wieder anknüpfen zu können.

Wie so manches in dieser Zeit gelang auch das nicht ganz. Zwar verkehrte er mit Gide, doch der brach bald zu einer Reise nach Afrika auf. Valéry konnte oder wollte, zu Rilkes Enttäuschung, für ihn nicht viel Zeit erübrigen. Der Schweizer Autor Charles Ferdinand Ramuz, den er schätzte, zeigte sich an einer Begegnung nicht interessiert.

In Paris traf Rilke Baladine Klossowska wieder, auch Marianne Mitford, die inzwischen den früh verwitweten Richard von Kühlmann geheiratet hatte, Claire Studer, nun die Frau Yvan Golls. Selbst den auf der Durchreise befindlichen Hugo von Hofmannsthal und sogar seine alte russische Bekannte Helene Woronin, die nach Frankreich emigriert war, traf er, ebenso wie andere exilierte Russen.

Rilke stürzte sich auch in das gesellschaftliche Pariser Leben oder versuchte es zumindest. Der Proust-Verehrer ließ sich, auch aus Neugier, in große Salons einladen, machte dort jedoch wenig Eindruck. Der gewandte Rilke, ein gern gesehener Gast in deutschen, österreichischen und italienischen Adelshäusern, war in der französischen Hauptstadt kein gesellschaftlicher Erfolg.

Auch andere Enttäuschungen blieben ihm nicht erspart. André Gide lud ihn zur Mitarbeit an der Gedenknummer der *Nouvelle Revue Française* für Marcel Proust ein, doch dessen Bruder erhob Einspruch gegen die Beteiligung eines ‚deutschen' Autors. Er hätte sich dabei kaum schwerer irren können. So wurde auch Rilke von den nach wie vor großen Spannungen zwischen Frankreich und Deutschland in Mitleidenschaft gezogen. Er war nicht der einzige. Noch ein Jahr später, 1926, machte sich Thomas Mann von München über Mainz nach Paris auf, um für Verständigung zwischen den Völkern zu werben. Sein Reisebericht *Pariser Rechenschaft* fand in Deutschland nur geteilte Aufnahme (vgl. Lamping, Internationale Literatur, 38–40).

Während seines Pariser Aufenthaltes verschickte Rilke wenig Post. Anton Kippenberg gegenüber versuchte er schon früh, im Februar, seine neuen Eindrücke von der Stadt zusammenzufassen. Dabei bemühte er sich zu zeigen, dass sie sich „im Wesentlichen" nicht verändert habe:

> Höchstens ist die Strömung, die dieses Wesentliche überzieht, dichter, rücksichtsloser, hastiger geworden [...]. Wenn ich, für Stunden ab und zu, die Veränderung zugeben muß, so ists, weil ich diesmal selbst gelegentlich in dieser oberflächlichen Strömung treibe –, aber wie gern sondere ich mich aus ihr aus, um zu dem anderen Paris zu gehören, das immer noch das Paris Villons ist oder Charles-Louis Philippes, das Paris Gérard de Nervals und Baudelaires, das vollzählige Paris [...]: die einzige Stadt, die eine Landschaft des Lebens und des Todes werden konnte unter der unerschöpflichen Zustimmung ihrer großmütigen und leichten Himmel. (BadV, 412)

Viel über Rilkes Zeit in Paris kann man aus diesem eher diplomatischen Brief nicht erfahren. Vielleicht wollte er sich – noch – nicht eingestehen, dass er sein altes Paris nicht wiedergefunden hatte. Bezeichnenderweise lobte er, von dort aus, nicht nur sein abgeschiedenes Leben in Muzot, sondern auch die Schweiz (vgl. Salis, 246).

Rilke zögerte aber, offenbar ambivalent, seine Rückkehr immer wieder hinaus. Möglicherweise hat er geahnt, dass er auf seiner letzten großen Reise war; möglicherweise hat er immer wieder gehofft, doch noch das wahre, das ewige Paris zu finden. Möglicherweise fühlte er sich dazu aber auch nicht mehr in der Lage. Die Beschwerden hatten ihn die ganze Zeit begleitet; das versuchte er zu verbergen, so gut es ging. So unvermittelt, wie er die Reise angetreten hatte, beendete er dann seinen letzten Aufenthalt in Paris.

Es schlossen sich noch Abstecher nach Dijon und Mailand an. Kaum zurück in Muzot, am Ende seiner Kräfte, begab sich Rilke wieder nach Ragaz. In Muzot setzte er am 27. Oktober 1925 handschriftlich sein Testament auf. Er kam mit zwei Seiten und sieben Punkten aus. Im November trafen aus Paris seine Manuskripte ein, die beim Verkauf seines Hausstandes gerettet worden waren. Seinen 50. Geburtstag, am 4. Dezember 1925, beging Rilke allein in Muzot. Sein großer Obstkorb musste die Post aufnehmen. An der Zahl der Glückwünsche konnte er ermessen, wie berühmt er inzwischen war – was ihm auch so wohl nicht entgangen ist.

Hofmannsthal

Einer der Gratulanten zum 50. Geburtstag war Hugo von Hofmannsthal. Allerdings gratulierte er nachträglich – wie es auch Rilke ein Jahr zuvor bei ihm zum 50. getan hatte. Es waren die letzten Briefe, die sie einander sandten – ein Vierteljahrhundert, nachdem ihre Korrespondenz eingesetzt hatte. Doch mittlerweile war sie, wie unter entfernten Verwandten, in freundlicher Förmlichkeit erstarrt.

Rilke hatte Hofmannsthal 1899, im selben Jahr wie Tolstoi, kennengelernt, flüchtig zunächst. Unter den Verbindungen, die er zu anderen Autoren knüpfte, nimmt die zu ihm eine besondere Stellung ein, schon ihrer Dauer wegen. Sie erschöpfte sich nicht in einer Begegnung, einem Besuch oder einem Brief. Sie hatte vielmehr lange Bestand und schloss zeitweise auch Hofmannsthals Frau und Tochter Christiane ein, später sogar Rilkes Tochter Ruth. Gleichwohl wurde sie nicht familiär.

Das Verhältnis ging durch Phasen unterschiedlicher Nähe und Entfernung, nicht nur räumlich. Rilke und Hofmannsthal sahen sich mehrmals, etwa in Wien und München, zweimal wohnte Rilke in Rodaun, einmal bei Hofmannsthal 1907, das andere Mal 1916 in einem Gasthof ganz in der Nähe mit Lou Albert-Lasard. Sie schreiben einander immer wieder, wenngleich nicht regelmäßig, mitunter auch in größeren Abständen: Es dauerte fast drei Jahre, ehe Hofmannsthal im Februar 1902 seinen ersten, noch ganz förmlichen Brief an Rilke („sehr geehrter Herr", RuH, 42) absandte.

Rilke hatte die Korrespondenz am 19. März 1899 mit einem Huldigungsbrief eröffnet, in dem er Hofmannsthal enthusiastisch seinen „Führer" nannte, der „dunkle Worte spricht vor ernsten Bildern" (RuH, 41) – so als wäre der nur ein Jahr Ältere seine literarische Orientierungsfigur gewesen. Hofmannsthal scheint, wenigstens eine Zeitlang, geneigt gewesen zu sein, genau das zu glauben: „daß er von mir kommt". So hat er es Rudolf Kassner anvertraut (Kassner, 48).

Als Rilke den Brief schrieb, stand er noch unter dem Eindruck ihrer ersten Begegnung, die am Tag vorher stattgefunden hatte, aus Anlass der Wiener Uraufführung zweier kleiner Dramen Hofmannsthals. Rilke hatte schon das eine oder andere von ihm gelesen. Zwei Jahre zuvor hatte er ihm das Gedicht *An Loris* gewidmet, das 1898 in seinem Band *Advent* erschienen war.

Hofmannsthal war damals der bekanntere von ihnen beiden. Die Gedichte, die ihn berühmt gemacht haben, lagen alle schon vor, ebenso die lyrischen Dramen, mit Ausnahme von *Der Tod des Tizian*. Er galt als das junge Genie der deutschsprachigen Gegenwartsliteratur. Rilke teilte diese Einschätzung, doch er erkannte bald, warum Hofmannsthal für ihn als Künstler kein Vorbild sein konnte.

Im Anfang war Rilke der Bewunderer, der erst nach und nach und nie ganz uneingeschränkt die Achtung des Älteren gewann. Nach einer schrittweisen Annäherung, deren Höhepunkt in den Jahren vor dem Ausbruch des Ersten Weltkriegs erreicht war, trat eine nicht zuletzt durch unterschiedliche politische Positionen begründete Entfremdung ein, die am Ende durch freundliche Worte und Zeichen von beiden Seiten nach außen hin wieder aufgehoben wurde. Zu Hofmannsthals 50. Geburtstag sandte Rilke ihm ein Exemplar der *Duineser Elegien,* in das er das Widmungsgedicht *Das Füllhorn* eintrug.

Doch inzwischen war der eine dem anderen gegenüber nicht ohne Vorbehalte, die auch Reflexe unübersehbarer Unterschiede waren. Schon ihre Lebensweisen als Künstler waren unterschiedlich. Wie Rilke hat zwar auch Hofmannsthal zeitlebens keinen bürgerlichen Beruf ausgeübt, sondern ganz für die Literatur gelebt, allerdings auf seine Weise: schon durch seine Theateraktivitäten weniger einsam. Sozial hatten sie außer einer Affinität zum Adel – und einigen Bekannten – nicht viel gemeinsam. Obwohl Rilke die Nähe zu Adeligen suchte, die er sich als Mäzene zu verpflichten wusste, identifizierte er sich doch mit einer Klasse so wenig wie mit einem Staat oder einem Land. Anders als Hofmannsthal hatte er auch keine Ambitionen, zu repräsentieren oder sonst öffentlich zu wirken, ja auch nur beachtet zu werden.

Rilke war sich dieser Unterschiede schnell bewusst. In seinem Brief an Lou Andreas-Salomé vom 10. August 1903, in dem über „das Handwerk" seiner „Kunst" reflektiert und sich die Frage stellte, ob es etwa „in einer gewissen, gut ererbten und gut vermehrten Kultur" liege, wie er es bei Hofmannsthal bemerkte: „Aber bei mir ist es anders; gegen alles Ererbte muß ich feindsälig sein und mein Erworbenes ist so gering; ich bin fast ohne Kultur" (BwmLAS, 106). In sein *Schmargendorfer Tagebuch* hatte sich Rilke schon 1898 notiert, „jeder Echte", und damit war auch jeder echte Künstler gemeint, müsse sich „als ein Erster fühlen", ohne eine „Historie" (TdF, 146). 1899 bekräftigte er diesen Gedanken mit dem Geständnis: „Ich liebe die Anbeginne, trotz ihrer Angst und der Ungewißheit, in der alle Anfänge verwandt sind" (ebd., 154). Solche Distanz zur Tradition, die seinen letzten Grund im Verhältnis zu seinen Eltern haben mag, galt für ihn gleich doppelt: als Menschen und als Künstler. Sie macht wesentlich seine Modernität aus.

So wie Rilkes Sache das Anfangen, war die Hofmannsthals das Fortführen nicht zuletzt literarischer Überlieferungen. Er fühlte sich in mehr als einer Hinsicht als ein Erbe. Die immer neuen Wandlungen des Lyrikers Rilke, auch dessen Wandlung zum Romancier verlangten ihm erkennbar viel ab: „Sie haben Ihr Leben lang fast von Werk zu Werk Ihren Stil umgeschaffen" (RuH, 95), ließ er Rilke noch 1923 aus Anlass der *Sonette an Orpheus* wissen: eine knappe und treffende Kennzeichnung des Dichters – und eine etwas befremdete. Hofmannsthal mag vermutet haben, dass Rilke einen unverwechselbaren Stil gar nicht hatte.

Die Unterschiede ihrer Künstler-Persönlichkeiten mögen tiefere sozialhistorische Gründe haben. Rilke und Hofmannsthal wurden beide als Bürger der k.u.k.-Monarchie geboren, der eine in Wien, der andere in Prag, und sie gehörten beide zur deutschsprachigen katholischen Bevölkerung des Vielvölkerstaates. Doch im untergehenden Habsburgerreich begründete schon der verschiedene Geburtsort, Metropole der eine, Provinz, ja Peripherie der andere, beträchtliche Differenzen.

So tief verbunden Hofmannsthal Österreich blieb, nicht nur in einem staatsbürgerlichen Sinn, so leicht löste sich Rilke aus diesem Zusammenhang, der für ihn als Böhmen ohnehin problematisch war. Hofmannsthal war ein Patriot, der sich kulturell den Traditionen verpflichtet fühlte, die er mit Österreich verband und die das Habsburger Reich, aus seiner Sicht, verbunden hatten. Rilke teilte diese Bindung nicht. Auch wenn er nach dem Ersten Weltkrieg tschechischer Staatsbürger wurde, konnte und wollte er sich politisch und kulturell an keine Nation binden, weder die österreichische noch die tschechische. Er war Weltbürger und lebte den Kosmopolitismus mehr, als dass er ihn lehrte.

Joachim Storck hat in einem differenzierten Aufsatz von der „Gehemmtheit" der Beziehung zwischen Rilke und Hofmannsthal gesprochen und den wichtigsten Grund dafür in der „Herkunft und Entwicklung beider Autoren" erkannt, zumal in ihrem unterschiedlichen Verhältnis zum ‚Österreichischen':

> In beiden Autoren erscheinen zwei österreichische Möglichkeiten gleichsam personifiziert, deren Spannung überhaupt ein Kontinuum der jüngeren österreichisch-deutschen Literaturgeschichte bildet. Dem einen wird Österreich zum Sinnbild und Zentrum weitester und zugleich lebendiger Tradition, das viele Überlieferungen und Einflüsse zu einer vielschichtigen Harmonie zusammenfasst; dem anderen ist es Ausdruck des Zerfalls, der hinter dem konkreten und zugleich subjektiv erfahrenen Untergang weitere, tiefere Untergänge ahnen lässt. (Storck, Hofmannsthal und Rilke, 160)

Hofmannsthal habe aus seinem Verständnis des Österreichischen für sich vor allem eine „Tradierungsaufgabe" (ebd.) abgeleitet, Rilke vor allem das Bemühen, „legitim Überliefertes durch die Verwandlungs-Aufgabe der Dichtung aufzuheben oder weiterzugeben" (ebd., 161).

Die letzte Zurückhaltung in dieser Beziehung hatte allerdings auch Gründe, die in der unterschiedlichen künstlerischen Entwicklung Rilkes und Hofmannsthals liegen. Jeder von ihnen bewegte sich in eine eigene Richtung, die mit der des anderen nicht mehr viel gemeinsam hatte. Beide haben früh begonnen, Gedichte zu schreiben, dann auch Stücke. Doch Hofmannsthal gab bald die Lyrik, Rilke die Dramatik auf. Wie Rilke sich nach seinem einzigen Roman auf die Lyrik konzentrierte, so Hofmannsthal auf seine Dramen, abgesehen von den großen Reden und Aufsätzen, die in Rilkes Werk keine Entsprechung haben. Rilke wiederum gelang sein großes ‚Prosabuch', während Hofmannsthal an seinem, dem *Andreas,* scheiterte. Einerlei, ob Rilke nun von Hofmannsthal ‚hergekommen' ist – er ging woanders hin.

Die literarischen Affinitäten und Sympathien zwischen ihnen waren allerdings klar verteilt. Rilke bewunderte den jugendlichen Lyriker und lyrischen Dramatiker – eben Loris. Hofmannsthal wiederum schätzte, zumindest zeitweise, die *Neuen Gedichte.* Schon die *Aufzeichnungen des Malte Laurids Brigge* müssen ihn aber befremdet, ja abgestoßen haben; er schwieg sich über sie Rilke gegenüber aus. Nachdem er noch anerkennende Worte für „die besondere Schönheit Ihres neuen Stiles" (RuH, 95) in den *Sonetten an Orpheus* gefunden hatte, äußerte er sich nicht mehr über die *Duineser Elegien*, trotz des Widmungsexemplars, das er erhalten hatte. Rilke wiederum tat sich schwer mit dem *Turm,* und die Opern Hofmannsthals nahm er kaum zur Kenntnis. Als er im Oktober 1922 das *Buch der Freunde* erhielt, fragte er Katharina Kippenberg, die Frau seines Verlegers, nur: „Mußte es sein?" (zit. n. ebd., 31)

Von Hofmannsthal sind ähnlich unfreundliche spätere Urteile über Rilkes Arbeiten überliefert, die eine Haltung „unbestimmter, einseitiger Rivalität" erkennen lassen (Bohnenkamp, 101). Rudolf Kassner hat sogar, uneinverstanden, Hofmannsthals Urteil im Gespräch wiedergegeben, „in Rilke sei wohl die Materie zum Dichter vorhanden", aber „das Letzte fehle ihm, er sei kein Dichter" (Kassner, 48).

Von Rilke gibt es kein abschließendes Wort über Hofmannsthal. Mehr als er 1898 in seinem Prager Vortrag über *Moderne Lyrik* über „Loris" verlauten ließ – den er allerdings zusammen mit zahlreichen minderen Dichtern nennt –, hat er öffentlich nicht gesagt. Hofmannsthal hat wohl zeitweise überlegt, etwas über Rilke zu schreiben. 1907, als die *Neuen Gedichte* erschienen waren, ließ er ihn wissen, er versuche sich

> klar zu machen, worin die schwer zu definierende, wenn auch leicht zu spürende ganz bestimmte Qualität Ihrer poetischen Sprache liegt und bin vielleicht gelegentlich im Stande das Gefundene in anspruchsloser Form ohne großes Gerede über Weltanschauung und Gott und Teufel einmal aufzuschreiben. (RuH, 50–51)

Dazu ist es jedoch nicht gekommen, aus gutem Grund: Eine gewisse Geringschätzung lässt schon der Ton dieser unerfüllten Ankündigung erahnen.

Hofmannsthal hat aber im Jahr nach Rilkes Tod zumindest ein wichtiges Stichwort über sein schwieriges Verhältnis zu ihm geliefert. Der Fürstin von Thurn und Taxis schrieb er, als Antwort auf einen Brief von ihr: „Das was Sie über die Schwierigkeit meines Verhältnisses zu Rilkes dichterischen Hervorbringungen sagen, ist vielleicht die wirkliche Wahrheit, die mir selbst entgangen war" (ebd., 147). Das war sie wohl nicht. Aber dass er sie schließlich, wenngleich etwas einsilbig, gegenüber der gemeinsamen Freundin konzedierte, war deutlich genug.

Das letzte Jahr

Ende Oktober 1925 ging es Rilke bereits so schlecht, anhaltend schlecht, dass er sich, wieder Hilfe suchend, an Lou Andreas-Salomé wandte, das vorletzte Mal in seinem Leben. Am 31. erinnerte er sie an ihre Warnung vor einem „Rückschlag" nach dem Abschluss der *Duineser Elegien* und gestand ihr, dass er „seit zwei Jahren mehr und mehr in der Mitte eines Schreckens" (BwmLAS, 476) lebe: ein „Breughel'sches Höllenbild", eine „Heimsuchung" (ebd.), zu der zuletzt „Knötchen innen an der Lippe" (ebd., 477) gehörten. Durch seine „alles überwiegende Angst" (ebd., 476) sah er sich in einem „Kreis böser Magie" (ebd.) gefangen, fragte verzweifelt, ob sie jemand wüsste, „der mir helfen könnte" (ebd., 478), auch, ob sie vielleicht selbst zu ihm kommen könne.

Lou Andreas-Salomé antwortete ihm am 12. Dezember. Seine Ängste seien keine „teuflische Besessenheit", und das sei „nun ganz und gar die Hauptsache". Sie seien nur Auswuchs eines schon in der Kindheit wirksam gewordenen Schuldbewusstseins: „ein mehr moralisierendes Schuldgefühl, das gleichsam nur zufällig in Leibesstrafen sich äußert" (ebd., 481). Im Erwachsenenalter erzeuge es eine „hysterische Bereitwilligkeit, sich pathologisch fühlbar zu machen" (ebd.), kurz: „Hypochondrie" (ebd.). Lou Andreas-Salomé nahm Rilkes Leiden für die Krankheit. Mit ihrer psychosomatischen Diagnose entließ sie den Freund in sein letztes Krankheits- und Lebensjahr.

Die Zeit von Mitte Dezember 1925 bis Mai 1926 verbrachte Rilke wieder in Valmont. Von dort berichtete er Marina Zwetajewa, in schon verzerrten Worten, von seinen „Unzustimmungen des Leibes" (RuZ, 65), die ihn „um so rathloser" machten, „als ich mit ihm [...] in einer so vollkommenen Übereinstimmung zu leben gewohnt war" (ebd.). Er lobte seinen Körper, der „mein Träger, der Hälter meines Herzens" sei, und beklagte das neue „Zerwürfnis" (ebd., 66) mit ihm. Das überaus schmerzhafte Leiden an der Krankheit, die noch keiner erkannt hatte, zehrte an seinem Selbst.

Von Mitte Juli bis Mitte August 1926 kurte Rilke noch einmal in Ragaz. In Muzot hielt er es danach nicht lange aus. Ende November begab er sich, erneut von Beschwerden geplagt, abermals nach Valmont, das letzte Mal. Die Untersuchungen, Röntgenaufnahmen eingeschlossen, waren lange ohne Ergebnis geblieben. Als er nun die Klinik aufsuchte, war die Symptomatik so deutlich, dass die Diagnose gestellt werden konnte: Leukämie, in einer unheilbaren Variante.

Der kranke Rilke hat, so gut es ging, weiter gearbeitet, nicht nur an den Valéry-Übertragungen, die er noch 1926 in Muzot seiner jungen russischen Sekretärin diktierte. Auch eine Handvoll Gedichte konnte er 1926 noch vollenden. Sie verdanken sich seinem Versuch des Immer-Arbeitens, wobei das „immer" tatsächlich nur noch ein „wann immer möglich" war.

Eine letzte Ehre

Am 28. Oktober 1926 teilte Max Liebermann Rilke mit, dass er in die Preußische Akademie der Künste gewählt worden war. Vier Tage später schrieb Rilke ihm einen Absagebrief:

> Die mir erwiesene bedeutende Ehrung erscheint mir unter dem doppelten Aspekt einer Würde und einer Betätigung; in dem einen wie dem anderen Betracht sehe ich mich zur *Ablehnung* der auf mich gefallenen Wahl genötigt:
> denn einerseits ist es seit lange meine Regel, keinerlei Titel oder Auszeichnungen anzunehmen, andererseits aber würden die Entfernung meines ständigen Wohnsitzes und meine jetzt geringe Beweglichkeit mich von einer wirklichen tätigen Mitarbeit im Kreise der ‚Sektion für Dichtkunst' ausschließen.
> Ich bitte Sie,
> Herr Präsident, den Mitgliedern der Akademie die Versicherung meiner besonderen Dankbarkeit zu vermitteln und selber den Ausdruck meiner Ehrerbietung anzunehmen:
> Ihr
> Rainer Maria Rilke. (B, II, 447)

Rilke wusste sehr wohl, was die traditionsreiche, nach dem Ersten Weltkrieg reformierte und inzwischen um eine Literatur-Sektion erweiterte Preußische Akademie darstellte oder darstellen sollte (vgl. dazu Jens), und er wusste auch, wer Max Liebermann, ihr langjähriger Präsident, war. Dennoch hat er mit der Absage nicht gezögert.

Im Nachhinein kann man sich ihn schlecht im Kreis der Akademie-Mitglieder vorstellen, auch wenn unter den neuen, die mit ihm berufen wurden, Hermann

Hesse und Franz Werfel waren. Dem Wahlausschuss hatten, außer Thomas Mann, Ludwig Fulda und Hermann Stehr angehört – eine für die Akademie typische Konstellation. Die Wahl war dennoch alles in allem eine Ehre, ein Zuwachs an Renommee.

Rilke scheint für die Ablehnung mehrere Gründe gehabt zu haben. Die Aussicht auf den Tod wird wohl nicht dazu gehört haben. Denn Mitte November war er sich noch nicht ganz im Klaren, wie es letztlich um ihn stand. Er wusste, dass er krank, aber nicht, dass er todkrank war. Er hatte andere Gründe abzusagen. Das Preußische behagte ihm nicht, seit er um die Jahrhundertwende in Berlin gelebt hatte; im Ersten Weltkrieg war es ihm vollends verhasst geworden. Wahrscheinlich wollte er auch nur ungern, selbst für gelegentliche Besuche, in die deutsche Hauptstadt zurückkehren, und ganz sicher wollte er seinen schon äußerlichen Abstand vom deutschen Literaturbetrieb nicht aufgeben.

Vor allem folgte er aber einer selbstgesetzten Regel. Es war noch nicht lange her, dass er Paul Valéry bedeutet hatte, ihn nicht für die Ehrenlegion vorzuschlagen. Schon 1918 hatte er eine andere hohe Auszeichnung erhalten: Der letzte österreichische Kaiser Karl I. hatte ihm das Offizierskreuz des Franz-Josephs-Ordens verliehen, für den *Cornet*. Als Rilke „das Ordenszeichen nebst allen Beilagen" erhielt, sandte er alles postwendend zurück und fügte, formvollendet höflich, wie es seine Art war, eine Erklärung hinzu:

> Dem Unterzeichnenden geschähe gewiß unrecht, wollte man ihm diese Handlung als einen Mangel an Ehrerbietung anrechnen; seine Ablehnung erfolgt lediglich zur Wahrung seiner persönlichen Unscheinbarkeit, zu der gerade seine künstlerische Arbeit ihn unbedingt verpflichtet. (B, I, 691)

Es ist nicht zuletzt diese Haltung der Zurückhaltung, die er mal „Unscheinbarkeit", mal „Verborgenheit" nannte, die den Dichter Rilke von manchem Berufsschriftsteller unterschied und unterscheidet.

Das letzte Gedicht

Die letzten Verse, die Rilke zwei Wochen vor seinem Tod schrieb, sind eines der großen Sterbegedichte der deutschen Literatur:

> Komm du, du letzter, den ich anerkenne,
> heilloser Schmerz im leiblichen Geweb:
> wie ich im Geiste brannte, sieh, ich brenne
> in dir; das Holz hat lange widerstrebt,
> der Flamme, die du loderst, zuzustimmen,
> nun aber nähr' ich dich und brenn in dir.
> Mein hiesig Mildsein wird in deinem Grimmen
> ein Grimm der Hölle nicht von hier.
> Ganz rein, ganz planlos frei von Zukunft stieg
> ich auf des Leidens wirren Scheiterhaufen,
> so sicher nirgend Künftiges zu kaufen
> um dieses Herz, darin der Vorrat schwieg.

> Bin ich es noch, der da unkenntlich brennt?
> Erinnerungen reiß ich nicht herein.
> O Leben, Leben: Draußensein.
> Und ich in Lohe. Niemand der mich kennt. (KA, II, 412)

Rilke schrieb dieses Gedicht (vgl. dazu Lamping, Schönheit und Schmerz, 200–203) über die Erfahrung des Sterbens vermutlich zwei Wochen vor seinem Tod, in der Schlussphase seiner tödlichen Krankheit.

Weniger über sie, deren Namen er nicht nennt, als über die Qualen, die sie ihm bereitete, hat er auch Auskunft in zwei Briefen gegeben, die er an seine engsten Vertrauten richtete. Lou Andreas-Salomé beschrieb er seinen „jetzigen grenzenlos schmerzhaften Zustand" in schon zerbrechenden Sätzen: „ich weiß nicht wie viel Höllen, du weißt wie ich den Schmerz, den physischen, den wirklich grossen in meine Ordnungen untergebracht habe, es sei denn als Ausnahme und schon wieder Rückweg ins Freie. Und nun. Er deckt mich zu. Er löst mich ab. Tag und Nacht!" (BwmLAS, 484–485) Rudolf Kassner ließ er wissen, er sei „auf eine elende und unendlich schmerzhafte Weise erkrankt [...]. Und ich, der ich ihm nie recht ins Gesicht sehen mochte, lerne, mich mit dem inkommensurabeln anonymen Schmerz einrichten" (RuK, 169). Rilkes Bemühen, seine körperliche und seelische Verfassung brieflich mitzuteilen, unterscheidet sich deutlich von seinem Versuch, sie poetisch darzustellen. In seinen beiden Briefen konnte er kaum mehr, als sein Leiden anzuzeigen. In seinem Gedicht hat er versucht, es zur Sprache zu bringen: es *auszudrücken*.

Die Metapher, die er dafür wählt, ist eine andere als die in seinem Brief an Lou Andreas-Salomé. Der Schmerz des Leukämiekranken wird zum verzehrenden Brand, zu ‚Flamme' und ‚Lohe'. Die traditionelle Metapher des brennenden Schmerzes verfremdet Rilke jedoch, indem er die transitive Bedeutung des Wortes aktualisiert: Sein Schmerz brennt nicht nur, er *verbrennt*, und er verbrennt den, der von ihm spricht. Das Sterben, wie er es erlebt und beschrieben hat, ist vor allem eine Erfahrung des vernichtenden Schmerzes.

Obwohl er auch zwei Bilder aus der christlichen Ikonologie gebraucht: ‚Hölle' und ‚Scheiterhaufen', ist sein Verständnis des ‚heillosen Schmerzes' denkbar weit von der christlichen Sinngebung des körperlichen Leidens entfernt, wie sie z. B. Dante oder Pascal versucht haben. Die Schmerzen des Sterbenden sind für Rilke keine Strafe für Sünden, kein Begleitumstand irdischer Vergänglichkeit, auch kein Zeichen einer – im Gegensatz zu ihrem Schöpfer – unvollkommenen Welt. Der letzte Schmerz ist für ihn nur ein sinnlos vernichtender Brand, ‚heillos' und ‚wirr': ohne Beziehung zu seinem Leben, inkommensurabel in seiner Negativität.

Kennzeichnend für den Stil des Gedichts sind Oppositionen: Du und Ich, Holz und Flamme, leibliches Gewebe und Geist, Mildsein und Grimm, Zukunft und Erinnerungen, Draußensein und Drinnensein, Ich und Niemand. Sie weisen das Sterben als eine Grenzerfahrung im Sinn von Karl Jaspers (vgl. Jaspers, 201–219, 220–229) aus, die das Ich von allen anderen Menschen ebenso trennt wie von seinem bisherigen Leben. Der tödliche Schmerz durchschneidet all die Beziehungen, die einen Menschen mit der Welt verbinden. Nur eine Beziehung scheint für ihn übrig geblieben zu sein: die zu seinem letzten Schmerz.

Für Rilke bedeutet das Sterben gleichermaßen Welt- und Ich-Verlust. Sein Gedicht ist nicht – mehr – als Mitteilung an einen Dritten gerichtet; das Ich strebt keine Verständigung mit anderen über den eigenen Zustand an. Stattdessen spricht es den tödlichen Schmerz selber an, ohne aber bei ihm zu verharren. Der Sprecher bleibt notwendig ohne Antwort. Die Wendung vom Du zum Ich, die die Spannung des Gedichts ausmacht, weist es in seiner Substanz als monologisch aus. Der Versuch, eine Beziehung zum eigenen Sterben herzustellen, scheitert. Die Beziehung ist Beziehungslosigkeit.

Rilkes Gedicht versucht, in einer für ihn charakteristischen Weise, ein letztes Mal anschaulich zu machen, was als Empfindung jeder Anschaulichkeit entbehrt. Diese Kunstanstrengung mag in der Sache unangemessen erscheinen, auch einem bestimmten Stand der Entwicklung der frühen modernen Lyrik verpflichtet (vgl. dazu ausführlicher Söring). Allerdings ist nicht nur der poetische Akt, auch das künstlerische Ethos, das hinter Rilkes Darstellung steht, unübersehbar: Was den Sprecher vernichten, ihn zum Verstummen bringen wird, versucht er noch sprachlich zu fassen. Selbst die letzte menschliche Erfahrung soll Gegenstand der Dichtung werden und durch sie zur Sprache kommen. Dass die Worte bewahren, was dem Sprecher selber den Existenzgrund entzieht, macht seinen poetischen Triumph in seinem physischen Untergang aus.

Es ist allerdings kein psychischer Triumph. Der Dichter ‚besiegt' nicht den Schmerz, wie es Stoiker von Seneca bis Montaigne gelehrt haben. Er ist sich sicher, nur das Opfer zu sein, das Brand-Opfer. Rilkes Verse geben der Verzweiflung des Geistes Ausdruck. Der Dichter bleibt unversöhnt mit seinem schmerzvollen Sterben. Das letzte Wort des Sterbenden gilt seiner unaufhebbaren Einsamkeit.

Rilkes Sterbe-Gedicht verdankt sich seiner Entschlossenheit, den Weg des Künstlers bis zum Ende zu gehen. Was er von Valéry gesagt hat: dass er ein Dichter gewesen sei, der aus allen Beschäftigungen „nur neue Maße und Präzisionen geholt zu haben scheint, um das Großartige seines Gefühlsraums und die Lage der darin erlebbaren Dinge unbestreitbar auszusprechen" – das gilt für ihn noch mehr. Rilke blieb seinem Verständnis von Dichtung und seinem Verständnis vom Tod treu. Das Gedicht gehört zu seinem tapferen Versuch, das Sterben als den ‚eigenen Tod' bewußt zu erleben und den Schmerz in Verse zu verwandeln.

Das Ende

Die Wochen vor seinem Tod waren für Rilke qualvoll, noch qualvoller als die Zeit davor. Über sein Kranksein schrieb er am 3. Dezember der Fürstin Gagarin, der er, vom Sanatorium aus, seine russische Sekretärin Génia Tschernoswitowa empfahl, aus Valmont:

> ich bin seit langen Wochen schmerzhaft und elend erkrankt, an einer Krankheit, die mich in unsagbare Leiden versenkt und die mich umso fassungsloser zurücklässt, als der physische Schmerz in meiner Welt bisher nur einen ganz provisorischen Platz eingenommen hatte: ungefähr der eines Druckfehlers, der beim nächsten Lesen des Textes durch Aufmerksamkeit zu korrigieren ist. Und jetzt hat sich dieses bedrängende Element in meiner Welt eingerichtet!
> Zwischen Sessel und Bett friste ich ein Dasein am Rande des Lebens… (RuR, 392–393)

Das Ende

Die letzten Briefe schrieb Rilke, mit Bleistift, am 15. Dezember an Rudolf Kassner und am 21. an Jules Supervielle: Er sei „gravement malade, douloureusement, misérablement, humblement malade" (Briefe, II, 536). Er klagte nicht, obwohl er unter starken Schmerzen litt. Er ließ sich Schmerz-, aber keine Betäubungsmittel verabreichen. Seine Züricher Freundin Nanny Wunderly eilte herbei und begleitete sein Sterben. Auch seine Frau Clara erschien, wurde aber, auf seinen Wunsch hin, nicht zu ihm durchgelassen – verstehbar und hartherzig zugleich. Nanny Wunderly nahm er das Versprechen ab: „Liebe, helfen Sie mir zu meinem Tod, ich will nicht den Tod der Ärzte – ich will meine Freiheit haben" (zit. n. Rilke-Almanach, 32). Rilke wollte, wie er Marina Zwetajewa am 10. geschrieben hatte, keinen Arzt einlassen „in das einzige Verhältnis von Sich zu Sich, das keinen Mittler verträgt" (RuZ, 53). Das war, ein letztes Mal, seine alte, im *Stunden-Buch* bemühte Idee vom eigenen Tod. Schon 1914, in einem Brief an Magda von Hattingberg, hatte er von sich gesagt, er sei „ein Schüler des Todes" (BwmMvH, 114). Nun durchlebte er seine letzte Lektion: „Die Höllen" (BwmLAS, 485).

Nanny Wunderly hat von Rilkes Sterben am 16. Februar 1927 der gemeinsamen Freundin Auguste Nölke in einem langen Brief berichtet (vgl. Insel-Almanach, 28–32).

Am Morgen des 29. Dezember 1926 starb Rilke in Valmont. Am 2. Januar, einem bitterkalten Tag, wurde er, wie es sein Wunsch war, auf dem Friedhof von Raron, unweit von Muzot, beigesetzt. Die Trauergesellschaft bestand nur aus wenigen Freunden. Katharina Kippenberg und Eduard Korrodi, der am Grab sprach, haben von der Beisetzung berichtet (vgl. Insel-Almanach, 33–37).

Den Grabspruch hatte Rilke selbst schon in seinem Testament festgelegt. Er ist oft und auf vielerlei Weise gedeutet worden (vgl. Fülleborn, KA, II, 853–854). Wie sein Autor ist er einprägsam und opak zugleich, im Letzten nicht ganz zu entschlüsseln in seiner anspielungsreichen Rätselhaftigkeit:

> Rose, oh reiner Widerspruch, Lust,
> Niemandes Schlaf zu sein unter soviel
> Lidern. (KA, II, 394)

Literatur

Textausgaben

Werke

Rainer Maria Rilke: Sämtliche Werke. Hg. vom Rilke-Archiv. In Verbindung mit Ruth Sieber-Rilke besorgt durch Ernst Zinn. 12 Bände. Frankfurt a.M. 1975. (**SW, I–XII**)
Rainer Maria Rilke: Werke. Kommentierte Ausgabe in vier Bänden [und einem Supplementband]. Hg. von Manfred Engel u.a. Frankfurt a.M., Leipzig 1996 [und 2003]. (**KA, I–IV, S=Supplementband**)
Rainer Maria Rilke: Lyrik und Prosa. Hg. und mit einem Nachwort von Dieter Lamping, mit Anmerkungen und Zeittafel von Frank Zipfel. Düsseldorf, Zürich 1999.

Einzelwerke

Rainer Maria Rilke: Gedichte. Aus den Jahren 1902 bis 1917. Taschenbuch-Ausgabe der 1931 als Privatdruck erschienenen Edition der Handschrift Rainer Maria Rilkes. Illustriert von Max Slevogt. Transkription der Gedichte im Anhang. Frankfurt a.M. 1985.
Rainer Maria Rilke: In und nach Worpswede. Gedichte. Mit Bildern von Heinrich Vogeler. Frankfurt a.M. 2000.
Rainer Maria Rilke: Das Florenzer Tagebuch. Hg. von Ruth Sieber-Rilke und Carl Sieber. Frankfurt a.M. 1994. (**FT**)
Rainer Maria Rilke: Die Aufzeichnungen des Malte Laurids Brigge. Hg. und kommentiert von Manfred Engel. Stuttgart 1997. (**Engel, Malte**)

Briefe

Briefsammlungen

Rainer Maria Rilke: Briefe und Tagebücher aus der Frühzeit 1899–1902. Hg. von Ruth Sieber-Rilke und Carl Sieber. Leipzig 1931. (**BuTadZ**)
Rainer Maria Rilke: Briefe aus den Jahren 1902–1906. Hg. von Ruth Sieber-Rilke und Carl Sieber. Leipzig 1930. (**B 02-06**)
Rainer Maria Rilke: Briefe aus den Jahren 1904–1907. Hg. von Ruth Sieber-Rilke und Carl Sieber. Leipzig 1939. (**B 04-07**)
Rainer Maria Rilke: Briefe aus den Jahren 1906–1907. Hg. von Ruth Sieber-Rilke und Carl Sieber. Leipzig 1930. (**B 06-07**)
Rainer Maria Rilke: Briefe aus den Jahren 1907–1914. Hg. von Ruth Sieber-Rilke und Carl Sieber. Leipzig 1933. (**B 07-14**)
Rainer Maria Rilke: Briefe aus den Jahren 1914–1921. Hg. von Ruth Sieber-Rilke und Carl Sieber. Leipzig 1937. (**B 14-21**)
Rainer Maria Rilke: Briefe aus Muzot 1921–1926. Hg. von Ruth Sieber-Rilke und Carl Sieber. Leipzig 1936. (**BaM**)
Rainer Maria Rilke: Briefe an seinen Verleger 1906–1926. Hg. von Ruth Sieber-Rilke und Carl Sieber. Leipzig 1941. (**BadV**)
Rainer Maria Rilke: Briefe. Hg. vom Rilke-Archiv in Weimar. In Verbindung mit Ruth Sieber-Rilke besorgt durch Karl Altheim. Erster Band 1897–1914, Zweiter Band 1914–1926. Wiesbaden 1950. (**Briefe, I, II**)
Rainer Maria Rilke: Briefe. Hg. vom Rilke-Archiv in Weimar. In Verbindung mit Ruth Sieber-Rilke besorgt durch Karl Altheim. Wiesbaden 1980. (**Briefe**)
Rainer Maria Rilke: Briefe an Schweizer Freunde. Eine Auswahl. Hg. von Rätus Luck. Frankfurt a.M. 1990. (**BaSF**)
Rainer Maria Rilke: Briefe in zwei Bänden. Erster Band: 1897–1918. Zweiter Band: 1919 bis 1926. Hg. von Horst Nalewski. Frankfurt a.M., Leipzig 1991. (**B, I, II**)
Rainer Maria Rilke: Briefe zur Politik. Hg. von Joachim W. Storck. Frankfurt a.M., Leipzig 1992. (**BzP**)

Einzelkorrespondenzen

Rainer Maria Rilke und Marie von Thurn und Taxis: Briefwechsel. Zwei Bände. Zürich 1951. (**BwmMvTuT**)
Rainer Maria Rilke, André Gide: Briefwechsel 1909–1926. Eingeleitet und mit Anmerkungen versehen von Renée Lang. Stuttgart, Wiesbaden 1957. (**BwAG**)
Rainer Maria Rilke: Briefe an Sidonie Nádherný von Borutin. Hg. von Bernhard Blume. Frankfurt a.M. 1973. (**BaSNvB**)
Rainer Maria Rilke: Briefe an Nanny Wunderly-Volkart. Hg. von Rätus Luck. Zwei Bände. Frankfurt a.M. 1977. (**BaNWV**)
Hugo von Hofmannsthal und Rainer Maria Rilke: Briefwechsel. Hg. von Rudolf Hirsch und Ingeborg Schnack. Frankfurt a.M. 1978. (**RuH**)
Rainer Maria Rilke: Die Briefe an Gräfin Sizzo. Hg. von Ingeborg Schnack. Frankfurt a.M. 1985. (**BaGS**)
Rainer Maria Rilke: Briefe an Karl und Elisabeth von der Heydt. 1905–1922. Hg. von Ingeborg Schnack und Renate Scharffenberg. Frankfurt a.M. 1986. (**BaKuEH**)
Rainer Maria Rilke: Briefwechsel mit Ellen Key. Mit Briefen von und an Clara Rilke-Westhoff. Hg. von Theodore Fiedler. Frankfurt a.M., Leipzig 1993. (**BwmEK**)

Rainer Maria Rilke: Briefwechsel mit Magda von Hattingberg *"Benvenuta"*. Hg. von Ingeborg Schnack und Renate Scharffenberg. Frankfurt a.M. 2000. **(BwmMvH)**
Rainer Maria Rilke: Briefe an die Mutter. Zwei Bände. Hg. von Hella Sieber-Rilke. Frankfurt a.M., Leipzig 2009. **(BadM)**
Rainer Maria Rilke, Lou Andreas-Salomé: Briefwechsel. Hg. von Ernst Pfeiffer. Frankfurt a.M. 1989. **(BwmLAS)**
Rilke und Marina Zwetajewa. Ein Gespräch in Briefen. Hg. von Konstantin M. Asadowski. Frankfurt a.M. 1998. **(RuZ)**
Rainer Maria Rilke, Auguste Rodin: Der Briefwechsel und andere Dokumente zu Rilkes Begegnung mit Rodin. Hg. von Rätus Luck. Frankfurt a.M., Leipzig 2001. **(RRB)**
Paula Modersohn-Becker: Briefwechsel mit Rainer Maria Rilke. Mit Bildern von Paula Modersohn-Becker. Hg. von Rainer Stamm. Frankfurt a.M. 2003. **(BaPMB)**

Andere Autoren

Lou Andreas-Salomé: Rainer Maria Rilke. Mit den Fotografien der Erstausgabe. Hg. von Ernst Pfeiffer. Frankfurt a.M. 1988.
Lou Andreas-Salomé: Lebensrückblick. Grundriß einiger Lebenserinnerungen. Aus dem Nachlaß hg. von Ernst Pfeiffer. Neu durchgesehene Ausgabe mit einem Nachwort des Herausgebers. Frankfurt a.M. 5. Aufl. 1994.
Lou Andreas-Salomé: „Russland mit Rainer". Tagebuch der Reise mit Rainer Maria Rilke im Jahre 1900. Hg. von Stéphane Michaud in Verbindung mit Dorothee Pfeiffer. Mit einem Vorwort von Brigitte Kronauer. Marbach 1999.
Charles Baudelaire: Les Fleurs du Mal. Die Blumen des Bösen. Sämtliche Werke/Briefe. In acht Bänden. Hg. von Friedhelm Kemp und Claude Pichois in Zusammenarbeit mit Wolfgang Drost. Band 3. München 2. Aufl. 1989.
Charles Baudelaire: Le Spleen de Paris. Gedichte in Prosa. Sämtliche Werke/Briefe. In acht Bänden. Hg. von Friedhelm Kemp und Claude Pichois in Zusammenarbeit mit Wolfgang Drost. Band 8. München 1985.
Maxim Gorki: Wie ich schreibe. Literarische Porträts, Aufsätze, Reden und Briefe. Aus dem Russischen von Erich Boehme u.a. München 1978.
Rudolf Kassner: Essays. Leipzig 1923.
Rudolf Kassner: Das neunzehnte Jahrhundert. Ausdruck und Grösse. Erlenbach-Zürich 1947.
Rudolf Kassner: Buch der Erinnerung. 2. Aufl. Erlenbach-Zürich 1954.
Rudolf Kassner: Rilke. Gesammelte Erinnerungen 1926–1956. Hg. von Klaus E. Bohnenkamp. Pfullingen 1976.
Karl Kraus: Weltgericht. Dreizehnter Band der Werke von Karl Kraus. Hg. von Heinrich Fischer. München, Wien o.J.
Paula Modersohn-Becker, Otto Modersohn: Der Briefwechsel. Hg. von Antje Modersohn und Wolfgang Werner. Bearbeitet von Rebecca Duckwitz und Karin Rascher-Friesenhausen. Berlin 2017. **(BwPMBuOM)**
Karl Philipp Moritz: Götterlehre oder Mythologische Dichtungen der Alten. Zusammengestellt von Karl Philipp Moritz. Mit fünfundsechzig in Kupfer gestochenen Abbildungen, nach antiken geschnittnen Steinen und andern Denkmälern des Altertums. Berlin u.a. o.J.
Robert Musil: Essays und Reden. Kritik. Hg. von Adolf Frisé. Reinbek b. Hamburg 1983.
Friedrich Nietzsche: Werke in drei Bänden. Hg. von Karl Schlechta. Erster Band. München 7. Aufl. 1973.
Marie von Thurn und Taxis: Erinnerungen an Rainer Maria Rilke. Frankfurt a.M. 1988.
Leo Tolstoi: Ästhetische Schriften. Aus dem Russischen von Günter Dalitz. Hg. von Gerhard Dudek. Gesammelte Werke in 20 Bänden. Band 14. Berlin 1968.
Heinrich Vogeler: Werden. Erinnerungen. Mit Lebenszeugnissen aus den Jahren 1923–1942. Neu hg. von Joachim Priewe und Paul-Gerhard Wenzlaff. Berlin 1989.
Stefan Zweig: Europäisches Erbe. Hg. von Richard Friedenthal. Frankfurt a.M. 1987.

Forschung

U.W. Bargenda: Art. Inspiration. II.: Der I.-Begriff in der Ästhetik. In: Joachim Ritter und Karlfried Gründer (Hg.): Historisches Wörterbuch der Philosophie. Unter Mitwirkung von mehr als 900 Fachgelehrten [...]. Völlig neubearbeitete Ausgabe des ‚Wörterbuchs der philosophischen Grundbegriffe' von Rudolf Eisler. Band 4: I-K. Darmstadt 1976, S. 403–407.

Blätter der Rilke-Gesellschaft 26/2005: „Auf geborgtem Boden". Rilke und die französische Sprache. Im Auftrag der Rilke-Gesellschaft hg. von Rudi Schweikert. Frankfurt a.M., Leipzig 2005.

Gottfried Boehm: Zur Einführung. In: Ders. (Hg.): Rilke und die bildende Kunst. Insel-Almanach auf das Jahr 1986. Frankfurt a.M. 1985, S. 7–21.

Marina Bohlmann-Modersohn: Clara Rilke-Westhoff. Eine Biografie. München 2017.

Klaus E. Bohnenkamp: Der reine Dichter. Rainer Maria Rilke im Urteil Robert Musils und Stefan Zweigs. In: Blätter der Rilke-Gesellschaft 26/2005: „Auf geborgtem Boden". Rilke und die französische Sprache. Im Auftrag der Rilke-Gesellschaft hg. von Rudi Schweikert. Frankfurt a.M., Leipzig 2005, S. 99–144.

Wolfgang Braungart: *Das Stunden-Buch*. In: Manfred Engel (Hg.): Rilke-Handbuch. Leben – Werk – Wirkung. Stuttgart, Weimar 2004, S. 216–227.

Peter Demetz: René Rilkes Prager Jahre. Düsseldorf 1953.

Bernard Dieterle: Rilkes Michelangelo-Etüden In: Manfred Engel und Dieter Lamping (Hg.): Rilke und die Weltliteratur. Düsseldorf, Zürich 1999.

Manfred Engel: Rainer Maria Rilkes *Duineser Elegien* und die moderne deutsche Lyrik. Zwischen Jahrhundertwende und Avantgarde. Stuttgart 1986.

Manfred Engel und Dieter Lamping (Hg.): Rilke und die Weltliteratur. Düsseldorf, Zürich 1999.

Manfred Engel (Hg.): Rilke-Handbuch. Leben – Werk – Wirkung. Stuttgart, Weimar 2004. **(Rilke-Handbuch)**

Hugo Friedrich: Die Struktur der modernen Lyrik. Von der Mitte des neunzehnten bis zur Mitte des zwanzigsten Jahrhunderts. Erweiterte Neuauflage. Hamburg 1967.

Simone Frieling: Mit den Augen einer Frau. Paula Modersohn-Becker, Käthe Kollwitz und Ottilie W. Roederstein. Berlin 2023.

Ulrich Fülleborn: Rilke 1906–1910: Ein Durchbruch zur Moderne. In: Rilke heute. Der Ort des Dichters in der Moderne. Frankfurt a.M. 1997, S. 160–180.

Ulrich Fülleborn und Manfred Engel (Hg.): Rilkes ‚Duineser Elegien'. Drei Bände. Frankfurt a.M. 1982. **(Rilkes ‚Duineser Elegien', I, II, III)**

Hans-Georg Gadamer: Rainer Maria Rilke nach fünfzig Jahren. In: Ders.: Poetica. Ausgewählte Essays. Frankfurt a.M. 1997, S. 77–101.

Annette Gerok-Reiter: Wink und Wandlung. Komposition und Poetik in Rilkes *Sonette an Orpheus*, Tübingen 1996.

Rüdiger Görner: Deutschsprachige Literatur. In: Manfred Engel (Hg.): Rilke-Handbuch. Leben – Werk – Wirkung. Stuttgart, Weimar 2004, S. 49–60.

Rüdiger Görner: Rainer Maria Rilke. Im Herzwerk der Sprache. Wien 2004.

Gisela Götte und Jo-Anne Birnie Danzker (Hg.): Rilke und die bildende Kunst seiner Zeit. München, New York 1996.

Reinhold Grimm: Von der Armut und vom Regen. Rilkes Antwort auf die soziale Frage. Königstein, Ts. 1981.

Käte Hamburger: Rilke in neuer Sicht. Stuttgart u.a.O. 1971.

Erich Heller: Nirgends wird Welt sein als innen. Versuche über Rilke. Frankfurt a.M. 1975.

Bert Herzog: Der Gott des Jugendstils in Rilkes ‚Stundenbuch' (1961). In: Jost Hermand (Hg.): Jugendstil. Darmstadt 1971, S. 376–381.

Torsten Hoffmann: Rainer Maria Rilke. Baden-Baden 2021.

Alexander Honold, Irmgard M. Wirtz: Rilkes Korrespondenzen. Göttingen, Zürich 2019.

G. Hornig: Art. Inspiration. In: Joachim Ritter und Karlfried Gründer (Hg.): Historisches Wörterbuch der Philosophie. Unter Mitwirkung von mehr als 900 Fachgelehrten [...]. Völlig neubearbeitete Ausgabe des ‚Wörterbuchs der philosophischen Grundbegriffe' von Rudolf Eisler. Band 4: I-K. Darmstadt 1976, S. 402–403.

Hans Egon Holthusen: Der unbehauste Mensch. Motive und Probleme der modernen Literatur. München 2. Aufl. 1952.
Karl Jaspers: Philosophie. II: Existenzerhellung. Vierte, unveränderte Auflage. Berlin u.a.O. 1973.
Inge Jens: Dichter zwischen rechts und links. Die Geschichte der Sektion für Dichtkunst an der Preußischen Akademie der Künste, dargestellt nach den Dokumenten. Zweite, unter Mitarbeit von Norbert Kampe erweiterte und verbesserte Auflage. Frankfurt a.M., Wien o.J.
Ilsedore B. Jonas: Rainer Maria Rilke und die Duse. Mit Rilkes „Die weiße Fürstin" und zahlreichen Abbildungen. Frankfurt a.M., Leipzig. 1993. **(Rilke und die Duse)**
Martina King: Pilger und Prophet. Heilige Autorschaft bei Rainer Maria Rilke. Göttingen 2009.
Hannah Milena Klima: Rainer Maria Rilkes Kunstmetaphysik. Entwicklung und Subversion eines ästhetischen Konstruktes in der poetologischen Reflexion. Berlin 2018.
Christoph König: Kreativität. Lektüren von Rilkes „Duineser Elegien". Göttingen 2023.
Christoph König: „O komm und geh". Skeptische Lektüren der „Sonette an Orpheus" von Rilke. Wallstein, Göttingen 2014.
Christoph König und Kai Bremer (Hg.): Über „Die Sonette an Orpheus" von Rilke. Lektüren. Göttingen 2016,
Helmut Kreuzer: Die Boheme. Beiträge zu ihrer Beschreibung. Stuttgart 1968.
Martina Kurz: Bild-Verdichtungen. Cézannes Realisation als poetisches Prinzip bei Rilke und Handke. Mit 16 Abbildungen. Göttingen 2003.
Dieter Lamping: Das lyrische Gedicht. Definition zu Theorie und Geschichte der Gattung. Göttingen 3. Aufl. 2000.
Dieter Lamping: Die Freiheit des Übersetzers. Zu Rilkes Übertragung der Sonette Louise Labés. In: Rilke heute. Der Ort des Dichters in der Moderne. Frankfurt a.M. 1997, S. 236–259.
Dieter Lamping: Schönheit und Schmerz. Aporien literarischer Darstellung von Schmerzen bei Sophokles, Rilke und Brodkey. In: KulturPoetik 1 (2003), S. 192–206.
Dieter Lamping: Internationale Literatur. Eine Einführung in das Arbeitsgebiet der Komparatistik. Göttingen 2013.
Dieter Lamping: Kafka und die Folgen. Stuttgart 2017.
Dieter Lamping: Der neue Orpheus. Ein Mythos und die Moderne. In: Hannah Berner u.a. (Hg.): Narren, Götter und Barbaren. Ästhetische Paradigmen und Figuren der Alterität in komparatistischer Perspektive. Bielefeld 2020, S. 191–200.
Dieter Lamping: Theorie des lyrischen Gedichts. Eine Einführung. Heidelberg 2024.
Jürgen Lehmann: Übersteigen und Übersetzen. Zum Problem der Grenzüberschreitung bei Rainer Maria Rilke und Marina Cvetaeva. In: Manfred Engel und Dieter Lamping (Hg.): Rilke und die Weltliteratur. Düsseldorf, Zürich 1999, S. 263–280.
Wolfgang Leppmann: Rainer Maria Rilke. Leben und Werk. München o. J. (1. Aufl. 1981).
Eudo C. Mason: Rainer Maria Rilke. Sein Leben und Werk. Göttingen 1964.
Eudo C. Mason: Exzentrische Bahnen. Studien zum Dichterbewußtsein der Neuzeit. Göttingen 1963.
Friedhelm Marx: Heilige Autorschaft? *Self-Fashioning*-Strategien in der frühen Neuzeit. In: Heinrich Detering (Hg.): Autorschaft. Positionen und Revisionen. Stuttgart, Weimar 2002, S. 107–120.
Herman Meyer: Zarte Empirie. Studien zur Literaturgeschichte. Stuttgart 1963.
Walter Muschg: Tragische Literaturgeschichte. Mit einem Nachwort von Urs Widmer und einer Vorbemerkung von Walter Muschg. Zürich 2006.
Wolfgang G. Müller: *Neue Gedichte/Der Neuen Gedichte anderer Teil*. In: Manfred Engel (Hg.): Rilke-Handbuch. Leben – Werk – Wirkung. Stuttgart, Weimar 2004, S. 296–318.
Richard Pettit: Rainer Maria Rilke und seine Künstlerfreunde in Worpswede. Worpswede 2001.
Heinrich Wigand Petzet: Von Worpswede nach Moskau. Heinrich Vogeler. Ein Künstler zwischen den Zeiten. Köln 1972.
Heinrich Wigand Petzet: Das Bildnis des Dichters. Rainer Maria Rilke – Paula Modersohn-Becker. Eine Begegnung. Frankfurt a.M. 1976.
Rainer Maria Rilke 1926–1996. Erinnerungen an den Dichter. Begegnungen mit dem Werk. Eine Dokumentation. Frankfurt a.M., Leipzig 1996. Insel-Almanach auf das Jahr 1997. **(Insel-Almanach)**

Rilke. Leben, Werk und Zeit in Texten und Bildern. Hg. von Horst Nalewski. Frankfurt a.M. 1992. (**Nalewski, Rilke**)
Rilke heute. Beziehungen und Wirkungen. Hg. von Ingeborg H. Solbrig und Joachim Storck. Frankfurt a.M. 1975.
Rilke heute. Beziehungen und Wirkungen. Zweiter Band. Frankfurt a.M. 1976.
Rilke heute. Der Ort des Dichters in der Moderne. Frankfurt a.M. 1997.
Jean Rudolf von Salis: Rilkes Schweizer Jahre. Ein Beitrag zur Biographie von Rilkes Spätzeit. Frankfurt a.M. 1975.
Martina Sauer: Clara Rilke-Westhoff. Die Bildhauerin 1878–1954. Biographie. Frankfurt a.M., Berlin 1990.
Manfred Schmeling: Verlorene Söhne. Rilke und Gide im übersetzerischen Vergleich. In: Manfred Engel und Dieter Lamping (Hg.): Rilke und die Weltliteratur. Düsseldorf, Zürich 1999, 123–148.
Thomas Schmidt unter Mitarbeit von Julia Maas (Hg.): „Meine geheimnisvolle Heimat". Rilke und Russland. Berlin 2020. (**RuR**)
Ingeborg Schnack: Rilkes Leben und Werk im Bild. Mit einem biographischen Essay von J.R. von Salis. Frankfurt a.M. 1956. (**Schnack**)
Ingeborg Schnack: Rainer Maria Rilke. Chronik seines Lebens und seines Werkes. Erster Band: 1875–1920. Zweiter Band: 1921–1926. Frankfurt a.M. 1990. (**Schnack I, II**)
Egon Schwarz: Das verschluckte Schluchzen. Poesie und Politik bei Rainer Maria Rilke. Frankfurt a.M. 1972.
Carl Sieber: René Rilke. Die Jugend Rainer Maria Rilkes. Mit fünf Lichtdrucktafeln und einem Faksimile. Leipzig o.J. (1936)
Walter Simon (Hg.): Die Weise von Liebe und Tod des Cornets Christoph Rilke. Text-Fassungen und Dokumente. Frankfurt a.M. 2. Aufl. 1976. (**Cornet**)
Jürgen Söring: Zu Rilkes poetischem Konzept im Abstraktionsprozeß der Moderne. In: Manfred Engel und Dieter Lamping (Hg.): Rilke und die Weltliteratur. Düsseldorf, Zürich 1999, S. 191–213.
Rainer Stamm: „Ein kurzes intensives Fest". Paula Modersohn-Becker. Eine Biographie. Mit 32 Farb- und Schwarzweißabbildungen. Ditzingen 2018. (**Stamm**)
Anthony Stephens: Ästhetik und Existenzentwurf beim frühen Rilke. In: Rilke heute. Beziehungen und Wirkungen. Zweiter Band. Frankfurt a.M. 1976, S. 95–114.
Anthony Stephens: Rilke als Leser Baudelaires. ‚Malte Laurids Brigge' und die ‚Petits poèmes en prose'. In: Manfred Engel und Dieter Lamping (Hg.): Rilke und die Weltliteratur. Düsseldorf, Zürich 1999, S. 85–106.
Anthony Stevens: Die *Gedichte an die Nacht*. In: Manfred Engel (Hg.): Rilke-Handbuch. Leben – Werk – Wirkung. Stuttgart, Weimar 2004, S. 393–400.
Anthony Stephens: Einzelgedichte 1910–1922. In: Manfred Engel (Hg.): Rilke-Handbuch. Leben – Werk – Wirkung. Stuttgart, Weimar 2004, S. 384–404.
Joachim Storck: Rilke als Europäer. In: Peter Demetz, Joachim W. Storck und Hans Dieter Zimmermann (Hg.): Rilke – ein europäischer Dichter aus Prag. Würzburg 1998, S. 211–221.
Joachim W. Storck: Hofmannsthal und Rilke. Eine österreichische Antinomie. In: Rilke heute. Beziehungen und Wirkungen. Zweiter Band. Frankfurt a.M. 1976, S. 115–167.
Andreas Wittbrodt: Rainer M. Rilkes Übersetzung der Sonette Elizabeth Barrett-Brownings sowie Louise Labés und ihr Bezug zum Petrarkismus. In: Manfred Engel und Dieter Lamping (Hg.): Rilke und die Weltliteratur. Düsseldorf, Zürich 1999, S. 168–187.

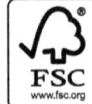

MIX
Papier aus verantwortungsvollen Quellen
Paper from responsible sources
FSC® C105338

If you have any concerns about our products,
you can contact us on
ProductSafety@springernature.com

In case Publisher is established outside the EU,
the EU authorized representative is:
Springer Nature Customer Service Center GmbH
Europaplatz 3, 69115 Heidelberg, Germany

Printed by Libri Plureos GmbH
in Hamburg, Germany